U1009875

信息安全法教程

作者简介

麦永浩 武汉大学法学院刑法学博士后，华东理工大学信息工程学院博士，上海理工大学系统工程学院硕士，湖北警官学院教授，武汉大学兼职教授，计算机国家司法鉴定人，中国计算机取证专家委员会委员，武汉市刑法学会常务理事，湖北警官学院计算机取证重点实验室主任、三级警监，曾是中国的第一代网络警察，在公安信息网络安全监察管理部门工作过7年。

本书得到以下项目的资助：
国家社会科学基金项目（07BFX062）
湖北省自然科学基金项目（[2007] 083）
湖北省教育厅十五规划项目（2004d349）
湖北省教育科学“十一五”规划课题（鄂教办 [2006] 28号）
公安部应用创新计划项目（公科研 [2005] 246号）
公安部公安理论及软科学研究计划项目（公科研 [2005] 245号）
公安部公安理论及软科学研究计划项目（编号：公科研 [2005] 245号）
2006年度湖北省博士后科技活动择优资助项目

高等学校信息安全专业规划教材

信息安全法教程

第二版

主　编　麦永浩　袁翔珠　封化民　涂　航
副主编　宋亦青　熊　强　李佟鸿
参　编　刘　飚　张　鹏

WUHAN UNIVERSITY PRESS
武汉大学出版社

图书在版编目(CIP)数据

信息安全法教程/麦永浩,袁翔珠,封化民,涂航主编.—2版.—武汉:武汉大学出版社,2008.9(2021.7重印)
高等学校信息安全专业规划教材
ISBN 978-7-307-06472-0

Ⅰ.信…　Ⅱ.①麦…　②袁…　③封…　④涂…　Ⅲ.信息系统—安全管理—法规—中国—高等学校—教材　Ⅳ.D922.17

中国版本图书馆CIP数据核字(2008)第122064号

责任编辑:黄金文　夏炽元　　责任校对:刘　欣　　版式设计:支　笛

出版发行:**武汉大学出版社**　(430072　武昌　珞珈山)
(电子邮箱:cbs22@whu.edu.cn　网址:www.wdp.com.cn)
印刷:武汉市宏达盛印务有限公司
开本:787×1092　1/16　印张:20.25　字数:509千字　插页:1
版次:2003年12月第1版　　2008年9月第2版
2021年7月第2版第6次印刷
ISBN 978-7-307-06472-0/D·818　　定价:45.00元

版权所有,不得翻印;凡购买我社的图书,如有质量问题,请与当地图书销售部门联系调换。

高等学校信息安全专业规划教材
编　委　会

主　　任：沈昌祥（中国工程院院士，教育部高等学校信息安全类专业教学指导委员会主任，武汉大学兼职教授）

副 主 任：蔡吉人（中国工程院院士，武汉大学兼职教授）

刘经南（中国工程院院士，武汉大学校长）

肖国镇（中国密码学会名誉理事，武汉大学兼职教授）

执行主任：张焕国（中国密码学会常务理事，教育部高等学校信息安全类专业教学指导委员会副主任，武汉大学教授）

编　　委：张孝成（江南计算所研究员）

冯登国（信息安全国家重点实验室主任，教育部高等学校信息安全类专业教学指导委员会副主任，武汉大学兼职教授）

卿斯汉（原中国科学院信息安全技术工程中心主任，武汉大学兼职教授）

屈延文（原国家金卡工程办公室安全组组长，武汉大学兼职教授）

吴世忠（原中国信息安全产品测评认证中心主任，武汉大学兼职教授）

朱德生（总参通信部研究员，武汉大学兼职教授）

覃中平（华中科技大学教授，武汉大学兼职教授）

谢晓尧（贵州师范大学副校长，教授）

何炎祥（武汉大学计算机学院院长，教授）

王丽娜（武汉大学计算机学院副院长，教授）

黄传河（武汉大学计算机学院副院长，教授）

执行编委：黄金文（武汉大学出版社计算机图书事业部主任，副编审）

内 容 提 要

本书介绍了信息安全法的相关法律、法规和规章，论述了利用计算机进行特定犯罪和利用计算机进行其他犯罪的相关法学问题。本书从侦查、起诉和管理措施诸方面提出了计算机犯罪对策，论述了使用道德规范、管理技术与法律的综合手段对计算机犯罪进行治理的方法。本书对电子政务、电子商务、网络知识产权和远程教育等基于信息网络的热点领域，阐述了它们的相关安全问题。本书介绍了电子证据及计算机取证，介绍了计算机安全等级保护、计算机技术法规和技术标准。最后，本书提供了一套信息安全法习题。

本书主要用做信息安全和相关专业的本科生或研究生教材，对于公安网络安全监察管理部门、法律工作者和IT行业人士，也具有较好的参考价值。

序　言

二十一世纪是信息的时代，信息成为一种重要的战略资源。信息科学成为最活跃的学科领域之一，信息技术改变着人们的生活和工作方式，信息产业成为世界第一大产业。信息的安全保障能力成为一个国家综合国力的重要组成部分。

当前，以 Internet 为代表的计算机网络的迅速发展和“电子政务”、“电子商务”等信息系统的广泛应用，正引起社会和经济的深刻变革，为网络安全和信息安全开拓了新的服务空间。

世界主要工业化国家中每年因利用计算机犯罪所造成的经济损失远远超过普通经济犯罪。内外不法分子互相勾结侵害计算机系统，已成为危害计算机信息安全的普遍性、多发性事件。计算机病毒已对计算机系统的安全构成极大的威胁。社会的信息化导致新的军事革命，信息战、网络战成为新的作战形式。

总之，随着计算机在军事、政治、金融、商业等部门的广泛应用，社会对计算机的依赖越来越大，如果计算机系统的安全受到破坏将导致社会的混乱并造成巨大损失。因此，确保计算机系统的安全已成为世人关注的社会问题和计算机科学的热点研究课题。

信息安全事关国家安全，事关经济发展，必须采取措施确保我国的信息安全。

发展信息安全技术与产业，人才是关键。培养信息安全领域的专业人才，成为当务之急。2001 年经教育部批准，武汉大学创建了全国第一个信息安全本科专业。2003 年经国务院学位办批准武汉大学建立信息安全博士点。现在，全国设立信息安全本科专业的高等院校已增加到 70 多所，设立信息安全博士点的高等院校和科研院所也增加了很多。2007 年“教育部高等学校信息安全类专业教学指导委员会”正式成立，并在武汉大学成功地召开了“第一届中国信息安全学科建设与人才培养研讨会”。我国信息安全学科建设与人才培养进入蓬勃发展阶段。

为了增进信息安全领域的学术交流、为信息安全专业的大学生提供一套适用的教材，2003 年武汉大学组织编写了一套《信息安全技术与教材系列丛书》。这套丛书涵盖了信息安全的主要专业领域，既可用做本科生的教材，又可作为工程技术人员的技术参考书。这套丛书出版后得到了广泛的应用，深受广大读者的厚爱，为传播信息安全知识发挥了重要作用。现在，为了能够反映信息安全技术的新进展、更加适合信息安全教学的使用和符合信息安全类专业指导性专业规范的要求，武汉大学对原有丛书进行了升版。

我觉得升版后的这套新教材的特点是内容全面、技术新颖、理论联系实际，努力反映信息安全领域的新成果和新技术，符合信息安全类专业指导性专业规范的要求，适合教学使用。在我国信息安全专业人才培养蓬勃发展的今天，这套新教材的出版是非常及时的和十分有益的。

我代表编委会对图书的作者和广大读者表示感谢。欢迎广大读者提出宝贵意见，以便能够进一步修改完善。

中国工程院院士，武汉大学兼职教授

沈昌祥

2008 年 8 月 28 日

前　言

信息安全是当前知识经济与社会发展的新焦点，在目前和将来都会对人类社会的发展起至关重要的作用。信息安全是国家重点发展的新兴交叉学科，它和政府、国防、金融、制造、商业等部门和行业密切相关，随着 Internet 的发展，信息安全已成为计算机科学和法学研究的一个重要分支和前沿领域。

信息网络涉及政治、经济、科技、军事、文化等许多重要领域，网络的开放性、虚拟性和技术性使得信息网络极易受到攻击，预防计算机犯罪的问题，实际上是维护社会信息交流安全问题。信息是社会发展的重要战略资源，信息技术和信息产业正在改变传统的生产、经营和生活方式，成为新的经济增长点，信息使知识经济初见端倪。信息网络国际化、社会化、开放化、个人化的特点使国家的“信息边疆”不断扩展，甚至延伸到了每个网民。国际上围绕信息的获取、使用和控制的斗争愈演愈烈，信息安全已经成为维护国家安全和社会稳定的一个焦点，各国都给以极大的关注与投入。信息安全保障能力是 21 世纪综合国力、经济竞争实力和生存能力的重要组成部分，是世纪之交世界各国在奋力攀登的制高点。网络信息安全问题如果解决不好，将全方位地危及我国的政治、军事、经济、文化、社会生活的各个方面，使国家处于信息战和高度经济金融风险的威胁之中。

计算机犯罪是本世纪破坏性最大的一类犯罪，要打击和防范这种犯罪，必须从技术和法律两个方面寻求对策。信息安全人才，不但要精通计算机及信息安全技术，而且要有较高的法学、管理学、心理学素养。信息网络的发展，需要强有力的法律保障；信息网络的相关法制建设，又是信息网络及其安全技术发展的规范和依据。信息安全是法学与计算机科学紧密结合的边缘学科、交叉学科和新兴学科，是在当前或在不远的将来，我国信息网络发展亟需解决的主要问题和关键问题，具有鲜明的时代性和创新特点。因此，对于信息安全专业的本科大学生和研究生开设信息安全法学课程是颇有意义的。

声明：本书中的规范性文件仅供参考，若在诉讼中使用，请与发文原件进行核对。

作者

2008 年 7 月

前 言

目 录

第一章　信息安全法概述

第一节　信息安全法的概念、调整对象、目的和意义

席卷全球的信息化浪潮正把人类推进信息化社会，它将彻底改变人类社会的生产方式、管理方式、社会结构和社会运行机制。所谓信息化社会是指建立在知识经济基础上的一种文明。它具有如下特征：信息技术在物质生产和非物质生产以及人们的日常生活中普遍使用；全社会在信息网络连接下，消灭了时空差异而结成一个整体；信息、知识和智慧成为经济、社会和个人发展的最重要因素之一。我们应该看到，信息技术的飞速发展，确定了信息社会是一个更加完整的整体，在这个整体内部，一切要求都是规范的、有序的。它保证人与社会、人与技术、人与环境以及人与自身的和谐、协调，而不准任何组织和个人在规范的约束之外。在这样的背景下，信息安全法的诞生就显得十分必要和重要了。

一、信息安全法的概念

在定义信息安全法的概念之前，我们必须先对信息安全做一个必要的研究。关于什么是信息安全，国内外的学者众说纷纭。他们从不同角度对信息安全做出了不同的解释。国际标准化组织（ISO）把信息安全定义为“信息的完整性、可用性、保密性和可靠性”，从一般意义上说，信息安全应当是指防止信息财产被故意地和偶然地非法授权、泄露、更改、破坏或使信息被非法系统识别、控制，信息安全的目标是保证信息保密性、完整性、可用性、可控性。在现代信息社会中，各种各样的信息主体为了维护其信息安全，在信息空间中从事着各种各样的信息安全行为，在进行这些行为的过程中，产生了一些独特的社会关系，并由此导致一系列的法律问题。为了调整这一领域的法律关系，平衡各信息主体的信息安全利益，必须建立一个新的法律部门来完成这一使命。

所以，倘若从便于立法和研究角度出发，有理由认为：信息安全法，是指调整信息主体在维护信息安全过程中所产生的社会关系的法律规范总称。

二、信息安全法的调整对象

任何法律部门或法律领域，都以一定的社会关系为其调整对象。通常，人们在描述某一法律部门或领域的概念时，往往免不了要提及其特定的对象。信息安全法作为新兴的法律制度概莫能外。实际上前面在解释信息安全法的基本含义时，已经涉及信息安全法的调整对象问题。我们认为，信息安全法的调整对象，是人们在维护信息安全行为过程中所产生的社会关系。对信息安全法调整对象的深入研究，将为我国信息安全法的完善提供理论基础。特别是随着互联网的广泛应用，甚至将会出现如果不以专门的信息安全法来对之进行调整，就可

能严重阻碍各项事业发展的情况。也就是说信息安全关系，已经成为必须由法律调整的重要社会关系，这是信息安全法产生的重要原因之一。

古罗马著名法学家乌尔比干按照调整对象的性质，最早将法律划分成两大部门，即公法和私法。他认为公法就是调整国家组织的法律，私法就是有关个人利益的法律。后来西方法学家也一直沿用这种分类方法。按照西方国家法学的这一分类标准，从实际情况看，信息安全法应当兼具有公法和私法的内容和特征。这是因为在信息安全法中，信息主体的范围非常广泛，它既牵涉到国家的信息安全保护，也涉及普通自然人和法人的信息安全利益，即既有公法领域的信息关系，也有私法领域的信息关系。

三、信息安全法的特征

1．复合性

信息安全领域是一个综合、交叉的学科领域，它需要综合利用数学、物理、生化信息技术和计算机技术的多学科长期知识积累和最新发展成果，需要提出系统的、完整的、协同的解决信息安全的方案。信息安全问题本身就是个错综复杂的难题，这一特点是与口头及传统的书面形式相比较而存在的。信息安全关系的复合性，来源于其技术手段上的复杂性和依赖性。它表现在通常当事人必须在第三方的协助下，完成信息安全行为。实际上，每一个信息安全行为的进行，都必须以多重法律关系的存在为前提，这是传统的口头或纸面条件下所没有的。它要求多方位的法律调整，以及多学科知识的应用。

2．技术性

在信息安全法中，许多法律规范都是直接或间接地由技术规范演变而成的，具有很强的操作性。比如一些国家将运用公开密钥体系生成的数字签名，规定为安全的电子签名。这样就将有关公开密钥的技术规范，转化成了法律要求，对当事人之间的交易形式和权利义务的行使，都有极其重要的影响。所以，技术性特点是信息安全法的重要特点之一。倘若从时代背景上看，这正是21世纪知识经济在法律上的反映。技术规范的强制力，来源于其客观规律性，它是当代自然法的主要渊源，理想的实证法只能对之接受，而不能违抗。

3．开放性

从发展的角度讲，信息安全法是建立在不断向前发展的信息技术之上的法律制度。由于其所依赖的技术基础和手段处于迅速的更新之中，因此，必须以开放的态度对待任何技术手段与信息媒介，设立开放型的规范，让所有有利于信息安全发展的设想和技巧，都能容纳进来。目前，国际组织及各国在信息安全立法中，大量使用开放型条款和功能等价性条款，其目的就是为了开拓社会各方面的资源，以促进科学技术及其社会应用的广泛发展。它具体表现在：信息安全法基本定义的开放、基本制度的开放以及信息安全法律结构的开放这三个方面。

4．兼容性

信息安全法的内容具有极大的兼容性。一些在性质上截然不同的法律规范，都被包容进信息安全法中，共同调整着信息安全关系。在信息安全法中，既有大量的技术性规范，也有众多的标准性规范；既有大量的强制性规范，也有为数不少的指导性规范和任意性规范；既有实体性规范，也有程序性规范；既有纵向的信息行政管理关系，也有横向的信息交易关系。总之，由其复合性和技术性所决定，兼容性也成为信息安全法一个显著的特征。

5．国际性

由于信息技术是超越空间和时间的，所以其上位法律——信息安全法也就跨越国界和地域的限制，突破了传统法律制度的空间效力。目前，联合国、欧盟等国际组织纷纷出台和酝酿信息安全法规，它们所制定的标准和规范一经问世，对全世界各个国家和地区都具有指导意义和作用，许多国家甚至直接将有关信息安全的国际公约和条约转化为国内法的一部分。所以，在信息安全法中，有相当一部分内容是国际通用的技术规范和标准，这就决定了它的国际性特征。

四、信息安全法的目的和意义

信息安全法中的基本制度所解决的问题，实际上就是如何在信息空间建立起信息保护的法律平台。保障信息的完整性、可用性、保密性和可靠性，是信息安全法的基本价值目标。也就是说，信息安全法必须以保障信息的安全、迅捷为己任。从技术上看，信息技术与各种传统的交流方式相比，已经达到了前所未有的高效与迅捷的地步，其交易迅捷的目标已经由现代化的技术手段所实现。因此，针对信息环境这种现实，作为新生领域的信息安全法，其基本任务就变得更加单一、集中，因为在信息空间的特定条件下，信息安全这一基本的价值目标的实现，同时就包含了信息生产、储存、传播、流转等诸方面基本要求的完成。这就是说信息安全法既要以保障信息安全为其首要任务，同时也要充分反映其效率价值。

随着电子通信与计算机技术的飞速发展和广泛应用，信息安全法将在社会生活领域里起着越来越重要的作用。对此，不仅可从信息技术应用与市场的迅猛发展中，察觉其巨大的动力，而且可从国际组织和世界各国异常活跃的信息安全立法活动中，找到确实的论据。瞻望前途，信息安全法将随着信息活动的发展，渗透到每一种，乃至每一个社会关系中，发挥其不可替代的重要作用。

第二节 信息安全法的国内立法和趋势

随着我国信息技术的飞速发展，计算机、互联网、移动电话等与人们的工作和生活越来越密切。然而，在保障信息有效传递的同时，如何防止国家秘密不被泄露、杜绝网上赌博、防止利用手机传播色情污语和反动言论的问题，成为关系到国家安全、社会稳定、经济发展、人们生活的重要话题。我国亟待制订《信息安全法》，建立信息安全监督管理的长效机制。

一、信息安全法的国内立法

（一）立法现状

公安部早在20世纪80年代中期就已开展计算机安全立法工作；1994年国务院颁布《计算机信息系统安全保护条例》，规定了“公安部主管全国计算机信息系统安全保护工作”的职能；1995年颁布的《人民警察法》，规定了公安机关的人民警察依法“履行监督管理计算机信息系统的安全保护工作”的职责。面对计算机犯罪的逐年增加，1997年3月14日八届全国人大五次会议通过的新刑法中，将计算机犯罪纳入刑事立法体系，增加了针对计算机信息系统和利用计算机犯罪的条款； 1997年12月12日公安部发布《计算机信息系统安全专用产品检测和销售许可证管理办法》，规定了“公安部计算机管理监察机构负责销售许可证的审批颁发工作和安全专用产品安全功能检测机构的审批工作”；1997年12月30日公安部发布《计算机信息网络国际联网安全保护管理办法》，规定了任何单位和个人不得利用国际互联网从事违法犯罪活动等 4 项禁则和从事互联网业务的单位必须履行的 6 项安全保护责任；2000 年 4 月 26 日公安部又发布了《计算机病毒防治管理办法》。此外，全国人民代表大会常务委员会《关于维护互联网安全的决定》于 2000 年 12 月 28 日颁布，2000 年 12 月 28 日实施；《中华人民共和国电子签名法》于 2004 年 8 月 28 日通过，2005 年 4 月 1 日施行；《治安管理处罚法》于 2005 年 8 月 28 日通过，2006 年 3 月 1 日起施行。

国务院及其他相关部门近几年也制定了一些行政法规和部门规章，如《计算机信息网络国际互联网管理暂行规定》、《商用密码管理条例》等。所有这些法规和规章奠定了我国加强信息网络安全保护和打击网络违法犯罪活动的法律基础。

（二）现有立法存在的问题

在改革开放的当代中国，信息安全法研究在向纵深发展。当前，我国信息化建设尚处在初级阶段，但国民经济和社会“全面、协调和持续发展”所面临的信息安全形势却十分严重，国家面临非传统安全问题的威胁和挑战，以及技术强势地位和经济实力强大国家对我国“和平崛起”的遏制。这就需要我们重新全面审视我国信息安全法的战略定位和体系构架。

随着信息技术的发展和网络在我国社会生活各方面的作用日益突出，我国信息安全法律法规的滞后和不完善的问题也日益明显，其主要表现为：

1．理论研究滞后，缺乏总体思路。据不完全统计，截至目前，我国颁布、施行的有关信息安全管理方面的文件有 70 多个。由于缺乏集中统一的信息安全立法机关、监督管理体制和协调处置机制，有关信息安全的行政立法权被分配于 10 多个行政部门，就同一信息安全事项，涉及有权监督管理的部门多则十几个、少则几个。由此导致信息安全立法内容普遍存在规范竞合与体系冲突等问题，且反复出现，形成低水平交叉，影响立法质量，造成立法重复，资源浪费。

2．对技术发展趋势估计不足，相关领域存在法律漏洞。我国的信息安全经历了通信保密、计算机数据保护两个发展阶段，正在进入网络信息安全的研究阶段。安全体系的构建和评估，安全操作系统、多级安全数据库的研制，由于系统安全内核受控于人，国外产品不断更新升级，信息安全相关法律领域难以保证没有漏洞，也就难以得到推广应用。

3．行业监管与安全监管范围交叉，责任不明。主要表现在认识不统一，监管多元化。例如，网络与信息系统的安全保护管理制度和安全技术措施，是运营、使用单位依法应当承担的重要安全保护义务，也是“谁运营谁负责”原则的重要表现形式。根据现行有关文件和法规，对于网络和信息系统运营、使用单位落实和履行安全保护管理制度及安全技术措施情况的行政监督检查权、行政处罚权，分别由公安部、信息产业部、文化部等数个部门行使。若干部门对同一行政管理相对人的同一行为同时行使监督管理权，监管体制多元、行政职权交叉的情况极为严重，从而导致相关领域多头管理，利益冲突，缺乏协调。

因此，《信息安全法》立法的关键是界定它本身与各种现行信息安全法律、行政法规以及部门规章之间的层级关系，清理各种与信息安全有关的现行法律、行政法规以及部门规章中相互冲突、相互重复或不合时宜的规范内容。

二、信息安全法的立法趋势

（一）立法机关

1．部门立法

近年来，信息网络安全问题已引起中央和国务院领导的重视和社会各界的关注，完善计算机信息网络安全体系，制定信息安全法的呼声也越来越高。根据中央领导指示，信息产业部将牵头进行信息安全法的立法工作。公安部将结合多年来查处互联网络上各种违法犯罪活动的司法实践，以及信息网络安全监察工作的经验，积极配合信息产业部做好立法的有关工作，并严格遵循《立法法》的有关程序规定，力争尽早出台信息网络安全法。

2．全国人大立法

全国人大代表十分重视信息安全立法工作，纷纷呼吁通过《信息安全法》立法建立我国信息安全监督管理的长效机制。近几年两会期间，很多代表提出“针对我国信息安全的立法现状及其存在的突出问题，并根据信息网络的特有规律和发展需要，借鉴国外信息安全立法的经验和策略，建立并完善我国信息安全法律体系已经刻不容缓”。

（二）信息安全法的基本原则

1．中立原则

信息安全法的基本目标，归结起来就是要在信息活动中，建立安全、公平、有序的信息规则。信息技术既是一种新的交易手段，同时又是一个新兴产业。面对其中所蕴涵的、深不可测的巨大利益诱惑，可以说没有哪个企业是无动于衷的。各种信息利益主体、各种技术，都想参与其中，谋取便利。而要达到各方利益的平衡，实现公平的目标，就有必要做到如下几点：

（1）技术中立。信息安全法对传统的口令法、非对称性公开密钥法，以及生物鉴别法等认证方法，都不可厚此薄彼，产生任何歧视性要求。同时，还要给未来技术的发展留下法律空间，而不能停止于现状，以至闭塞贤路。比如新计算机的问世、新一代高速网络的出现等，都将考验信息安全法的技术中立性。这是在总结了传统书面法律要求的经验教训，而得出的方针。当然，该原则在具体实施时，会遇到许多困难。而克服这些具体困难的过程，也就是技术中立原则实现的过程。

（2）媒介中立。媒介中立与技术中立紧密联系，二者都具有较强的客观性，并且一定的传输技术，与相应的媒介之间是互为前提的。媒介中立，是中立原则在各种通信媒体上的具体表现，所不同的是，技术中立侧重于信息的控制和利用手段；而媒介中立则着重于信息依赖的载体，后者更接近于材料科学。从传统的通信行业划分来看，不同的媒体可能分属于不同的产业部门，如无线通信、有线通信、电视、广播、增值网络等。而信息安全法，则应以中立的原则来对待这些媒介体，允许各种媒介根据技术和市场的发展规律而相互融合，互相促进。只有这样，才能使各种资源得到充分的利用，从而避免人为的行业垄断和媒介垄断。开放性互联网的出现，正好为各种媒介发挥其作用提供了理想的环境，达到兴利除弊，共生共荣。

（3）实施中立。在信息安全法与其他相关法律的实施上，不可偏废；在本国信息安全行为与跨国际性信息安全行为的法律待遇上，应一视同仁。特别是不能将传统书面环境下的法律规范（如书面、签名、原件等法律要求）的效力，放置于信息安全法之上，而应中立对待，根据具体环境特征的需求，来决定法律的实施。如果说前述技术中立和媒介中立，反映了信息安全法对技术方案和媒介方式的规范，具有较强的客观性，而对信息安全法的中立实施，则更偏重于主观性。信息安全法如同其他规范一样，其适用离不开当事人的遵守与司法机关的适用。

（4）同等保护。此点是实施中立原则在信息安全主体上的延伸。信息安全法对国家与普通公民，国内当事人与国外当事人等，都应尽量做到同等保护。因为信息安全本身是国际性的，在现代通信技术条件下，割裂的、封闭的信息安全是不存在的。

2．自律原则

随着人类社会对网络空间的高度依赖，网络空间与物理空间相互依存。保障网络安全需要政府和全民的共同参与，强调所有参与者的责任。一方面我们要重视网络信息安全，另一方面应培养用户自信、自强精神，树立自律的网络价值准则。仅仅依靠法律、技术途径进行网络保护往往不够。在信息社会里，由于各种各样的东西传播起来更容易，网络用户的各种不道德行为，如随心所欲地发布各种"垃圾"信息，恶毒地制造病毒干扰等行为对社会产生的影响空间增大。技术的进步给了人们更大的信息支配能力，同时也要求人们更严格控制自己的行为。要建立一个"干净"的互联网络，不仅需要法律和技术上的不断完备，更需要网络中每个人的自律。网络用户既是信息的产生者，又是信息的接受者。他们的双重身份决定了一旦信息污染对其产生影响，他们很可能成为新的污染源，对信息环境产生新的破坏。提倡网络用户的自律、自重可以减少污染的发生，法律和其他途径的保护可对污染的传播过程实施某种控制，而抵制已经散播的信息污染源，就需要从接受者这一方不断加强网络用户的信息识别能力。只有努力提高全民的信息意识和法律意识，才能长久、稳定地保障网络安全。

3．安全原则

保障信息交流的安全进行，既是信息安全法的重要任务，又是其基本原则之一。信息技术以其高效、快捷的特性，在各种信息交流手段中脱颖而出，具有强大的生命力。而这种高效、快捷的技术，必须以安全为其前提，它不仅需要技术上的安全措施，同时，也离不开法律上的安全规范。比如信息安全法确认强化（安全）电子签名的标准，规定认证机构的资格及其职责等具体的制度，都是为了在网络空间条件下，形成一个较为安全的环境，至少其安全程度应与传统纸面形式相同。信息安全法消除信息安全运行方式在法律上的不确定性，以至于根据发达国家的成熟经验，而建立起反映其特点的操作性规范，其中都贯穿了安全原则和理念。

4．系统化原则

系统化原则指的是构筑信息安全法应当围绕信息安全法律问题进行系统化研究，在此基础上设计出解决该问题所需要的各种法律要素。它包含两层含义：其一，在研究方法上要使用系统综合的方法；其二，在研究成果上，所设计出来的各法律要素要构成一个系统，有助于全面、彻底地解决信息安全法律问题。构筑信息安全法应当以系统化的、综合性的研究为基础。如前所述，信息安全问题是典型的跨部门法的问题。这些问题涉及民法、诉讼法、经济法等多个部门法。要想在整个交易过程中使当事人以及国家利益得到全面保障，就必须在跨部门法共同研究的基础上，全面解决这些问题。此外，在信息安全问题中，有不少涉及比较深奥、复杂的技术问题。对于这些技术，法律理论研究人员往往比较陌生，所以在试图解决上述问题时，会遇到很大的困难。科技的飞速发展已经让我们的法律研究人员越来越清晰地看到自己能力的极限，在束手无策之际，我们不得不伸手向技术专家求援，法律与技术的融合已经成为我们时代的潮流。以解决当代社会最前沿的法律问题为己任的信息安全法，本质上是一个法律与技术共存的体系，构筑这样的法律体系必须进行跨学科的系统化研究。

5．开放性原则

所谓开放性原则指的是所构筑的信息安全法律体系，必须是一个开放的系统，能够不断地解决科技发展所提出的新法律问题。信息安全所要解决的问题，是由信息技术的应用所引起的，而信息技术本身又是处于不断发展过程中的，可以说，信息安全是一个充满创新、充满扩张性的领域。在信息技术的扩张过程中，将会不断地产生新的法律问题，不断地提出新的法律需求。与此相应，信息安全在结构上必须是开放性的，能够容纳新的法律要素。从这个角度看，信息安全永远是一项未竣工的工程，它必须随着信息技术的发展演进，而不断地自我完善，不断地补充新内容。

6．协调性原则

首先，必须协调信息安全法与我国现有法律体系之间的关系。就信息安全而言，尽管它对我国现有的法律体系造成巨大冲击，要求立法者制定一系列新法律规范，但是，我国现有法律体系中的一些规范，仍然可以用来调整信息安全法律关系。因此，构筑信息安全法律体系时，必须考察信息安全立法与现有的法律体系的衔接。其次，必须协调国内信息安全立法与国外信息安全立法之间的关系。众所周知，在互联网中技术是统一的，无论哪一个国家都使用同一种网络技术与网络协议，这就决定了信息安全法律规范的逐步统一是可能的，因为技术是一种中性的无色的东西，不受历史文化传统、意识形态以及政治制度等因素的影响。因此，在构筑法律体系时必须广泛考察国外信息安全的立法例，尽量使所设计出来的法律要素与国际上的通例保持一致，以期最大限度地扫除规则冲突给跨国交易造成的障碍。因此，构筑信息安全法律体系必须寻求国际立法通例与本国法律传统之间的平衡点。

（三）立法的重心

信息安全是发生在现代社会中的新型安全，在传统法律体系和体制设置中没有现成的模式可以与之相对应。应当看到，信息安全的本质在于促进、维持经济繁荣。在这点上美国与欧盟的安全理念如出一辙。因此，以发展、生存为核心的网络空间权理论随之产生。但人类社会对信息系统的依赖程度决定着网络空间权的结构。在高度信息化国家，网络空间权强调人的生存权，而在发展中国家则强调的是人的发展权。在我国，信息化发展很不平衡，但却发展迅猛。从目前我国发生的有关案件看，发达国家不同阶段的网络信息安全问题在我国都有所体现。当信息系统发展为国家关键基础设施后，"恶意程序"也随之成为人类社会的一种新型"公害"，网络恐怖活动更是肆意猖獗，网上"病毒"泛滥成灾。因此，应对与预警信息灾难、防范与打击信息犯罪已经成为我国网络信息安全立法的主题。

所以，基于对网络空间安全的新认识，立法重点发生了从对信息基础设施保护，到对国家关键基础设施保护的转移，强调物理空间安全与网络空间安全之间的关系，要求建立应急响应、检测预警机制，重视监控和信息共享。信息安全与国家安全、社会公共安全的关系变得更加密切。我们应当强调在信息系统和网络发展中解决安全问题，应当确立积极的风险预防和风险控制的法制原则，关注信息内容安全监控，树立安全使用信息系统和互联网络的新型法律文化理念。适应信息安全保障的要求，信息安全法十分关注信息安全与应用领域政策的统筹考虑。这在法律规范上的表现就是加强信息监控，强调信息安全策略的规划，关注信息安全风险责任有效控制原则的落实。

第三节　信息安全法的结构和主要内容

从世界各国的信息发展来看，许多发达国家无不通过信息安全立法来维护国家的信息安全。目前，我国虽然出台了一些有关信息安全的条例和规定，但这些条例和规定比较分散，不系统，而且有些立法层次不高，缺乏权威性，尤其是在国家信息安全、通信信息管理、公民信息权益等方面的条例和法规不健全。因此，我国非常有必要制定一部立法层次高、内容比较全面而又系统的国家信息安全法。建议从信息安全管理、信息安全标准、信息服务中的安全问题、电子商务中的信息安全问题、电子政务中的信息安全问题、信息安全与公民隐私权的保护六个方面加以立法。

一、信息安全管理

其内容主要包括：(1) 网络信息安全应急保障关系。(2) 信息共享分析、预警关系。(3) 政府机构信息安全管理。(4) 通信运营机构的安全监管。(5) ISP 的安全监管。(6) ICP (含大型商业机构) 的安全监管。(7) 家庭用户及商业企业用户的安全责任。(8) 网络与信息安全技术进出口监管。(9) 网络与信息安全标准、指南、评估监管。(10) 网络与信息安全研究规划。(11) 网络与信息安全培训管理。(12) 网络与信息安全监控。

二、信息安全标准

在全社会普遍关注信息安全的情况下，有关信息安全标准、法律和法规的数量正在迅速增加，许多机构都面临遵守各种安全标准和法规的要求。这些标准主要包括信息安全国际标准和国内标准两部分。例如，1992 年世界经济合作与发展组织 (OECD) 发表的《信息系统安全指南》，以及世界范围的标准化组织 ISO (国际标准化组织) 和 IEC (国际电工委员会) 所发布的 ISO/IEC 17799 体系等。

三、信息服务中的安全问题

其具体内容主要包括：(1) 用户名安全令牌认证，用户名安全令牌认证是一种很重要的安全技术。部署并保护 Web 服务非常有益。(2) 二进制安全性令牌认证。(3) 正确使用签名。(4) 加密数据等，以保护信息服务中的安全问题。

四、电子商务中的信息安全问题

其具体内容主要包括：(1) 数据电信基本问题。(2) 电子签名问题。(3) 电子商务基础服务问题。(4) 电子合同的订立与履行问题。(5) 有关电子提单、电子票据及其他电子单证的法律问题。(6) 电子商务监管与税收问题。(7) 电子商务纠纷的解决方式问题。

五、电子政务中的信息安全问题

其具体内容主要包括：(1) 为实现电子政务应进行的工作及电子政务的运营原则。包括保护国民及企业的利益，政府服务流程的改革，服务的电子处理规范，政府机关保存信息的公开，行政机关对电子政务的确认责任，促进政府服务及信息的公共利用，个人信息的保护，技术开发，维护的外包等。(2) 行政事务及其管理的电子化。电子文书的制作，电子文书的到达及发送时间，电子印章的认证，行政信息共同利用、标准化，信息通信网的构筑及保护，通过信息通信网召开会议，远距离工作，信息化教育等。(3) 政府服务、服务的电子化。电子申请的受理，行政信息的电子提供，手续费等。(4) 政务文书业务的削减。纸文书的削减计划等的设立，业绩电子公示，文书削减委员会的设置等。(5) 电子信息事业的推进。中长期电子政务事业计划，成果评价，模范事业的推进，优秀系统普及、扩散，信息化促进基金的支援，信息化组织的设立等。(6) 对发展电子政务过程中违法、犯罪行为的民事、行政和刑事法律责任的追究等。

六、信息安全与公民隐私权的保护

具体包括如下内容：（1）信息安全中公民隐私权的内容，如知悉权，选择权，控制权，安全请求权等。（2）网络隐私权保护的模式。（3）网络隐私权保护的立法。

第四节　社会信息化对我国法制建设的影响

横看今日信息化浪潮席卷全球，引发出世界范围不同意识形态的相互交融和冲突，纵观我们的法学理论，法律观念和方法如何响应信息世界的万端变化，这是我国当前社会大改革、认识大提高、理念大转变中所面临的一个重要问题。毫无疑问，信息化给我国法制建设带来了巨大的机遇和挑战，我们必须充分借助数字化革命的浪潮，转变思想，跨越歧途，尽快建立起公平、公正、规范、有序的社会主义的法治国家，使我国的经济、社会文化和观念有一个全面腾飞。

一、社会信息化对我国传统法律意识的影响

法律意识是人们对于法和有关法律现象的观点和态度的总称。它表现为探索法律现象的各种法律学说，对现行法律的评价和解释，人们的法律动机，对自己的权利、义务的认识，对法、法律制度了解、掌握和运用的程度，以及对行为是否合法的评价，等等。由于我国社会直接脱胎于半殖民地半封建社会，人们的法律意识深受传统思维方式的影响，普遍较为淡薄和落后，与先进的信息化社会价值、准则和要求格格不入。这就要求我们改变传统的法律观念，对我国社会的法律理论、原则与价值进行全面和系统的反思，并注重发挥人的智慧，追求人与社会的高度统一和协调。现代化的信息技术对我国社会的传统法律意识的影响主要有：

（一）社会信息化使人们对现行法律的评价和解释发生许多重要变化。社会信息化导致信息无国界传播、全球经济的一体化，将逐步引导全球社会思想、思维方式的趋同化，从而造成全球社会法律趋同化，这种法律趋同化是建立在人们对法律的作用、目的和认识的基础之上的。人们要求社会法律更加有序规范，对社会上存在的不规范不公平的现象，人们会不予认同。由于信息化社会建立在信息网络基础之上，网络具有整体性、综合性和开放性等性能，各种意识观、法律观会不可避免地在国际互联网上相互交融、交流、结合，最终会有一种先进的意识观和法律观替代其他传统的、保守的法律观。毫无疑问，这种先进的法律观念必须适应现代化生产力的发展和要求。例如，随着通信和交通技术的进步以及信息交换的加快，特别是许多发达国家在社会生活中广泛应用计算机和终端设备的现代化通信相结合的技术，使各国之间的空间距离相对缩短，从而使不同社会之间的法律的相互影响以及人们关于法律时效和时限的观念大大增强，时效、时限观念的改变，会影响关于法律规定的评价与解释，这是一个有力的例证。

（二）社会信息化对人们的法律要求产生新的刺激。社会信息化是把“双刃剑”，不但可以促进经济繁荣，而且也能导致信息犯罪、信息侵犯与破坏，造成巨大的灾难。因此，人们不仅要求立法以促进信息化的发展，而且要求立法以预防信息化发展的消极后果。从在刑法中增设有关计算机犯罪的条款，到国家正在酝酿的电子商务立法以及大量的信息安全法规，正是这种需求的体现。随着社会信息化的进一步深入，有关信息安全、信息保护立法的要求，

还将不断提出。

（三）社会信息化的发展，还使人们对自己权利、义务的认识发生重大变化。由于信息化社会是网络状而非金字塔型的，在互联网上，人成为个性化的、具有高度意志和创新的信息处理中心。人们必然要求在规范、有序的规则制度下，强调法律面前人人平等。人的价值将得到凸显。在科技水平低下的时代里，人们对义务本位法律观安之若素。但在今天，随着人类驾驭自然能力的大大提高，人们的主体意识大大增强了，权利本位法律观逐渐上升到矛盾的主要方面，人们更加重视捍卫自己的法律权利，并要求扩展法定权利的范围。近年来多次召开的法学理论研讨会，都发出了强调权利本位的强烈呼声。多数学者认为，法的真谛在于对权利的认可和保护；不应当把法理解为对人束缚的工具，强调权利本位就是强调人的主动精神和创造活力。而这一切，都与社会信息化对人的精神世界潜移默化的影响分不开。

（四）社会信息化大大提高人们对法律制度了解、掌握和运用的程度。多媒体技术把文学、数据、图像、声音集成传输，改变了我们的学习方式。在信息化水平不高的时代里，法律的宣传教育只能以布告的形式进行，影响范围极其有限。中国古代常有帝王亲临讲坛解释法律的事，一时传为美谈。显然，这种讲解听者有限。印制术的发明、书刊的出现，促进了法律宣传，为之提供了先进的条件。现在，无线通信技术的发展，电影、电视的广泛普及，信息网络的广泛应用，更为法律知识传播创造了方便的条件。因此，“普法教育”也就成效卓著，大大增加了人们的法律知识。

二、社会信息化大大促进立法工作的变化

立法即法的制定，是指国家机关按照其职权范围通过一定程序制定、修改和废止法律规范的活动。信息化时代的思维模式是开放的，动态的，由于信息网络的连接，丰富和遥远的信息在瞬间就可以存取，求新、求变、节奏加快是主旋律，从而给每一个国家和民族带来了多样化的选择机会和能力，因此，开放动态的信息思维方法，必然要求我们不断吸纳世界优势的法律文明成果。随着社会信息化，立法工作从立法预测、立法规划到立法体制与立法工作方式，都发生了重大的变化。

（一）关于立法预测。一百多年前，马克思曾提出过“法律要有自然科学的精确性”的命题。这在信息化水平低下的情况下，无疑只能是一种良好的愿望而已。但信息化的突飞猛进，使得对立法的这一要求，有了实现的可能。立法预测的科学化，就是依托信息技术的发展，尤其是依据计算机技术的发展而逐渐达到今天的高度。所谓立法预测，就是运用一定的方法和手段，对立法的发展趋势和未来状况进行考察和测算。这样，全面地搜集、贮存、整理有关立法以及与立法相关的经济、政治、文化材料和工作任务，就变得极为繁重。正是计算机技术的发展和信息产业的发展，使得这些任务的完成有了比较可靠的保证。

（二）关于立法规划。立法规划是立法者关于立法工作的设想和部署，立法规划的主要任务和目的在于使立法工作有目的、有计划、有步骤地进行，从而使立法工作科学化、系统化。要使立法规划成为一个科学性强、逻辑结构周密严谨、轻重缓急先后有序的网络，在当今法律日益庞大复杂的情况下，仅凭苦思冥想，已不能与之适应了。因此，这里同样离不开计算机和信息技术的运用。

（三）关于立法体制。委托立法制的发展是社会信息化的必然要求。委托立法又称授权或委任立法，是指有关政权机关由于立法机关的委托而获得一定的立法权。委托立法古已存之，但作为立法体制的一个组成部分而普遍存在，是科学技术进步所促成的。随着科学技术

和整个文化的发展，需要调整的社会关系中，愈来愈多的社会关系需要用技术性、专业性较强的立法加以调整，而完成这方面的立法任务，往往是专门的立法机关所不能胜任的，有必要委托有关机关行使一定的立法权。这些，也是社会信息化带来的重要变化。

三、社会信息化导致法的内容大大丰富

（一）社会信息化导致在原有的法律形式中增加新的内容。在原有法律形式中，由于社会信息化而增加新的内容，最突出的实例是修改著作权法，增加关于保护计算机软件的条款。美国于 1974 年成立了“利用新技术作品委员会”，为 1980 年修改《版权法》提供了大量建设性意见。该法在世界各国中率先规定：“计算机程序属于本法保护对象。”尔后，英国、加拿大、日本等国也先后直接或间接地修改版权法，使之包含保护计算机软件的内容。随着计算机犯罪的猖獗，世界各国纷纷通过了计算机犯罪法或在刑法中增加计算机犯罪的条款。1998 年我国在制定新合同法时，明确规定：电子数据交换、电子邮件也构成合同的书面形式，承认其订立合同的有效性，这使得原有的法律形式更能适应信息化社会的要求，从而得到完善和健全。

（二）社会信息化导致以促进新技术发展为主旨的新的法律类型大量增加。电子法、信息技术法、空间技术法、科学园法，等等，无疑都是社会信息化所带来的新的法律类型。同时，社会信息化也导致以防止信息化消极后果为主旨的新的法律类型大量涌现。此外，还导致信息行政法、信息协作法、信息技术国际法系新型法律的大量增加。

四、社会信息化促进司法工作科学化

这主要是指社会信息化为更加科学、更加严谨、更加有效的司法、执法提供了可靠的手段。由于信息技术的普遍使用，致使人们的生产、生活无不与信息的产生、重组、分析和传输以及共享紧密相连。人们运用信息来认识、思考和分析问题，从而把自然科学、技术科学和社会人文科学中的知识、智慧和才能与其他各种信息结合起来，跨越层次也打破空间地解决人们的理论和实践中的复杂问题。

（一）对犯罪预防能力的提高。犯罪预防与犯罪预测和预防的设备有关。犯罪预测是对预测过程中收集到的情况作统计分析，现在较普遍使用的结构分析法、多元回归分析法、对数线性分析、网络分析等方法，都得求助于先进的计算机信息系统。因此，信息化水平的提高，对犯罪预防能力的提高无疑将产生积极作用。在银行、大型自选商场里十分普及地设置的摄像机系统，就是犯罪预防的一个较有效手段。

（二）微电子技术、计算机技术等的发展，为司法、执法的自动化提供了新的手段。例如，运用电子计算机系统判案。这种方案在一定范围，一定程度上的实施，必将为司法、执法创造更为有利的条件。我们可借助社会信息化的基础设施，使我国的法制体系与国际上的先进有益的法制体系全面接轨。通过国际互联网，使我国与世界各国之间的法律信息，以比特流、数据流的形式相互交往，通过计算机平台和数据库使我们可以自由取舍种类繁多的信息资源，正确立法、司法，运用多媒体技术将文字、图像和声音重新组合，使我们可以有效地进行司法监督，采用人工智能、知识工程大大改变司法机关的破案能力、司法行政的方式；使用虚拟现实帮助我们不断联想和思考，比较不同法律下人们思想观念、行为方式的改变。网络的虚拟性给我们了解未来提供了身临其境的感觉，为我们的司法创造了最好的空间。

五、社会信息化积极影响法学方法论

（一）社会信息化的发展，最广泛、最直接、最紧密地对法学研究产生影响的是它的数量精确性要求与尽可能量化的操作。马克思曾指出，一种科学只有在成功地运用了数学之后，才算达到了完善的地步，这对法学研究同样适用。社会信息化对法学研究的积极影响，首先是定量分析的方法被广泛运用。其最新发展便体现在司法统计学、司法会计学、计量法律学、犯罪统计学等的出现。计量法律亦称数量法学，是指运用电子计算机等手段，将数量计算等方法引入法律领域，对法律的判定、执行、遵守以及法律教育、法学研究进行数量计算、分析的科学。自 1949 年美国创立此概念以来，现在世界各国在运用计量法律学开展对法律情报的统计、法官心理活动的分析、犯罪率的预测等方面，都取得了很大的成功，尤其是日本，计量法律学几乎成为日常的法律学用语了。

（二）社会信息化的发展，最迫切、最巨大、最深刻地影响法学研究的要属“信息论”了。信息论是研究多种信息传输与交换系统共同规律的科学，是研究复杂系统的不可或缺的方法。其作用和意义主要在于：用信息观点来考察控制系统的行为功能结构，从信息的获取、转换、传输和储存过程来研究控制系统的运动规律，利用信息加工的现代化技术，来实现认识和改造世界过程中的信息化和自动化。对法学研究的每一个领域，信息论都有重要意义。随着社会信息化的发展，还会出现许多新的科学研究方法。

社会信息化对法学建设的影响已如上所述，但绝不仅限于上述各点。例如，信息技术的发展，还引起大量的国际法律问题。总之，社会信息化导致对法治的冲击是多方面的，而且会日益强烈。这当然会对法制建设（立法、司法、执法）以及法学研究产生巨大的影响。

第五节　信息安全法的相关法律

我国信息安全法的相关法律主要有四部，一部是《中华人民共和国刑法》，于 1979 年 7 月 1 日通过，1997 年 3 月 14 日修订，1997 年 10 月 1 日生效；一部是全国人民代表大会常务委员会《关于维护互联网安全的决定》，于 2000 年 12 月 28 日颁布，2000 年 12 月 28 日实施；一部是《中华人民共和国电子签名法》，于 2004 年 8 月 28 日通过，2005 年 4 月 1 日施行；一部是《治安管理处罚法》，于 2005 年 8 月 28 日通过，2006 年 3 月 1 日起施行。

以计算机和互联网为代表的信息技术飞速发展，深刻影响了人们的生产、工作、学习和生活方式，使人类社会进入崭新的信息时代，同时，针对和利用计算机的犯罪也成为本世纪危害最大的一类犯罪。原来的《中华人民共和国刑法》没有相关的罪名，修订后的刑法在第 285 条、第 286 条和第 287 条增加了相关的罪名，定义了非法侵入计算机信息系统罪，破坏计算机信息系统功能罪，破坏计算机信息系统数据、应用程序罪和制作、传播计算机病毒等破坏性程序罪，以及利用计算机实施金融诈骗、盗窃、贪污、挪用公款、窃取国家秘密等罪。

《治安管理处罚法》第 29 条的规定，与刑法第 285 条、第 286 条相对应，凡符合刑法第 285 条、第 286 条的规定，但不够追诉标准的，按《治安管理处罚法》第 29 条的规定进行处罚。

为了保障互联网的运行安全和信息安全，全国人民代表大会常务委员会的《关于维护互联网安全的决定》进一步扩充了保护对象的内涵和外延，不仅规定了非法侵入计算机信息系统罪，破坏计算机信息系统功能罪，破坏计算机信息系统数据、应用程序罪和制作、传播计

算机病毒等破坏性程序罪，还在维护国家安全和社会稳定，维护社会主义市场经济秩序和社会管理秩序，保护个人、法人和其他组织的人身、财产等合法权利方面，也规定了依照刑法有关规定追究刑事责任。

为了规范电子签名行为，确立电子签名的法律效力，维护有关各方的合法权益，第十届全国人民代表大会常务委员会第十一次会议通过了《中华人民共和国电子签名法》，分五章三十六条，规定了电子签名的概念、使用要求和范围，数据电文、电子签名及认证的要求，法律责任和相关用语的定义。

第六节　信息安全法的相关法规

我国的信息安全法的相关法规主要有八部：

（1）国务院《中华人民共和国计算机信息系统安全保护条例》（1994.02.18）

（2）国务院《中华人民共和国计算机信息网络国际联网管理暂行规定（修正）》（1997.05.20）

（3）国务院《计算机信息网络国际联网管理暂行规定实施办法》（1997.12.11）

（4）国务院《中华人民共和国计算机信息网络国际联网安全保护管理办法》（1997.12.11）

（5）国务院《互联网上网服务营业场所管理条例》（2002.09.29）

（6）国务院《中华人民共和国电信条例》（2000.09.25）

（7）国务院《互联网信息服务管理办法》(2000.09.25)

（8）国务院《信息网络传播权保护条例》(2006.05.18)

1994年2月18日，国务院颁布了《中华人民共和国计算机信息系统安全保护条例》（国务院147号令），这是一件具有重要意义的事情，这是我国第一部保护计算机信息系统安全的专门条例。条例指出，计算机信息系统的建设和应用，应当遵守法律、行政法规和国家其他有关规定。任何组织或者个人，不得利用计算机信息系统从事危害国家利益、集体利益和公民合法利益的活动，不得危害计算机信息系统的安全。条例分五章三十一条，规定了法律意义上的一些相关计算机术语，计算机信息系统的安全保护对象，计算机信息系统实行安全等级保护，安全监督和法律责任，国家安全部、国家保密局和国务院其他有关部门，在国务院规定的职责范围内做好计算机信息系统安全保护的有关工作。由此，公安部开始组建信息网络安全警察队伍，中国的第一代网络警察诞生了。

为了加强对计算机信息网络国际联网的管理，保障国际计算机信息交流的健康发展，国务院《中华人民共和国计算机信息网络国际联网管理暂行规定（修正）》（国务院195号令）分十七条，规定了一些相关计算机用语的含义、国家对国际联网的管理原则和管理部门的职责、进行国际联网的要求和违反规定的罚则。

根据《中华人民共和国计算机信息网络国际联网管理暂行规定》，国务院制定了《计算机信息网络国际联网管理暂行规定实施办法》，分二十五条，规定了法律意义上的一些相关计算机术语；国际联网采用国家统一制定的技术标准、安全标准、资费政策，以利于提高服务质量和水平；国际联网实行分级管理，即：对互联单位、接入单位、用户实行逐级管理，对国际出入口信道统一管理；国家鼓励在国际联网服务中公平、有序地竞争，提倡资源共享，促进健康发展；新建互联网络，必须经部（委）级行政主管部门批准后，向国务院信息化工作领导小组提交互联单位申请书和互联网络可行性报告，由国务院信息化工作领导小组审议提出意见并报国务院批准；国际出入口信道提供单位、互联单位和接入单位必须建立网络管理中心，健全管理制度，做好网络信息安全管理工作；违反规定的罚则。

为了加强对计算机信息网络国际联网的安全保护，维护公共秩序和社会稳定，根据《中华人民共和国计算机信息系统安全保护条例》、《中华人民共和国计算机信息网络国际联网管理暂行规定》和其他法律、行政法规的规定，国务院制定了《中华人民共和国计算机信息网络国际联网安全保护管理办法》，分五章二十五条，规定了计算机信息网络国际联网安全保护管理工作的主管机关和职责；禁止九类行为和五种危害计算机信息网络国际联网安全的活动；安全保护责任和安全监督；违反规定的罚则。

为了加强对互联网上网服务营业场所的管理，规范经营者的经营行为，维护公众和经营者的合法权益，保障互联网上网服务经营活动健康发展，促进社会主义精神文明建设，国务院《互联网上网服务营业场所管理条例》分五章三十七条，规定了互联网上网服务营业场所的定义和义务；文化行政部门、公安机关、工商行政管理部门的管理职责；互联网上网服务营业场所的设立条件和许可审批程序；经营过程中应遵守的规定和禁止的行为；违反规定的罚则。

为了规范电信市场秩序，维护电信用户和电信业务经营者的合法权益，保障电信网络和信息的安全，促进电信业的健康发展，国务院《中华人民共和国电信条例》分七章八十一条，规定了相关术语的定义和主管部门的职责；电信业务经营者设立的条件和行政审批的程序；经营的原则和资费标准；电信服务应达到的要求和禁止的行为；电信建设的要求和安全规定；违反规定的罚则。

为了规范互联网信息服务活动，促进互联网信息服务健康有序发展，国务院《互联网信息服务管理办法》分二十七条，规定了相关用语的含义；从事互联网信息服务应具备的条件；行政审批的程序；新闻、出版、教育、卫生、药品监督管理、工商行政管理和公安、国家安全等有关主管部门各负其责；要求和禁止的行为；违反规定的罚则。

为保护著作权人、表演者、录音录像制作者的信息网络传播权，鼓励有益于社会主义精神文明、物质文明建设的作品的创作和传播，根据《中华人民共和国著作权法》，国务院制定了《信息网络传播权保护条例》，分二十七条，规定了相关用语的含义；保护的范围；允许和禁止的行为；违反规定的罚则。

第七节　信息安全法的相关规章

我国信息安全法的相关规章主要有以下 15 部：

（1）农业部《计算机信息网络系统安全保密管理暂行规定》（1997.04.02）

（2）公安部《计算机信息系统安全专用产品检测和销售许可证管理办法》（1997.12.12）

（3）公安部　中国人民银行《金融机构计算机信息系统安全保护工作暂行规定》（1998.08.31）

（4）公安部《计算机病毒防治产品评级准则》(2000.03.20)

（5）公安部《计算机病毒防治管理办法》（2000.04.26）

（6）邮电部《中国公用计算机互联网国际联网管理办法》（2000.05.25）

（7）教育部《教育网站和网校暂行管理办法》（2000.06.29）

（8）信息产业部《互联网电子公告服务管理规定》(2000.10.08)

（9）国务院新闻办公室、信息产业部《互联网站从事登载新闻业务管理暂行规定》(2000.11.07)

（10）信息产业部《非经营性互联网信息服务备案管理办法》(2005.02.08)

（11）信息产业部《电子认证服务管理办法》(2005.02.08)

（12）信息产业部《互联网 IP 地址备案管理办法》(2005.02.08)

（13）公安部《互联网安全保护技术措施规定》(2005.12.13)

（14）公安部 国家保密局 国家密码管理局 国务院信息化工作办公室《信息安全等级保护管理办法（试行）》(2006.01.17)

（15）公安部《网吧安全管理软件检测规范》

为了加强对农业部计算机信息网络的管理，保障计算机网络安全运行和网上信息交流的健康发展，根据《中华人民共和国保守国家秘密法》和中央保密委员会有关精神，农业部制定了《计算机信息网络系统安全保密管理暂行规定》，分四章二十七条，规定了相关用语的定义；涉密信息的保密要求；网络安全的要求和罚则。

为了加强计算机信息系统安全专用产品的管理，保证安全专用产品的安全功能，维护计算机信息系统的安全，根据《中华人民共和国计算机信息系统安全保护条例》第十六条的规定，公安部制定了《计算机信息系统安全专用产品检测和销售许可证管理办法》，分六章二十六条，规定了相关用语的定义；中华人民共和国境内的安全专用产品实行销售许可证制度；主管机关及其职责；检测和行政审批的程序；违反规定的罚则。

为加强金融机构计算机信息系统安全保护工作，保障国家财产的安全，保证金融事业的顺利发展，根据《中华人民共和国中国人民银行法》、《中华人民共和国计算机信息系统安全保护条例》等有关法律、法规，公安部和中国人民银行制定了《金融机构计算机信息系统安全保护工作暂行规定》，分六章五十一条，规定了金融机构计算机信息系统安全保护工作原则和基本任务；安全防范设施和管理的要求；发生事故和案件的处理；奖励与罚则。

为了保证和提高在我国销售的计算机病毒防治产品的质量水平，有效地遏制计算机病毒对我国计算机信息系统的传染和破坏，公安部编制了《计算机病毒防治产品评级准则》，分七个部分：范围、引用标准、定义、参检要求、测试、检验报告、产品评级。

为了加强对计算机病毒的预防和治理，保护计算机信息系统安全，保障计算机的应用与发展，根据《中华人民共和国计算机信息系统安全保护条例》的规定，公安部制定了《计算机病毒防治管理办法》，分二十二条，规定了相关用语的定义；主管机关及其职责；违反规定的罚则。

为加强对中国公用计算机互联网国际联网的管理，促进国际信息交流的健康发展，根据《中华人民共和国计算机信息网络国际联网管理暂行规定》，邮电部制定了《中国公用计算机互联网国际联网管理办法》，分十七条，规定了相关用语的定义；接入单位应具备的条件；相关要求和禁止的行为；违反规定的罚则。

为了促进互联网上教育信息服务和现代远程教育健康、有序的发展，规范从事现代远程教育和通过互联网进行教育信息服务的行为，教育部《教育网站和网校暂行管理办法》分二十六条，规定了相关用语的定义；主管部门和审批的条件和程序；禁止的行为和违反规定的罚则。

为了加强对互联网电子公告服务的管理，规范电子公告信息发布行为，维护国家安全和社会稳定，保障公民、法人和其他组织的合法权益，根据《互联网信息服务管理办法》的规定，信息产业部制定了《互联网电子公告服务管理规定》，分二十二条，规定了相关用语的定义；适用的范围；开展电子公告服务应具备的条件；禁止的行为和相应的要求；违反规定的罚则。

为了促进我国互联网新闻传播事业的发展，规范互联网站登载新闻的业务，维护互联网新闻的真实性、准确性、合法性，国务院新闻办公室和信息产业部制定了《互联网站从事登载新闻业务管理暂行规定》，分十九条，规定了相关用语的定义；适用的范围；主管机关及其职责；从事登载新闻业务实行审核批准、备案制度；禁止的行为和违反规定的罚则。

为规范非经营性互联网信息服务备案及备案管理，促进互联网信息服务业的健康发展，根据《互联网信息服务管理办法》、《中华人民共和国电信条例》及其他相关法律、行政法规的规定，信息产业部制定了《非经营性互联网信息服务备案管理办法》，分二十九条，规定了相关用语的定义；适用的范围；主管机关的管理原则和服务要求；履行备案手续的程序和违反规定的罚则。

为了规范电子认证服务行为，对电子认证服务提供者实施监督管理，依照《中华人民共和国电子签名法》和其他法律、行政法规的规定，信息产业部制定了《电子认证服务管理办法》，分八章四十三条，规定了相关用语的定义；适用的范围；主管机关及其职责；电子认证服务机构应具备的条件；行政许可的程序规定；电子认证服务机构的服务要求和应履行的义务；电子签名认证证书的要求；违反规定的罚则。

为加强对互联网 IP 地址资源使用的管理，保障互联网络的安全，维护广大互联网用户的根本利益，促进互联网业的健康发展，信息产业部制定了《互联网 IP 地址备案管理办法》，分二十条，规定了相关用语的定义；适用的范围；主管机关及其职责；IP 地址管理方式及要求；违反规定的罚则。

为加强和规范互联网安全技术防范工作，保障互联网网络安全和信息安全，促进互联网健康、有序发展，维护国家安全、社会秩序和公共利益，根据《计算机信息网络国际联网安全保护管理办法》，公安部制定了《互联网安全保护技术措施规定》分十九条，规定了相关用语的定义；主管机关及其职责；保密要求；具体的互联网安全保护技术措施；违反规定的罚则。

为加强信息安全等级保护，规范信息安全等级保护管理，提高信息安全保障能力和水平，维护国家安全、社会稳定和公共利益，保障和促进信息化建设，根据《中华人民共和国计算机信息系统安全保护条例》等国家有关法律法规，公安部等部门联合制定了《信息安全等级保护管理办法（试行）》，分六章二十六条，规定了相关用语的定义；主管机关及其职责；安全保护等级分为五级及其监督管理；信息安全等级保护的安全管理职责、保密管理要求、密码管理规定；违反规定的罚则。

为了规范全国网吧安全管理软件开发与应用，便于数据处理，实现集中管理，保障公共信息网络安全，公安部制定了《网吧安全管理软件检测规范》，分为网吧安全管理代码（五个部分）、网吧安全管理基本数据交换格式（四个部分）、网吧安全管理软件基本功能（六个部分）。

我们在信息网络立法方面制定了一些法规和规章，但总体上讲，还不能满足依法促进和管理信息网络的需要。要进一步加强这方面的工作，要制定管理性的法律规范，也要制定促进信息技术和信息产业健康发展的法律法规，还要有促进信息网络从业单位行业自律的规定。

要建立和完善信息网络安全保障体系的法规及有效防止有害信息通过网络传播的管理机制，制定通过信息网络实现政务公开和拓宽公民参政议政渠道的法律规范，制定通过信息网络引导和鼓励全社会弘扬中华优秀文化的激励机制，等等。

第八节　妨害信息网络安全行为的民事责任

关于信息网络安全的民事责任制度，我国的多种法规和规章都有所涉及，如国务院2001年12月20日修订的《计算机软件保护条例》第24条规定，除《中华人民共和国著作权法》、本条例或者其他法律、行政法规另有规定外，未经软件著作权人许可，有下列侵权行为的，应当根据情况，承担停止侵害、消除影响、赔礼道歉、赔偿损失等民事责任：

（一）复制或者部分复制著作权人的软件的；

（二）向公众发行、出租、通过信息网络传播著作权人的软件的；

（三）故意避开或者破坏著作权人为保护其软件著作权而采取的技术措施的；

（四）故意删除或者改变软件权利管理电子信息的；

（五）转让或者许可他人行使著作权人的软件著作权的。

全国人民代表大会常务委员会2001年10月27日颁布的《中华人民共和国著作权法（修正）》的第47条规定，有下列侵权行为的，应当根据情况，承担停止侵害、消除影响、赔礼道歉、赔偿损失等民事责任：

（一）未经著作权人许可，复制、发行、表演、放映、广播、汇编、通过信息网络向公众传播其作品的，本法另有规定的除外；

（二）出版他人享有专有出版权的图书的；

（三）未经表演者许可，复制、发行录有其表演的录音录像制品，或者通过信息网络向公众传播其表演的，本法另有规定的除外；

（四）未经录音录像制作者许可，复制、发行、通过信息网络向公众传播其制作的录音录像制品的，本法另有规定的除外；

（五）未经许可，播放或者复制广播、电视的，本法另有规定的除外；

（六）未经著作权人或者与著作权有关的权利人许可，故意避开或者破坏权利人为其作品、录音录像制品等采取的保护著作权或者与著作权有关的权利的技术措施的，法律、行政法规另有规定的除外；

（七）未经著作权人或者与著作权有关的权利人许可，故意删除或者改变作品、录音录像制品等的权利管理电子信息的，法律、行政法规另有规定的除外；

（八）制作、出售假冒他人署名的作品的。

全国人民代表大会常务委员会2000年12月28日颁布的《关于维护互联网安全的决定》指出：在承担刑事责任或行政责任的同时，利用互联网侵犯他人合法权益，构成民事侵权的，依法承担民事责任。

我国这方面的案例也不少。近年来，网络侵权纠纷有愈演愈烈之势，业界普遍认为，网络著作权问题的不断产生，网络著作权纠纷的逐渐增多，无不表明现有的著作权法已经滞后于技术的发展，这种情况不但使原创者的网络著作权得不到有效的保护，同时也造成部分网站在制作内容的时候如履薄冰，限制了网站的发展。互联网在中国虽然还属低级阶段，但壮大发展肯定是大势所趋。制定网络的法律法规，规范网上行为，对网上转载方式加以限制，这些都是必需的，但怎样兼顾著作权人、公众、网站三者的利益，在资源共享、保护当事人利益、满足公众需求之间，在有利于互联网的长远发展的基础上，找到一个各方都能接受的平衡点，这是最值得关注的。世界各国都面临如何保护网上知识产权的问题，中国也将根据国情，不断制定和完善有关网上知识产权保护方面的法律。

第九节　妨害信息网络安全行为的行政责任

关于信息网络安全的法律责任制度，我国有关部门制定了很多法规和规章，虽然严重违犯这些法规和规章，会承担刑事责任，但是主要是关于行政责任的。如：国务院 1994 年 2 月 18 日颁布的《中华人民共和国计算机信息系统安全保护条例》第 23 条规定，故意输入计算机病毒以及其他有害数据危害计算机信息系统安全的，或者未经许可出售计算机信息系统安全专用产品的，由公安机关处以警告或者对个人处以 5000 元以下的罚款、对单位处以 15000 元以下的罚款；有违法所得的，除予以没收外，可以处以违法所得 1 至 3 倍的罚款。公安部 1997 年 12 月 16 日颁布的《计算机信息网络国际联网安全保护管理办法》第 22 条规定，针对非法侵入计算机信息系统，破坏计算机信息系统功能，破坏计算机信息系统数据、应用程序，制作、传播计算机病毒等破坏性程序等危害信息网络的行为，违反本办法第 4 条、第 7 条规定的，依照有关法律、法规予以处罚。农业部 1997 年 4 月 2 日颁布的《计算机信息网络系统安全保密管理暂行规定》第 20 条规定，联入农业部计算机信息网络（包括接入国际互联网络）的单位和个人，不得利用网络系统从事危害国家安全、泄露国家秘密等违法犯罪活动，不得编制、运行、传播危害网络安全的软件，不得制作、查阅、复制和传播妨碍社会治安的信息和淫秽色情等信息。对利用计算机网络进行违法犯罪活动的，按有关规定，严肃查处。国务院 2001 年 12 月 20 日修订的《计算机软件保护条例》第 24 条规定，同时损害社会公共利益的，由著作权行政管理部门责令停止侵权行为，没收违法所得，没收、销毁侵权复制品，可以并处罚款；情节严重的，著作权行政管理部门并可以没收主要用于制作侵权复制品的材料、工具、设备等。中国人民银行 1999 年 8 月 16 日颁布的《银行信贷登记咨询管理办法（试行）》第 33 条规定，金融机构擅自向第三方提供银行信贷登记咨询系统应用软件等知识产权，由中国人民银行给予警告并责令改正，处以一万元以上三万元以下罚款；对该金融机构直接负责的主管人员和直接责任人员给予纪律处分。全国人民代表大会常务委员会 2001 年 10 月 27 日颁布的《中华人民共和国著作权法（修正）》第 47 条规定，同时损害公共利益的，可以由著作权行政管理部门责令停止侵权行为，没收违法所得，没收、销毁侵权复制品，并可处以罚款；情节严重的，著作权行政管理部门还可以没收主要用于制作侵权复制品的材料、工具、设备等。新闻出版署 1997 年 12 月 30 日颁布的《电子出版物管理规定》第 76 条规定，出版、复制、发行、附赠明知侵犯他人著作权的电子出版物的，没收电子出版物和违法所得，并处违法所得 3 倍以上 10 倍以下的罚款；情节严重的，责令停业整顿或者吊销许可证。

例如，防治计算机病毒的专业公司江民公司，其 KV200 系列防杀计算机病毒软件销售红火异常，但是饱受盗版之苦，为了保护自己的产品，在 1997 年推出了 KV200L++版，附带有逻辑锁的反盗版技术措施，可以对盗版者的计算机硬盘加锁，被认为是“故意输入其他有害数据”，北京市公安局对其罚款 3000 元，这是一件影响非常深远的事件，值得认真探讨。公安部由此于 1997 年 12 月 12 日出台了《计算机信息系统安全专用产品检测和销售许可证管理办法》，其中第 22 条规定，安全专用产品中含有有害数据危害计算机信息系统安全的，依据

《中华人民共和国计算机信息系统安全保护条例》第 23 条的规定处罚。

国外和我国港台地区这方面的案件也非常多，据人民网上消息，我国台湾地区破获首宗非法复制使用他人网页牟利案：台北县刑警队网络犯罪小组破获台湾首宗非法复制他人网页后提供给 5 家旅行社使用的计算机犯罪案件，警方将嫌犯刘某及 5 家旅行社负责人依妨害著作权法罪移送法办，并将本案列为重大案例。警方介绍，经营个人旅游网站的丘姓县民向刑警队检举，指称他的"神秘的塞班目录"网页内容，被一家旅行社擅自复制到他们的网站，并借此从事营利活动，严重侵害了他的著作权。刑警队计算机犯罪小组循线查出刘某（41 岁）利用自己家用计算机上网，擅自复制网页内容，再通过网络传给旅行社网站。警方接着又在丘姓被害人协助下，查出另有 25 个网站也曾复制其网页，共 5 家旅行社涉案。这 5 家旅行社负责人到案后，均称刘因积欠他们债务，才以帮他们制作网页方式抵债，他们不清楚侵占了他人的网站。

第十节　妨害信息网络安全行为的刑事责任

关于信息网络安全的法律责任制度，通观我国的现行刑法条文，有四个罪名：

（1）非法侵入计算机信息系统罪；

（2）破坏计算机信息系统功能罪；

（3）破坏计算机信息系统数据、应用程序罪；

（4）制作、传播计算机病毒等破坏性程序罪。

随着计算机技术的飞速发展，关于信息网络安全的法律责任制度，有一个从单机或局域网，然后到国际互联网的重点迁移过程；另一个是从防治计算机病毒，然后到防范打击非法侵入计算机信息系统罪，破坏计算机信息系统功能罪，破坏计算机信息系统数据、应用程序罪，也就是信息安全保护的过程。关于计算机犯罪，要承担相应的刑事责任的规定，最初见于单行条例《中华人民共和国计算机信息系统安全保护条例》第 24 条，违反本条例，构成犯罪的，依法追究刑事责任。在 1997 年刑法修改中，明确规定了四个罪名，即第 285 条规定，违反国家规定，侵入国家事务、国防建设、尖端科学技术领域的计算机信息系统的，处三年以下有期徒刑或者拘役。第 286 条规定，违反国家规定，对计算机信息系统功能进行删除、修改、增加、干扰，造成计算机信息系统不能正常运行，后果严重的，处五年以下有期徒刑或者拘役；后果特别严重的，处五年以上有期徒刑。违反国家规定，对计算机信息系统中存储、处理或者传输的数据和应用程序进行删除、修改、增加的操作，后果严重的，依照前款的规定处罚。故意制作、传播计算机病毒等破坏性程序，影响计算机系统正常运行，后果严重的，依照第一款的规定处罚。

从 1994 年起，由中国科学院高能物理研究所和北京化工学院率先与国际互联网连接，互联网开始进入我国，并逐渐发展和壮大，到现在形成了中国公众信息网、中国电信网、中国科研网和中国教育网等主干网，随着计算机和网络技术的飞速发展，人们已进入日新月异的信息社会。互联网深刻地改变着人们的生活、个人、团体，甚至国家的活动，在行为模式和相互关系上都发生了革命性的变化，互联网在给人们的生产、商业、娱乐、教育科研和信息传播等带来巨大发展的同时，也对国家的政治、经济、文化、道德传统，乃至军事和国家安全提出了严峻的挑战。互联网在蓬勃发展的背后，的确存在着种种不安全的因素，包括：外部黑客的侵袭，内部人员的攻击，不良信息的进入，秘密信息的泄露，破坏网络资源的正常使用，造成信息系统的瘫痪。对此，如不依法予以严厉打击，不仅严重影响互联网的健康发展，还会给国家、社会和个人造成严重危害。公安部1997年12月16日颁布的《计算机信息网络国际联网安全保护管理办法》第六条规定，任何单位和个人不得从事下列危害计算机信息网络安全的活动：

（一）未经允许，进入计算机信息网络或者使用计算机信息网络资源的；

（二）未经允许，对计算机信息网络功能进行删除、修改或者增加的；

（三）未经允许，对计算机信息网络中存储、处理或者传输的数据和应用程序进行删除、修改或者增加的；

（四）故意制作、传播计算机病毒等破坏性程序的；

（五）其他危害计算机信息网络安全的。

第二十条规定，违反法律、行政法规，有本办法第五条、第六条所列行为之一的，构成犯罪的，依法追究刑事责任。

全国人民代表大会常务委员会2000年12月28日颁布的《关于维护互联网安全的决定》规定，为了保障互联网的运用安全，对有下列行为之一，构成犯罪的，依照刑法有关规定追究刑事责任：

（一）侵入国家事务、国防建设、尖端科学技术领域的计算机信息系统；

（二）故意制作、传播计算机病毒等破坏性程序，攻击计算机系统及通信网络，致使计算机系统及通信网络受损害；

（三）违反国家规定，擅自中断计算机网络或者通信服务，造成计算机网络或者通信系统不能正常运行。

例如，吕××破坏计算机信息系统案，某中级人民法院经审理查明：被告人吕××，男，25岁，高中文化，无业。1997年4月间，被告人吕××加入国内黑客组织。1998年1至2月间，吕××使用自己的手提电脑，盗用账号和使用非法账号，利用从互联网上获取的方法攻击中国公众多媒体通信网广州主机。在成功入侵该主机系统并取得最高权限后，吕××非法开设了两个具有最高权限的账号和一个普通用户账号。多次对该主机系统的部分文件进行修改、增加、删除等一系列操作，造成该主机系统管理失控约 15 个小时。吕××实施了入侵行为后，把其使用的账号记录删除，还将拨号信息文件中的上网电话号码改为 12345678 或00000000，以掩盖其入侵行为。该市中级人民法院于1999年8月19日判决：一、被告人吕××犯破坏计算机信息系统罪，判处有期徒刑一年六个月；二、缴获被告人吕××作案用的手提电脑1台，予以没收上缴国库。一审宣判后，被告人吕××没有上诉，人民检察院也没有抗诉。

另外，关于互联网的微型计算机信息系统和有害数据，在信息网络安全的法律责任制度中，经常遇到这两个问题，由于法律依据不明确，往往不好处理，有鉴于此类情况，公安部有两个批复：一个是1998年1月25日颁布的《关于对破坏未联网的微型计算机信息系统是否适用〈刑法〉第286条的请示的批复》，主要内容为：《刑法》第286条中的“违反国家规定”是指包括《中华人民共和国计算机信息系统安全保护条例》在内的有关行政法规、部门规章的规定。《条例》第5条第2款规定的“未联网的微型计算机的安全保护办法，另行规定”，主要是考虑到未联入网络的单台微型计算机系统所处环境和使用情况比较复杂，且基本无安全功能，需针对这些特点另外制定相应的安全管理措施。然而，未联网的计算机信息系统也属计算机信息系统，《条例》第2、3、7条的安全保护原则和规定，对未联网的微型计算机系统完全适用。因此破坏未联网的微型计算机信息系统适用《刑法》第286条。另一个是关于内蒙古公安厅对于有害数据界定的请示的批复，将逻辑锁、黄色淫秽信息、危害国家安全、妨碍社会治安信息等，都界定为有害数据。这是在执法实践中，一些未联网的微型计算机，装有重要的信息，如财务数据，工程图纸等，其价值往往非常贵重，需要加以保护；将逻辑锁、黄色淫秽信息、危害国家安全、妨碍社会治安信息等，都界定为有害数据，以增强执法和司法的可操作性，以利于保护广大人民的合法权益，打击违法犯罪活动。

由于互联网具有开放性、全球性、技术性，因此在互联网上自由主义思潮泛滥，一些人宣扬互联网上无法律、无警察、无国界，可以在上面随心所欲，为所欲为。但是，综上所述，实行了妨害信息网络安全行为时，是要承担法律责任的，因此笔者认为：1. 在网络时代，每个人都可能是受害者，每个人都可能很容易成为罪犯。这是因为互联网得到日益广泛的应用，使人们的生产、工作、学习和生活方式已经开始并将继续发生深刻的变化，对互联网的依赖也越来越严重，无论何时何地，都可能受到互联网上违法犯罪活动的危害，这时要学会使用法律武器来保护自己；如果对关于互联网的法律知识贫乏，不知道哪些行为是不允许的，就非常容易在上网时，触犯国家有关法律法规而受到惩处；2. 对于计算机犯罪，公民的法律意识淡薄，因为犯罪的客体是虚拟社会，没有冷兵器时代血肉横飞、惨不忍睹场景，没有意识到就是像玩游戏似地按按键盘，有可能造成极大的灾难，会受到法律的惩罚；3. 我国网络系统的安全意识薄弱，前述案例中的吕××是一个高中生，拥有的专业知识非常有限，但是轻易就非法进入了计算机信息系统，进行了删除、修改等操作，致使计算机信息系统不能正常运行，造成严重后果。我们往往只注意投入计算机网络信息系统软件和硬件的建设，而对安全防范的投入往往忽视。国际上通行的做法表明，对安全防范的投入占网络建设的20%，能够抵御80%侵入，每投入1美元，能够回报4美元，也就是说，如果没有投入20%安全防范，一旦遇到意外，将不得不投入四倍以上的力量进行恢复，特别是网络运行得越久，积累的数据越多，对整体的形象破坏和所花的代价就越大。因此，加强和完善有关法律法规和强制性的国家标准，来保证信息网络的安全性，是很有必要的。

第二章 利用计算机进行的特定犯罪

我国刑法中利用计算机进行的特定犯罪，是指违反国家规定，利用以计算机为核心的信息技术，妨害电子信息交流安全秩序，严重危害社会依法应负刑事责任的行为。所谓利用信息技术，具有两个方面的含义：一是指行为人利用计算机信息系统本身所具有的采集、存储、传输、检索、加工、处理和控制信息的功能；二是指行为人利用自己所掌握的计算机技术知识和其他影响电子信息交流安全的技术手段如电磁技术等。由于计算机不是信息采集和处理的唯一工具，所以用“利用信息技术”比“利用计算机技术知识”更确切一些。例如，应用电磁波接收仪器，可在一定距离内将他人计算机显示屏上的电磁信号采集下来，经过技术处理还原成文图等信息，利用电磁波干扰计算机信息系统功能更不乏其例。例如，GPS 激光信息干扰仪，就能破坏信息的正确传输。因此，利用信息技术的方法、手段实施犯罪，是利用计算机进行犯罪与其他类型犯罪相区别的根本标志。

在学术界，有一种观点认为，计算机犯罪可分类为两类，即纯正的计算机犯罪和不纯正的计算机犯罪。

所谓纯正的计算机犯罪，亦称典型性计算机犯罪，指既利用信息科学技术并且以计算机信息系统为侵害对象的犯罪。这类犯罪就是《刑法》第 285 条和第 286 条规定的四个罪名，即非法侵入计算机信息系统罪、破坏计算机信息系统功能罪、破坏计算机信息系统数据或应用程序罪、制作或传播计算机病毒等破坏性程序罪。

利用计算机进行特定犯罪的立法沿革：

1979 年的旧刑法中没有对此作出过规定，最初见于单行条例。《计算机信息系统安全保护条例》(1994 年 2 月 18 日) 第 24 条规定：“违反本条例，构成犯罪的，依法追究刑事责任”。本罪由此而来。

在 1997 年新刑法修改中，补充了此条。全国人民代表大会常务委员会《关于维护互联网安全的决定》(2000 年 12 月 28 日) 又作了强调。在西方被称为“黑客”(Hacker) 的犯罪分子，不仅利用他们娴熟的电脑知识，入侵信息网络窥视用户的秘密，制造恶作剧或勒索财物，破坏社会秩序和扰乱公民的正常生活，而且他们还将黑手伸向国家事务、国防建设和尖端科技领域浏览核心机密，大有造成“灾难性破坏”的危险。据美国官方人士称，1995 年企图闯入五角大楼计算机系统的“黑客”多达 25 万人次，其中有 65%即 16.25 万次获得成功。这些闯入者对防务系统造成的麻烦，需要花数百万美元才能消除。“黑客”的所作所为给国家安全、国家事务和公共安全带来严重的威胁。随着计算机技术日新月异的发展，互联网的迅速普及，针对计算机和利用计算机犯罪的现象越来越多，带来的危害、损失更是普通犯罪手段所不能比的。因此，在立法上给予保护是非常必要的，只有这样才能有利于互联网的健康发展。

第一节 非法侵入计算机信息系统罪

一、非法侵入计算机信息系统罪的概念

根据刑法第 285 条第 2 款规定，本罪是指违反国家规定，侵入国家事务、国防建设、尖端科学技术领域的计算机信息系统的行为。

二、非法侵入计算机信息系统罪的构成

本罪是独立的犯罪构成，是行为犯，具有相应的一个犯罪构成类型和一个法定型幅度，由一般主体、犯罪故意、单一危害行为、特定犯罪前提、特定犯罪对象、被害法益六个要件构成。行为成立本罪，必须齐备既定的构成要件；如果缺少其中的任何一个要件，该种犯罪便不能成立。

本罪构成要件的具体内容和表现形式，分述如下：

1．一般主体

本罪的主体为一般主体，即是已满 16 周岁且具有刑事责任能力的自然人。但鉴于现实中，不少的行为人小于 16 岁，虽然此种情况不作为犯罪处理，但应责令监护人严加管教。随着计算机技术的发展，本罪的主体趋向低龄化、低文化程度。

2．犯罪故意

本罪的罪过形式表现为故意，即行为人明知是国家事务、国防建设、尖端科学技术领域的计算机信息系统而擅自侵入，并且希望这种结果发生。如果行为人是无意侵入又马上退出的，不以犯罪论处。如果行为人是无意侵入，发现是上述系统，但又不马上退出的，此时，过失已转化为故意，应以本罪论处。至于行为人侵入国家事务、国防建设、尖端科学技术领域的计算机信息系统的目的与动机如何，并不影响本罪的成立。

3．单一危害行为

本罪的危害行为表现为行为人实施了非法侵入国家事务、国防建设、尖端科学技术领域的计算机信息系统的行为。所谓“侵入”，是指未取得国家有关主管部门合法授权或者批准，通过计算机终端访问国家重要计算机信息系统或者进行数据截收的行为。在司法实践当中，本罪一般表现为行为人凭借其计算机技术，采用破译、窃取、刺探、骗取电脑安全密码的手段，操作计算机侵入国家事务、国防建设、尖端科学技术领域的计算机信息系统。

4．特定犯罪前提

本罪的特定犯罪前提是行为人违反了国家规定。所谓“国家规定”，主要是指《计算机系统安全保护条例》第四条之规定：“计算机信息系统的安全保护工作，重点保护国家事务、经济建设、国防建设、尖端科学技术等重要领域的计算机信息系统安全。”《计算机信息网络国际联网安全保护管理办法》第六条规定：“任何单位和个人不得从事下列危害计算机信息网络安全的活动：

（一）未经允许，进入计算机信息网络或者使用计算机信息网络资源的；

（二）未经允许，对计算机信息网络功能进行删除、修改或者增加的；

（三）未经允许，对计算机信息网络中存储、处理或者传输的数据和应用程序进行删除、修改或者增加的；

（四）故意制作、传播计算机病毒等破坏性程序的；

（五）其他危害计算机信息网络安全的。

5．特定犯罪对象

本罪侵害的对象是国家重要的计算机信息系统，即国家事务、国防建设、尖端科学技术领域的计算机信息系统。“计算机信息系统”，是指由计算机及其相关配套的设备、设施（含网络）构成的，按照一定的应用目标和规则对信息进行采集、加工、存储、传输、检索等处理的人机系统。本罪侵入的计算机信息系统只限于国家事务、国防建设、尖端科学技术领域。行为人非法侵入别的系统，不构成本罪。

6．被害法益

本罪侵害的法益是国家事务、国防建设、尖端科学技术领域的计算机信息系统的安全。国家事务、国防建设和尖端科学技术领域的计算机信息系统传输、处理、存储着大量有关国家事务、国防建设、尖端科学技术的绝密、机密资料和数据信息。如果这一信息系统被非法侵入，则存储在其中的国家事务、国防建设、尖端科学技术秘密便会被浏览、泄露，甚至可能被删除、修改、窃取，从而给国家事务、国防建设和尖端科学技术的研究应用造成重大损失。 对这种非法侵入国家重要计算机信息系统的行为必须予以严厉打击。

三、处罚

犯本罪，处三年以下有期徒刑或者拘役。

四、追诉标准

违反国家规定，实施了侵入国家事务、国防建设、尖端科学技术领域的计算机信息系统的行为，应予追诉。如果实施了侵入国家事务、国防建设、尖端科学技术领域以外的计算机信息系统的行为，依据《治安管理处罚法》第二十九条第一项之规定进行处罚。

五、常见的犯罪方法及手段

运用 scan、xscan、流光等软件进行扫描，查找、发现被侵害的计算机系统漏洞，从而进入该计算机信息系统。目前，扫描软件有几百种，绝大部分的病毒、木马程序都具有扫描功能。

六、认定非法侵入计算机信息系统罪应当区分的界限和注意的问题

要认定具体行为是否构成本罪，除了严格对照该行为是否符合并齐备本罪的构成要件外，还应当注意分析如下几个问题，然后才能得出正确的结论。

1．本罪与非罪的界限

本罪与非罪的界限主要有以下几点：（1）本罪行为对象须是国家事务、国防建设、尖端科学技术领域的计算机信息系统，非法侵入其他计算机信息系统的，不构成本罪。本罪是行为犯，必须实施法定的危害行为即非法侵入行为，犯罪人如果试图非法侵入，而实际上没有实现侵入，则不构成本罪。（2）本罪主观上是直接故意，如果行为人确实不知侵入的计算机信息系统是这三个领域的计算机信息系统，则不构成本罪；间接故意和过失犯罪不构成本罪。

2．本罪与其他利用计算机犯罪的界限

本罪与其他利用计算机犯罪存在着显著区别：（1）犯罪客体不同。本罪侵犯的是国家对计算机信息系统的安全管理秩序和国家事务、国防建设、尖端科学技术领域的正常工作秩序。后者侵犯的是其他社会关系，如利用计算机盗窃侵犯的是公私财产的所有权，而且被侵入的

计算机信息系统不局限于国家事务、国防建设、尖端科学技术领域。（2）客观方面表现不同。后者侵入计算机信息系统只是其作案方法、手段，最终目的是进行其他犯罪行为。（3）犯罪目的、动机不同。如果行为人非法侵入本罪特定对象后又进行其他犯罪，如窃取计算机信息系统中的国家秘密，则构成窃取国家秘密罪。

3．本罪的一罪与数罪问题

如果行为人侵入这些领域的计算机信息系统之后，又窃取了系统中储存的绝密资料和数据或者输入计算机病毒，则又构成非法获取国家秘密罪和破坏计算机信息系统罪，应当按照处理牵连犯的原则，从一重处罚，不实行数罪并罚。

4．关于本罪是否存在犯罪未完成形态的问题

现行《刑法》只在总则中规定犯罪未完成形态（即预备犯、未遂犯和中止犯）的概念，在分则中没有明确哪些犯罪应当处罚预备、未遂和中止行为，在此问题上未能体现罪刑法定原则，但从理论联系实际进行分析，我们认为：只有性质相当严重的犯罪，才处罚其预备、未遂和中止行为，这就是说，不是所有的犯罪都存在未完成形态。因此，过失犯罪、法定刑为三年“以下”有期徒刑的犯罪、行为犯中的即成犯、情节犯、情节加重犯以及危险程度较轻的危险犯，都不存在犯罪未完成形态。由于本罪是行为犯，故不存在犯罪未完成形态。

◎附相关规定：

中华人民共和国计算机信息系统安全保护条例

（1994 年 2 月 18 日国务院 147 号令）

（节选）

第二条　本条例所称的计算机信息系统，是指由计算机及其相关的和配套的设备、设施（含网络）构成的，按照一定的应用目标和规则对信息进行采集、加工、存储、传输、检索等处理的人机系统。

第七条　任何组织或者个人，不得利用计算机信息系统从事危害国家利益、集体利益和公民合法利益的活动，不得危害计算机信息系统的安全。

第二十条　违反本条例的规定，有下列行为之一的，由公安机关处以警告或者停机整顿：

（一）违反计算机信息系统安全等级保护制度，危害计算机信息系统安全的；

（二）违反计算机信息系统国际联网备案制度的；

（三）不按照规定时间报告计算机信息系统中发生的案件的；

（四）接到公安机关要求改进安全状况的通知后，在限期内拒不改进的；

（五）有危害计算机信息系统安全的其他行为的。

公安部关于对《中华人民共和国计算机信息系统安全保护条例》中涉及的“有害数据”问题的批复

（1996 年 5 月 9 日）

内蒙古自治区公安厅：

你厅《关于“计算机有害数据”定义的请示》（内公事〔1996〕30 号）收悉。现批复如下：

"有害数据"是指计算机信息系统及其存储介质中存在、出现的，以计算机程序、图像、文字、声音等多种形式表示的，含有攻击人民民主专政、社会主义制度，攻击党和国家领导人，破坏民族团结等危害国家安全内容的信息；含有宣扬封建迷信、淫秽色情、凶杀、教唆犯罪等危害社会治安秩序内容的信息，以及危害计算机信息系统运行和功能发挥，应用软件、数据可靠性、完整性和保密性，用于违法活动的计算机程序（含计算机病毒）。

计算机信息网络国际联网安全保护管理办法

（1997年12月11日国务院批准1997年12月30日
公安部33号令发布）

（节选）

第四条 任何单位和个人不得利用国际联网危害国家安全、泄露国家秘密，不得侵犯国家的、社会的、集体的利益和公民的合法权益，不得从事违法犯罪活动。

第六条 任何单位和个人不得从事下列危害计算机信息网络安全的活动：

（一）未经允许，进入计算机信息网络或者使用计算机信息网络资源的；

（二）未经允许，对计算机信息网络功能进行删除、修改或者增加的；

（三）未经允许，对计算机信息网络中存储、处理或者传输的数据和应用程序进行删除、修改或者增加的；

（四）故意制作、传播计算机病毒等破坏性程序的；

（五）其他危害计算机信息网络安全的。

全国人民代表大会常务委员会关于维护互联网安全的决定

（2000年12月28日第九届全国人民代表大会常务委
员会第十九次会议通过）

我国的互联网，在国家大力倡导和积极推动下，在经济建设和各项事业中得到日益广泛的应用，使人们的生产、工作、学习和生活方式已经开始并将继续发生深刻的变化，对于加快我国国民经济、科学技术的发展和社会服务信息化进程具有重要作用。同时，如何保障互联网的运行安全和信息安全问题已经引起全社会的普遍关注。为了兴利除弊，促进我国互联网的健康发展，维护国家安全和社会公共利益，保护个人、法人和其他组织的合法权益，特作如下决定：

一、为了保障互联网的运行安全，对有下列行为之一，构成犯罪的，依照刑法有关规定追究刑事责任：

（一）侵入国家事务、国防建设、尖端科学技术领域的计算机信息系统；

（二）故意制作、传播计算机病毒等破坏性程序，攻击计算机系统及通信网络，致使计算机系统及通信网络遭受损害；

（三）违反国家规定，擅自中断计算机网络或者通信服务，造成计算机网络或者通信系统不能正常运行。

二、为了维护国家安全和社会稳定，对有下列行为之一，构成犯罪的，依照刑法有关规定追究刑事责任：

（一）利用互联网造谣、诽谤或者发表、传播其他有害信息，煽动颠覆国家政权、推翻社会主义制度，或者煽动分裂国家、破坏国家统一；

（二）通过互联网窃取、泄露国家秘密、情报或者军事秘密；

（三）利用互联网煽动民族仇恨、民族歧视，破坏民族团结；

（四）利用互联网组织邪教组织、联络邪教组织成员，破坏国家法律、行政法规实施。

三、为了维护社会主义市场经济秩序和社会管理秩序，对有下列行为之一，构成犯罪的，依照刑法有关规定追究刑事责任：

（一）利用互联网销售伪劣产品或者对商品、服务作虚假宣传；

（二）利用互联网损害他人商业信誉和商品声誉；

（三）利用互联网侵犯他人知识产权；

（四）利用互联网编造并传播影响证券、期货交易或者其他扰乱金融秩序的虚假信息；

（五）在互联网上建立淫秽网站、网页，提供淫秽站点链接服务，或者传播淫秽书刊、影片、音像、图片。

四、为了保护个人、法人和其他组织的人身、财产等合法权利，对有下列行为之一，构成犯罪的，依照刑法有关规定追究刑事责任：

（一）利用互联网侮辱他人或者捏造事实诽谤他人；

（二）非法截获、篡改、删除他人电子邮件或者其他数据资料，侵犯公民通信自由和通信秘密；

（三）利用互联网进行盗窃、诈骗、敲诈勒索。

五、利用互联网实施本决定第一条、第二条、第三条、第四条所列行为以外的其他行为，构成犯罪的，依照刑法有关规定追究刑事责任。

六、利用互联网实施违法行为，违反社会治安管理，尚不构成犯罪的，由公安机关依照《治安管理处罚条例》予以处罚；违反其他法律、行政法规，尚不构成犯罪的，由有关行政管理部门依法给予行政处罚；对直接负责的主管人员和其他直接责任人员，依法给予行政处分或者纪律处分。

利用互联网侵犯他人合法权益，构成民事侵权的，依法承担民事责任。

七、各级人民政府及有关部门要采取积极措施，在促进互联网的应用和网络技术的普及过程中，重视和支持对网络安全技术的研究和开发，增强网络的安全防护能力。有关主管部门要加强对互联网的运行安全和信息安全的宣传教育，依法实施有效的监督管理，防范和制止利用互联网进行的各种违法活动，为互联网的健康发展创造良好的社会环境。从事互联网业务的单位要依法开展活动，发现互联网上出现违法犯罪行为和有害信息时，要采取措施，停止传输有害信息，并及时向有关机关报告。任何单位和个人在利用互联网时，都要遵纪守法，抵制各种违法犯罪行为和有害信息。人民法院、人民检察院、公安机关、国家安全机关要各司其职，密切配合，依法严厉打击利用互联网实施的各种犯罪活动。要动员全社会的力量，依靠全社会的共同努力，保障互联网的运行安全与信息安全，促进社会主义精神文明和物质文明建设。

中华人民共和国治安管理处罚法

（2005年8月28日第十届全国人民代表大会常务委员会第十七次会议通过
主席令38号）

（节选）

第二十九条 有下列行为之一的，处五日以下拘留；情节较重的，处五日以上十日以下拘留：

（一）违反国家规定，侵入计算机信息系统，造成危害的；

第二节 破坏计算机信息系统功能罪

一、破坏计算机信息系统罪的概念

根据刑法第286条第1款规定，本罪是指违反国家规定，对计算机信息系统功能进行删除、修改、增加、干扰，造成计算机信息系统不能正常运行，后果严重的行为。

二、破坏计算机信息系统功能罪的构成

本罪是集合的犯罪构成，分为基本罪和重罪两个构成类型，具有相应的两个法定型档次。其中，基本罪是结果犯，由一般主体、犯罪故意、单一危害行为、特定犯罪前提、特定犯罪方法、特定犯罪对象、特定危害结果、被害法益八个要件构成。重罪是结果加重犯，是指在符合基本罪构成要件的基础上，造成后果特别严重的情形。行为成立本罪，必须齐备构成类型的既定构成要件；如果缺少该构成类型的任何一个要件，该种犯罪便不能成立。

基本罪和重罪构成要件的具体内容和表现形式，分述如下：

（一）基本罪构成要件

1．一般主体

主体是已满16周岁且具有刑事责任能力的自然人。在实践中发生的这类案件，行为人不一定具有高超的计算机技术水平。

2．犯罪故意

本罪的罪过形式表现为故意，指明知自己的行为可能造成计算机信息系统不能正常运行的危害后果，希望或放任这种危害后果发生的心理态度。行为人的目的和动机是多种多样的，主要是显示自己在计算机方面的高超才能、泄愤报复、要挟讹诈、贪财图利和不正当竞争等。无论出于何种目的、动机如何，均不影响本罪的构成，过失不构成本罪。

3．单一危害行为

本罪的单一危害行为表现为实施破坏计算机信息系统功能的行为。这种破坏行为共有删除、修改、增加、干扰四种并列选择的表现形式（亦称为行为方式）。只要以其中任何一种方式实施破坏系统功能的行为，均可构成本罪。

4．特定犯罪方法

本罪的特定犯罪方法表现为删除、修改、增加、干扰四种行为方式。以其他方法破坏计算机信息系统功能的，不构成本罪。

第一种行为方式是对系统功能进行“删除”。所谓删除，是指利用逻辑手段将计算机信

息系统原有功能之一部分或全部功能除去，造成计算机信息系统不能正常运行。当前对计算机信息系统功能进行删除的主要手段，是利用操作系统中具有删除功能的指令对系统功能进行删除。

第二种行为方式是对系统功能进行“修改”。所谓修改，是指将计算机信息系统原有的功能部分或者全部地进行改动，或者将原程序用另一种程序加以替代，改变其功能，造成计算机信息系统不能正常运行。

第三种行为方式是对系统功能进行“增加”。所谓增加，是指在计算机信息系统里添加某种功能，导致原有的系统功能受到影响或者破坏，造成计算机信息系统不能正常运行。

第四种行为方式是对系统功能进行“干扰”。所谓干扰，是指通过一定手段如输入一个新的程序干扰原程序，以影响计算机系统正常运转，行使其功能。干扰包括内部干扰和外部干扰两种。内部干扰是指采用计算机内部信息符号与程序等对系统功能进行的干扰，如抢占系统资源等。对计算机信息系统进行内部干扰的手段主要有 E-mail 炸弹和拒绝服务（Denial-of-Service）两种。外部干扰是指人为地发射一种强大的电磁信号，用以干扰系统正常的运作状态或传输中的信号，使系统不能正常工作或信号不能被正常输出或接收。外部干扰又分为电磁干扰和射频干扰两种。电磁干扰是指由高能电扰动引起的感应电磁场，它不仅对无线电通信形成干扰，而且能导致沿电缆传送的数据、信息遭受破坏或丢失。射频干扰是通过发射射频电磁辐射，干扰计算机工作电路，造成计算机信息系统不能正常运行。

5. 特定犯罪前提

违反国家规定是本罪的特定犯罪前提。所谓违反国家规定，是指违反《中华人民共和国计算机信息系统安全保护条例》、《计算机信息网络国际联网安全保护管理办法》等法律、法规、规章和命令。如果行为人没有违反国家有关规定，不能构成本罪。

6. 特定犯罪对象

本罪侵害的犯罪对象为计算机信息系统。根据 1994 年 2 月 18 日国务院颁布的《计算机信息系统安全保护条例》第 2 条规定，计算机信息系统，是指由计算机及其相关的和配套的设备、设施（含网络）构成的，按照一定的应用目标和规则对信息进行采集、加工、存储、传输、检索等人机系统。因此，这里所说的计算机信息系统，一般是指控制计算机及其相关的和配套的设备、设施（含网络）正常运行的操作系统；计算机信息系统功能，一般是指操作系统所具有的采集、加工、存储、传输、检索信息的效能和功用。所谓采集，是指在数据处理中，对要集中处理的数据进行鉴别、分类和汇总的过程；所谓加工，是指计算机为求解某一问题而进行的数据运算，也叫数据处理；所谓存储，是指将数据保存在某个存储装置中，以供随时取用；所谓传输，是指把信息从一个地点发送到另一个地点，而不改变信息内容的过程；所谓检索，是指计算机从文件中找出和选择所需数据的一种运作过程。因而可以说，对于计算机信息系统功能的破坏，实际上就是指对操作系统的采集、加工、存储、传输、检索等功能的破坏。

7. 特定危害后果

本罪的特定危害后果是造成计算机信息系统不能正常运行，后果严重。造成计算机信息系统不能正常运行，本身就是一种危害结果，但是仅仅造成系统不能正常运行并不够，还必须是“后果严重的”行为。这就是说，造成系统不能正常运行，不一定引起严重后果，只有既造成系统不能正常运行又引起其他严重后果的，才能成立本罪的既遂。至于何谓“后果严重”，有待司法解释作出明确规定。但从司法实践来看，主要是指如下情形：（1）致使计算机信息系统功能部分或全部遭到破坏，严重影响工作或者造成重大经济损失的。（2）造成重要计算机信息系统如国家事务、国防建设、尖端科学技术领域的计算机信息系统破坏的。（3）致使秘密、重要数据、资料、信息毁弃，造成严重损失的。（4）出于恐怖等违法犯罪目的，造成恶劣的影响的，等等。

8．被害法益

本罪侵犯的法益，是计算机信息系统安全保护管理秩序和计算机信息系统所有人的合法权利。随着计算机网络在全社会使用范围和使用人数的增加，破坏计算机信息系统功能，危及计算机信息系统运行安全的犯罪行为将越来越显示出其严重的社会危害性，将严重扰乱各类机关、团体、社区正常工作和管理秩序，以及公民个人的正常生活秩序，因而对于此类犯罪行为依法追究刑事责任，对于维护正常的社会公共秩序和保证社会经济、文化的健康、有序发展将起到极为重要的作用。

（二）重罪构成要件

本罪的重罪构成要件是结果加重犯，是指罪行在符合基本罪的构成要件的基础上，后果特别严重的行为。何谓后果特别严重，有待司法解释作出规定，但从司法实践来看，主要是指：（1）破坏国家事务、国防建设、尖端科学技术领域的计算机信息系统功能，后果特别严重的。（2）致使一个地区、一个行业计算机信息系统陷入瘫痪的。（3）修复被破坏的系统功能耗资巨大、耗时长久，对工作、生产、经营影响特别严重的。（4）给被害单位和个人造成巨大经济损失的。（5）出于恐怖等违法犯罪目的，造成特别恶劣的影响的，等等。

三、处罚

根据《刑法》第286条第1款规定，犯本罪基本罪的，处5年以下有期徒刑或者拘役；犯重罪的，处5年以上有期徒刑。

四、追诉标准

违反国家规定，对计算机信息系统功能进行删除、修改、增加、干扰，造成计算机信息系统不能正常运行，后果严重的，应予追诉。违反国家规定，对计算机信息系统功能进行删除、修改、增加、干扰，造成计算机信息系统不能正常运行，后果不严重的，依据《治安管理处罚法》第29条第2项之规定进行处罚。

五、常见的犯罪方法及手段

运用scan、xscan、流光等软件进行扫描，查找、发现被侵害的计算机系统漏洞，从而进入该计算机信息系统进行删除、修改、增加、干扰。有的打开一个或多个端口，进行远程控制。目前，扫描软件有几百种，绝大部分的病毒、木马程序都具有扫描功能，木马程序具有远程控制功能。

六、认定破坏计算机信息系统功能罪应当区分的界限和注意的问题

要认定具体行为是否构成本罪，除了严格对照该行为是否符合并齐备本罪的构成要件外，还应当注意分析如下几个问题，然后才能得出正确的结论。

1．本罪与非罪的界限

本罪与非罪的区分，主要注意两个问题：（1）要看行为人实施破坏计算机信息系统功能的行为，是否造成了计算机信息系统不能正常运行和是否引起严重的后果。如果只是实施对

计算机信息系统功能进行删除、修改、增加或干扰的行为，但未造成计算机信息系统不能正常运行或者危害后果尚未达到严重程度的，不以犯罪论处。（2）要看行为人主观上是否出于故意。计算机是一种高新技术，操作使用者的技术水平参差不齐，特别是初学使用计算机信息系统的人，常常会发生误操作，从而造成计算机信息系统不能正常运行，以致引起严重后果的发生，由于行为人在主观上不具有破坏系统功能的故意，因而不构成本罪。

2．本罪与非法侵入计算机信息系统罪的界限

它们的共同之处是，行为人都侵入了计算机信息系统，但两者却存在如下区别：（1）对象范围不同。本罪的行为对象是任何计算机信息系统，包括国家事务、国防建设和尖端科技领域的系统；后者的行为对象只限于国家事务、国防建设或尖端科技领域的计算机信息系统。（2）危害行为的单复不同。本罪是复杂危害行为，不但要进入（包括合法进入和非法侵入）计算机信息系统，而且还必须对系统功能进行删除、增加、修改或者干扰，才能构成犯罪；而后者则是单一危害行为，只要实行了非法侵入国家事务、国防建设和尖端科技领域的计算机信息系统的行为，便构成犯罪。（3）对危害结果的要求不同。本罪是结果犯，只有既实施危害行为，又造成计算机信息系统不能正常运行且后果严重的，才能成立犯罪的既遂；而后者是行为犯，只要着手实施侵入国家事务、国防建设或尖端科技领域的计算机信息系统的行为，就可以追究刑事责任。任何危害行为都会引起一定的危害结果，没有无结果的行为，这同构成某种犯罪是否要求具备某种危害结果不是一码事。如果非法侵入上述三个领域的计算机信息系统又引起其他危害结果的，就不是本罪而可能构成其他犯罪。（4）罪过形式不尽相同。本罪在主观方面既可以是直接故意也可以是间接故意；而后者只能出于直接故意，因为如果不解除国家事务、国防建设或尖端科技领域计算机信息系统的安全保护体系，就不可能侵入这三个领域的系统，所以不存在放任的心理态度。（5）本罪分为基本罪和重罪两个构成类型，基本罪的法定最高刑为 5 年有期徒刑，重罪的法定最高刑为 20 年有期徒刑；而后者则是单一的构成类型，法定最高刑为 3 年有期徒刑。因此，如果行为人非法侵入国家事务、国防建设或尖端科技领域的系统，同时又实施破坏系统功能行为的，属于牵连犯，应根据危害后果的严重程度，按本罪定罪处罚。

3．本罪与破坏公用电信设施罪、故意毁坏财产罪的界限

破坏计算机信息系统功能，一般有两种方法：一种是逻辑破坏（亦称非暴力性破坏）。指利用信息科学技术操作方法，对计算机信息系统功能进行删除、修改、增加、干扰，主要是针对软件进行破坏，从而破坏计算机信息系统的功能。另一种是物理破坏（亦称暴力性破坏）。指通过爆炸、捣砸、摩擦、刺划、高温、浸湿、燃烧、短路等物理手段，破坏计算机设备、设施，从而破坏计算机信息系统功能。例如，1995 年 2 月，在德国一伙人为了阻碍当局驱逐寻求政治避难者，而对德国电信网进行攻击，割断了七根地下光纤电缆，中断了法兰克福机场大约 7000 根电话和数据线。鉴于上述两种方法都能达到破坏计算机信息系统功能的目的，所以，应当注意区分本罪与破坏公用电信设施罪、故意毁坏财产罪的界限。首先，我国《刑法》第 286 条第 1 款，已将“逻辑破坏”限定为破坏计算机信息系统功能的行为，因此，以物理方式实施的破坏计算机信息系统功能的行为，不能以本罪论处。其次，以物理方式实施的破坏计算机信息系统功能的行为，应认定为何种犯罪呢？有学者认为：“如果采用暴力手段对计算机硬件进行破坏的，虽然也同时破坏了计算机的信息系统，但应以故意毁坏财物罪定罪处罚。”（周道鸾、张军主编：《刑法罪名精释》，人民法院出版社 1998 年版，第 613 页）我们认为不可一概而论。因为计算机信息系统是相应硬件和软件的统一，其最重要的功

能是各终端机之间的信息传输与交换，多数属于公用电信设施的范畴。故以物理方式破坏正在互联网上使用的计算机信息系统的硬件设备、设施的，应按《刑法》第124条规定的破坏公用电信设施罪定罪处罚；只有以物理方式破坏尚未联机上网的计算机信息系统硬件的行为，才可以认定为故意毁坏财物罪。

4．关于利用计算机实施其他犯罪后为毁灭罪证而破坏系统功能的问题

在实践中，不少犯罪分子利用计算机实施金融诈骗、盗窃、贪污、挪用公款、窃取国家秘密或者其他犯罪，行为人在实施犯罪后，为了逃避惩罚，往往又采用破坏计算机信息系统功能的方法来消灭罪证。例如四川省某市某银行计算机操作员谢某，伙同他人侵入金融计算机系统，诈骗人民币87万元，作案后谢某又将该计算机信息系统的整个功能加以修改、删除，企图抹去其作案的痕迹，造成系统不能正常运行，后果十分严重。在这里，谢某的后一行为已构成破坏计算机信息系统功能罪。对谢某的行为，是按一罪认定还是数罪并罚呢？有学者认为，应当以诈骗罪和破坏计算机信息系统功能罪实行数罪并罚①。我们认为这种观点是正确的。

5．关于本罪是否存在犯罪未完成形态的问题

现行《刑法》只在总则中规定犯罪未完成形态（即预备犯、未遂犯和中止犯）的概念，在分则中没有明确哪些犯罪应当处罚预备、未遂和中止行为，在此问题上未能体现罪刑法定原则，但从理论联系实际进行分析，我们认为：只有性质相当严重的犯罪，才处罚其预备、未遂和中止行为，这就是说，不是所有的犯罪都存在未完成形态。因此，过失犯罪、法定刑为三年“以下”有期徒刑的犯罪、行为犯中的即成犯、情节犯、情节加重犯以及危险程度较轻的危险犯，都不存在犯罪未完成形态。由于本罪的基本罪是结果犯，故存在犯罪未完成形态；本罪的重罪是结果加重犯，故也存在犯罪未完成形态。

◎附相关规定：

中华人民共和国计算机信息系统安全保护条例

（1994年2月18日国务院147号令）

（节选）

第二条 本条例所称的计算机信息系统，是指由计算机及其相关的和配套的设备、设施（含网络）构成的，按照一定的应用目标和规则对信息进行采集、加工、存储、传输、检索等处理的人机系统。

第七条 任何组织或者个人，不得利用计算机信息系统从事危害国家利益、集体利益和公民合法利益的活动，不得危害计算机信息系统的安全。

第二十条 违反本条例的规定，有下列行为之一的，由公安机关处以警告或者停机整顿：

（一）违反计算机信息系统安全等级保护制度，危害计算机信息系统安全的；

（二）违反计算机信息系统国际联网备案制度的；

（三）不按照规定时间报告计算机信息系统中发生的案件的；

① 赵秉志、于志刚：《试论计算机犯罪》，载高铭暄、赵秉志主编《刑法论丛》（第一卷），法律出版社，1998年版，第79页。

（四）接到公安机关要求改进安全状况的通知后，在限期内拒不改进的；

（五）有危害计算机信息系统安全的其他行为的。

计算机信息网络国际联网安全保护管理办法

（1997年12月11日国务院批准 1997年12月30日
公安部33号令发布）

（节选）

第四条　任何单位和个人不得利用国际联网危害国家安全、泄露国家秘密，不得侵犯国家的、社会的、集体的利益和公民的合法权益，不得从事违法犯罪活动。

第六条　任何单位和个人不得从事下列危害计算机信息网络安全的活动：

（二）未经允许，对计算机信息网络功能进行删除、修改或者增加的；

中华人民共和国治安管理处罚法

（2005年8月28日第十届全国人民代表大会常务委员会第十七次会议通过
中华人民共和国主席令38号）

（节选）

第二十九条　有下列行为之一的，处五日以下拘留；情节较重的，处五日以上十日以下拘留：

(二)违反国家规定，对计算机信息系统功能进行删除、修改、增加、干扰，造成计算机信息系统不能正常运行的；

第三节　破坏计算机信息系统数据、应用程序罪

一、破坏计算机信息系统数据、应用程序罪的概念

根据《刑法》第286条第2款规定，破坏计算机信息系统数据、应用程序罪是指违反国家规定，对计算机信息系统中存储、处理或传输的数据和应用程序进行删除、修改、增加的操作，后果严重的行为。本罪是选择性罪名，诉讼中应根据实际案情选项适用或并合适用。

二、破坏计算机信息系统数据、应用程序罪的构成

本罪是集合的犯罪构成，分为基本罪和重罪两个构成类型，具有相应的两个法定型档次。其中，基本罪是结果犯，由一般主体、犯罪故意、单一危害行为、特定犯罪前提、特定犯罪方法、特定犯罪对象、特定危害结果、被害法益八个要件构成。重罪是结果加重犯，是指在符合基本罪构成要件的基础上，造成后果特别严重的情形。行为成立本罪，必须齐备构成类型的既定构成要件；如果缺少该构成类型的任何一个要件，该种犯罪便不能成立。

基本罪和重罪构成要件的具体内容和表现形式，分述如下：

（一）基本罪构成要件

1．一般主体

本罪的主体是已满 16 周岁且具有刑事责任能力的自然人。在实践中发生的这类案件，行为人不一定具有高超的计算机技术水平。

2．犯罪故意

本罪的罪过形式表现为故意，指明知自己的行为可能造成计算机信息系统不能正常运行的危害后果，希望或放任这种危害后果发生的心理态度。行为人的目的和动机是多种多样的，主要是显示自己在计算机方面的高超才能、泄愤报复、要挟讹诈、贪财图利和不正当竞争等。无论出于何种目的、动机如何，均不影响本罪的构成，过失不构成本罪。

3．单一危害行为

本罪的危害行为表现为对计算机信息系统中存储、处理或者传输的数据或应用程序实施了非法操作的行为。所谓“操作”，是指运用键盘、触摸等信息输入工具或方法，主动变更计算机信息系统中的数据和应用程序。这种危害行为表现为删除、修改、增加三种并列选择形式（行为方式），只要以其中任何一种方式实施，均可构成本罪。所谓数据，在这里是指计算机用以表示一定意思内容或者由其进行实际处理的一切文字、符号、数字、图形等有意义的组合。所谓计算机中存储、处理、传输的数据，则是指固定存储在计算机内部随时可供提取、查阅、使用的数据，或者已经进入计算机正在进行加工、处理以及通过线路而由其他计算机信息系统传递过来的数据。所谓计算机程序，是指为了得到某种结果而可以由计算机等具有信息处理能力的装置执行的代码化指令序列，或者可被自动转换成代码化指令序列的符号化指令序列或者符号化语句序列。至于计算机应用程序则是指用户使用数据的一种方式，是用户按数据库授予的子模式的逻辑结构，对数据进行操作和运算的程序。

4．特定犯罪方法

本罪须有特定的犯罪方法，即删除、修改、增加计算机中存储、处理或传输的数据或应用程序。

第一种行为方式是“删除”。所谓删除，是指利用删除命令、格式化命令等进行操作，将计算机信息系统所存储、处理或者传输的数据和应用程序的全部或者一部删去。对于删除行为的特点和常见的具体犯罪方法，已在本章第二节破坏计算机信息系统功能罪中作了详细探讨，这里不再赘述。删除的直接后果是造成计算机信息系统内原有的数据和应用程序灭失。

第二种行为方式是“修改”。所谓修改，是指对数据和应用程序进行非法改动。修改有两种情况，一是对于计算机信息系统所存储、处理或者传输的数据信息进行修改，例如修改此类数据的内容、大小、来源、时间特征，以及它们与特定人员的随附关系等，从而使此类数据信息丧失其原有功效或者价值。二是对于计算机信息系统存储、处理或者传输的应用程序进行修改，通常是指对于前述的数据信息进行采集、加工、处理、运算、分析、比较、存储、检索等的处理机制或者对程序进行修改，以达到使此类程序无法正常工作，致使计算机对数据信息作出错误的处理，进而得出错误结论或者发出错误的指令。

第三种行为方式是“增加”。所谓增加，是指在计算机信息系统中增加新的数据和应用程序。从本质上讲，“增加”行为属于修改行为的一种，换言之，“增加”也是对于原有合法数据和应用程序的非法修改形式，尤其对于计算机信息系统所存储、处理或者传输的数据更是如此。对于数据的增加操作，会使原有数据丧失其应有的功效或者价值；对于应用程序而言，会使其原有的应用程序无法正常工作或者使非法添加的应用程序进行工作，干扰计算机信息系统的运行，从而使计算机对数据信息作错误的采集、加工、处理、分析、运算、比较、存储、检索等，进而得出错误结论或者发出误导性指令。

有的学者认为，破坏计算机数据和应用程序的方法，除了“删除、修改、增加”之外，还有损坏（就部分而言）、毁灭（就整体而言）、瓦解（致使数据或应用程序处于混乱状态）、隐匿等方法。计算机病毒或其他破坏性程序，也是破坏计算机数据和应用程序的常用手段。有的学者对此进行了反驳，认为本罪的犯罪方法是法定的，因而根据罪刑法定主义原则，只有使用上述“删除”、“修改”、“增加”三种行为方式才能以本罪论处，因而以其他犯罪方法要么不构成本罪，要么在实质上属于这三种犯罪方法之一。①我们认为，“删除、修改、增加”是本罪危害行为的表现形式，通常称为行为方式；表现为这三种形式的危害行为，可以采取各种不同的方法实施，例如，在本章第二节中，我们就列举了实施“删除”行为的5种方法。任何行为的实施都必须采取一定的方法，没有无方法的行为。但是，刑法对某些具体犯罪要求以特定的方法实施，对某些犯罪的实施方法则不加以限定。《刑法》对本罪只限定上述三种行为方式，但对行为方法则未作限定。这就是说，不论以何种方法实施这三种形式的行为，都不影响本罪的成立。至于前述第一种观点所说的对数据和应用程序的“损坏”、“毁灭”、“瓦解”，应视为危害后果；“隐匿”应视为一种修改方法；“计算机病毒或其他破坏性程序”，则是制作、传播计算机等破坏性程序罪的行为对象，利用它破坏计算机数据和应用程序，实际上是以“传播”的行为方式实施这种犯罪，破坏系统中的数据和应用程序则是该罪的危害后果，因此，不可将利用“计算机病毒或其他破坏性程序”视为本罪的一种犯罪手段。

上述三种行为方式往往交织在一起，但相互之间也有一定的区别。(1)“删除”与“修改”、“增加”的本质区别在于：“删除”是使得计算机信息系统内部原有的数据和应用程序不再存留，导致原有数据和应用程序减少或者不复存在；而“修改”和“增加”则是在原有数据和应用程序的基础上进行的变动，并未造成原有程序的减少或者消失。(2)“增加”与“修改”的区别在于：增加是凭空将非法数据和应用程序添加进计算机信息系统，即将计算机信息系统原本没有的数据或者应用程序植入到计算机信息系统中；而“修改”行为则对计算机信息系统中原有数据或者应用程序进行非法改动，全部或部分改变它们原来的结构和形态，使它们失去真实性、准确性和可靠性。这里还需注意的是，行为人对于数据或者应用程序进行非法加密从而造成正常用户无法使用的，应当视为一种“修改”行为。

5．特定犯罪前提

违反国家规定是本罪的特定犯罪前提。所谓违反国家规定，在本罪中是指违反《中华人民共和国计算机信息系统安全保护条例》、《计算机信息网络国际联网安全保护管理办法》等法律、法规、规章和命令。具体地说，进入计算机信息系统的人，可能是经过合法授权的也可能是非法侵入的。合法进入计算机信息系统的人，有的对系统中的数据或应用程序只有使用权而没有变动权，有的既有使用权也有变动权。经合法授权删除、增加、修改系统中的数据或应用程序，没有违反国家规定，不能构成犯罪；只有非法变动系统中数据或应用程序的行为，才是违反国家规定的行为。

①赵秉志、于志刚：《试论计算机犯罪》，载《刑法论丛》（第一卷），法律出版社1998年版，第77、82页。

6. 特定犯罪对象

本罪的行为对象，是计算机信息系统中存储、处理或者传输的数据和应用程序。所谓数据，是指计算机处理的数字化信息，包括数值、文本、图像、声音和音频，等等。电子计算机最初只是用于数值计算，后来发展成为当代最先进的信息处理工具。它能将一切信息转化为0、1两个数字，通过数字化编码，使信息得以存储和传递，于是信息在计算机系统中就成了数据，从而扩大了数据的概念。所以，数据不仅指那些已经数值化的信息，而且还包括文图声像等非数值化信息。由于一切形式的信息在计算机内部都是以特定的数据表示，所以，在计算机存储器中合理存放相互关联的数据（指记录类型的值）集合体，称为数据库。所谓计算机中存储、处理、传输的数据，则是指固定存储在计算机内部随时可供提取、查阅、使用的数据，或者已经进入计算机正在进行加工、处理以及通过线路而由其他计算机信息系统传递过来的数据。所谓程序，根据《计算机软件保护条例》第3条规定，是指“为了得到某种结果而可以由计算机等具有信息处理能力的装置执行的代码化指令序列，或者可被自动转换成代码化指令序列的符号化指令序列或者符号化语句序列。”所谓应用程序，是操作系统程序以外的，为特定目的而设计、编写的、具有某种特定用途的程序，它通常是数据的一种使用方式、操作方法或检测工具。总之，本罪行为对象只限于计算机信息系统中“存储、处理或者传输”的数据和应用程序，破坏这种数据或应用程序，通常不会影响计算机信息系统的正常运行，但均可能造成严重的危害后果。

关于认定本罪的行为对象，有两个问题值得注意：（1）由于本罪行为对象只限于存放在计算机信息系统中的数据或应用程序，因而用磁盘、光盘、磁带、芯片等介质媒体备份保存的数据或应用程序，由于不是装载在计算机信息系统中处于“存储、处理或者传输”状态的数据和应用程序，不是本罪的行为对象。如果行为人破坏这种计算机信息媒体，不构成本罪，但可能构成故意毁坏财物罪。（2）数据与应用程序是两个不同的计算机范畴，因而本罪的行为对象应当是选择性的，即可以是数据，也可以是应用程序，只要破坏其中一种，便可构成本罪，不应要求两者都同时破坏。这就是说，对《刑法》第286条第2款中的“数据和应用程序”一语，应当限制解释为“数据”或者“应用程序”，否则，就会放纵那些只破坏数据而没有破坏应用程序或者只破坏应用程序而没有破坏数据且后果严重的行为，这显然与立法本意相悖逆。

7. 特定危害结果

构成本罪还必须后果严重。至于何谓“后果严重”，有待司法解释作出明确规定。但从司法实践来看，主要是指：破坏计算机信息系统数据和应用程序，严重影响被害单位和个人的正常工作，造成较大经济损失，或者造成恶劣的社会影响，等等。例如，非法侵入金融、证券、电信、学校、医院等单位的计算机信息系统，“删除”、“修改”、“增加”其数据库中的客户、学生、病员名单，变更收支金额、成绩分数或病历，必然造成严重的后果。

8. 被害法益

本罪侵犯的法益是计算机信息系统安全保护管理秩序和计算机信息系统所有权人的合法权益。随着社会进入信息爆炸的时代，信息的存储和处理越来越依靠计算机信息系统，因而保障计算机信息系统中存储、处理、传输的各类数据和运用程序的安全，对于维护社会管理秩序具有十分重要的意义。由于破坏计算机信息系统数据和应用程序的行为，具有严重的社会危害性，因此必须给予刑法制裁。

（二）重罪构成要件

本罪的重罪，是指罪行在符合基本罪的构成要件的基础上，后果特别严重的行为。何谓后果特别严重，有待司法解释作出规定，但从司法实践来看，主要是指：（1）破坏国家事务、国防建设、尖端科学技术领域的计算机信息系统中重要的数据或应用程序的；（2）删除、修改、增加计算机信息系统中的数据和应用程序的，给被害单位或个人造成巨大经济损失的；（3）删除、修改、增加计算机信息系统中的数据或应用程序，造成极为恶劣的社会政治影响的，等等。

三、处罚

犯本罪的，处五年以下有期徒刑或者拘役；后果特别严重的，处五年以上有期徒刑。

四、追诉标准

违反国家规定，对计算机信息系统中存储、处理或传输的数据和应用程序进行删除、修改、增加的操作，后果严重的，应予追诉。违反国家规定，对计算机信息系统中存储、处理、传输的数据和应用程序进行删除、修改、增加的，后果不严重的，依据《治安管理处罚法》第二十九条第三项之规定进行处罚。

五、常见的犯罪方法及手段

运用scan、xscan、流光等软件进行扫描，查找、发现被侵害的计算机系统漏洞，从而进入该计算机信息系统进行删除、修改、增加。有的打开一个或多个端口，进行远程控制。目前，扫描软件有几百种，绝大部分的病毒、木马程序都具有扫描功能，木马程序具有远程控制功能。

六、认定破坏计算机信息系统数据、应用程序罪应当区分的界限和注意的问题

要认定具体行为是否构成本罪，除了严格对照该行为是否符合并齐备本罪的构成要件外，还应当注意分析如下几个问题，然后才能得出正确的结论。

1．本罪与非罪的界限

主要注意三个问题：（1）本罪行为对象，只限于已经存放于计算机信息系统中的，处于运算和运行状态中的数据和应用程序。如果行为对象不是这种数据或程序，而是已经脱离计算机信息系统的，用磁盘、U盘、光盘、磁带、芯片等媒体备份保存的数据或应用程序，不构成本罪，但可能构成故意毁坏财物罪。（2）本罪是结果犯，是否发生严重的危害后果，是罪与非罪的重要标志。如果对计算机信息系统中存储、处理或传输的数据和应用程序进行删除、修改、增加的操作，尚未引起严重后果，或者虽然造成了一定后果但尚未达到严重程度的，不构成本罪。因此，从理论上讲，行为在不触犯其他罪名的前提下，本罪不存在未完成形态。（3）本罪在主观上只能由故意构成。如果行为人在操作使用计算机的过程中，由于疏忽大意或过于自信，过失地变更了计算机信息系统中的数据或应用程序，即使引起了严重后果，但因行为人在主观上对危害后果不是出于希望或放任的心理态度，不能认为是犯罪。

2．本罪与非法侵入计算机信息系统罪的界限

它们的共同之处是，行为人都侵入了计算机信息系统，但是两者在构成要件、构成类型和法定刑上都有显著的区别。如果行为人非法侵入国家事务、国防建设或尖端科技领域的系

统，同时又实施破坏系统中存储、处理或传输的数据和应用程序，属于牵连犯，应根据危害后果的严重程度按本罪定罪处罚（参阅本章第二节破坏计算机信息系统功能罪与非法侵入计算机信息系统罪的界限）。

3．本罪与破坏计算机信息系统功能罪的界限

这两种犯罪在主观罪过、行为方式和行为对象上有某些相同之处，但也存在明显的区别：（1）行为对象不同。本罪的对象是计算机信息系统中存储、处理或传输的数据或应用程序；而后者的对象则是计算机信息系统功能。（2）行为方式不完全相同。本罪的危害行为只能表现为删除、修改和增加的操作，而后者不但对系统功能进行删除、修改、增加，而且还表现为干扰。（3）危害结果不完全相同。本罪只要求后果严重，而后者则要求在造成计算机信息系统不能正常运行的基础上，后果严重。如果行为人既破坏计算机信息系统功能，又破坏系统中存放的数据或应用程序，造成系统不能正常运行且后果严重的，应根据犯罪对象被破坏的具体情况，选择其中一罪定性并从重处罚。（4）犯罪形态不同。本罪不发生犯罪未遂问题，而后者则存在未遂犯形态。

4．关于本罪是否存在犯罪未完成形态的问题

现行《刑法》只在总则中规定犯罪未完成形态（即预备犯、未遂犯和中止犯）的概念，在分则中没有明确哪些犯罪应当处罚预备、未遂和中止行为，在此问题上未能体现罪刑法定原则，但从理论联系实际进行分析，我们认为：只有性质相当严重的犯罪，才处罚其预备、未遂和中止行为，这就是说，不是所有的犯罪都存在未完成形态。因此，过失犯罪、法定刑最低刑为二年“以下”有期徒刑的犯罪、行为犯中的即成犯、情节犯、情节加重犯以及危险程度较轻的危险犯，都不存在犯罪未完成形态。因此，本罪的基本罪不存在未完成形态，但因重罪是结果加重犯，故存在犯罪未完成形态。

◎附相关规定：

中华人民共和国计算机信息系统安全保护条例

（1994年2月18日国务院147号令）

（节选）

第二条 本条例所称的计算机信息系统，是指由计算机及其相关的和配套的设备、设施（含网络）构成的，按照一定的应用目标和规则对信息进行采集、加工、存储、传输、检索等处理的人机系统。

第七条 任何组织或者个人，不得利用计算机信息系统从事危害国家利益、集体利益和公民合法利益的活动，不得危害计算机信息系统的安全。

第二十条 违反本条例的规定，有下列行为之一的，由公安机关处以警告或者停机整顿：

（一）违反计算机信息系统安全等级保护制度，危害计算机信息系统安全的；

（二）违反计算机信息系统国际联网备案制度的；

（三）不按照规定时间报告计算机信息系统中发生的案件的；

（四）接到公安机关要求改进安全状况的通知后，在限期内拒不改进的；

（五）有危害计算机信息系统安全的其他行为的。

计算机信息网络国际联网安全保护管理办法

（1997年12月11日国务院批准1997年12月30日
公安部33号令发布）
（节选）

第四条　任何单位和个人不得利用国际联网危害国家安全、泄露国家秘密，不得侵犯国家的、社会的、集体的利益和公民的合法权益，不得从事违法犯罪活动。

第六条　任何单位和个人不得从事下列危害计算机信息网络安全的活动：

……

（三）未经允许，对计算机信息网络中存储、处理或者传输的数据和应用程序进行删除、修改或者增加的；

……

中华人民共和国治安管理处罚法

（2005年8月28日第十届全国人民代表大会常务委员会第十七次会议通过
中华人民共和国主席令38号）
（节选）

第二十九条　有下列行为之一的，处五日以下拘留；情节较重的，处五日以上十日以下拘留：

……

（三）违反国家规定，对计算机信息系统功能中存储、处理、传输的数据和应用程序进行删除、修改、增加的；

公安部关于对破坏未联网的微型计算机信息系统

是否适用《刑法》第286条的请示的批复
公复字[1998]7号

吉林省公安厅：

你厅《关于“破坏未联网计算机财务系统程序和数据的行为是否适用〈刑法〉第286条故意破坏计算机信息系统数据应有程序罪”的请示》收悉，现批复如下：

《刑法》第286条中的“违反国家规定”是指包括《中华人民共和国计算机信息系统安全保护条例》（以下简称《条例》）在内的有关行政法规、部门规章的规定。《条例》第5条第2款规定的“未联网的微型计算机的安全保护办法，另行规定”，主要是考虑到未联入网络的单台微型计算机系统所处环境和使用情况比较复杂，且基本无安全功能，需针对这些特点另外制定相应的安全管理措施。然而，未联网的计算机信息系统也属计算机信息系统，《条例》第2、3、7条的安全保护原则、规定，对未联网的微型计算机系统完全适用。因此破坏未联网的微型计算机信息系统适用《刑法》第286条。

此复。

第四节 制作、传播计算机病毒等破坏性程序罪

一、制作、传播计算机病毒等破坏性程序罪的概念

根据《刑法》第286条第3款规定，制作、传播计算机病毒等破坏性程序罪是指故意制作、传播计算机病毒等破坏性程序，影响计算机系统正常运行，后果严重的行为。

本罪是选择性罪名，诉讼中应根据实际案情选项适用或并合适用。

二、制作、传播计算机病毒等破坏性程序罪的构成

本罪是集合的犯罪构成，分为基本罪和重罪两个构成类型，具有相应的两个法定型档次。其中，基本罪是结果犯，由一般主体、犯罪故意、单一危害行为、特定犯罪对象、特定危害结果、被害法益六个要件构成。重罪是结果加重犯，指在符合基本罪构成要件的基础上，造成后果特别严重的情形。行为成立本罪，必须齐备构成类型的既定构成要件；如果缺少该构成类型的任何一个要件，该种犯罪便不能成立。

基本罪和重罪构成要件的具体内容和表现形式，分述如下：

（一）基本罪构成要件

1．一般主体

本罪的主体指年满16周岁且具有刑事责任能力的人。其中，制作计算机病毒等破坏性程序的人，通常是受过高等专业教育或具有较高计算机技术水平的人，尤其是受过计算机专业教育的技术人员，当然也不排除个别具有熟练编程技能的计算机爱好者；传播计算机病毒等破坏性程序的人，可以是该病毒等破坏性程序的制作者，也可以是一般人。

2．犯罪故意

本罪在主观方面只能出于故意，即明知制作、传播计算机病毒等破坏性程序会发生危害社会的严重后果，希望或者放任这种危害结果发生的心理态度。这就是说，本罪在主观上既可以是直接故意，也可以是间接故意。行为人的动机是各种各样的，主要有以下八种：（1）显示自己的计算机才能。（2）防止他人非法拷贝。（3）出售。当前西方有些人为了向政府机构及防病毒产品开发商出售其编制的计算机病毒，以获取经济利益。（4）恶作剧。行为人编制计算机病毒等破坏性程序，完全为了捉弄他人以获得刺激和乐趣，如苹果病毒就是出于恶作剧而编写的。（5）报复目的。（6）出于政治、军事上目的（作为武器）。（7）勒索。（8）不正当竞争，等等。无论行为人制作、传播计算机病毒等破坏性程序出于何种动机，都不影响本罪的成立。

3．单一危害行为

本罪的危害行为表现为制作、传播计算机病毒等破坏性程序。所谓“制作”，是指出于破坏计算机信息系统功能、数据或应用程序的目的，在他人或单位（含本单位）的计算机上编制病毒等破坏性程序，影响该计算机信息系统正常运行的行为。如果行为人在自己的计算机上编写病毒等破坏性程序而不加以传播，不可能影响他人计算机信息系统正常运行并产生严重后果，因而不能认为是犯罪。所谓“传播”是指将自己或者他人制作的计算机病毒等破坏性程序，置入计算机信息系统或者将携带计算机病毒等破坏性程序的计算机软件或数据文件，加以散发、销售或者将计算机病毒等破坏性程序原代码予以公开等行为。

计算机病毒等破坏性程序的传播方式主要有以下八种：（1）U盘、磁盘或光盘，指通过

U 盘、磁盘或光盘从一台计算机传播到另一台计算机（或系统）。（2）木马、恶意网页或 E-mail（电子邮件）。木马、恶意网页或 E-mail 已成为计算机病毒传播的主要方法之一。（3）病毒交换电子广告牌（Virus exchange BBS），指通过病毒交换电子广告牌，鼓励用户交换病毒信息，生成新病毒等。（4）病毒交换网（Virus Exchange Networks）。它们自称“病毒研究 BBS”，如 vX-Net（病毒交换网）、NukEnet、维吉尼亚病毒研究所等，后者以“黑轴电子广告牌系统”著称，它是病毒制作组织的世界中心。（5）病毒分配站点（Virus Distribution sites）。随着互联网的迅猛发展，许多网站成了传播病毒的场所，例如常常会发现一些大学的网站成了病毒的传播站点。（6）病毒分配机器人和文件服务器（Virus Distribution Robots and file servers），指使用被称为“机器人”和“服务器”的自动分配程序来传播计算机病毒等破坏性程序。不法用户通过电子邮件与“服务器”或“机器人”联系，就可用匿名地址在互联网获取计算机病毒等破坏性程序。（7）书籍（Virus Instruction books），指不法作者和出版商通过编辑、出版如何编制计算机病毒的书籍来传播计算机病毒等破坏性程序。例如 Mark Ludwig1990 年所著“The Little Black Book of Computer Viruses”一书，就包含许多计算机病毒的原代码。（8）销售病毒（Viruses for sale），指有一些不法分子专为他人编制计算机病毒等破坏性程序，销售牟利。例如美国，在杂志上刊登销售病毒的广告被视为合法，而某些外国政府机构和企业则购买计算机病毒，用以测试其防病毒软件的性能或其他不可告人的目的。

4．特定犯罪对象

本罪的犯罪对象是计算机病毒等破坏性程序。这是构成本罪不可缺少的要件。破坏性是这一构成要件的根本属性。计算机病毒本身就是一种破坏性程序，但是也还有非病毒的其他破坏性程序。因此，本罪的犯罪对象它包括下列两种：

一种是“计算机病毒”。所谓计算机病毒，亦称电脑病毒，是指人为编制的一种计算机程序（一组计算机指令或者程序代码）。由于它潜伏在计算机信息系统中，自我繁殖并感染系统的机体，干扰系统的功能（含硬件）、毁坏系统中的数据和应用程序，从而影响计算机系统的正常使用，所以人们借代生物“病毒”一词来加以比喻。凡是由软件手段所能触及到的计算机资源，均可能受到它的干扰或破坏。病毒一般分为良性病毒，恶性病毒。而我国法律上所指计算机病毒，则有严格的科学定义，即 1994 年 2 月 28 日国务院发布的《计算机信息系统安全保护条例》第 28 条、《计算机病毒防治管理办法》第二条规定：“计算机病毒，是指编制或者在计算机程序中插入的破坏计算机功能或者毁坏数据，影响计算机使用，并能自我复制的一组指令或者程序代码。”这就是说，只有恶性病毒才具有法律上的意义。

另一种是“其他破坏性程序”。亦称非病毒破坏程序，是指计算机病毒以外的具有破坏计算机系统功能，毁坏数据和应用程序能力，影响计算机使用的一组指令或者程序代码。这种破坏性程序与计算机病毒的区别在于：前者不依附于系统中的文档，具有独立性；后者则依附于系统中的文档，具有寄生性。一般它有以下几种：（1）设备炸弹（Device Bomb），指因某种特定设备（如 COM 端口、磁盘驱动器 D 等）的出现而激活运行的破坏性程序，通常伴随着破坏性行为。（2）逻辑炸弹（Logic Bomb），指因某些系统条件的出现或缺少而自动激活执行的破坏性程序。（3）野兔（Rabbit），指通过无限制地自我复制来耗尽系统资源（如 CPU 时间、磁盘空间、终端 I/O 等）的破坏性程序。它与病毒的区别是不感染其他程序。（4）特洛伊木马（Trojan Horse），指任何提供隐藏的、用户不希望的功能的破坏性程序。这种程序似乎是提供了一些合乎用户需要的功能，但由于其中包含若干用户不知道的、未经授权的、有害的以及用户所不希望的功能，一旦使用这些额外的功能，就会发生严重的后果。（5）计算机蠕虫（Worm）。指采取截取口令字并在系统中试图做非法的动作，直接对计算机进行攻击的一个程序或系列程序。蠕虫与计算机病毒不同，它不采用将自身拷贝附加到其他程序中的方式来复制自己，它一般由许多代码模块构成，一般不隐藏在操作系统文件中，因为它太大了。蠕虫与病毒的区别在于，病毒对计算机系统的攻击不依赖于操作系统设计中的错误和缺陷，而蠕虫是非法入侵者，它不仅要窃取口令、特权，还要借助于操作系统本身的错误和缺陷。

5．特定危害结果

本罪要求发生影响计算机信息系统正常运行，后果严重的结果。影响计算机信息系统正常运行，本身就是一种危害结果，但是仅仅发生这种危害结果还不足以构成犯罪，必须是既影响计算机系统正常运行，又引起“后果严重”的，才能成立犯罪的既遂。至于何谓“后果严重”，有待司法解释作出明确规定。但从司法实践来看，主要是指如下情形：（1）致使计算机信息系统功能部分或全部丧失的；（2）修复被破坏的系统功能耗资较大、耗时较长的；（3）毁坏计算机信息系统中存储、处理、传输的数据或应用程序，价值较大、数量较多的；（4）严重影响工作、生产、经营，给被害单位和个人造成较大经济损失的；（5）出于恐怖等违法犯罪目的，造成特别恶劣的影响的，等等。这就是说，本罪的后果严重，主要表现在破坏计算机信息系统功能和毁坏系统中的数据和应用程序，如果行为人以计算机病毒等破坏性程序作为实施犯罪的工具、方法、手段，因而构成犯罪的，应按《刑法》第287条追究刑事责任。

6．被害法益

本罪侵犯的直接法益，是计算机信息系统安全保护管理秩序和计算机信息系统所有人的合法权利。

（二）重罪构成要件

本罪的重罪是指罪行在符合基本罪的构成要件的基础上，后果特别严重的行为。何谓后果特别严重，有待司法解释作出规定，但从司法实践来分析，主要是指：（1）针对国家事务、国防建设、尖端科学技术领域的计算机信息系统制作并传播计算机病毒等破坏性程序，造成该领域计算机信息系统不能正常运行，时间较长的；（2）制作或传播具有重大杀伤力的计算机病毒等破坏性程序，致使一个地区、一个行业计算机信息系统陷入瘫痪的，社会影响特别恶劣的；（3）多次制作或传播计算机病毒等破坏性程序，毁坏计算机信息系统中的数据和应用程序数量巨大，对工作、生产、经营影响特别严重的；（4）修复被破坏的计算机信息系统耗资巨大、耗时长久，给被害单位和个人造成巨大经济损失的；（5）出于恐怖等违法犯罪目的，造成特别恶劣的影响的，等等。

三、处罚

犯本罪的，处五年以下有期徒刑或者拘役；后果特别严重的，处五年以上有期徒刑。

四、追诉标准

故意制作、传播计算机病毒等破坏性程序，影响计算机系统正常运行，后果严重的，应予追诉。故意制作、传播计算机病毒等破坏性程序，影响计算机系统正常运行，后果不严重的，依据《治安管理处罚法》第二十九条第四项之规定进行处罚。

五、常见的犯罪方法及手段

将病毒隐藏在电子邮件、下载工具、图片、音乐等之中，被害人一旦打开、下载、点击，就会中毒。

六、认定制作、传播计算机病毒等破坏性程序罪应当区分的界限和注意的问题

要认定具体行为是否构成本罪，除了严格对照该行为是否符合并齐备本罪的构成要件外，还应当注意分析如下几个问题，然后才能得出正确的结论。

1．本罪与非罪的界限

本罪与非罪的区分，主要注意以下三个问题：（1）要看行为的对象是否计算机病毒等破坏性程序。行为人编制、传播的不属于计算机病毒等破坏性程序，由于软件编程技术低下，质量不高，兼容性极差，意外地影响计算机信息系统正常运行，即使后果严重也不能认为是犯罪。行为人编制、传播的虽然是计算机病毒，但仅是开开玩笑、搞恶作剧戏谑取趣或者检验一下自己的编程才干，确实没有什么杀伤力和较大破坏作用的，也不构成本罪。（2）要看行为人制作、传播的计算机病毒等破坏性程序的行为，是否影响了计算机信息系统正常运行及后果是否严重。如果行为人实施了构成要件的危害行为，影响计算机信息系统正常运行，但尚未引起严重的危害后果的，一般不以犯罪论处。（3）对于传播计算机病毒等破坏性程序的行为，要看行为人主观上是否出于故意。如果行为人确实不知所传播的文件是计算机病毒等破坏性程序，或者不知文件中隐含着计算机病毒等破坏性程序，由于主观上不是出于故意，哪怕影响了计算机信息系统正常运行且后果严重，也不构成本罪。

2．本罪与破坏计算机信息系统功能罪和破坏计算机信息系统数据、应用程序罪的界限

这三个罪名外观有相似之处，但它们之间却存在着如下六点区别：（1）犯罪前提不同。本罪制作、传播计算机病毒等破坏性程序的行为，本身就违反了《中华人民共和国计算机信息系统安全保护条例》第23条和《计算机信息网络国际联网安全保护管理办法》第6条第4项规定，因而不再评价是否“违反国家规定”；后两罪对计算机信息系统功能、数据和应用程序进行删除、修改或增加，根据《计算机信息网络国际联网安全保护管理办法》第6条第2项、第3项规定，还存在一个是否经过合法授权的问题。这就是说，只有“未经允许”而实施“删除、修改或增加”行为的，才能构成犯罪。所以成立后两种犯罪，必须以“违反国家规定”为前提。（2）行为对象不同。本罪的行为对象是计算机病毒等破坏性程序；破坏计算机信息系统功能罪的行为对象是计算机信息系统的功能；后罪的行为对象则是计算机信息系统中存储、处理或者传输的数据或应用程序。（3）行为方式不完全相同。本罪的行为方式是“制作、传播”计算机病毒等破坏性程序；中罪的行为方式是对系统功能进行“删除、修改、增加、干扰”；而后罪的行为方式只是对系统中的数据和应用程序进行“删除、修改、增加的操作”，而不存在“干扰”的行为方式。（4）对危害结果的要求不完全相同。本罪是“影响”计算机信息系统正常运行且后果严重的；中罪是“造成”计算机信息系统不能正常运行且后果严重的；后罪则只要求“后果严重”，因为破坏系统中存储、处理、传输的数据和应用程序，一般不会影响在线系统的正常运行。（5）犯罪形态不同。前两种犯罪存在中止犯和未遂犯形态，而后罪则不存在犯罪的未完成形态。（6）罪名结构不同。本罪和后罪是选择性罪名，而中罪则是单一罪名。

3．关于“编制病毒程序”是否都构成犯罪的问题

在现实生活中，有的人出于研制防毒、免疫软件的目的，编制一些破坏性极强的病毒作为“靶子”进行防范、杀灭实验，为了防止“靶毒”外泄而危害社会，科研人员通常采取技术措施将它“入笼加锁”，这种行为属于有利社会的科学研究活动，显然不是犯罪行为。但是，根据《中华人民共和国计算机信息系统安全保护条例》第15条规定，对计算机病毒的防治研究工作，由公安部归口管理，《计算机病毒防治管理办法》第8、9、15条之规定，说明未向公安机关申报，从事病毒防治研究也是违法的。这里要解决的问题是，行为人在自己的计算机上编写病毒等破坏性程序，如果明知他人会使用自己的计算机系统，而对该病毒程序又未进行防止泄露的技术处理，有意放任该病毒感染传播出去的，影响他人计算机信息系统正常运行且后果严重的，不能阻却病毒制作者的刑事责任。

4．关于利用计算机病毒等破坏性程序是否实施其他犯罪的方法问题

从刑法理论上讲，行为方式和行为方法是两个不同的范畴。比如“干扰”，是破坏计算机信息系统功能罪的一种法定的选择性行为方式，至于“干扰”的方法则是多种多样的，也可以用非法程序干扰，还可以用垃圾数据等方法干扰。行为方式是危害行为的表现形式，行为方法则是危害行为实施的手段、途径、步骤等。但是，行为方式与行为方法又是相对的，同一种表现形式在本罪中可能是行为方式，而在彼罪中又可能是行为方法，比如，制作、传输计算机病毒，在本罪中是行为方式，而对破坏交通工具、交通设备等犯罪来说，又可能是一种行为方法。

鉴于计算机病毒等破坏性程序，有的既破坏软件又破坏硬件，能够直接破坏系统功能；有的只是瓦解、损坏、毁灭计算机信息系统中存储、处理或者传输的数据和应用程序，而对系统功能则没有威胁性。因此，有学者认为，行为人在“没有制作、传播”病毒等破坏性程序的前提下，如果只是“利用”它们对系统功能、数据和应用程序进行破坏，可视为破坏计算机信息系统功能罪或破坏计算机信息系统数据、应用程序罪的一种犯罪方法，后果严重的，应当分别认定为这两种犯罪，[①]言下之意是，不构成故意制作、传播计算机病毒等破坏性程序罪。我们认为这种观点值得商榷：其一，既然《刑法》第286条第3款已将制作、传播计算机病毒，影响系统正常运行，后果严重的行为，规定为独立的罪名，那么，在破坏计算机信息系统功能罪和破坏计算机信息系统数据、应用程序罪的行为方式中，自然也就不再包含利用病毒等破坏性程序这种行为方式，因而法律没有作这种规定。其二，“利用”病毒等破坏性程序，实施破坏计算机信息系统功能罪或破坏计算机信息系统数据、应用程序罪，本身就是“制作、传播”病毒等破坏性程序的行为，根本就不存在只是“利用”而“没有制作、传播”病毒等破坏性程序的情形。其三，制作、传播计算机病毒等破坏性程序，致使计算机信息系统功能、数据和应用程序遭受“破坏”，仅此就足以评价为“后果严重”，不需要再有其他“严重后果”。试想，如果排除了致使计算机信息系统功能、数据和应用程序遭受“破坏”，制作、传播计算机病毒等破坏性程序罪所要求的“严重后果”和“后果特别严重”又从何谈起呢？这里不是说不会造成其他严重后果，比如，利用制作、传输计算机病毒等破坏性程序，实施敲诈勒索、破坏生产经营、危害公共安全，等等，如果发生这些犯罪所要求的危害结果（或后果）的话，那就超出了《刑法》第286条规定的范围，应当根据第287条规定，认定为利用计算机实施的其他犯罪。

①胡国平：《关于四种计算机犯罪的认定》，《法律科学》1997年第4期，第84~87页。

5．关于本罪是否存在犯罪未完成形态的问题

现行《刑法》只在总则中规定犯罪未完成形态（即预备犯、未遂犯和中止犯）的概念，在分则中没有明确哪些犯罪应当处罚预备、未遂和中止行为，在此问题上未能体现罪刑法定原则，但从理论联系实际进行分析，我们认为：只有性质相当严重的犯罪，才处罚其预备、未遂和中止行为，这就是说，不是所有的犯罪都存在未完成形态。因此，过失犯罪、法定刑为三年"以下"有期徒刑的犯罪、行为犯中的即成犯、情节犯、情节加重犯以及危险程度较轻的危险犯，都不存在犯罪未完成形态。由于本罪的基本罪是结果犯，故存在犯罪未完成形态；本罪的重罪是结果加重犯，故也存在犯罪未完成形态。

◎附相关规定：

中华人民共和国计算机信息系统安全保护条例

（1994年2月18日国务院147号令）

（节选）

第二条　本条例所称的计算机信息系统，是指由计算机及其相关的和配套的设备、设施（含网络）构成的，按照一定的应用目标和规则对信息进行采集、加工、存储、传输、检索等处理的人机系统。

第七条　任何组织或者个人，不得利用计算机信息系统从事危害国家利益、集体利益和公民合法利益的活动，不得危害计算机信息系统的安全。

第二十条　违反本条例的规定，有下列行为之一的，由公安机关处以警告或者停机整顿：

（一）违反计算机信息系统安全等级保护制度，危害计算机信息系统安全的；

（二）违反计算机信息系统国际联网备案制度的；

（三）不按照规定时间报告计算机信息系统中发生的案件的；

（四）接到公安机关要求改进安全状况的通知后，在限期内拒不改进的；

（五）有危害计算机信息系统安全的其他行为的。

计算机信息网络国际联网安全保护管理办法

（1997年12月11日国务院批准1997年12月30日
公安部33号令发布）

（节选）

第四条　任何单位和个人不得利用国际联网危害国家安全、泄露国家秘密，不得侵犯国家的、社会的、集体的利益和公民的合法权益，不得从事违法犯罪活动。

第六条　任何单位和个人不得从事下列危害计算机信息网络安全的活动：

（四）故意制作、传播计算机病毒等破坏性程序的；

中华人民共和国治安管理处罚法

（2005年8月28日第十届全国人民代表大会常务委员会第十七次会议通过
中华人民共和国主席令38号）

（节选）

第二十九条 有下列行为之一的，处五日以下拘留；情节较重的，处五日以上十日以下拘留：

（四）故意制作、传播计算机病毒等破坏性程序，影响计算机信息系统正常运行的。

计算机病毒防治管理办法

公安部令第51号

颁布日期：20000426 实施日期：20000426

（节选）

第二条 本办法所称的计算机病毒，是指编制或者在计算机程序中插入的破坏计算机功能或者毁坏数据，影响计算机使用，并能自我复制的一组计算机指令或者程序代码。

第三条 中华人民共和国境内的计算机信息系统以及未联网计算机的计算机病毒防治管理工作，适用本办法。

第四条 公安部公共信息网络安全监察部门主管全国的计算机病毒防治管理工作。

地方各级公安机关具体负责本行政区域内的计算机病毒防治管理工作。

第五条 任何单位和个人不得制作计算机病毒。

第六条 任何单位和个人不得有下列传播计算机病毒的行为：

（一）故意输入计算机病毒，危害计算机信息系统安全；

（二）向他人提供含有计算机病毒的文件、软件、媒体；

（三）销售、出租、附赠含有计算机病毒的媒体；

（四）其他传播计算机病毒的行为。

第八条 从事计算机病毒防治产品生产的单位，应当及时向公安部公共信息网络安全监察部门批准的计算机病毒防治产品检测机构提交病毒样本。

第九条 计算机病毒防治产品检测机构应当对提交的病毒样本及时进行分析、确认，并将确认结果上报公安部公共信息网络安全监察部门。

第十五条 任何单位和个人应当接受公安机关对计算机病毒防治工作的监督、检查和指导。

第十六条 在非经营活动中有违反本办法第五条、第六条第二、三、四项规定行为之一的，由公安机关处以一千元以下罚款。

在经营活动中有违反本办法第五条、第六条第二、三、四项规定行为之一，没有违法所得的，由公安机关对单位处以一万元以下罚款，对个人处以五千元以下罚款；有违法所得的，处以违法所得三倍以下罚款，但是最高不得超过三万元。

违反本办法第六条第一项规定的，依照《中华人民共和国计算机信息系统安全保护条例》第二十三条的规定处罚。

◎附录：

吕××破坏计算机信息系统案[①]

公诉机关广东省广州市人民检察院。

被告人吕××，男，25岁，××省××市人，高中文化。无业，1998年5月5日逮捕。

辩护人李××、廖××，××××律师事务所律师。

××省××市人民检察院以被告人吕××犯破坏计算机信息系统罪，向××市中级人民法院提起公诉。

起诉书指控：被告人吕××入侵中国公众多媒体通信网广州主机（以下简称广州主机）和蓝天BBS主机，进行修改、增加、删除等一系列非法操作，其行为已触犯《中华人民共和国刑法》第二百八十六条第一、二款的规定，构成破坏计算机信息系统罪，请依法判处。

被告人吕××当庭辩称：我修改广州主机的root(最高权限)密码，是经过该主机的网管员同意的，不是非法修改。我入侵广州主机和蓝天主机，目的是要尝试进入别人主机的方法是否可行，从中学习如何保障网络安全，并非从事破坏活动。

吕××的辩护人称：被告人吕××没有对计算机信息系统的功能、数据和应用程序进行破坏，其入侵行为没有使计算机信息系统无法正常运行，没有产生严重后果，起诉书指控的罪名不能成立，应当宣告吕××无罪。

××市中级人民法院经审理查明：

1997年4月间，被告人吕××加入国内黑客组织。1998年1至2月间，吕××使用自己的手提电脑，盗用邹某、王某、何某、朱某的账号和使用另外两个非法账号，分别在广东省中山图书馆多媒体阅览室及自己家中登录上网，利用从互联网上获取的方法攻击广州主机。在成功入侵该主机系统并取得最高权限后，吕××非法开设了两个具有最高权限的账号和一个普通用户账号，以便长期占有该主机系统的控制权。期间，吕××于2月2日至27日多次利用gzlittle账号上网入侵广州主机，对该主机系统的部分文件进行修改、增加、删除等一系列操作，非法开设了gzfifa、gzmicro、gzasia三个账号送给袁某(另案处理)使用，并非法安装和调试网络安全监测软件，未遂。2月25日、26日，吕××先后3次非法修改广州主机系统的root密码，致使该主机系统最高权限密码3次失效，造成该主机系统管理失控约15个小时。当广州主机网管员第一次发现使用自己设置的root密码无法进入主机的超级用户状态对主机进行管理时，吕××上网主动要求与网管员对话，询问网管员是否将密码丢失了，声称他能将密码修改回来。当网管员询问其是否将网管员设置的密码修改了时，吕××矢口否认。在此情况下，网管员为能进入并操作主机，只得同意吕××“帮助”他将密码修改回来。吕××随即将root密码已经改为rootl23密码一事通知了网管员。网管员经试验rootl23密码可用后，为安全起见，又把root123设置为另一密码。但是网管员随后即发现，他刚改过的这一密码，又被改回为只有吕××和网管员知道的rootl23密码。2月26日下午，广州主机

① 案例资料来源：《中华人民共和国最高人民法院公报》2000年第3期。

采取了封闭普通用户登录进入该主机的措施后，只有吕××仍能以非法手段登录进入，期间该主机的root密码第三次失效，吕××再次主动与网管员交谈，虽然仍否认自己修改了主机的密码，但是将能够进入主机的新root密码告诉了网管员。吕××实施了入侵行为后，把其使用的账号记录删除，还将拨号信息文件中的上网电话号码改为12345678或00000000，以掩盖其入侵行为。

此外，1998年2月12日，被告人吕××还利用Lss程序和所获得的密码对蓝天BBS主机进行攻击，在取得该主机的最高权限后提升LP账号为最高权限用户账号，以便长期取得该主机的最高权限。

上述事实，有吕××的作案工具等物证，作案地点的照片和通信记录、文件记录等书证以及鉴定结论、证人证言等证据证实。

广州市中级人民法院认为：

伴随着计算机信息系统不断深入社会的各个领域，针对计算机信息系统的犯罪也逐渐增多，成为社会不安定的一种因素。依法惩治这类犯罪活动，已成为刑法的一项重要任务。

国务院1994年2月18日发布的《中华人民共和国计算机信息系统安全保护条例》第七条规定："任何组织或者个人，不得利用计算机信息系统从事危害国家利益、集体利益和公民合法利益的活动，不得危害计算机信息系统的安全。"被告人吕××违反这一规定，利用其掌握的知识入侵广州主机、蓝天BBS主机信息系统，取得控制该系统的最高权限，实施了增设最高权限的账户和普通账户，对广州主机存储、处理和传输的数据进行删改、监测，3次修改广州主机的最高权限密码等3种破坏行为。

《中华人民共和国刑法》第二百八十六条第一款规定："违反国家规定，对计算机信息系统功能进行删除、修改、增加、干扰，造成计算机信息系统不能正常运行，后果严重的，处五年以下有期徒刑或者拘役；后果特别严重的，处五年以上有期徒刑。"第二款规定："违反国家规定，对计算机信息系统中存储、处理或者传输的数据和应用程序进行删除、修改、增加的操作，后果严重的，依照前款的规定处罚。"计算机信息系统上的账号和密码，是以数据形式表现出来的计算机信息系统功能的一部分。被告人吕××对计算机信息系统上的账号和密码进行修改、增加，其行为触犯了刑法第二百八十六条第一款的规定。而吕××在广州主机系统中安装并调试网络安全监测软件，则是对计算机信息系统中存储、处理或者传输的应用程序进行删除、修改、增加的操作，其行为触犯了第二百八十六条第二款的规定。吕××的行为已经危害了计算机信息系统的安全，造成广州主机管理失控、不能正常运行的严重后果，构成破坏计算机信息系统罪，应当依法处以刑罚；对其用于犯罪的本人财物，应当依照刑法第六十四条的规定，予以没收上缴国库。

被告人吕××入侵广州主机后，成为该主机除网管员以外唯一获得最高权限的人。尽管吕××矢口否认私自修改过广州主机的root密码，但是在网管员将吕××告诉他的rootl23密码设置为另一密码，而他设置的这一密码随即就被改回为只有他和吕××才知道的rootl23密码。这一情节足以证实修改密码的人不能是其他人，只能是吕××。

被告人吕××掌握并修改了广州主机的密码，致使网管员也不能进入主机系统进行管理工作。在此情况下，吕××将自己修改的密码告诉网管员，使网管员能够继续操作主机。这一行为只是减轻了犯罪的危害后果，不能改变行为的犯罪本质，更不是为网管员提供帮助。

无论出于何种目的，非法进入计算机信息系统进行删除、修改等操作，致使计算机信息系统不能正常运行，造成严重后果的，都是刑法规定的犯罪行为。被告人吕××及其辩护人关于修改密码是经网管员同意的，进入信息系统是为了学习，且没有破坏该信息系统，行为不构成犯罪的意见，不能成立。

综上，广州市中级人民法院于1999年8月19日判决：

一、被告人吕××犯破坏计算机信息系统罪，判处有期徒刑一年六个月；

二、缴获被告人吕××作案用的手提电脑1台，予以没收上缴国库。

一审宣判后，被告人吕××没有上诉，人民检察院也没有抗诉。

◎附录：

吕××破坏计算机信息系统案

——如何认定破坏计算机信息系统罪

一、基本案情

被告人吕××，男，25岁，高中文化，无业。因涉嫌犯破坏计算机信息系统罪，于1998年5月5日被逮捕。

某市人民检察院以被告人吕××犯破坏计算机信息系统罪，向某市中级人民法院提起公诉。

某市人民检察院起诉书指控：被告人吕××入侵中国公众多媒体通信网广州主机(以下简称广州主机)和蓝天BBS主机，进行修改、增加、删除等一系列非法操作，其行为已触犯《中华人民共和国刑法》第二百八十六条第一、二款的规定，构成破坏计算机信息系统罪，请依法判处。

被告人吕××辩称：修改广州主机的root(最高权限)密码，是经过该主机的网络管理员同意的，不是非法修改；入侵广州主机和蓝天主机的目的是要尝试进入别人主机的方法是否可行，从中学习如何保障网络安全，并非从事破坏活动。

吕××的辩护人提出：被告人吕××没有对计算机信息系统的功能、数据和应用程序进行破坏，其入侵行为没有使计算机信息系统无法正常运行，没有产生严重后果，起诉书指控的罪名不能成立，应当宣告被告人吕××无罪。

某市中级人民法院经公开审理查明：

1997年4月间，被告人吕××加入国内黑客组织HOC。1998年1~2月，吕××使用自己的手提电脑，盗用邹某、王某、何某、朱某的账号并使用另外两个非法账号，分别在广东省中山图书馆多媒体阅览室及自己家中登录上网，利用从互联网上获取的方法攻击广州主机。在成功入侵该主机系统并取得最高权限后，吕××非法开设了两个具有最高权限的账户和一个普通用户账户，以便长期占有该主机系统的控制权。其间，吕××于2月2日~27日多次利用gzlittle账号上网入侵广州主机，对该主机系统的部分文件进行了修改、增加、删除等一系列非法操作，并非法开设了gzfifa、gzmicro、gzasia三个账号送给袁某(另案处理)使用，非法安装和调试网络安全监测软件（未遂）。2月25日、26日，吕××先后3次非法修改广州主机系统的root密码，致使该主机系统最高权限密码两次失效，造成该主机系统管理失控约15个小时。当广州主机网络管理员第一次发现使用自己设置的root密码无法进入主机的超级用户状态对主机进行管理时，吕××通过网络主动要求与网络管理员对话，询问网络管理员是否将密码丢失了，声称自己能将密码修改回来。当网络管理员询问其是否修改了密码时，吕××矢口否认。在此情况下，网络管理员为能进入并操作主机，只得同意吕××将密码修改回来。吕××随即将root密码已经改为root123密码一事通知了网络管理员。网络管理员经试验root123密码可用后，为安全起见，又把rootl23设置为另一密码。但是网络管理员随后即发现，刚改过的这一密码，又被改回为只有吕××和网络管理员知道的root123密码。2月26日下午，广州主机采取了封闭普通用户登录进入该主机的措施后，吕××仍用非法手段登录进入。期间，该主机的root密码第三次失效，吕××再次主动与网络管理员交涉，虽然仍否认自己修改了主机的密码，但是将能够进入主机的新 root 密码告诉了网络管理员。吕××实施了入侵行为后，把其使用的账号记录剔除，还将拨号信息文件中的上网电话号码改为12345678 或 00000000，以掩盖其入侵行为。

此外，1998 年 2 月 12 日，被告人吕××还利用 Lss 程序和所获得的密码对蓝天 BBS 主机进行攻击，在取得该主机的最高权限后提升 LP 账号为最高权限用户账号，以便长期取得该主机的最高权限。

某市中级人民法院认为：被告人吕××违反国家有关规定，利用其掌握的知识入侵广州主机、蓝天 BBS 主机信息系统，取得控制该系统的最高权限，实施了增设最高权限的账户和普通账户，对广州主机存储、处理和传输的数据进行删改、监测，三次修改广州主机的最高权限密码等三种破坏行为。被告人吕××对计算机信息系统上的账号和密码进行修改、增加，其行为触犯了刑法第二百八十六条第一款的规定；而吕××在广州主机系统中安装并调试网络安全监测软件，则是对计算机信息系统中存储、处理或者传输的应用程序进行删除、修改、增加的操作，其行为触犯了刑法第二百八十六条第二款的规定。吕××的行为已经危害了计算机信息系统的安全，造成广州主机管理失控、不能正常运行的严重后果，构成破坏计算机信息系统罪，应当依法处以刑罚；对其用于犯罪的本人财物，应当依照刑法第六十四条的规定，予以没收，上缴国库。被告人吕××入侵广州主机后，成为该主机除网络管理员以外唯一获得最高权限的人。尽管吕××矢口否认私自修改过广州主机的 root 密码，但是在网络管理员将吕××告诉他的 root123 密码设置为另一密码，而这一密码随即就被改回为只有他和吕××才知道的 rootl23 密码，这一情节足以证实修改密码的人不能是其他人，只能是吕××。被告人吕××掌握并修改了广州主机的密码，致使网络管理员也不能进入主机系统进行管理工作。在此情况下，吕××将自己修改的密码告诉网络管理员，使网络管理员能够继续操作主机。这一行为只是减轻了犯罪的危害后果，不能改变行为的犯罪本质，更不是给网络管理员提供帮助。无论出于何种目的，非法进入计算机信息系统进行删除、修改等操作，致使计算机信息系统不能正常运行，造成严重后果的，都是刑法规定的犯罪行为。被告人吕××及其辩护人关于修改密码是经网络管理员同意的，进入信息系统是为了学习，且没有破坏该信息系统，吕××的行为不构成犯罪的辩护意见，不能成立。依照《中华人民共和国刑法》第二百八十六条第一、二款、第六十四条的规定，于 1999 年 8 月 19 日判决如下：

1. 被告人吕××犯破坏计算机信息系统罪，判处有期徒刑一年零六个月；
2. 缴获被告人吕××作案用的手提电脑 1 台，予以没收上缴国库。

一审宣判后，被告人吕×××没有上诉，检察机关也没有抗诉。

二、主要问题

如何认定破坏计算机信息系统罪?

三、裁判理由

根据《刑法》第二百八十六条的规定，破坏计算机信息系统罪，是指违反国家规定，对计算机信息系统功能进行删除、修改、增加、干扰或对计算机信息系统中存储、处理、传输的数据和应用程序进行删除、修改、增加的操作或故意制作、传播计算机病毒等破坏性程序，影响计算机系统正常运行，后果严重的行为。认定破坏计算机信息系统罪应注意从犯罪构成上把握如下特征：

（一）破坏计算机信息系统罪的犯罪对象是计算机信息系统功能、计算机信息系统及其中的数据、应用程序，侵犯的客体是计算机信息系统的安全。计算机信息系统功能，是指在计算机中，按照一定的应用目标和规则对信息进行采集、加工、存储、传输、检索的功用和能力。计算机信息系统，根据《中华人民共和国计算机信息系统安全保护条例》第二条的规定，是指“由计算机及其相关的和配套的设备、设施(含网络)构成的，按照一定的应用目标和规则对信息进行采集、加工、存储、传输、检索等处理的人机系统”。数据，是指计算机实际处理的一切文字、符号、声音、图像等有意义的组合。而计算机应用程序，是用户使用数据库的一种方式，是用户按数据库授予的子模式的逻辑结构，书写对数据进行操作或运算的程序。正是这种犯罪侵犯的客体和犯罪对象，将破坏计算机信息系统罪与利用计算机实施的金融诈骗、盗窃、贪污、挪用公款、窃取国家秘密等犯罪区别开来。

本案被告人吕××对广州主机信息系统上的账号和root密码进行修改、增加，以及对蓝天BBS主机信息系统上的账号进行修改、增加，属于对计算机信息系统功能的修改、增加；而其在广州主机系统中安装并调试网络安全监测软件，则是对计算机信息系统中的应用程序进行删除、修改、增加的操作，因此，其行为属于对计算机信息系统安全的侵犯。

（二）破坏计算机信息系统罪在客观方面表现为违反国家规定，对计算机信息系统功能进行删除、修改、增加、干扰，对计算机信息系统中存储、处理、传输的数据和应用程序进行删除、修改、增加的操作，故意制作、传播计算机病毒等破坏性程序，影响计算机系统正常运行，后果严重的行为。

“违反国家规定”，主要指违反国家关于保护计算机信息系统安全的规定，如《中华人民共和国计算机信息系统安全保护条例》、《中华人民共和国计算机信息网络国际联网管理暂行规定》等，这是构成本罪的必要前提。

“对计算机信息系统功能进行删除、修改、增加、干扰”，“对计算机信息系统中存储、处理或传输的数据和应用程序进行删除、修改、增加的操作”，“故意制作、传播计算机病毒等破坏性程序”，是破坏计算机信息系统罪的三种行为方式。通常用户对计算机信息系统功能有其特定的要求，厂家或者程序管理员按照用户的需要设定了计算机信息系统功能。擅自删除计算机信息系统的某一功能、改变计算机信息系统的原有功能、增加计算机信息系统的功能、对计算机信息系统进行干扰，或者删除、修改、增加计算机信息系统中存储、处理或传输的数据和应用程序，常常会影响计算机信息系统的正常运行，有时甚至会使计算机信息系统完全瘫痪。制作、传播计算机病毒等破坏性程序，也是破坏计算机信息系统的严重方法。因为计算机病毒是编制或者插入在计算机程序中的破坏计算机功能或者毁坏数据，影响计算机使用，并能自我复制的一组计算机指令或者程序代码，是一种典型的计算机破坏性程序，其隐藏在计算机内部运行，常常会导致计算机信息系统不能正常运行，甚至造成瘫痪，给用户带来难以估量、难以挽回的损失。

致使计算机信息系统不能正常运行，并且后果严重，是罪与非罪的界限。“后果严重”，主要是指给国家、集体、组织或者个人造成重大经济损失的，或者影响正常的工作秩序或生活秩序的，或者造成恶劣的社会影响等。行为人采取了上述三种行为之一，并且后果严重的，就构成本罪。但是，应当注意的是，破坏计算机信息系统有时会致使计算机瘫痪，这是计算机信息系统不能正常运行的最严重后果，但不是构成破坏计算机信息系统罪的必要条件。

本案被告人吕××违反《中华人民共和国计算机信息系统安全保护条例》第七条“任何组织或者个人，不得利用计算机信息系统从事危害国家利益、集体利益和公民合法利益的活动，不得危害计算机信息系统的安全”的规定，利用其掌握的知识入侵广州主机信息系统，取得控制该系统的最高权限后，在广州主机信息系统功能中增设最高权限账户和普通账户，三次修改最高权限密码，造成广州主机管理失控约 15 个小时，严重影响了中国公众多媒体通信网的正常运行，应当认定为后果严重，已构成犯罪。

需要指出的是，刑法第二百八十六条规定的三种破坏计算机信息系统的行为，每一种行为都能单独构成破坏计算机信息系统罪，如果被告人同时实施三种或者两种犯罪行为时，必须查明被告人所实施的每一种行为是否都具有后果严重这一要件。对于仅有破坏计算机信息系统的行为，而没有达到后果严重程度的，不能以犯罪论处，也不能引用相关的法律条文。因此，被告人吕××入侵蓝天 BBS 主机后，在蓝天 BBS 主机上将 LP 账号提升为最高权限用户账号，以及在广州主机上非法安装和调试网络安全监测软件(未遂)，即对蓝天 BBS 主机和广州主机信息系统中的应用程序进行删改、增加的行为，因没有造成严重后果，不应认定为犯罪，本案裁判文书中也不应引用刑法第二百八十六条第二款。

（三）破坏计算机信息系统罪是故意犯罪，包括直接故意和间接故意。但行为人的动机和目的可以多种多样，例如炫耀、泄愤报复、不正当竞争、妒贤忌能，等等。无论出于什么动机和目的，只要行为人明知自己的行为会导致计算机信息系统不能正常运行的危害后果，仍然放任或者希望这种结果发生，以致发生了这种结果，并且后果严重的，就构成本罪。

本案被告人吕××增加、修改广州主机信息系统功能，以及删除、修改广州主机信息系统中存储、处理和传输的数据的目的是为了尝试进入别人主机的方法是否可行，从中学习如何保障网络安全。被告人吕××作为一个懂得计算机技术的人，在实施上述操作行为时，对在客观上会造成广州主机信息系统不能正常运行的严重后果，是在其意料之中的，却放任这种后果的发生，以致发生了严重后果。其行为已构成了破坏计算机信息系统罪。某市中级人民法院以破坏计算机信息系统罪，判处被告人吕××有期徒刑一年零六个月是适当的。

执笔：清　国　审编：高憬宏

第三章 利用计算机进行的其他犯罪

利用计算机进行的其他犯罪，即《刑法》第287条举例并概括规定的利用计算机实施金融诈骗、盗窃、贪污、挪用公款、窃取国家秘密或者其他犯罪。这类犯罪不下于百种罪名。但是，首先应排除《刑法》第285条和第286条规定的四种具体犯罪，其次应排除刑法分则明文规定必须以信息科学技术以外的、其他特定犯罪方法实施的犯罪，最后还应排除利用信息科学技术根本不能实施的犯罪，如强奸罪、非法搜查罪等，就不可能利用信息科学技术实施。学术上有一种观点，将此归结为不纯正的计算机犯罪，亦称非典型性计算机犯罪或准计算机犯罪，指既可以用信息科学技术实施也可以用其他方法实施的犯罪。

随着信息技术的普遍应用，这方面的犯罪日益增多，一旦发生利用信息技术实施具有相当严重程度的危害社会行为，如何认定，或者还是法无明文规定，这是一个涉及罪与非罪、此罪与彼罪的重大问题，也是一个非常棘手的问题，难度很大，所以这类犯罪是刑法学研究的重点和刑事司法的难点。本章仅对发案较多的几种犯罪进行介绍。

第一节 利用计算机实施间谍活动罪

一、本罪的概念

根据《刑法》第110条规定，间谍罪是指参加间谍组织，或者虽未参加间谍组织，但接受间谍组织或其代理人的任务，或者为敌人指示轰击目标，危害中华人民共和国国家安全的行为。

二、本罪的构成

本罪是集合的犯罪构成，分为基本罪、重罪和轻罪三个构成类型，具有三个相应的法定刑幅度。

（一）基本罪是即成犯，本罪基本罪由一般主体、犯罪故意、单一危害行为、被害法益四个要件构成

1．一般主体

主体是已满16周岁且具有刑事责任的自然人，可以是中国公民，也可以是外国人或无国籍人。

2．犯罪故意

本罪的罪过形式表现为故意，指明知是间谍组织，或者明知是间谍组织及其代理人的任务而参加或者接受，对我国国家安全造成危害后果，希望或者放任这种危害后果的发生的。行为人的目的和动机是多种多样的，主要是图财、贪色、方便出国或探亲、贪生怕死、妄图推翻人民民主专政的政权和社会主义制度等。无论出于何种目的、动机如何，均不影响本罪的构成。

3．单一危害行为

本罪的单一危害行为表现为参加间谍组织，或者虽未参加间谍组织，但接受间谍组织或其代理人的任务，或者为敌人指示轰击目标的行为。这种行为有三种表现形式，只要具有其中一种情形，即可构成本罪。

（1）参加间谍组织，成为间谍组织的成员，充当间谍

所谓"间谍组织"，主要指外国政府建立的旨在策反我公职人员，向我国国家机构和各种组织进行渗透，窃取、刺探、收买、非法提供国家秘密和情报，进行颠覆和破坏活动的组织。"参加间谍组织"，是指行为人履行一定的加入手续，或者在非常情况下虽未按常规正式加入，但事实上已作为该间谍组织的成员进行活动。

（2）接受间谍组织及其代理人的任务的

《国家安全法实施细则》第四条规定"《国家安全法》所称的"间谍组织代理人"，是指受间谍组织或者其成员的指使、委托、资助，进行或者授意、指使他人进行危害中华人民共和国国家安全活动的人。间谍组织和间谍组织代理人由中华人民共和国国家安全部确认。"这里的代理人是广义的，既可以是自然人，也可以是法人。由于间谍组织和间谍组织代理人的情况比较复杂，所以国家安全法实施细则规定，间谍组织和间谍组织代理人由中华人民共和国国家安全部确认。接受间谍组织及其代理人的任务，是指行为人受间谍组织及其代理人的命令、派遣、指使、委托，为间谍组织服务，进行危害国家安全的活动。行为人只要实施了接受间谍组织及其代理人任务的行为，就满足本罪的构成要件。至于行为人是否实施接受的任务或者完成任务的程度，对本罪的成立不存在影响，而且，不需要行为人一定具有间谍的身份，即行为人有否参加间谍组织，不影响本罪的构成。

（3）为敌人指示轰击目标

为敌人指示轰击目标，是指为军事侵略我国国家的敌国提供攸关我国安全的重大军事设施、建设项目、城市等目标的行为。表现为在战时为交战敌对国或敌方用计算机、通信工具、发信号、作标记等手段向敌人明示所要轰击的我方目标。这种行为不以行为人是否参加间谍组织或是否接受间谍组织及其代理人的任务为限，行为人只要实施为敌人指示轰击目标的行为就构成本罪。

4．被害法益

本罪侵害的法益，是我国的国家安全，即人民民主专政的国家政权和社会主义制度。随着我国改革开放的进一步深入，境外间谍机关、敌对势力的间谍活动日益频繁，使我国国家安全受到了侵害。

（二）重罪构成要件

本罪的重罪构成要件是结果或情节加重犯，是指罪行在符合基本罪的构成要件的基础上，后果特别严重，情节特别恶劣的行为。所谓后果特别严重，是指对国家和人民根本利益造成重大损失。所谓情节特别恶劣，是指犯罪手段、方式极其残忍，规模和影响极大等。重罪的既遂形态是结果加重犯或情节加重犯，只要具备"对国家和人民危害特别严重"或"情节特别恶劣"的行为之一，便可成立本罪的重罪。

（三）轻罪构成要件

轻罪的既遂形态是情节减轻犯，指罪行在符合基本罪构成要件的基础上，情节较轻的行为。所谓情节较轻，可从情报密级较低，犯罪手段、动机、实际危害结果等方面综合考虑。

三、处罚

《刑法》第 110 条、第 56 条第 1 款、第 113 条第 2 款规定，犯本罪基本罪的，处 10 年以上有期徒刑；犯本罪重罪的，可以判处死刑；犯本罪轻罪的，处 3 年以上 10 年以下有期徒刑。根据《刑法》第 56 条、第 113 条的规定，犯本罪的，应当附加剥夺政治权利；可以并处没收财产。符合《国家安全法》第 24、25 条之规定的，可以从轻、减轻、免除处罚或不予追究或给予奖励。

四、追诉标准

只要具有参加间谍组织，或者虽未参加间谍组织，但接受间谍组织或其代理人的任务，或者为敌人指示轰击目标的行为，应予追诉。

五、常见的犯罪方法及手段

多以外交官、记者、商人、访问学者、留学生、旅游者等各种身份为掩护，打着新闻采访、经贸合作、投资办企业、友好往来、学术交流、旅游观光、探亲访友的旗号，现在又以发展、控制诸如练气功等民间组织、协会和维权组织，建立维权网站，进行危害我国国家安全的行为。

六、认定本罪应当区分的界限和注意的问题

要认定具体行为是否构成本罪，除了严格对照该行为是否符合并齐备本罪的构成要件外，还应当注意分析如下几个问题：本罪与非罪的界限；一罪与数罪的界限；本罪不存在未完成形态。

1．本罪与非罪的问题

行为人实施的间谍行为必须是危害我国国家安全的。如果行为人实施了间谍行为，但不针对我国或不具有危害我国国家安全的，不构成本罪。

2．一罪与数罪的问题

行为人参加了间谍组织，接受了间谍组织及其代理人任务后，又去实施所接受的任务，如进行窃取、收买国家秘密或暗杀、爆炸等破坏行为，是以间谍一罪论处，还是按间谍罪与其他所犯的罪数罪并罚？在学术界和司法界均存在不同的观点。一种观点认为，按间谍一罪追究刑事责任，其理由是，接受任务的行为与完成任务的行为之间存在着内在的事实上的联系，并且，要实施完成任务的行为的故意，在行为人接受任务时一并客观存在。另一种观点认为应数罪并罚，其理由是，行为人所实施的其他犯罪已超出了间谍罪的构成要件范围，应予以数罪并罚，司法实践中，按数罪并罚执行。

◎附相关规定：

全国人民代表大会常务委员会关于维护互联网安全的决定

（2000 年 12 月 28 日第九届全国人民代表大会常务
委员会第十九次会议通过）

（节选）

二、为了维护国家安全和社会稳定，对有下列行为之一，构成犯罪的，依照刑法有关规定追究刑事责任：

（一）利用互联网造谣、诽谤或者发表、传播其他有害信息，煽动颠覆国家政权、推翻社会主义制度，或者煽动分裂国家、破坏国家统一；

（二）通过互联网窃取、泄露国家秘密、情报或者军事秘密；

（三）利用互联网煽动民族仇恨、民族歧视，破坏民族团结；

（四）利用互联网组织邪教组织、联络邪教组织成员，破坏国家法律、行政法规实施。

中华人民共和国国家安全法

（1993 年 2 月 22 日第七届全国人民代表大会常务委员会第三十次会议通过
1993 年 2 月 22 日中华人民共和国主席令第六十八号公布施行）

（节选）

第四条　任何组织和个人进行危害中华人民共和国国家安全的行为都必须受到法律追究。

本法所称危害国家安全的行为，是指境外机构、组织、个人实施或者指使、资助他人实施的，或者境内组织、个人与境外机构、组织、个人相勾结实施的下列危害中华人民共和国国家安全的行为：

（一）阴谋颠覆政府，分裂国家，推翻社会主义制度的；

（二）参加间谍组织或者接受间谍组织及其代理人的任务的；

（三）窃取、刺探、收买、非法提供国家秘密的；

（四）策动、勾引、收买国家工作人员叛变的；

（五）进行危害国家安全的其他破坏活动的。

第二十四条　犯间谍罪自首或者有立功表现的，可以从轻、减轻或者免除处罚；有重大立功表现的，给予奖励。

第二十五条　在境外受胁迫或者受诱骗参加敌对组织，从事危害中华人民共和国国家安全的活动，及时向中华人民共和国驻外机构如实说明情况的，或者入境后直接或者通过所在组织及时向国家安全机关或者公安机关如实说明情况的，不予追究。

中华人民共和国国家安全法实施细则

国务院令第 157 号

颁布日期：19940604　实施日期：19940604

（节选）

第三条　《国家安全法》所称的“境外机构、组织”包括境外机构、组织在中华人民共和国境内设立的分支（代表）机构和分支组织；

“境外个人”包括居住在中华人民共和国境内不具有中华人民共和国国籍的人。

第四条　《国家安全法》所称的“间谍组织代理人”，是指受间谍组织或者其成员的指使、委托、资助，进行或者授意、指使他人进行危害中华人民共和国国家安全活动的人。

间谍组织和间谍组织代理人由中华人民共和国国家安全部（以下简称国家安全部）确认。

第二十三条　下列情形属于《国家安全法》第二十四条所称的“立功表现”：

（一）揭发、检举危害国家安全的其他犯罪分子，情况属实的；

（二）提供重要线索、证据，使危害国家安全的行为得以发现和制止的；

（三）协助国家安全机关、司法机关捕获其他危害国家安全的犯罪分子的；

（四）对协助国家安全机关维护国家安全有重要作用的其他行为。

“重大立功表现”，是指在前款所列立功表现的范围内对国家安全工作有特别重要作用的。

第二节　利用计算机实施为境外收集、非法提供国家秘密、情报的犯罪

一、本罪的概念

根据《刑法》第 111 条规定，为境外窃取、刺探、收买、非法提供国家秘密、情报罪是指违反国家保密法规，为境外的机构、组织、人员窃取、刺探、收买、非法提供国家秘密或者情报的行为。本罪是选择性罪名，司法实践中应根据具体案情，选择适用或并合适用。

二、本罪的构成

本罪是集合的构成类型，分为基本罪、重罪和更重罪、轻罪四个构成类型，具有相应的四个法定刑幅度。

（一）基本罪是行为犯，由一般主体、犯罪故意、单一危害行为、特定犯罪对象、被害法益五个要件构成。

1．一般主体

主体是已满 16 周岁且具有刑事责任的中国公民，外国人或无国籍人不构成本罪。

2．犯罪故意

本罪的罪过形式表现为故意，指明知为境外收集、非法提供国家秘密、情报的行为，会对我国国家安全造成危害后果，希望或者放任这种危害后果的发生。行为人的目的和动机是多种多样的，主要是图财、贪色、方便出国或探亲、贪生怕死、妄图推翻人民民主专政的政权和社会主义制度等。无论出于何种目的、动机如何，均不影响本罪的构成。

3．单一危害行为

本罪的单一危害行为表现为为境外的机构、组织、人员窃取、刺探、收买、非法提供国家秘密或者情报的行为。只要具有上述情形之一，即可构成本罪。

4．特定犯罪对象

本罪侵害的对象是国家秘密和情报。所谓国家秘密，是指《中华人民共和国保守国家秘密法》第2条、第8条以及《中华人民共和国保守国家秘密法实施办法》第4条规定的事项。所谓情报，是指关系国家安全和利益、尚未公开或者依照有关规定不应公开的事项。

5．被害法益

本罪侵害的法益，是我国的国家安全，即人民民主专政的国家政权和社会主义制度。

行为成立本罪，必须齐备一个构成类型的既定构成要件；如果缺少该构成类型的任何一个要件，该种犯罪便不能成立。

（二）重罪的构成要件

重罪既遂形态是情节加重犯，其构成要件是在基本罪构成要件的基础上，增加“情节特别严重的”这一构成要件。所谓情节特别严重，是指下列三项情形之一：（1）为境外窃取、刺探、收买、非法提供绝密级国家秘密的；（2）为境外窃取、刺探、收买、非法提供三项以上机密级国家秘密的；（3）为境外窃取、刺探、收买、非法提供国家秘密或者情报，对国家安全和利益造成其他特别严重损害的。

（三）本罪的更重罪是结果加重犯或情节加重犯，其构成要件是在基本罪构成要件基础上，增加“对国家和人民危害特别严重、情节特别恶劣的”这一构成要件，所谓对国家和人民危害特别严重、情节特别恶劣，是指下列情形之一：（1）为境外窃取、刺探、收买、非法提供国家秘密、情报，导致我国政治声誉、外交斗争、军事利益和经济建设等方面遭受特别重大损害的；（2）为境外窃取、刺探、收买、非法提供多项绝密级国家秘密、重大情报，迫使国家调整决策而进入非常时期的；（3）具体对国家和人民危害特别严重、情节特别恶劣的其他情节。

（四）轻罪的既遂形态是情节减轻犯，指行为符合本罪基本罪构成要件但情节较轻的行为，所谓情节较轻，是指为境外窃取、刺探、收买、非法提供秘密级国家机密或者情节的情形。

三、处罚

《刑法》第111条规定，为境外的机构、组织、人员窃取、刺探、收买、非法提供国家秘密或者情报的，处五年以上十年以下有期徒刑；情节特别严重的，处十年以上有期徒刑或者无期徒刑；情节较轻的，处五年以下有期徒刑、拘役、管制或者剥夺政治权利。根据刑法第56条、第113条的规定，犯本罪的，应当附加剥夺政治权利，可以并处没收财产。对国家和人民危害特别严重、情节特别恶劣的可以判处死刑。

四、追诉标准

只要实施了为境外的机构、组织、人员窃取、刺探、收买、非法提供国家秘密或者情报的行为，应予追诉。

五、认定本罪应当区分的界限和注意的问题

要认定具体行为是否构成本罪，除了严格对照该行为是否符合并齐备本罪的构成要件

外，还应当注意分析如下几个问题：本罪与非罪的界限；本罪与非法获取国家秘密罪及非法持有国家绝密、机密罪的界限；本罪与泄露国家秘密罪的界限；本罪的基本罪存在犯罪未完成形态，而本罪的重罪、更重罪和轻罪只有构成与否的问题，不存在未完成形态。

◎附相关规定：

全国人民代表大会常务委员会关于维护互联网安全的决定

（2000年12月28日第九届全国人民代表大会常务委员会第十九次会议通过）

（节选）

二、为了维护国家安全和社会稳定，对有下列行为之一，构成犯罪的，依照刑法有关规定追究刑事责任：

（二）通过互联网窃取、泄露国家秘密、情报或者军事秘密；

中华人民共和国国家安全法

（1993年2月22日第七届全国人民代表大会常务委员会第三十次会议通过 1993年2月22日中华人民共和国主席令第六十八号公布施行）

（节选）

第四条 任何组织和个人进行危害中华人民共和国国家安全的行为都必须受到法律追究。

本法所称危害国家安全的行为，是指境外机构、组织、个人实施或者指使、资助他人实施的，或者境内组织、个人与境外机构、组织、个人相勾结实施的下列危害中华人民共和国国家安全的行为：

（三）窃取、刺探、收买、非法提供国家秘密的；

第十九条 任何公民和组织都应当保守所知悉的国家安全工作的国家秘密。

第二十条 任何个人和组织都不得非法持有属于国家秘密的文件、资料和其他物品。

中华人民共和国保守国家秘密法

（1988年9月5日第七届全国人民代表大会常务委员会第三次会议通过 1988年9月5日中华人民共和国主席令第六号公布 自1989年5月1日起施行）

（节选）

第八条 国家秘密包括符合本法第二条规定的下列秘密事项：

（一）国家事务的重大决策中的秘密事项；

（二）国防建设和武装力量活动中的秘密事项；

（三）外交和外事活动中的秘密事项以及对外承担保密义务的事项；

（四）国民经济和社会发展中的秘密事项；

（五）科学技术中的秘密事项；

（六）维护国家安全活动和追查刑事犯罪中的秘密事项；

（七）其他经国家保密工作部门确定应当保守的国家秘密事项。

不符合本法第二条规定的，不属于国家秘密。

政党的秘密事项中符合本法第二条规定的，属于国家秘密。

第九条　国家秘密的密级分为“绝密”、“机密”、“秘密”三级。

“绝密”是最重要的国家秘密，泄露会使国家的安全和利益遭受特别严重的损害；“机密”是重要的国家秘密，泄露会使国家的安全和利益遭受严重的损害；“秘密”是一般的国家秘密，泄露会使国家的安全和利益遭受损害。

第十条　国家秘密及其密级的具体范围，由国家保密工作部门分别会同外交、公安、国家安全和其他中央有关机关规定。

国防方面的国家秘密及其密级的具体范围，由中央军事委员会规定。

关于国家秘密及其密级的具体范围的规定，应当在有关范围内公布。

第十一条　各级国家机关、单位对所产生的国家秘密事项，应当按照国家秘密及其密级具体范围的规定确定密级。

对是否属于国家秘密和属于何种密级不明确的事项，由国家保密工作部门，省、自治区、直辖市的保密工作部门，省、自治区政府所在地的市和经国务院批准的较大的市的保密工作部门或者国家保密工作部门审定的机关确定。在确定密级前，产生该事项的机关、单位应当按照拟定的密级，先行采取保密措施。

第十二条　属于国家秘密的文件、资料，应当依照本法第九条、第十条、第十一条的规定标明密级。不属于国家秘密的，不应标为国家秘密文件、资料。

第十三条　对是否属于国家秘密和属于何种密级有争议的，由国家保密工作部门或者省、自治区、直辖市的保密工作部门确定。

第十四条　机关、单位对国家秘密事项确定密级时，应当根据情况确定保密期限。确定保密期限的具体办法由国家保密工作部门规定。

第十五条　国家秘密事项的密级和保密期限，应当根据情况变化及时变更。密级和保密期限的变更，由原确定密级和保密期限的机关、单位决定，也可以由其上级机关决定。

第十六条　国家秘密事项的保密期限届满的，自行解密：保密期限需要延长的，由原确定密级和保密期限的机关、单位或者其上级机关决定。

国家秘密事项在保密期限内不需要继续保密的，原确定密级和保密期限的机关、单位或者其上级机关应当及时解密。

中华人民共和国保守国家秘密法实施办法

国家保密局第 1 号令

颁布日期：19900525　实施日期：19900525

（节选）

第四条　某一事项泄露后会造成下列后果之一的，应当列入国家秘密及其密级的具体范围（以下简称保密范围）：

（一）危害国家政权的巩固和防御能力；

（二）影响国家统一、民族团结和社会安定；

（三）损害国家在对外活动中的政治、经济利益；

（四）影响国家领导人、外国要员的安全；

（五）妨害国家重要的安全保卫工作；

（六）使保护国家秘密的措施可靠性降低或者失效；

（七）削弱国家的经济、科技实力；

（八）使国家机关依法行使职权失去保障。

最高人民法院关于审理为境外窃取、刺探、收买、非法提供国家秘密、情报案件具体应用法律若干问题的解释

（2000 年 11 月 20 日最高人民法院审判委员会 1142 次会议通过）

颁布日期：20010117　实施日期：20010122

为依法惩治为境外的机构、组织、人员窃取、刺探、收买、非法提供国家秘密、情报犯罪活动，维护国家安全和利益，根据刑法有关规定，现就审理这类案件具体应用法律的若干问题解释如下：

第一条　刑法第一百一十一条规定的“国家秘密”，是指《中华人民共和国保守国家秘密法》第二条、第八条以及《中华人民共和国保守国家秘密法实施办法》第四条确定的事项。

刑法第一百一十一条规定的“情报”，是指关系国家安全和利益、尚未公开或者依照有关规定不应公开的事项。

对为境外机构、组织、人员窃取、刺探、收买、非法提供国家秘密之外的情报的行为，以为境外窃取、刺探、收买、非法提供情报罪定罪处罚。

第二条　为境外窃取、刺探、收买、非法提供国家秘密或者情报，具有下列情形之一的，属于“情节特别严重”，处十年以上有期徒刑、无期徒刑，可以并处没收财产：

（一）为境外窃取、刺探、收买、非法提供绝密级国家秘密的；

（二）为境外窃取、刺探、收买、非法提供三项以上机密级国家秘密的；

（三）为境外窃取、刺探、收买、非法提供国家秘密或者情报，对国家安全和利益造成其他特别严重损害的。

实施前款行为，对国家和人民危害特别严重、情节特别恶劣的，可以判处死刑，并处没收财产。

第三条　为境外窃取、刺探、收买、非法提供国家秘密或者情报，具有下列情形之一的，处五年以上十年以下有期徒刑，可以并处没收财产：

（一）为境外窃取、刺探、收买、非法提供机密级国家秘密的；

（二）为境外窃取、刺探、收买、非法提供三项以上秘密级国家秘密的；

（三）为境外窃取、刺探、收买、非法提供国家秘密或者情报，对国家安全和利益造成其他严重损害的。

第四条　为境外窃取、刺探、收买、非法提供秘密级国家秘密或者情报，属于“情节较轻”，处五年以下有期徒刑、拘役、管制或者剥夺政治权利，可以并处没收财产。

第五条 行为人知道或者应当知道没有标明密级的事项关系国家安全和利益，而为境外窃取、刺探、收买、非法提供的，依照刑法第一百一十一条的规定以为境外窃取、刺探、收买、非法提供国家秘密罪定罪处罚。

第六条 通过互联网将国家秘密或者情报非法发送给境外的机构、组织、个人的，依照刑法第一百一十一条的规定定罪处罚；将国家秘密通过互联网予以发布，情节严重的，依照刑法第三百九十八条的规定定罪处罚。

第七条 审理为境外窃取、刺探、收买、非法提供国家秘密案件，需要对有关事项是否属于国家秘密以及属于何种密级进行鉴定的，由国家保密工作部门或者省、自治区、直辖市保密工作部门鉴定。

最高人民法院、最高人民检察院关于办理组织和利用邪教组织犯罪案件具体应用法律若干问题的解释（二）

颁布日期：20010604　实施日期：20010611

（节选）

第八条 邪教组织人员为境外窃取、刺探、收买、非法提供国家秘密、情报的，以窃取、刺探、收买方法非法获取国家秘密的，非法持有国家绝密、机密文件、资料、物品拒不说明来源与用途的，或者泄露国家秘密情节严重的，分别依照刑法第一百一十一条为境外窃取、刺探、收买、非法提供国家秘密、情报罪，第二百八十二条第一款非法获取国家秘密罪，第二百八十二条第二款非法持有国家绝密、机密文件、资料、物品罪，第三百九十八条故意泄露国家秘密罪、过失泄露国家秘密罪的规定定罪处罚。

第三节 利用计算机实施侵犯著作权罪

一、本罪的概念

根据《刑法》第217条、第220条的规定，所谓侵犯著作权罪，是指以营利为目的，具有法定侵犯著作权四种情形之一，违法所得数额较大（有其他严重情节）或者违法所得数额巨大（有其他特别严重情节）的行为。

二、本罪的构成

本罪是集合的构成类型，分为基本罪和重罪两个构成类型，具有相应的两个法定刑档次。其中，本罪基本罪的既遂形态是结果犯或者情节犯，其特点表现为选择性，由选择主体、犯罪故意、特定犯罪目的，单一危害行为、特定犯罪对象、特定危害结果（情节严重）和被害法益共七个要件构成。

（一）基本罪

1．选择主体

本罪的主体，既包括达到刑事责任年龄且具有刑事责任能力的自然人，也包括经国家批准和未经国家批准从事出版、发行活动的单位。

2．犯罪故意

本罪的罪过形式表现为故意，且具有营利的目的。

3．特定犯罪目的

本罪必须具有营利的目的。如果不具有营利的目的，则不构成本罪。以刊登收费广告等方式直接或者间接收取费用的，认定为具有营利的目的。

4．单一危害行为

本罪的单一危害行为表现为未经著作权人许可，复制发行其文字作品、音乐、电影、电视、录像作品、计算机软件及其他作品的；出版他人享有专有出版权的图书的；未经录音录像制作者许可，复制发行其制作的录音录像的；制作、出售假冒他人署名的美术作品行为的。只要具有上述情形之一，即可构成本罪。

5．特定犯罪对象

本罪的侵害对象为文字作品、音乐、电影、电视、录像作品、计算机软件、图书、录音录像、美术作品及其他作品。俗称经过创作的脑力劳动。

6．特定危害结果

本罪要求侵犯著作权与著作权有关的权益，情节严重的结果。如果以营利为目的，未经著作权人许可，复制发行其文字作品、音乐、电影、电视、录像作品、计算机软件及其他作品的；出版他人享有专有出版权的图书的；未经录音录像制作者许可，复制发行其制作的录音录像的；制作、出售假冒他人署名的美术作品的，违法所得数额不大或者情节不严重，则不构成犯罪。违法所得数额在三万元以上的，属于违法所得数额较大。

7．被害法益

本罪侵犯的直接法益，是国家的著作权管理制度以及他人的著作权和与著作权有关的权益。

行为成立本罪，必须齐备一个构成类型的既定构成要件；如果缺少该构成类型的任何一个要件，该种犯罪便不能成立。

（二）重罪

重罪的既遂形态是结果加重犯或情节加重犯，指罪行在符合基本罪构成要件的基础上，违法所得数额巨大或者有其他特别严重情节的行为。所谓数额巨大，是指个人违法所得数额在 20 万元以上，单位违法所得数额在 100 万元以上；所谓有其他特别严重情节，是指具有下列情形之一：（1）个人非法经营数额在 100 万元以上，单位非法经营数额在 500 万元以上的；（2）造成其他特别严重后果的。违法所得数额，是指获利数额。

三、处罚

根据《刑法》第 217 条的规定，个人犯基本罪的，处 3 年以下有期徒刑或者拘役，并处或者单处罚金；个人犯重罪的，处 3 年以上 7 年以下有期徒刑，并处罚金。

根据《刑法》第 220 条的规定，单位犯本罪的，对单位判处罚金，并对其直接负责的主管人员和其他直接责任人员，依照自然人犯本罪的规定处罚。

四、追诉标准

具有下列情形之一的，应予追诉：

1．个人违法所得数额在 3 万元以上的；

2．单位违法所得数额在 20 万元以上的；

3．未经著作权人许可，复制发行其文字作品、音乐、电影、电视、录像作品、计算机软件及其他作品的、复制品数量合计在 1000 张（份）以上的；

4．因侵犯著作权曾经两次以上被追究行政责任或者民事责任，两年内又实施侵犯著作权行为之一的；

5．个人非法经营数额在 5 万元以上的；

6．单位非法经营数额在 100 万元以上的；

7．其他严重情节的情形；

8．造成其他严重后果的。

五、认定本罪应当区分的界限和注意的问题

要认定具体行为是否构成本罪，除了严格对照该行为是否符合并齐备本罪的构成要件外，还应当注意本罪与非罪的界限。本罪的基本罪不存在犯罪的未完成形态；当本罪重罪的既遂形态表现为情节加重犯时，不存在犯罪的未完成形态；当本罪重罪的既遂形态表现为结果加重犯时，存在犯罪的未完成形态。

（一）复制、出版或制作行为是否合法，是区分本罪与非罪的重要标准

合法的复制、出版或制作行为包括：

1．经著作权人许可的行为。根据著作权法第 23 条规定："使用他人作品应当同著作权人订立合同或者取得许可。"

2．未经著作权人许可，但在法律规定的合理范围内使用其作品的行为。我国著作权法第 22 条规定，可以不经著作人许可的作品的合理使用范围包括：

（1）为个人学习、研究或者欣赏，使用他人已经发表的作品；

（2）为介绍、评论某一作品或者说明某一问题，在作品中适当引用他人已经发表的作品；

（3）为报道时事新闻，在报纸、期刊、广播、电视节目或者新闻纪录影片中引用已经发表的作品；

（4）报纸、期刊、广播电视台、电视台刊登或者播放在公众集会上发表的讲话，但作者声明不许刊登、播放的除外；

（5）为学校课堂教学或者科学研究，翻译或者少量复制已经发表的作品，供教学或者科研人员使用，但不得出版发行；

（6）国家机关为执行公务使用已经发表的作品；

（7）图书馆、档案馆、纪念馆、博物馆、美术馆等为陈列或者保存版本的需要，复制本馆收藏的作品；

（8）免费表演已经发表的作品；

（9）对设置或者陈列在室外公共场所的艺术品进行临摹、绘画、摄影、录像。

3．作品超过权利保护期的。

另外，将已经发表的汉族文字作品翻译成少数民族文字在国内出版发行，或将已经发表

的作品改成盲文出版，均可以不经著作权人许可。凡不经著作权人许可即可在法律限定范围使用的作品，使用者可以不向著作权人支付报酬，但应当指明作者姓名、作品名称，并且不得侵犯著作权人依照著作权法享有的其他权利。司法实践中，在查处侵犯著作权罪时，应注意掌握著作权法中有关著作人及其权利、著作权归属、权利的保护期、权利的限制等规定，分清侵犯著作权和合法使用作品的界限，以准确惩治侵犯著作权的犯罪行为，保护著作权人、合法使用人等的合法权益。

（二）严格把握数额标准，正确区别侵犯著作权罪和民事侵权行为

违法所得数额较大或者有其他严重情节，是区别侵犯著作权罪和民事侵权行为的重要标准。虽有侵犯著作权的行为，但没有达到违法所得数额较大或者情节并不严重的，属于一般民事侵权行为，不认为是犯罪。

◎附相关规定：

中华人民共和国著作权法

（1990 年 9 月 7 日第七届全国人民代表大会常务委员会第十五次会议通过
中华人民共和国主席令第三十一号公布　2001 年 10 月 27 日第九届全国人民代表大会常务委员会第二十四次会议修正）

（节选）

第二条　中国公民、法人或者其他组织的作品，不论是否发表，依照本法享有著作权。

外国人、无国籍人的作品根据其作者所属国或者经常居住地国同中国签订的协议或者共同参加的国际条约享有的著作权，受本法保护。

外国人、无国籍人的作品首先在中国境内出版的，依照本法享有著作权。

未与中国签订协议或者共同参加国际条约的国家的作者以及无国籍人的作品首次在中国参加的国际条约的成员国出版的，或者在成员国和非成员国同时出版的，受本法保护。

第三条　本法所称的作品，包括以下列形式创作的文学、艺术和自然科学、社会科学、工程技术等作品：

（一）文字作品；

（二）口述作品；

（三）音乐、戏剧、曲艺、舞蹈、杂技艺术作品；

（四）美术、建筑作品；

（五）摄影作品；

（六）电影作品和以类似摄制电影的方法创作的作品；

（七）工程设计图、产品设计图、地图、示意图等图形作品和模型作品；

（八）计算机软件；

（九）法律、行政法规规定的其他作品。

第十条　著作权包括下列人身权和财产权：

（一）发表权，即决定作品是否公之于众的权利；

（二）署名权，即表明作者身份，在作品上署名的权利；

（三）修改权，即修改或者授权他人修改作品的权利；

（四）保护作品完整权，即保护作品不受歪曲、篡改的权利；

（五）复制权，即以印刷、复印、拓印、录音、录像、翻录、翻拍等方式将作品制作一份或者多份的权利；

（六）发行权，即以出售或者赠与方式向公众提供作品的原件或者复制件的权利；

（七）出租权，即有偿许可他人临时使用电影作品和以类似摄制电影的方法创作的作品、计算机软件的权利，计算机软件不是出租的主要标的的除外；

（八）展览权，即公开陈列美术作品、摄影作品的原件或者复制件的权利；

（九）表演权，即公开表演作品，以及用各种手段公开播送作品的表演的权利；

（十）放映权，即通过放映机、幻灯机等技术设备公开再现美术、摄影、电影和以类似摄制电影的方法创作的作品等的权利；

（十一）广播权，即以无线方式公开广播或者传播作品，以有线传播或者转播的方式向公众传播广播的作品，以及通过扩音器或者其他传送符号、声音、图像的类似工具向公众传播广播的作品的权利；

（十二）信息网络传播权，即以有线或者无线方式向公众提供作品，使公众可以在其个人选定的时间和地点获得作品的权利；

（十三）摄制权，即以摄制电影或者以类似摄制电影的方法将作品固定在载体上的权利；

（十四）改编权，即改变作品，创作出具有独创性的新作品的权利；

（十五）翻译权，即将作品从一种语言文字转换成另一种语言文字的权利；

（十六）汇编权，即将作品或者作品的片段通过选择或者编排，汇集成新作品的权利；

（十七）应当由著作权人享有的其他权利。

著作权人可以许可他人行使前款第（五）项至第（十七）项规定的权利，并依照约定或者本法有关规定获得报酬。

著作权人可以全部或者部分转让本条第一款第（五）项至第（十七）项规定的权利，并依照约定或者本法有关规定获得报酬。

第四十六条　有下列侵权行为的，应当根据情况，承担停止侵害、消除影响、赔礼道歉、赔偿损失等民事责任：

（一）未经著作权人许可，发表其作品的；

（二）未经合作作者许可，将与他人合作创作的作品当作自己单独创作的作品发表的；

（三）没有参加创作，为谋取个人名利，在他人作品上署名的；

（四）歪曲、篡改他人作品的；

（五）剽窃他人作品的；

（六）未经著作权人许可，以展览、摄制电影和以类似摄制电影的方法使用作品，或者以改编、翻译、注释等方式使用作品的，本法另有规定的除外；

（七）使用他人作品，应当支付报酬而未支付的；

（八）未经电影作品和以类似摄制电影的方法创作的作品、计算机软件、录音录像制品的著作权人或者与著作权有关的权利人许可，出租其作品或者录音录像制品的，本法另有规定的除外；

（九）未经出版者许可，使用其出版的图书、期刊的版式设计的；

（十）未经表演者许可，从现场直播或者公开传送其现场表演，或者录制其表演的；

（十一）其他侵犯著作权以及与著作权有关的权益的行为。

第四十七条 有下列侵权行为的，应当根据情况，承担停止侵害、消除影响、赔礼道歉、赔偿损失等民事责任；同时损害公共利益的，可以由著作权行政管理部门责令停止侵权行为，没收违法所得，没收、销毁侵权复制品，并可处以罚款；情节严重的，著作权行政管理部门还可以没收主要用于制作侵权复制品的材料、工具、设备等；构成犯罪的，依法追究刑事责任：

（一）未经著作权人许可，复制、发行、表演、放映、广播、汇编、通过信息网络向公众传播其作品的，本法另有规定的除外；

（二）出版他人享有专有出版权的图书的；

（三）未经表演者许可，复制、发行录有其表演的录音录像制品，或者通过信息网络向公众传播其表演的，本法另有规定的除外；

（四）未经录音录像制作者许可，复制、发行、通过信息网络向公众传播其制作的录音录像制品的，本法另有规定的除外；

（五）未经许可，播放或者复制广播、电视的，本法另有规定的除外；

（六）未经著作权人或者与著作权有关的权利人许可，故意避开或者破坏权利人为其作品、录音录像制品等采取的保护著作权或者与著作权有关的权利的技术措施的，法律、行政法规另有规定的除外；

（七）未经著作权人或者与著作权有关的权利人许可，故意删除或者改变作品、录音录像制品等的权利管理电子信息的，法律、行政法规另有规定的除外；

（八）制作、出售假冒他人署名的作品的。

计算机软件保护条例

2001 年 12 月 20 日　国务院令第 339 号

（节选）

第二十三条 除《中华人民共和国著作权法》或者本条例另有规定外，有下列侵权行为的，应当根据情况，承担停止侵害、消除影响、赔礼道歉、赔偿损失等民事责任：

（一）未经软件著作权人许可，发表或者登记其软件的；

（二）将他人软件作为自己的软件发表或者登记的；

（三）未经合作者许可，将与他人合作开发的软件作为自己单独完成的软件发表或者登记的；

（四）在他人软件上署名或者更改他人软件上的署名的；

（五）未经软件著作权人许可，修改、翻译其软件的；

（六）其他侵犯软件著作权的行为。

第二十四条 除《中华人民共和国著作权法》、本条例或者其他法律、行政法规另有规定外，未经软件著作权人许可，有下列侵权行为的，应当根据情况，承担停止侵害、消除影响、赔礼道歉、赔偿损失等民事责任；同时损害社会公共利益的，由著作权行政管理部门责令停止侵权行为，没收违法所得，没收、销毁侵权复制品，可以并处罚款；情节严重的，著作权行政管理部门并可以没收主要用于制作侵权复制品的材料、工具、设备等；触犯刑律的，依照刑法关于侵犯著作权罪、销售侵权复制品罪的规定，依法追究刑事责任：

（一）复制或者部分复制著作权人的软件的；

（二）向公众发行、出租、通过信息网络传播著作权人的软件的；

（三）故意避开或者破坏著作权人为保护其软件著作权而采取的技术措施的；

（四）故意删除或者改变软件权利管理电子信息的；

（五）转让或者许可他人行使著作权人的软件著作权的。

有前款第（一）项或者第（二）项行为的，可以并处每件100元或者货值金额5倍以下的罚款；有前款第（三）项、第（四）项或者第（五）项行为的，可以并处5万元以下的罚款。

信息网络传播权保护条例

国务院令第468号

颁布日期：20060518　　实施日期：20060701

（节选）

第二条　权利人享有的信息网络传播权受著作权法和本条例保护。法律、行政法规另有规定的除外，任何组织或者个人将他人的作品、表演、录音录像制品通过信息网络向公众提供，应当取得权利人许可，并支付报酬。

第三条　依法禁止提供的作品、表演、录音录像制品，不受本条例保护。

权利人行使信息网络传播权，不得违反宪法和法律、行政法规，不得损害公共利益。

第四条　为了保护信息网络传播权，权利人可以采取技术措施。

任何组织或者个人不得故意避开或者破坏技术措施，不得故意制造、进口或者向公众提供主要用于避开或者破坏技术措施的装置或者部件，不得故意为他人避开或者破坏技术措施提供技术服务。但是，法律、行政法规规定可以避开的除外。

第五条　未经权利人许可，任何组织或者个人不得进行下列行为：

（一）故意删除或者改变通过信息网络向公众提供的作品、表演、录音录像制品的权利管理电子信息，但由于技术上的原因无法避免删除或者改变的除外；

（二）通过信息网络向公众提供明知或者应知未经权利人许可被删除或者改变权利管理电子信息的作品、表演、录音录像制品。

第六条　通过信息网络提供他人作品，属于下列情形的，可以不经著作权人许可，不向其支付报酬：

（一）为介绍、评论某一作品或者说明某一问题，在向公众提供的作品中适当引用已经发表的作品；

（二）为报道时事新闻，在向公众提供的作品中不可避免地再现或者引用已经发表的作品；

（三）为学校课堂教学或者科学研究，向少数教学、科研人员提供少量已经发表的作品；

（四）国家机关为执行公务，在合理范围内向公众提供已经发表的作品；

（五）将中国公民、法人或者其他组织已经发表的、以汉语言文字创作的作品翻译成的少数民族语言文字作品，向中国境内少数民族提供；

（六）不以营利为目的，以盲人能够感知的独特方式向盲人提供已经发表的文字作品；

（七）向公众提供在信息网络上已经发表的关于政治、经济问题的时事性文章；

（八）向公众提供在公众集会上发表的讲话。

第七条 图书馆、档案馆、纪念馆、博物馆、美术馆等可以不经著作权人许可，通过信息网络向本馆馆舍内服务对象提供本馆收藏的合法出版的数字作品和依法为陈列或者保存版本的需要以数字化形式复制的作品，不向其支付报酬，但不得直接或者间接获得经济利益。当事人另有约定的除外。

前款规定的为陈列或者保存版本需要以数字化形式复制的作品，应当是已经损毁或者濒临损毁、丢失或者失窃，或者其存储格式已经过时，并且在市场上无法购买或者只能以明显高于标定的价格购买的作品。

第八条 为通过信息网络实施九年制义务教育或者国家教育规划，可以不经著作权人许可，使用其已经发表作品的片断或者短小的文字作品、音乐作品或者单幅的美术作品、摄影作品制作课件，由制作课件或者依法取得课件的远程教育机构通过信息网络向注册学生提供，但应当向著作权人支付报酬。

第九条 为扶助贫困，通过信息网络向农村地区的公众免费提供中国公民、法人或者其他组织已经发表的种植养殖、防病治病、防灾减灾等与扶助贫困有关的作品和适应基本文化需求的作品，网络服务提供者应当在提供前公告拟提供的作品及其作者、拟支付报酬的标准。自公告之日起30日内，著作权人不同意提供的，网络服务提供者不得提供其作品；自公告之日起满30日，著作权人没有异议的，网络服务提供者可以提供其作品，并按照公告的标准向著作权人支付报酬。网络服务提供者提供著作权人的作品后，著作权人不同意提供的，网络服务提供者应当立即删除著作权人的作品，并按照公告的标准向著作权人支付提供作品期间的报酬。

依照前款规定提供作品的，不得直接或者间接获得经济利益。

第十条 依照本条例规定不经著作权人许可、通过信息网络向公众提供其作品的，还应当遵守下列规定：

（一）除本条例第六条第（一）项至第（六）项、第七条规定的情形外，不得提供作者事先声明不许提供的作品；

（二）指明作品的名称和作者的姓名（名称）；

（三）依照本条例规定支付报酬；

（四）采取技术措施，防止本条例第七条、第八条、第九条规定的服务对象以外的其他人获得著作权人的作品，并防止本条例第七条规定的服务对象的复制行为对著作权人利益造成实质性损害；

（五）不得侵犯著作权人依法享有的其他权利。

第十一条 通过信息网络提供他人表演、录音录像制品的，应当遵守本条例第六条至第十条的规定。

第十二条 属于下列情形的，可以避开技术措施，但不得向他人提供避开技术措施的技术、装置或者部件，不得侵犯权利人依法享有的其他权利：

（一）为学校课堂教学或者科学研究，通过信息网络向少数教学、科研人员提供已经发表的作品、表演、录音录像制品，而该作品、表演、录音录像制品只能通过信息网络获取；

（二）不以营利为目的，通过信息网络以盲人能够感知的独特方式向盲人提供已经发表的文字作品，而该作品只能通过信息网络获取；

（三）国家机关依照行政、司法程序执行公务；

（四）在信息网络上对计算机及其系统或者网络的安全性能进行测试。

第十三条 著作权行政管理部门为了查处侵犯信息网络传播权的行为，可以要求网络服务提供者提供涉嫌侵权的服务对象的姓名（名称）、联系方式、网络地址等资料。

第十四条 对提供信息存储空间或者提供搜索、链接服务的网络服务提供者，权利人认为其服务所涉及的作品、表演、录音录像制品，侵犯自己的信息网络传播权或者被删除、改变了自己的权利管理电子信息的，可以向该网络服务提供者提交书面通知，要求网络服务提供者删除该作品、表演、录音录像制品，或者断开与该作品、表演、录音录像制品的链接。通知书应当包含下列内容：

（一）权利人的姓名（名称）、联系方式和地址；

（二）要求删除或者断开链接的侵权作品、表演、录音录像制品的名称和网络地址；

（三）构成侵权的初步证明材料。

权利人应当对通知书的真实性负责。

第十五条 网络服务提供者接到权利人的通知书后，应当立即删除涉嫌侵权的作品、表演、录音录像制品，或者断开与涉嫌侵权的作品、表演、录音录像制品的链接，并同时将通知书转送提供作品、表演、录音录像制品的服务对象；服务对象网络地址不明、无法转送的，应当将通知书的内容同时在信息网络上公告。

第十六条 服务对象接到网络服务提供者转送的通知书后，认为其提供的作品、表演、录音录像制品未侵犯他人权利的，可以向网络服务提供者提交书面说明，要求恢复被删除的作品、表演、录音录像制品，或者恢复与被断开的作品、表演、录音录像制品的链接。书面说明应当包含下列内容：

（一）服务对象的姓名（名称）、联系方式和地址；

（二）要求恢复的作品、表演、录音录像制品的名称和网络地址；

（三）不构成侵权的初步证明材料。

服务对象应当对书面说明的真实性负责。

第十七条 网络服务提供者接到服务对象的书面说明后，应当立即恢复被删除的作品、表演、录音录像制品，或者可以恢复与被断开的作品、表演、录音录像制品的链接，同时将服务对象的书面说明转送权利人。权利人不得再通知网络服务提供者删除该作品、表演、录音录像制品，或者断开与该作品、表演、录音录像制品的链接。

第十八条 违反本条例规定，有下列侵权行为之一的，根据情况承担停止侵害、消除影响、赔礼道歉、赔偿损失等民事责任；同时损害公共利益的，可以由著作权行政管理部门责令停止侵权行为，没收违法所得，并可处以10万元以下的罚款；情节严重的，著作权行政管理部门可以没收主要用于提供网络服务的计算机等设备；构成犯罪的，依法追究刑事责任：

（一）通过信息网络擅自向公众提供他人的作品、表演、录音录像制品的；

（二）故意避开或者破坏技术措施的；

（三）故意删除或者改变通过信息网络向公众提供的作品、表演、录音录像制品的权利管理电子信息，或者通过信息网络向公众提供明知或者应知未经权利人许可而被删除或者改变权利管理电子信息的作品、表演、录音录像制品的；

（四）为扶助贫困通过信息网络向农村地区提供作品、表演、录音录像制品超过规定范围，或者未按照公告的标准支付报酬，或者在权利人不同意提供其作品、表演、录音录像制品后未立即删除的；

音像制品管理条例

国务院令第341号

颁布日期：20011225　实施日期：20020201

（节选）

第三十六条　音像制品批发单位和从事音像制品零售、出租等业务的单位或者个人，不得经营非音像出版单位出版的音像制品或者非音像复制单位复制的音像制品，不得经营未经国务院文化行政部门批准进口的音像制品，不得经营侵犯他人著作权的音像制品。

最高人民法院、最高人民检察院关于办理侵犯知识产权刑事案件具体应用法律若干问题的解释

颁布日期：20041208　实施日期：20041222

（节选）

第五条　以营利为目的，实施刑法第二百一十七条所列侵犯著作权行为之一，违法所得数额在三万元以上的，属于“违法所得数额较大”；具有下列情形之一的，属于“有其他严重情节”，应当以侵犯著作权罪判处三年以下有期徒刑或者拘役，并处或者单处罚金：

（一）非法经营数额在五万元以上的；

（二）未经著作权人许可，复制发行其文字作品、音乐、电影、电视、录像作品、计算机软件及其他作品，复制品数量合计在一千张（份）以上的；

（三）其他严重情节的情形。

以营利为目的，实施刑法第二百一十七条所列侵犯著作权行为之一，违法所得数额在十五万元以上的，属于“违法所得数额巨大”；具有下列情形之一的，属于“有其他特别严重情节”，应当以侵犯著作权罪判处三年以上七年以下有期徒刑，并处罚金：

（一）非法经营数额在二十五万元以上的；

（二）未经著作权人许可，复制发行其文字作品、音乐、电影、电视、录像作品、计算机软件及其他作品，复制品数量合计在五千张（份）以上的；

（三）其他特别严重情节的情形。

第十一条　以刊登收费广告等方式直接或者间接收取费用的情形，属于刑法第二百一十七条规定的“以营利为目的”。

刑法第二百一十七条规定的“未经著作权人许可”，是指没有得到著作权人授权或者伪造、涂改著作权人授权许可文件或者超出授权许可范围的情形。

通过信息网络向公众传播他人文字作品、音乐、电影、电视、录像作品、计算机软件及其他作品的行为，应当视为刑法第二百一十七条规定的“复制发行”。

第十二条　本解释所称“非法经营数额”，是指行为人在实施侵犯知识产权行为过程中，制造、储存、运输、销售侵权产品的价值。已销售的侵权产品的价值，按照实际销售的价格

计算。制造、储存、运输和未销售的侵权产品的价值，按照标价或者已经查清的侵权产品的实际销售平均价格计算。侵权产品没有标价或者无法查清其实际销售价格的，按照被侵权产品的市场中间价格计算。

多次实施侵犯知识产权行为，未经行政处理或者刑事处罚的，非法经营数额、违法所得数额或者销售金额累计计算。

本解释第三条所规定的“件”，是指标有完整商标图样的一份标识。

第十四条 实施刑法第二百一十七条规定的侵犯著作权犯罪，又销售该侵权复制品，构成犯罪的，应当依照刑法第二百一十七条的规定，以侵犯著作权罪定罪处罚。

实施刑法第二百一十七条规定的侵犯著作权犯罪，又销售明知是他人的侵权复制品，构成犯罪的，应当实行数罪并罚。

第十五条 单位实施刑法第二百一十三条至第二百一十九条规定的行为，按照本解释规定的相应个人犯罪的定罪量刑标准的三倍定罪量刑。

第十六条 明知他人实施侵犯知识产权犯罪，而为其提供贷款、资金、账号、发票、证明、许可证件，或者提供生产、经营场所或者运输、储存、代理进出口等便利条件、帮助的，以侵犯知识产权犯罪的共犯论处。

第十七条 以前发布的有关侵犯知识产权犯罪的司法解释，与本解释相抵触的，自本解释施行后不再适用。

最高人民法院关于审理非法出版物刑事案件具体应用法律若干问题的解释

颁布日期：19981217　实施日期：19981223

（节选）

第二条 以营利为目的，实施刑法第二百一十七条所列侵犯著作权行为之一，个人违法所得数额在五万元以上，单位违法所得数额在二十万元以上的，属于“违法所得数额较大”；具有下列情形之一的，属于“有其他严重情节”：

（一）因侵犯著作权曾经两次以上被追究行政责任或者民事责任，两年内又实施刑法第二百一十七条所列侵犯著作权行为之一的；

（二）个人非法经营数额在二十万元以上，单位非法经营数额在一百万元以上的；

（三）造成其他严重后果的。

以营利为目的，实施刑法第二百一十七条所列侵犯著作权行为之一，个人违法所得数额在二十万元以上，单位违法所得数额在一百万元以上的，属于“违法所得数额巨大”；具有下列情形之一的，属于“有其他特别严重情节”：

（一）个人非法经营数额在一百万元以上，单位非法经营数额在五百万元以上的；

（二）造成其他特别严重后果的。

第三条 刑法第二百一十七条第（一）项中规定的“复制发行”，是指行为人以营利为目的，未经著作权人许可而实施的复制、发行或者既复制又发行其文字作品、音乐、电影、电视、录像作品、计算机软件及其他作品的行为。

第四条 以营利为目的，实施刑法第二百一十八条规定的行为，个人违法所得数额在十万元以上，单位违法所得数额在五十万元以上的，依照刑法第二百一十八条的规定，以销售侵权复制品罪定罪处罚。

第五条 实施刑法第二百一十七条规定的侵犯著作权行为，又销售该侵权复制品，违法所得数额巨大的，只定侵犯著作权罪，不实行数罪并罚。

实施刑法第二百一十七条规定的侵犯著作权的犯罪行为，又明知是他人的侵权复制品而予以销售，构成犯罪的，应当实行数罪并罚。

第十六条 出版单位与他人事前通谋，向其出售、出租或者以其他形式转让该出版单位的名称、书号、刊号、版号，他人实施本解释第二条、第四条、第八条、第九条、第十条、第十一条规定的行为，构成犯罪的，对该出版单位应当以共犯论处。

第十七条 本解释所称“经营数额”，是指以非法出版物的定价数额乘以行为人经营的非法出版物数量所得的数额。

本解释所称“违法所得数额”，是指获利数额。

非法出版物没有定价或者以境外货币定价的，其单价数额应当按照行为人实际出售的价格认定。

最高人民法院、最高人民检察院关于办理侵犯著作权刑事案件中涉及录音录像制品有关问题的批复

颁布日期：20051013　　实施日期：20051018

各省、自治区、直辖市高级人民法院、人民检察院，解放军军事法院、军事检察院，新疆维吾尔自治区高级人民法院生产建设兵团分院、新疆生产建设兵团人民检察院：

《最高人民法院、最高人民检察院关于办理侵犯知识产权刑事案件具体应用法律若干问题的解释》发布以后，部分高级人民法院、省级人民检察院就关于办理侵犯著作权刑事案件中涉及录音录像制品的有关问题提出请示。经研究，批复如下：

以营利为目的，未经录音录像制作者许可，复制发行其制作的录音录像制品的行为，复制品的数量标准分别适用《最高人民法院、最高人民检察院关于办理侵犯知识产权刑事案件具体应用法律若干问题的解释》第五条第一款第（二）项、第二款第（二）项的规定。

未经录音录像制作者许可，通过信息网络传播其制作的录音录像制品的行为，应当视为刑法第二百一十七条第（三）项规定的“复制发行”。

此复。

公安部关于对侵犯著作权案件中尚未印制完成的侵权复制品如何计算非法经营数额问题的批复

颁布日期：20030620　　实施日期：20030620

辽宁省公安厅：

你厅《关于侵犯著作权案件中的半成品书籍如何计算非法经营数额的请示》（辽公传发[2003]257 号）收悉。现批复如下：

根据《最高人民法院关于审理非法出版物刑事案件具体应用法律若干问题的解释》（法释

[1998]30号）第17条的规定，侵犯著作权案件，应以非法出版物的定价数额乘以行为人经营的非法出版物数量所得的数额计算其经营数额。因此，对于行为人尚未印制完成侵权复制品的，应当以侵权复制品的定价数额乘以承印数量所得的数额计算其经营数额。但由于上述行为属于犯罪未遂，对于需要追究刑事责任的，公安机关应当在起诉意见书中予以说明。

第四节 利用计算机实施侵犯商业秘密罪

一、本罪的概念

根据《刑法》第219条、第220条的规定，所谓侵犯商业秘密罪，是指非法获取、披露、使用或者允许他人使用权利人的商业秘密，给权利人造成重大损失或者造成特别严重后果的行为。

二、本罪的构成

本罪是集合的构成类型，分为基本罪和重罪两个构成类型，具有相应的两个法定刑档次。

（一）基本罪

基本罪是结果犯，由选择主体、犯罪故意、单一危害行为、特定犯罪对象、特定危害结果和被害法益共六个要件构成。

1．选择主体

本罪的主体，既包括达到刑事责任年龄且具有刑事责任能力的自然人，也包括单位。通常是企业的高级管理人员、技术员、离退休人员、调离人员、因工作需要而知晓商业秘密的人（如律师、税务人员等）、合作伙伴、同行等。

2．犯罪故意

本罪的罪过形式表现为故意，即行为人有意识地利用各种方法、手段侵犯他人商业秘密。无论出于何种目的、动机如何，均不影响本罪的构成。过失不构成本罪。

3．单一危害行为

本罪的危害行为有四种方式：盗窃、利诱、胁迫或者其他不正当手段获取权利人的商业秘密；披露、使用或者允许他人使用以不正当手段获取权利人的商业秘密；违反约定或者违反权利人有关保守商业秘密的要求，披露、使用或者允许他人使用其所掌握的商业秘密；明知或者应知前三类行为，获取、使用或者披露他人的商业秘密。只要具有上述情形之一，即可构成本罪。

4．特定犯罪对象

本罪侵犯的对象是商业秘密。所谓商业秘密，是指不为公众所知悉、能给权利人带来经济利益、具有实用性并经权利人采取保密措施的技术信息和经营信息。

5．特定危害结果

构成本罪必须要有严重后果，即给商业秘密的权利人造成了重大损失。

6．被害法益

本罪侵犯的法益是商业秘密权和社会主义市场经济管理秩序。既侵害了商业秘密权利人的合法权益，也侵害了公平、有序的社会主义市场经济秩序。

行为成立本罪，必须齐备一个构成类型的既定构成要件；如果缺少该构成类型的任何一个要件，该种犯罪便不能成立。

（二）重罪

重罪是结果加重犯，指罪行在符合基本罪构成要件的基础上，造成特别严重后果的行为。所谓后果特别严重，主要表现为如下情形之一：（1）造成权利人经济损失在百万元左右的；（2）造成权利人生产经营亏损特别严重甚至破产的；（3）导致权利人自杀、精神失常或者引发其他严重后果的；（4）造成特别恶劣的社会影响的；（5）侵犯外商商业秘密，造成特别恶劣的国际影响甚至严重危害我国对外贸易关系的。

三、处罚

个人犯基本罪的，处三年以下有期徒刑或者拘役，并处或者单处罚金；个人犯重罪的，处三年以上七年以下有期徒刑，并处罚金；单位犯本罪的，对单位判处罚金，并对其直接负责的主管人员和其他直接责任人员，依照自然人犯本罪的规定处罚。

四、追诉标准

具有下列情形之一的，应予追诉：

1．给商业秘密权利人造成直接经济损失数额在 50 万元以上的；

2．致使权利人破产或者造成其他严重后果的。

五、认定本罪应当区分的界限和注意的问题

要认定具体行为是否构成本罪，除了严格对照该行为是否符合并齐备本罪的构成要件外，还应当注意本罪与非罪的界限。本罪基本罪不存在犯罪的未完成形态，但是重罪存在犯罪的未完成形态。

1．本罪有其特定的侵害对象，即权利人的商业秘密，只有侵害该商业秘密，才构成本罪。如果行为人只是获取、披露、使用了他人一般的商业信息，则不构成本罪；如果行为人侵害的是商业秘密之外的其他秘密（如国家机密、军事机密）则可构成他罪。

2．本罪在犯罪后果方面要求给商业秘密的权利人造成重大损失或者特别严重后果，才构成犯罪。如果行为人故意实施了侵犯权利人商业秘密的行为，但并未给权利人造成重大损失或者特别严重后果，不认为是犯罪。

3．根据刑法第 219 条第 2 款的规定，第三人虽未直接实施侵犯商业秘密的行为，但如果明知或应知他人具有侵犯商业秘密的行为而从那里获取商业秘密或者使用、披露他人商业秘密的，应当以侵犯商业秘密罪论处。

◎附相关规定：

中华人民共和国反不正当竞争法

（1993 年 9 月 2 日第八届全国人民代表大会常务委员会第三次会议通过　中华人民共和国主席令第十号公布　自 1993 年 12 月 1 日起施行）

（节选）

第十条　经营者不得采用下列手段侵犯商业秘密：

（一）以盗窃、利诱、胁迫或者其他不正当手段获取权利人的商业秘密；

（二）披露、使用或者允许他人使用以前项手段获取的权利人的商业秘密；

（三）违反约定或者违反权利人有关保守商业秘密的要求，披露、使用或者允许他人使用其所掌握的商业秘密。

第三人明知或者应知前款所列违法行为，获取、使用或者披露他人的商业秘密，视为侵犯商业秘密。

本条所称的商业秘密，是指不为公众所知悉、能为权利人带来经济利益、具有实用性并经权利人采取保密措施的技术信息和经营信息。

最高人民法院关于审理盗窃案件具体应用法律若干问题的解释

颁布日期：19980317　实施日期：19980317

（节选）

第十二条　审理盗窃案件，应当注意区分盗窃罪与其他犯罪的界限：

（六）盗窃技术成果等商业秘密的，按照刑法第二百一十九条的规定定罪处罚。

中华人民共和国促进科技成果转化法

（1996 年 5 月 15 日第八届全国人民代表大会常务委员会第十九次会议通过　中华人民共和国主席令第六十八号公布　自 1996 年 10 月 1 日起施行）

（节选）

第三十四条　违反本法规定，以唆使窃取、利诱胁迫等手段侵占他人的科技成果，侵犯他人合法权益的，依法承担民事赔偿责任，可以处以罚款；构成犯罪的，依法追究刑事责任。

中华人民共和国统计法

（1983 年 12 月 8 日第六届全国人民代表大会常务委员会第三次会议通过　根据 1996 年 5 月 15 日第八届全国人民代表大会常务委员会第十九次会议《关于修改〈中华人民共和国统计法〉的决定》修正）

（节选）

第三十条　统计机构、统计人员违反本法规定，泄露私人、家庭的单项调查资料或者统计调查对象的商业秘密，造成损害的，依法承担民事责任，并对负有直接责任的主管人员和其他直接责任人员依法给予行政处分。

关于禁止侵犯商业秘密行为的若干规定

国家工商行政管理局令第41号

（根据1998年12月3日国家工商行政管理局令第86号修订）

（节选）

第二条 本规定所称商业秘密，是指不为公众所知悉、能为权利人带来经济利益、具有实用性并经权利人采取保密措施的技术信息和经营信息。

本规定所称不为公众所知悉，是指该信息是不能从公开渠道直接获取的。

本规定所称能为权利人带来经济利益、具有实用性，是指该信息具有确定的可应用性，能为权利人带来现实的或者潜在的经济利益或者竞争优势。

本规定所称权利人采取保密措施，包括订立保密协议，建立保密制度及采取其他合理的保密措施。

本规定所称技术信息和经营信息，包括设计、程序、产品配方、制作工艺、制作方法、管理诀窍、客户名单、货源情报、产销策略、招投标中的标底及标书内容等信息。

本规定所称权利人，是指依法对商业秘密享有所有权或者使用权的公民、法人或者其他组织。

第三条 禁止下列侵犯商业秘密行为：

（一）以盗窃、利诱、胁迫或者其他不正当手段获取权利人的商业秘密；

（二）披露、使用或者允许他人使用以前项手段获取的权利人的商业秘密；

（三）与权利人有业务关系的单位和个人违反合同约定或者违反权利人保守商业秘密的要求，披露、使用或者允许他人使用其所掌握的权利人的商业秘密；

最高人民检察院、公安部关于经济犯罪案件追诉标准的规定

颁布日期：20010418　实施日期：20010418

（节选）

六十五、侵犯商业秘密案（刑法第219条）

侵犯商业秘密，涉嫌下列情形之一的，应予追诉：

1．给商业秘密权利人造成直接经济损失数额在五十万元以上的；

2．致使权利人破产或者造成其他严重后果的。

最高人民法院、最高人民检察院关于办理侵犯知识产权刑事案件具体应用法律若干问题的解释

颁布日期：20041208　实施日期：20041222

（节选）

第七条 实施刑法第二百一十九条规定的行为之一，给商业秘密的权利人造成损失数额在五十万元以上的，属于“给商业秘密的权利人造成重大损失”，应当以侵犯商业秘密罪判处

三年以下有期徒刑或者拘役，并处或者单处罚金。

给商业秘密的权利人造成损失数额在二百五十万元以上的，属于刑法第二百一十九条规定的“造成特别严重后果”，应当以侵犯商业秘密罪判处三年以上七年以下有期徒刑，并处罚金。

第十二条　本解释所称“非法经营数额”，是指行为人在实施侵犯知识产权行为过程中，制造、储存、运输、销售侵权产品的价值。已销售的侵权产品的价值，按照实际销售的价格计算。制造、储存、运输和未销售的侵权产品的价值，按照标价或者已经查清的侵权产品的实际销售平均价格计算。侵权产品没有标价或者无法查清其实际销售价格的，按照被侵权产品的市场中间价格计算。

多次实施侵犯知识产权行为，未经行政处理或者刑事处罚的，非法经营数额、违法所得数额或者销售金额累计计算。

本解释第三条所规定的“件”，是指标有完整商标图样的一份标识。

第十五条　单位实施刑法第二百一十三条至第二百一十九条规定的行为，按照本解释规定的相应个人犯罪的定罪量刑标准的三倍定罪量刑。

第十六条　明知他人实施侵犯知识产权犯罪，而为其提供贷款、资金、账号、发票、证明、许可证件，或者提供生产、经营场所或者运输、储存、代理进出口等便利条件、帮助的，以侵犯知识产权犯罪的共犯论处。

第十七条　以前发布的有关侵犯知识产权犯罪的司法解释，与本解释相抵触的，自本解释施行后不再适用。

中华人民共和国技术进出口管理条例

（2001年10月31日国务院令331号）

（节选）

第五十一条　技术进出口管理工作人员违反本条例的规定，泄露国家秘密或者所知悉的商业秘密，依照刑法关于泄露国家秘密罪或者侵犯商业秘密罪的规定，依法追究刑事责任。

第五节　利用计算机实施盗窃罪

一、本罪的概念

根据《刑法》第264条规定，所谓盗窃罪，是指以非法占有为目的，秘密窃取公私财物，数额较大（多次盗窃）或者数额巨大（有其他严重情节）或者数额特别巨大（有其他特别严重情节）或者盗窃金融机构数额特别巨大（盗窃珍贵文物情节严重）的行为。

二、本罪的构成

本罪是集合的构成类型，分为基本罪、重罪、更重罪和最重罪四个构成类型，具有相应的四个法定刑档次。

（一）基本罪

基本罪是结果犯或行为犯，其特点表现为选择性，由一般主体、犯罪故意、反复危害行为或者特定危害结果、被害法益共五个要件构成。

1．一般主体

本罪的主体，是达到刑事责任年龄且具有刑事责任能力的自然人。

2．犯罪故意

本罪的罪过形式表现为直接故意，且具有非法占有的目的。

3．反复危害行为

反复危害行为，即多次盗窃。对于一年内入室盗窃或在公共场所扒窃三次以上的，以盗窃罪定罪处罚。

4．特定危害结果

构成本罪必须达到数额较大或者多次盗窃。数额较大，是指个人盗窃公私财物价值人民币五百元至二千元以上。多次，是指三次以上。

5．被害法益

本罪侵害的法益是公私财物的所有权。侵犯的对象，是国家、集体或个人的财物。

行为成立本罪，必须齐备一个构成类型的既定构成要件；如果缺少该构成类型的任何一个要件，该种犯罪便不能成立。

（二）重罪

重罪是结果加重犯或者情节加重犯，指罪行在符合基本罪构成要件的基础上，盗窃公私财物数额巨大（结果加重）或者有其他严重情节（情节加重）的行为。所谓数额巨大，是指个人盗窃公私财物价值人民币 5000 元至 2 万元以上的。所谓有其他严重情节，是指盗窃数额达到“数额较大”标准，同时又具有下列之一的情形：（1）盗窃集团的首要分子或者共同犯罪中情节严重的主犯；（2）盗窃金融机构的；（3）流窜作案危害严重的；（4）累犯；（5）造成被害人死亡、精神失常和其他严重后果的；（6）盗窃救灾、抢险、防汛、优抚、扶贫、移民、救济、医疗款物，造成严重后果的；（7）盗窃生产资料，严重影响生产的；（8）造成其他重大损失的。

（三）更重罪

更重罪也是结果加重犯或者情节加重犯，指罪行在符合基本罪构成要件的基础上，盗窃公私财物数额特别巨大（结果加重）或者有其他特别严重情节（情节加重）的行为。所谓数额巨大，是指个人盗窃公私财物价值人民币 3 万元至 10 万元以上的，为“数额巨大”。所谓有其他严重情节，是指盗窃数额达到“数额巨大”标准，同时又具重罪所列 8 项严重情节之一的情形。

（四）最重罪

最重罪也是结果加重犯或者情节加重犯，指罪行在符合基本罪构成要件的基础上，盗窃金融机构，数额特别巨大（结果加重）或者盗窃珍贵文物，情节严重（情节加重）的行为。所谓“盗窃金融机构，数额特别巨大”，前者是指盗窃金融机构的经营资金、客户资金和有价证券等，如储户的存款、债券、其他款物，企业的结算资金、股票等，不包括盗窃金融机构的办公用品，交通工具等财物的行为；后者所谓的“数额特别巨大”与本罪更重罪构成要件中的“数额特别巨大”相同。所谓“盗窃珍贵文物，情节严重”，是指盗窃国家一级文物后造成损毁、流失、无法追回；盗窃国家二级文物三件以上或者盗窃国家一级文物一件以上，并具有下列情形之一的：（1）盗窃集团的首要分子或者共同犯罪中情节严重的主犯；（2）流窜作案危害严重的；（3）累犯；（4）造成其他重大损失的。

三、处罚

根据《刑法》第 264 条的规定，个人犯基本罪的，处 3 年以下有期徒刑，拘役或者管制，并处或单处罚金；个人犯重罪的，处 3 年以上 10 年以下有期徒刑，并处罚金；个人犯更重罪的，处 10 年以上有期徒刑或者无期徒刑，并处罚金或者没收财产；个人犯最重罪的，处无期徒刑或死刑，并处没收财产。

四、追诉标准

具有下列情形之一的，应予追诉：

1. 个人盗窃公私财物价值人民币 50 元至 2000 元以上的；
2. 一年内入户盗窃或者在公共场所扒窃 3 次以上的；
3. 盗窃增值税专用发票或者可用于骗取出口退税、抵扣税款的其他发票数量在 25 份以上，或者其他发票 50 份以上的；
4. 以破坏性手段盗窃造成公私财产损失的；
5. 盗窃金融机构的；
6. 造成严重后果或者具有其他恶劣情节的。

不够追诉标准的，按《中华人民共和国治安管理处罚法》第 49 条进行处罚。

五、认定本罪应当区分的界限和注意的问题

要认定具体行为是否构成本罪，除了严格对照该行为是否符合并齐备本罪的构成要件外，还应当注意本罪与非罪的界限；本罪的既遂与未遂；被盗财物数额的计算方法；偷开机动车辆案件中盗窃罪与其他犯罪的界限；本罪的共犯问题；本罪的基本罪不存在犯罪的未完成形态，但是重罪、更重罪和最重罪均存在犯罪的未完成形态。

（一）本罪与非罪的界限

对某些具有小偷小摸行为的、因受灾生活困难偶尔偷窃财物的，或者被胁迫参加盗窃活动没有分赃或甚微的，可不作盗窃罪处理；偷窃自己家里或近亲属财物的行为，一般不按犯罪处理；对确有追究刑事责任必要的，在处理时也应同社会上作案的有所区别。

根据《解释》的规定，盗窃公私财物虽已达到“数额较大”的起点，但情节轻微，并具有下列情形之一的，可不作为犯罪处理：

1. 已满 16 周岁不满 18 周岁的未成年人作案的；
2. 全部退赃、退赔的；
3. 主动投案的；
4. 被胁迫参加盗窃活动，没有分赃或者获赃较少的；
5. 其他情节轻微、危害不大的。

（二）本罪的既遂与未遂

在学术上有接触说、转移说、隐匿说、失控说、控制说、失控加控制说。司法实践采纳失控加控制说，即盗窃行为已经使被害人丧失了对财物的控制时，或者行为人已经控制了所盗财物时，即是既遂。

（三）被盗财物数额的计算方法

1．被盗物品的价格，应当以被盗物品价格的有效证明确定。对于不能确定的，应当区别情况，根据作案当时、当地的同类物品的价格，并按照下列核价方法，以人民币分别计算：

（1）流通领域的商品，按市场零售价的中等价格计算；属于国家定价的，按国家定价计算；属于国家指导价的，按指导价的最高限价计算。

（2）生产领域的产品，成品按本项之1规定的方法计算；半成品比照成品价格折算。

（3）单位和公民的生产资料、生活资料等物品，原则上按购进价计算，但作案当时市场价高于原购进价的，按当时市场价的中等价格计算。

（4）农副产品，按农贸市场同类产品的中等价格计算。

大牲畜，按交易市场同类同等大牲畜的中等价格计算。

（5）进出口货物、物品，按本项之1规定的方法计算。

（6）金、银、珠宝等制作的工艺品，按国有商店零售价格计算；国有商店没有出售的，按国家主管部门核定的价格计算。

黄金、白银按国家定价计算。

（7）外币，按被盗当日国家外汇管理局公布的外汇卖出价计算。

（8）不属于馆藏三级以上的一般文物，包括古玩、古书画等，按国有文物商店的一般零售价计算，或者按国家文物主管部门核定的价格计算。

（9）以牟利为目的，盗接他人通信线路、复制他人电信码号的，盗窃数额按当地邮电部门规定的电话初装费、移动电话入网费计算；销赃数额高于电话初装费、移动电话入网费的，盗窃数额按销赃数额计算。移动电话的销赃数额，按减去裸机成本价格计算。

（10）明知是盗接他人通信线路、复制他人电信码号的电信设备、设施而使用的，盗窃数额按合法用户为其支付的电话费计算。盗窃数额无法直接确认的，应当以合法用户的电信设备、设施被盗接、复制后的月缴费额减去被复制前6个月的平均电话费推算；合法用户使用电信设备、设施不足6个月的，按实际使用的月平均电话费推算。

（11）盗接他人通信线路后自己使用的，盗窃数额按本项之（10）的规定计算；复制他人电信码号后自己使用的，盗窃数额按本项之（9）、（10）规定的盗窃数额累计计算。

2．有价支付凭证、有价证券、有价票证，按下列方法计算：

（1）不记名、不挂失的有价支付凭证、有价证券、有价票证，不论能否即时兑现，均按票面数额和案发时应得的孳息、奖金或者奖品等可得收益一并计算。股票按被盗当日证券交易所公布的该种股票成交的平均价格计算。

（2）记名的有价支付凭证、有价证券、有价票证，如果票面价值已定并能即时兑现的，如活期存折、已到期的定期存折和已填上金额的支票，以及不需证明手续即可提取货物的提货单等，按票面数额和案发时应得的利息或者可提货物的价值计算。如果票面价值未定，但已经兑现的，按实际兑现的财物价值计算；尚未兑现的，可作为定罪量刑的情节。

不能即时兑现的记名有价支付凭证、有价证券、有价票证或者能即时兑现的有价支付凭证、有价证券、有价票证已被销毁、丢弃，而失主可以通过挂失、补领、补办手续等方式避免实际损失的，票面数额不作为定罪量刑的标准，但可作为定罪量刑的情节。

3．邮票、纪念币等收藏品、纪念品，按国家有关部门核定的价格计算。

4．同种类的大宗被盗物品，失主以多种价格购进，能够分清的，分别计算；难以分清的，应当按此类物品的中等价格计算。

5．被盗物品已被销赃、挥霍、丢弃、毁坏的，无法追缴或者几经转手，最初形态被破坏的，应当根据失主、证人的陈述、证言和提供的有效凭证以及被告人的供述，按本条第（三）项规定的核价方法，确定原被盗物品的价值。

6．失主以明显低于被盗当时、当地市场零售价购进的物品，应当按本条第（三）项规定的核价方法计算。

7．销赃数额高于按本解释计算的盗窃数额的，盗窃数额按销赃数额计算。

8．盗窃违禁品，按盗窃罪处理的，不计数额，根据情节轻重量刑。

9．被盗物品价格不明或者价格难以确定的，应当按国家计划委员会、最高人民法院、最高人民检察院、公安部《扣押、追缴、没收物品估价管理办法》的规定，委托指定的估价机构估价。

10．对已陈旧、残损或者使用过的被盗物品，应当结合作案当时、当地同类物品的价格和被盗时的残旧程度，按本条第9项的规定办理。

11．残次品，按主管部门核定的价格计算；废品，按物资回收利用部门的收购价格计算；假、劣物品，有价值的，按本条第9项的规定办理，以实际价值计算。

12．多次盗窃构成犯罪，依法应当追诉的，或者最后一次盗窃构成犯罪，前次盗窃行为在一年以内的，应当累计其盗窃数额。

13．盗窃行为给失主造成的损失大于盗窃数额的，损失数额可作为量刑的情节。

（四）偷开机动车辆案件中盗窃罪与其他犯罪的问题

1．为盗窃其他财物，盗窃机动车辆当犯罪工具使用时的，被盗机动车辆的价值计入盗窃数额；为实施其他犯罪盗窃机动车辆的，以盗窃罪和所实施的其他犯罪实行数罪并罚。为实施其他犯罪，偷开机动车辆当犯罪工具使用后，将偷开的机动车辆送回原处或者停放到原处附近，车辆未丢失的，按照其所实施的犯罪从重处罚。

2．为练习开车、游乐等目的，多次偷开机动车辆，并将机动车辆丢失的，以盗窃罪追究刑事责任；在偷开机动车辆过程中发生交通肇事构成犯罪，又构成其他罪的，应当以交通肇事罪和其他罪实行数罪并罚；偷开机动车辆造成车辆损坏的，按照刑法第275条的规定定罪处罚；偶尔偷开机动车辆，情节轻微的，可以不认为是犯罪。

（五）本罪的共犯问题

1．对犯罪集团的首要分子，应当按照集团盗窃的总数额处罚。

2．对共同犯罪中的其他主犯，应当按照其所参与的或者组织、指挥的共同盗窃的数额处罚。

3．对共同犯罪中的从犯，应当按照其所参与的共同盗窃的数额确定量刑幅度。

◎附相关规定：

关于非法制作、出售、使用IC电话卡行为如何适用法律问题的答复

[2003]高检研发第10号

辽宁省人民检察院研究室：

你院《关于非法制作、出售IC电话卡的行为如何认定的请示》（辽检发研字[2002]8号）收悉。经研究，答复如下：

非法制作或者出售非法制作的IC电话卡，数额较大的，应当依照刑法第二百二十七条第一款的规定，以伪造、倒卖伪造的有价票证罪追究刑事责任，犯罪数额可以根据销售数额认定；明知是非法制作的IC电话卡而使用或者购买并使用，造成电信资费损失数额较大的，应当依照刑法第二百六十四条的规定，以盗窃罪追究刑事责任。

全国人民代表大会常务委员会关于维护互联网安全的决定

（2000年12月28日第九届全国人民代表大会常务委员会第十九次会议通过）

（节选）

四、为了保护个人、法人和其他组织的人身、财产等合法权利，对有下列行为之一，构成犯罪的，依照刑法有关规定追究刑事责任：

（三）利用互联网进行盗窃、诈骗、敲诈勒索。

中华人民共和国电信条例

（国务院令第291号）

颁布日期：20000925　实施日期：20000925

（节选）

第五十九条　任何组织或者个人不得有下列扰乱电信市场秩序的行为：

（一）采取租用电信国际专线、私设转接设备或者其他方法，擅自经营国际或者香港特别行政区、澳门特别行政区和台湾地区电信业务；

（二）盗接他人电信线路，复制他人电信码号，使用明知是盗接、复制的电信设施或者码号；

（三）伪造、变造电话卡及其他各种电信服务有价凭证；

（四）以虚假、冒用的身份证件办理入网手续并使用移动电话。

第六十八条　有本条例第五十九条第（二）、（三）、（四）项所列行为之一，扰乱电信市场秩序，构成犯罪的，依法追究刑事责任；尚不构成犯罪的，由国务院信息产业主管部门或者省、自治区、直辖市电信管理机构依据职权责令改正，没收违法所得，处违法所得3倍以上5倍以下罚款；没有违法所得或者违法所得不足1万元的，处1万元以上10万元以下罚款。

最高人民法院、最高人民检察院、公安部关于盗窃罪数额认定标准问题的规定

颁布日期：19980326　实施日期：19980326

各省、自治区、直辖市高级人民法院、人民检察院、公安厅（局），解放军军事法院，军事检察院：

根据刑法第二百六十四条的规定，结合当前的经济发展水平和社会治安状况，现对盗窃

罪数额认定标准规定如下：

一、个人盗窃公私财物“数额较大”，以五百元至二千元为起点。

二、个人盗窃公私财物“数额巨大”，以五千元至二万元为起点。

三、个人盗窃公私财物“数额特别巨大”，以三万元至十万元为起点。

各省、自治区、直辖市高级人民法院、人民检察院、公安厅（局），可以根据本地区经济发展状况，并考虑社会治安状况，在上述数额幅度内，共同研究确定本地区执行的盗窃罪“数额较大”、“数额巨大”、“数额特别巨大”的具体数额标准，并分别报最高人民法院、最高人民检察院、公安部备案。

第六节　利用计算机实施诈骗罪

一、本罪的概念

根据《刑法》第266条的规定，所谓诈骗罪，是指以非法占有为目的，用虚构事实或隐瞒真相的方法，骗取公私财物，数额较大或者数额巨大（有其他严重情节）或者数额特别巨大（有其他特别严重情节）的行为。

二、本罪的构成

本罪是集合的构成类型，分为基本罪、重罪和更重罪三个构成类型，具有相应的三个法定刑档次。

（一）基本罪

基本罪是结果犯，由一般主体、犯罪故意、单一危害行为、特定危害结果和被害法益共五个要件构成。

1．一般主体

本罪的主体，是达到刑事责任年龄且具有刑事责任能力的自然人。

2．犯罪故意

本罪的罪过形式表现为直接故意，且具有非法占有的目的。

3．单一危害行为

本罪的危害行为包括虚构事实和隐瞒真相两类。

4．特定危害结果

构成本罪必须达到数额较大。数额较大，是指个人诈骗公私财物达二千元以上。

5．被害法益

本罪侵害的法益是公私财物的所有权。但是应排除金融诈骗（如贷款诈骗、信用证诈骗、保险诈骗等）和合同诈骗。因为刑法已另列条款，特别规定了相应的罪名。

（二）重罪

本罪的重罪是结果加重犯或者情节加重犯，指罪行在符合基本罪构成要件的基础上，诈骗公私财物数额巨大或者有其他严重情节的行为。所谓数额巨大，是指个人诈骗数额在3万元至5万元以上的。所谓有其他严重情节是指诈骗数额达到“数额较大”的标准，同时又具有如下之一的情形：（1）诈骗救灾、抢险、防汛、优抚、扶贫、救济、医疗款物，造成严重后果的；（2）诈骗单位或个人急需的生产资料，严重影响生产或者造成其他严重后果的；（3）多次进行诈骗活动的；（4）诈骗外国人、海外侨胞、港澳台同胞造成恶劣影响的；（5）导致被害人死亡、精神失常或者其他严重后果的；等等。

（三）更重罪

本罪的更重罪也是结果加重犯或情节加重犯，指罪行在符合基本罪构成要件的基础上，诈骗公私财物数额特别巨大或者有其他特别严重情节的行为。所谓数额特别巨大，是指个人诈骗数额在20万元以上的。所谓有其他特别严重情节是指诈骗数额达到“数额巨大”的标准，同时又具有如下之一的情形：(1)诈骗集团的首要分子或者共同诈骗犯罪中情节严重的主犯；(2)一贯作案或者流窜作案危害严重的；(3)诈骗法人、其他组织或者个人急需的生产资料，严重影响生产或者造成其他严重后果的；（4）诈骗救灾、抢险、防汛、优抚、救济、医疗款物，造成严重后果的；（5）挥霍诈骗的财物，致使诈骗的财物无法返还的；（6）使用诈骗的财物进行违法活动的；（7）曾因诈骗受过刑事处罚的；（8）导致被害人死亡、精神失常或者其他严重后果的；(9)具有其他严重情节的。 本行为成立本罪，必须齐备一个构成类型的既定构成要件；如果缺少该构成类型的任何一个要件，该种犯罪便不能成立。

三、处罚

根据《刑法》第266条的规定，个人犯基本罪的，处3年以下有期徒刑、拘役或者管制，并处或者单处罚金；个人犯重罪的，处3年以上10年以下有期徒刑，并处罚金；个人犯更重罪的，处10年以上有期徒刑或者无期徒刑，并处罚金或者没收财产。

四、追诉标准

具有下列情形之一的，应予追诉：

1．个人诈骗公私财物达二千元以上的；

2．诈骗增值税专用发票或者可用于骗取出口退税、抵扣税款的其他发票数量在50份以上，或者其他发票100份以上的；

3．具有其他严重后果或者其他严重情节的。

不够追诉标准的，按《中华人民共和国治安管理处罚法》第49条进行处罚。

五、认定本罪应当区分的界限和注意的问题

要认定具体行为是否构成本罪，除了严格对照该行为是否符合并齐备本罪的构成要件外，还应当注意分析如下几个问题：本罪与非罪的界限；本罪与招摇撞骗罪的界限；本罪与其他诈骗犯罪的界限，本罪的基本罪不存在犯罪的未完成形态但是重罪、更重罪存在犯罪的未完成形态。

（一）诈骗罪与非罪的界限

1．诈骗罪与借贷行为的界限

借款人由于某种原因，长期拖欠不还的，或者编造谎言或隐瞒真相而骗取款物，到期不能偿还的，只要没有非法占有的目的的，也没有挥霍一空，不赖账，不弄虚作假骗人，确实打算偿还的，仍属借贷纠纷，不认为是诈骗。

2．诈骗罪与代人购物拖欠货款行为的界限

对以代人购买紧缺商品的名义，取走货款，没买到东西，又擅自挪用货款，拖欠不还款

的行为，应正确判断其是否有非法占有的故意。如的确想代人购物，因故未能买到挪用仍拟归还的，不认为是诈骗。如果以代购为名，行诈骗之实，骗取大量财物，大肆挥霍，根本无意归还，也无力归还的，应以诈骗罪论处。

3．诈骗罪与集资办企业因亏损躲债的界限

如果确实是集资经商办企业，但因经营不善，亏损负债，为躲债而外出，仍属财产债务纠纷。这同诈骗犯以集资办企业为名，捞到钱财就逃之夭夭，以实现其非法占有的目的，有本质区别。

（二）本罪与招摇撞骗罪的界限

两者都使用骗术，但是，两者在主观目的、犯罪手段、财物数额要求和侵犯的客体不同。招摇撞骗罪是以骗取各种非法利益为目的的，冒充国家工作人员，进行招摇撞骗活动，是损害国家机关的威信、公共利益或者公民合法权益的行为，它所骗取的不仅包括财物（但无数额多少的限制），还包括工作、职务、地位、荣誉，等等，属于妨害社会管理秩序罪。当犯罪分子冒充国家工作人员骗取公私财物时，它既侵犯了财产权利，又损害了国家机关的威信和正常活动，属于牵连犯，应当按照行为所侵犯的主要客体和主要危害性来确定罪名，并从重惩罚。如果骗取财物数额不大，却严重损害了国家机关的威信，应按招摇撞骗罪论处；反之，则定为诈骗罪。如果严重地侵犯了两种客体，一般依从一重罪出断的原则按诈骗罪处治；如果先后分别独立地犯了两种罪，互不牵连则应按照数罪并罚原则处理。

（三）本罪与其他诈骗犯罪的界限

一般诈骗罪与集资诈骗罪、贷款诈骗罪、金融票证诈骗罪、信用证诈骗罪、信用卡诈骗罪、有价证券诈骗罪、保险诈骗罪、合同诈骗罪等在主观方面和客观表现方面均相同，但在主体、犯罪手段、主体要件与对象上有差别，较易区分。

◎附相关规定：

中华人民共和国统计法

（1983年12月8日第六届全国人民代表大会常务委员会第三次会议通过　根据1996年5月15日第八届全国人民代表大会常务委员会第十九次会议《关于修改〈中华人民共和国统计法〉的决定》修正）

(节选)

第二十九条　利用统计调查窃取国家秘密或者违反本法有关保密规定的，依照有关法律规定处罚。

利用统计调查损害社会公共利益或者进行欺诈活动的，由县级以上人民政府统计机构责令改正，没收违法所得，可以处以罚款；构成犯罪的，依法追究刑事责任。

最高人民法院关于审理诈骗案件具体应用法律的若干问题的解释

法发[1996]32号

为依法惩治诈骗犯罪活动，根据《中华人民共和国刑法》（以下简称《刑法》）和《全国人民代表大会常务委员会关于惩治破坏金融秩序犯罪的决定》（以下简称《决定》）的有关规定，现就审理诈骗案件的几个具体问题解释如下：

一、根据《刑法》第一百五十一条和第一百五十二条的规定（1997年刑法第二百一十条，下同），诈骗公私财物数额较大的，构成诈骗罪。

个人诈骗公私财物2千元以上的，属于“数额较大”；个人诈骗公私财物3万元以上的，属于“数额巨大”。

个人诈骗公私财物20万元以上的，属于诈骗数额特别巨大。诈骗数额特别巨大是认定诈骗犯罪“情节特别严重”的一个重要内容，但不是唯一情节。诈骗数额在10万元以上，又具有下列情形之一的，也应认定为“情节特别严重”：

（1）诈骗集团的首要分子或者共同诈骗犯罪中情节严重的主犯；

（2）惯犯或者流窜作案危害严重的；

（3）诈骗法人、其他组织或者个人急需的生产资料，严重影响生产或者造成其他严重损失的；

（4）诈骗救灾、抢险、防汛、优抚、救济、医疗款物，造成严重后果的；

（5）挥霍诈骗的财物，致使诈骗的财物无法返还的；

（6）使用诈骗的财物进行违法犯罪活动的；

（7）曾因诈骗受过刑事处罚的；

（8）导致被害人死亡、精神失常或者其他严重后果的；

（9）具有其他严重情节的。

单位直接负责的主管人员和其他直接责任人员以单位名义实施诈骗行为，诈骗所得归单位所有，数额在5万至10万元以上的，应当依照《刑法》第一百五十一条的规定追究上述人员的刑事责任；数额在20万至30万元以上的，依照《刑法》第一百五十二条的规定追究上述人员的刑事责任。

对共同诈骗犯罪，应当以行为人参与共同诈骗的数额认定其犯罪数额，并结合行为人在共同犯罪中的地位、作用和非法所得数额等情节依法处罚。

已经着手实行诈骗行为，只是由于行为人意志以外的原因而未获取财物的，是诈骗未遂。诈骗未遂，情节严重的，也应当定罪并依法处罚。

各省、自治区、直辖市高级人民法院可根据本地区经济发展状况，并考虑社会治安状况，在“2000元至4000元”、“3万元至5万元”的幅度内，分别确定本地区执行的个人诈骗“数额较大”、“数额巨大”，以及单位实施诈骗，追究有关人员刑事责任，参照本条第四款规定的数额，确定适用《刑法》第一百五十一条或者第一百五十二条的具体数额标准，并报最高人民法院备案。

二、根据《刑法》第一百五十一条和第一百五十二条的规定，利用经济合同诈骗他人财物数额较大的，构成诈骗罪。

利用经济合同进行诈骗的，诈骗数额应当以行为人实际骗取的数额认定，合同标的数额可以作为量刑情节予以考虑。

行为人具有下列情形之一的，应认定其行为属于以非法占有为目的，利用经济合同进行诈骗：

（一）明知没有履行合同的能力或者有效的担保，采取下列欺骗手段与他人签订合同，骗取财物数额较大并造成较大损失的：

1．虚构主体；
2．冒用他人名义；
3．使用伪造、变造或者无效的单据、介绍信、印章或者其他证明文件的；
4．隐瞒真相，使用明知不能兑现的票据或者其他结算凭证作为合同履行担保的；
5．隐瞒真相，使用明知不符合担保条件的抵押物、债权文书等作为合同履行担保的；
6．使用其他欺骗手段使对方交付款、物的。

（二）合同签订后携带对方当事人交付的货物、货款、预付款或者定金、保证金等担保合同履行的财产逃跑的；

（三）挥霍对方当事人交付的货物、货款、预付款或者定金、保证金等担保合同履行的财产，致使上述款物无法返还的；

（四）使用对方当事人交付的货物、货款、预付款或者定金、保证金等担保合同履行的财产进行违法犯罪活动，致使上述款物无法返还的；

（五）隐匿合同货物、货款、预付款或者定金、保证金等担保合同履行的财产，拒不返还的；

（六）合同签订后，以支付部分货款，开始履行合同为诱饵，骗取全部货物后，在合同规定的期限内或者双方另行约定的付款期限内，无正当理由拒不支付其余货款的。

三、根据《决定》第八条规定，以非法占有为目的，使用诈骗方法非法集资的，构成集资诈骗罪。

"诈骗方法"是指行为人采取虚构集资用途，以虚假的证明文件和高回报率为诱饵，骗取集资款的手段。

"非法集资"是指法人、其他组织或者个人，未经有权机关批准，向社会公众募集资金的行为。

行为人实施《决定》第八条规定的行为，具有下列情形之一的，应当认定其行为属于"以非法占有为目的，使用诈骗方法非法集资"：

（1）携带集资款逃跑的；
（2）挥霍集资款，致使集资款无法返还的；
（3）使用集资款进行违法犯罪活动，致使集资款无法返还的；
（4）具有其他欺诈行为，拒不返还集资款，或者致使集资款无法返还的。

个人进行集资诈骗数额在20万元以上的，属于"数额巨大"；个人进行集资诈骗数额在100万元以上的，属于"数额特别巨大"。

单位进行集资诈骗数额在 50 万元以上的，属于"数额巨大"；单位进行集资诈骗数额在250万元以上的，属于"数额特别巨大"。

四、根据《决定》第十条规定，以非法占有为目的，诈骗银行或者其他金融机构的贷款，数额较大的，构成贷款诈骗罪。

《决定》第十条规定的"其他严重情节"是指：

（1）为骗取贷款，向银行或者金融机构的工作人员行贿，数额较大的；
（2）挥霍贷款，或者用贷款进行违法活动，致使贷款到期无法偿还的；
（3）隐匿贷款去向，贷款期限届满后，拒不偿还的；
（4）提供虚假的担保申请贷款，贷款期限届满后，拒不偿还的；
（5）假冒他人名义申请贷款，贷款期限届满后，拒不偿还的。

《决定》第十条规定的“其他特别严重情节”是指：

（1）为骗取贷款，向银行或者金融机构的工作人员行贿，数额巨大的；

（2）携带贷款逃跑的；

（3）使用贷款进行犯罪活动的。

个人进行贷款诈骗数额在1万元以上的，属于“数额较大”；个人进行贷款诈骗数额在5万元以上的，属于“数额巨大”；个人进行贷款诈骗数额在20万元以上的，属于“数额特别巨大”。

五、根据《决定》第十二条规定，利用金融票据进行诈骗活动，数额较大的，构成票据诈骗罪。

个人进行票据诈骗数额在5千元以上的，属于“数额较大”；个人进行票据诈骗数额在5万元以上的，属于“数额巨大”；个人进行票据诈骗数额在10万元以上的，属于“数额特别巨大”。

单位进行票据诈骗数额在10万元以上的，属于“数额较大”；单位进行票据诈骗数额在30万元以上的，属于“数额巨大”；单位进行票据诈骗数额在100万元以上的，属于“数额特别巨大”。

使用伪造、变造的委托收款凭证、汇款凭证、银行存单等其他银行结算凭证进行诈骗，数额较大的，以票据诈骗罪定罪处罚。

六、根据《决定》第十三条规定，利用信用证进行诈骗活动的，构成信用证诈骗罪。

个人进行信用证诈骗数额在10万元以上的，属于“数额巨大”；个人进行信用证诈骗数额在50万元以上的，属于“数额特别巨大”。

单位进行信用证诈骗数额在50万元以上的，属于“数额巨大”；单位进行信用证诈骗数额在250万元以上的，属于“数额特别巨大”。

七、根据《决定》第十四条规定，利用信用卡进行诈骗活动，数额较大的，构成信用卡诈骗罪。

行为人实施《决定》第十四条第一款（一）、（二）、（三）项规定的行为，诈骗数额在5000元以上的，属于“数额较大”；诈骗数额在5万元以上的，属于“数额巨大”；诈骗数额在20万元以上的，属于“数额特别巨大”。

“恶意透支”是指持卡人以非法占有为目的，或者明知无力偿还，透支数额超过信用卡准许透支的数额较大，逃避追查，或者自收到发卡银行催收通知之日起3个月内仍不归还的行为。恶意透支5000元以上的，属于“数额较大”；恶意透支5万元以上的，属于“数额巨大”；恶意透支20万元以上的，属于“数额特别巨大”。

持卡人在银行交纳保证金的，其恶意透支数额以超出保证金的数额计算。

八、根据《决定》第十六条规定，进行保险诈骗活动，数额较大的，构成保险诈骗罪。

个人进行保险诈骗数额在1万元以上的，属于“数额较大”；个人进行保险诈骗数额在5万元以上的，属于“数额巨大”；个人进行保险诈骗数额在20万元以上的，属于“数额特别巨大”。

单位进行保险诈骗数额在5万元以上的，属于“数额较大”；单位进行保险诈骗数额在25万元以上的，属于“数额巨大”；单位进行保险诈骗数额在100万元以上的，属于“数额特别巨大”。

九、对于多次进行诈骗，并以后次诈骗财物归还前次诈骗财物，在计算诈骗数额时，应当将案发前已经归还的数额扣除，按实际未归还的数额认定，量刑时可将多次行骗的数额作为从重情节予以考虑。

十、行为人进行诈骗犯罪活动，案发后扣押、冻结在案的财物及其孳息，如果权属明确的，应当发还给被害人；如果权属不明确的，可按被害人被骗款物占扣押、冻结在案的财物及其孳息总额的比例发还被害人；如果能够确定扣押、冻结在案的财物及其孳息不属于已查明的被害人所有，但又无法发还未查明被害人的，应当依法上缴国库。

十一、行为人将诈骗财物已用于归还个人欠款、货款或者其他经济活动的，如果对方明知是诈骗财物而收取，属恶意取得，应当一律予以追缴；如确属善意取得，则不再追缴。

十二、本解释中使用的货币数额是指人民币的数额。审理具体案件涉及外币的，应当依照案发当日国家外汇管理局公布的外汇牌价折算成人民币。

十三、本解释所称“以上”包括本数在内。

十四、本解释自公布之日起生效。

最高人民法院关于审理扰乱电信市场管理秩序案件具体应用法律若干问题的解释

法释[2000]12号

(节选)

第九条 以虚假、冒用的身份证件办理入网手续并使用移动电话，造成电信资费损失数额较大的，依照刑法第二百六十六条的规定，以诈骗罪定罪处罚。

第七节 利用计算机实施制作、复制、出版、贩卖、传播淫秽物品牟利罪

一、本罪的概念

根据《刑法》第363条第1款的规定，制作、复制、出版、贩卖、传播淫秽物品牟利罪，是指以牟利为目的，制作、复制、出版、贩卖、传播淫秽物品的行为。本罪是选择性罪名，司法实践中应根据具体案情，选择适用或并合适用。

二、本罪的构成

本罪是集合的构成类型，分为基本罪、重罪和更重罪三个构成类型，具有相应的三个法定刑档次。

（一）基本罪

基本罪是行为犯，由选择主体、犯罪故意、特定犯罪目的、单一危害行为、特定犯罪对象和被害法益六个要件构成。

1．选择主体

本罪的主体，既包括达到刑事责任年龄且具有刑事责任能力的自然人，也包括单位。

2．犯罪故意

本罪的罪过形式表现为直接故意，即行为人明知是淫秽物品而进行制作、复制、出版、

贩卖、传播。

3．特定犯罪目的

本罪的犯罪目的是以牟利为目的。没有牟利的目的，不构成本罪；具有牟利的目的，无论是否获利、获利多少，均不影响本罪的成立。

4．单一危害行为

本罪的危害行为包括制作、复制、出版、贩卖、传播等5种行为。

5．特定犯罪对象

本罪侵犯的对象是淫秽物品。

6．被害法益

本罪侵害的法益是国家对文化娱乐制品的管理制度和社会主义道德风尚。

行为成立本罪，必须齐备一个构成类型的既定构成要件；如果缺少该构成类型的任何一个要件，该种犯罪便不能成立。

（二）重罪

重罪是情节加重犯，指罪行在符合基本罪构成要件的基础上，制作、复制、出版、贩卖、传播淫秽物品，情节严重的行为。

（三）更重罪

更重罪是情节特别加重犯，指罪行在符合基本罪构成要件的基础上，制作、复制、出版、贩卖、传播淫秽物品，情节特别严重的行为。

三、处罚

根据《刑法》第363条第1款的规定，自然人犯本罪基本罪的，处3年以下有期徒刑、拘役或者管制，并处罚金；自然人犯重罪的，处3年以上10年以下有期徒刑，并处罚金；自然人犯更重罪的，处10年以上有期徒刑或者无期徒刑，并处罚金或者没收财产。

根据《刑法》第366条的规定，单位犯本罪的，对单位判处罚金，并对其直接负责的主管人员和其他直接责任人员，依照上述自然人犯本罪的规定处罚。

四、追诉标准

具有下列情形之一的，应予追诉：

1．制作、复制、出版淫秽影碟、软件、录像带五十至一百张（盒）以上，淫秽音碟、录音带一百至二百张（盒）以上，淫秽扑克、书刊、画册一百至二百副（册）以上，淫秽照片、画片五百至一千张以上的。

2．贩卖淫秽影碟、软件、录像带一百至二百张（盒）以上，淫秽音碟、录音带二百至四百张（盒）以上，淫秽扑克、书刊、画册二百至四百副（册）以上，淫秽照片、画片一千至二千张以上的。

3．向他人传播淫秽物品达二百至五百人次以上，或者组织播放淫秽影像达十至二十场次以上的。

4．制作、复制、出版、贩卖、传播淫秽物品，获利五千至一万元以上的。

5．明知他人用于出版淫秽书刊而提供书号、刊号的。

6．以牟利为目的，利用互联网、移动通讯终端制作、复制、出版、贩卖、传播淫秽电子信息，具有下列情形之一的：

（1）制作、复制、出版、贩卖、传播淫秽电影、表演、动画等视频文件二十个以上的；

（2）制作、复制、出版、贩卖、传播淫秽音频文件一百个以上的；

（3）制作、复制、出版、贩卖、传播淫秽电子刊物、图片、文章、短信息等二百件以上的；

（4）制作、复制、出版、贩卖、传播淫秽电子信息，实际被点击数达到一万次以上的；

（5）以会员制方式出版、贩卖、传播淫秽电子信息，注册会员达二百人以上的；

（6）利用淫秽电子信息收取广告费、会员注册费或者其他费用，违法所得一万元以上的。

（7）数量或者数额虽未达到第（1）项至第（6）项规定标准，但分别达到其中两项以上标准一半以上的。

（8）造成严重后果的。

7．利用聊天室、论坛、即时通信软件、电子邮件等方式，制作、复制、出版、贩卖、传播淫秽电子信息，达到第6条规定的标准。

8．以牟利为目的，通过声讯台传播淫秽语音信息，具有下列情形之一的：

（1）向一百人次以上传播的；

（2）违法所得一万元以上的；

（3）造成严重后果的。

不够追诉标准的，按《中华人民共和国治安管理处罚法》第68条、69条进行处罚。

五、认定本罪应当区分的界限和注意的问题

要认定具体行为是否构成本罪，除了严格对照该行为是否符合并齐备本罪的构成要件外，还应当注意分析如下几个问题：本罪与非罪的界限；本罪不存在犯罪未完成形态。

第一，判断制作、复制、出版、贩卖、传播的是否淫秽物品。如果不属于淫秽物品，而属“有关人体、生理、医学知识的科学著作”、“含有色情内容的有艺术价值的文学、艺术作品”，不构成本罪。要依法委托有鉴定权的单位进行鉴定。

第二，分析情节，如果未达到1998年12月23日最高人民法院《关于审理非法出版物刑事案件具体应用法律若干问题的解释》、2004年9月3日最高人民法院、最高人民检察院《关于办理利用互联网、移动通讯终端、声讯台制作、复制、出版、贩卖、传播淫秽电子信息刑事案件具体应用法律若干问题的解释》中规定的必须达到的数量的，也不认为是犯罪。

◎附相关规定：

出版管理条例

国务院令第343号

颁布日期：20011225　实施日期：20020201

(节选)

第二十六条　任何出版物不得含有下列内容：

（一）反对宪法确定的基本原则的；

（二）危害国家统一、主权和领土完整的；

（三）泄露国家秘密、危害国家安全或者损害国家荣誉和利益的；

（四）煽动民族仇恨、民族歧视，破坏民族团结，或者侵害民族风俗、习惯的；
（五）宣扬邪教、迷信的；
（六）扰乱社会秩序，破坏社会稳定的；
（七）宣扬淫秽、赌博、暴力或者教唆犯罪的；
（八）侮辱或者诽谤他人，侵害他人合法权益的；
（九）危害社会公德或者民族优秀文化传统的；
（十）有法律、行政法规和国家规定禁止的其他内容的。

第五十六条 有下列行为之一，触犯刑律的，依照刑法有关规定，依法追究刑事责任；尚不够刑事处罚的，由出版行政部门责令限期停业整顿，没收出版物、违法所得，违法经营额1万元以上的，并处违法经营额5倍以上10倍以下的罚款；违法经营额不足1万元的，并处1万元以上5万元以下的罚款；情节严重的，由原发证机关吊销许可证：

（一）出版、进口含有本条例第二十六条、第二十七条禁止内容的出版物的；
（二）明知或者应知出版物含有本条例第二十六条、第二十七条禁止内容而印刷或者复制、发行的；

音像制品管理条例

国务院令第341号

颁布日期：20011225　实施日期：20020201

（节选）

第三条 出版、制作、复制、进口、批发、零售、出租音像制品，应当遵守宪法和有关法律、法规，坚持为人民服务和为社会主义服务的方向，传播有益于经济发展和社会进步的思想、道德、科学技术和文化知识。

音像制品禁止载有下列内容：
（一）反对宪法确定的基本原则的；
（二）危害国家统一、主权和领土完整的；
（三）泄露国家秘密、危害国家安全或者损害国家荣誉和利益的；
（四）煽动民族仇恨、民族歧视，破坏民族团结，或者侵害民族风俗、习惯的；
（五）宣扬邪教、迷信的；
（六）扰乱社会秩序，破坏社会稳定的；
（七）宣扬淫秽、赌博、暴力或者教唆犯罪的；
（八）侮辱或者诽谤他人，侵害他人合法权益的；
（九）危害社会公德或者民族优秀文化传统的；
（十）有法律、行政法规和国家规定禁止的其他内容的。

第四十条 出版含有本条例第三条第二款禁止内容的音像制品，或者制作、复制、批发、零售、出租、放映明知或者应知含有本条例第三条第二款禁止内容的音像制品的，依照刑法有关规定，依法追究刑事责任；尚不够刑事处罚的，由出版行政部门、文化行政部门、公安部门依据各自职权责令停业整顿，没收违法经营的音像制品和违法所得；违法经营额1万元以上的，并处违法经营额5倍以上10倍以下的罚款；违法经营额不足1万元的，可以并处5

万元以下的罚款；情节严重的，并由原发证机关吊销许可证。

娱乐场所管理条例

国务院令第458号

颁布日期：20060129　实施日期：20060301

（节选）

第十三条　国家倡导弘扬民族优秀文化，禁止娱乐场所内的娱乐活动含有下列内容：

（一）违反宪法确定的基本原则的；

（二）危害国家统一、主权或者领土完整的；

（三）危害国家安全，或者损害国家荣誉、利益的；

（四）煽动民族仇恨、民族歧视，伤害民族感情或者侵害民族风俗、习惯，破坏民族团结的；

（五）违反国家宗教政策，宣扬邪教、迷信的；

（六）宣扬淫秽、赌博、暴力以及与毒品有关的违法犯罪活动，或者教唆犯罪的；

（七）违背社会公德或者民族优秀文化传统的；

（八）侮辱、诽谤他人，侵害他人合法权益的；

（九）法律、行政法规禁止的其他内容。

第十四条　娱乐场所及其从业人员不得实施下列行为，不得为进入娱乐场所的人员实施下列行为提供条件：

（一）贩卖、提供毒品，或者组织、强迫、教唆、引诱、欺骗、容留他人吸食、注射毒品；

（二）组织、强迫、引诱、容留、介绍他人卖淫、嫖娼；

（三）制作、贩卖、传播淫秽物品；

（四）提供或者从事以营利为目的的陪侍；

（五）赌博；

（六）从事邪教、迷信活动；

（七）其他违法犯罪行为。

娱乐场所的从业人员不得吸食、注射毒品，不得卖淫、嫖娼；娱乐场所及其从业人员不得为进入娱乐场所的人员实施上述行为提供条件。

公安机关办理劳动教养案件规定

颁布日期：20020412　实施日期：20020601

（节选）

第九条……

（七）介绍、容留他人卖淫、嫖娼，引诱他人卖淫，赌博或者为赌博提供条件，制作、复制、出售、出租或者传播淫秽物品，情节较重，尚不够刑事处罚的；

最高人民法院关于审理非法出版物刑事案件具体应用法律若干问题的解释

1998 年 12 月 11 日由最高人民法院审判委员会第 1032 次会议通过

颁布日期：19981217　实施日期：19981223

（节选）

第八条　以牟利为目的，实施刑法第三百六十三条第一款规定的行为，具有下列情形之一的，以制作、复制、出版、贩卖、传播淫秽物品牟利罪定罪处罚：

（一）制作、复制、出版淫秽影碟、软件、录像带五十至一百张（盒）以上，淫秽音碟、录音带一百至二百张（盒）以上，淫秽扑克、书刊、画册一百至二百副（册）以上，淫秽照片、画片五百至一千张以上的；

（二）贩卖淫秽影碟、软件、录像带一百至二百张（盒）以上，淫秽音碟、录音带二百至四百张（盒）以上，淫秽扑克、书刊、画册二百至四百副（册）以上，淫秽照片、画片一千至二千张以上的；

（三）向他人传播淫秽物品达二百至五百人次以上，或者组织播放淫秽影、像达十至二十场次以上的；

（四）制作、复制、出版、贩卖、传播淫秽物品，获利五千至一万元以上的。

以牟利为目的，实施刑法第三百六十三条第一款规定的行为，具有下列情形之一的，应当认定为制作、复制、出版、贩卖、传播淫秽物品牟利罪“情节严重”：

（一）制作、复制、出版淫秽影碟、软件、录像带二百五十至五百张（盒）以上，淫秽音碟、录音带五百至一千张（盒）以上，淫秽扑克、书刊、画册五百至一千副（册）以上，淫秽照片、画片二千五百至五千张以上的；

（二）贩卖淫秽影碟、软件、录像带五百至一千张（盒）以上，淫秽音碟、录音带一千至二千张（盒）以上，淫秽扑克、书刊、画册一千至二千副（册）以上，淫秽照片、画片五千至一万张以上的；

（三）向他人传播淫秽物品达一千至二千人次以上，或者组织播放淫秽影、像达五十至一百场次以上的；

（四）制作、复制、出版、贩卖、传播淫秽物品，获利三万至五万元以上的。

以牟利为目的，实施刑法第三百六十三条第一款规定的行为，其数量（数额）达到前款规定的数量（数额）五倍以上的，应当认定为制作、复制、出版、贩卖、传播淫秽物品牟利罪“情节特别严重”。

第九条……

明知他人用于出版淫秽书刊而提供书号、刊号的，依照刑法第三百六十三条第一款的规定，以出版淫秽物品牟利罪定罪处罚。

第十六条　出版单位与他人事前通谋，向其出售、出租或者以其他形式转让该出版单位的名称、书号、刊号、版号，他人实施本解释第二条、第四条、第八条、第九条、第十条、第十一条规定的行为，构成犯罪的，对该出版单位应当以共犯论处。

第十七条　本解释所称“经营数额”，是指以非法出版物的定价数额乘以行为人经营的非法出版物数量所得的数额。

本解释所称“违法所得数额”，是指获利数额。

非法出版物没有定价或者以境外货币定价的，其单价数额应当按照行为人实际出售的价格认定。

第十八条　各省、自治区、直辖市高级人民法院可以根据本地的情况和社会治安状况，在本解释第八条、第十条、第十二条、第十三条规定的有关数额、数量标准的幅度内，确定本地执行的具体标准，并报最高人民法院备案。

最高人民法院、最高人民检察院关于办理利用互联网、移动通讯终端、声讯台制作、复制、出版、贩卖、传播淫秽电子信息刑事案件具体应用法律若干问题的解释

颁布日期：20040903　实施日期：20040906

为依法惩治利用互联网、移动通讯终端制作、复制、出版、贩卖、传播淫秽电子信息、通过声讯台传播淫秽语音信息等犯罪活动，维护公共网络、通讯的正常秩序，保障公众的合法权益，根据《中华人民共和国刑法》、《全国人民代表大会常务委员会关于维护互联网安全的决定》的规定，现对办理该类刑事案件具体应用法律的若干问题解释如下：

第一条　以牟利为目的，利用互联网、移动通讯终端制作、复制、出版、贩卖、传播淫秽电子信息，具有下列情形之一的，依照刑法第三百六十三条第一款的规定，以制作、复制、出版、贩卖、传播淫秽物品牟利罪定罪处罚。

（一）制作、复制、出版、贩卖、传播淫秽电影、表演、动画等视频文件二十个以上的；

（二）制作、复制、出版、贩卖、传播淫秽音频文件一百个以上的；

（三）制作、复制、出版、贩卖、传播淫秽电子刊物、图片、文章、短信息等二百件以上的；

（四）制作、复制、出版、贩卖、传播的淫秽电子信息，实际被点击数达到一万次以上的；

（五）以会员制方式出版、贩卖、传播淫秽电子信息，注册会员达二百人以上的；

（六）利用淫秽电子信息收取广告费、会员注册费或者其他费用，违法所得一万元以上的；

（七）数量或者数额虽未达到第（一）项至第（六）项规定标准，但分别达到其中两项以上标准一半以上的；

（八）造成严重后果的。

利用聊天室、论坛、即时通信软件、电子邮件等方式，实施第一款规定行为的，依照刑法第三百六十三条第一款的规定，以制作、复制、出版、贩卖、传播淫秽物品牟利罪定罪处罚。

第二条　实施第一条规定的行为，数量或者数额达到第一条第一款第（一）项至第（六）项规定标准五倍以上的，应当认定为刑法第三百六十三条第一款规定的“情节严重”；达到规定标准二十五倍以上的，应当认定为“情节特别严重”。

第三条 不以牟利为目的，利用互联网或者移动通讯终端传播淫秽电子信息，具有下列情形之一的，依照刑法第三百六十四条第一款的规定，以传播淫秽物品罪定罪处罚：

（一）数量达到第一条第一款第（一）项至第（五）项规定标准二倍以上的；

（二）数量分别达到第一条第一款第（一）项至第（五）项两项以上标准的；

（三）造成严重后果的。

利用聊天室、论坛、即时通信软件、电子邮件等方式，实施第一款规定行为的，依照刑法第三百六十四条第一款的规定，以传播淫秽物品罪定罪处罚。

第四条 明知是淫秽电子信息而在自己所有、管理或者使用的网站或者网页上提供直接链接的，其数量标准根据所链接的淫秽电子信息的种类计算。

第五条 以牟利为目的，通过声讯台传播淫秽语音信息，具有下列情形之一的，依照刑法第三百六十三条第一款的规定，对直接负责的主管人员和其他直接责任人员以传播淫秽物品牟利罪定罪处罚：

（一）向一百人次以上传播的；

（二）违法所得一万元以上的；

（三）造成严重后果的。

实施前款规定行为，数量或者数额达到前款第（一）项至第（二）项规定标准五倍以上的，应当认定为刑法第三百六十三条第一款规定的"情节严重"；达到规定标准二十五倍以上的，应当认定为"情节特别严重"。

第六条 实施本解释前五条规定的犯罪，具有下列情形之一的，依照刑法第三百六十三条第一款、第三百六十四条第一款的规定从重处罚：

（一）制作、复制、出版、贩卖、传播具体描绘不满十八周岁未成年人性行为的淫秽电子信息的；

（二）明知是具体描绘不满十八周岁的未成年人性行为的淫秽电子信息而在自己所有、管理或者使用的网站或者网页上提供直接链接的；

（三）向不满十八周岁的未成年人贩卖、传播淫秽电子信息和语音信息的；

（四）通过使用破坏性程序、恶意代码修改用户计算机设置等方法，强制用户访问、下载淫秽电子信息的。

第七条 明知他人实施制作、复制、出版、贩卖、传播淫秽电子信息犯罪，为其提供互联网接入、服务器托管、网络存储空间、通讯传输通道、费用结算等帮助的，对直接负责的主管人员和其他直接责任人员，以共同犯罪论处。

第八条 利用互联网、移动通讯终端、声讯台贩卖、传播淫秽书刊、影片、录像带、录音带等以实物为载体的淫秽物品的，依照《最高人民法院关于审理非法出版物刑事案件具体应用法律若干问题的解释》的有关规定定罪处罚。

第九条 刑法第三百六十七条第一款规定的"其他淫秽物品"，包括具体描绘性行为或者露骨宣扬色情的诲淫性的视频文件、音频文件、电子刊物、图片、文章、短信息等互联网、移动通讯终端电子信息和声讯台语音信息。

有关人体生理、医学知识的电子信息和声讯台语音信息不是淫秽物品。包含色情内容的有艺术价值的电子文学、艺术作品不视为淫秽物品。

第八节　利用计算机实施赌博罪

一、本罪的概念

根据《刑法》第 303 条的规定，赌博罪，是指以营利为目的，聚众赌博、开设赌场或者以赌博为业的行为。

二、本罪的构成

本罪是独立的构成类型，属行为犯，只有一个犯罪构成和一个法定刑幅度，由一般主体、犯罪故意、特定犯罪目的、单一危害行为、被害法益共五个要件构成。

1．一般主体

本罪的主体是达到刑事责任年龄且具有刑事责任能力的自然人。

2．犯罪故意

本罪的罪过形式表现为故意，且具有营利的目的。即行为人是为了获取钱财，而不是为了消遣、娱乐。过失不构成本罪。

3．特定犯罪目的

本罪的犯罪目的是以营利为目的。没有营利的目的，不构成本罪；具有营利的目的，无论是否获利、获利多少，均不影响本罪的成立。

4．单一危害行为

本罪的单一危害行为有如下三种实施方式：（1）聚众赌博。是指提供赌场、赌具，组织、招引他人参加赌博，本人从中抽头渔利的行为。（2）开设赌场。是新增加的一种行为方式，指以营利为目的，为赌博提供场所、赌具、筹码等多种有偿服务的行为。（3）以赌博为业。是指嗜赌成性，经常赌博，屡教不改，一贯赌博，以赌博所得为主要生活来源或挥霍来源。行为人只要具备其中一种行为方式，便可构成本罪。

5．被害法益

本罪侵害的法益是社会管理秩序和社会风尚。

行为成立本罪，必须齐备既定的构成要件；如果缺少其中任何一个要件，本罪便不能成立。

三、处罚

根据《刑法》第 303 条规定，犯本罪的处 3 年以下有期徒刑、拘役或者管制，并处罚金。开设赌场情节的，处 3 年以上 10 年以下有期徒刑，并处罚金。

四、追诉标准

具有下列情形之一的，应予追诉：

1．以牟利为目的，聚众赌博的；

2．一次赌博赌资在 1000 元以上的。

不够追诉标准的，按《中华人民共和国治安管理处罚法》第 70 条进行处罚。

五、认定本罪应当区分的界限和注意的问题

要认定具体行为是否构成本罪，除了严格对照该行为是否符合并齐备本罪的构成要件外，还应当注意本罪与非罪的界限；关于本罪与诈骗罪的界限；本罪与抢劫罪的界限；本罪的一罪与数罪形态；本罪的共犯问题。本罪不存在犯罪的未完成形态。

（一）赌博罪与一般违法行为的界限

两者的主要区别在于，主观上是否以营利为目的，客观上是否具有聚众赌博、以赌博为业、开设赌场的行为。对于虽然多次参加赌博，但输赢不大，不是以赌博为生活或主要经济来源的；或者行为人虽然提供赌场、赌具，本人未从中渔利的，都不能认定赌博罪，其中情节严重的，可按《治安管理处罚法》有关规定处理。

（二）赌博罪与诈骗罪的界限

诈骗罪是以非法占有为目的，以欺骗的手段非法取得公私财物的行为。其主要特征在于"骗"。赌博犯罪中往往也伴有欺骗活动，但这种欺骗与诈骗罪中的欺骗是不同的。赌博中的欺骗即制造虚假事实，是要引诱他人参加赌博，而赌博活动本身则是凭偶然之事实决定输赢，其目的仍在于通过赌博达到营利的目的，而不是以非法占有为目的的。按有关司法解释，行为人设置圈套诱骗他人参赌骗取钱财，属赌博行为，构成犯罪的，应以赌博罪定罪处罚。参赌者识破骗局要求退还所输钱财，设赌者又使用暴力或以暴力相威胁，拒绝退还的，应以赌博罪从重处罚。

但是对以赌博为名，行诈骗之实，比如参赌一方在赌具中弄虚作假，或者采用黑话、暗语为号，诱骗另一方与之赌博，诈骗对方的财物的行为应构成诈骗罪。因为构成赌博罪要求决定输赢的偶然事实必须为共赌者所不预知，如为共赌者一方所预知，而参赌对方毫不知情，则预知胜负的一方的行为完全符合诈骗罪的特征，应以诈骗罪论处。

（三）赌博罪与抢劫罪的界限

一般而言，二罪是两个性质不同的犯罪，区别十分明显，不易混淆，但对抢赌场的行为如何定性问题应视具体情况，区别对待。一种是没有参加赌博的人抢赌场；另一种是参加赌博的人，因输了钱而不甘心而抢了赢钱的人。前一种情况，不管行为人是否冒充民兵或公安人员，只要抢了赌场且采用暴力或胁迫手段进行，就应定为抢劫罪；如果没有采取暴力或者胁迫手段进行，数额较大的，可认定为抢夺罪；如果数额较小，则属于一般抢夺违法行为，而不能一概地定为抢劫罪。对于后一种情况也应区别对待。对参赌的人没有采取暴力、胁迫手段抢劫赌资的，因为是发生在抢赌场的当时，可以认为是赌博行为的继续，是赌博罪行的表现，仍应定为赌博罪。但是如果参赌之人采用暴力或胁迫手段抢劫他人赌资的，应定为抢劫罪，与赌博罪实行并罚。

◎附相关规定：

娱乐场所管理条例

国务院令第 458 号

颁布日期：20060129　实施日期：20060301

（节选）

第十三条　国家倡导弘扬民族优秀文化，禁止娱乐场所内的娱乐活动含有下列内容：

（一）违反宪法确定的基本原则的；

（二）危害国家统一、主权或者领土完整的；

（三）危害国家安全，或者损害国家荣誉、利益的；

（四）煽动民族仇恨、民族歧视，伤害民族感情或者侵害民族风俗、习惯，破坏民族团结的；

（五）违反国家宗教政策，宣扬邪教、迷信的；

（六）宣扬淫秽、赌博、暴力以及与毒品有关的违法犯罪活动，或者教唆犯罪的；

（七）违背社会公德或者民族优秀文化传统的；

（八）侮辱、诽谤他人，侵害他人合法权益的；

（九）法律、行政法规禁止的其他内容。

第十四条 娱乐场所及其从业人员不得实施下列行为，不得为进入娱乐场所的人员实施下列行为提供条件：

（一）贩卖、提供毒品，或者组织、强迫、教唆、引诱、欺骗、容留他人吸食、注射毒品；

（二）组织、强迫、引诱、容留、介绍他人卖淫、嫖娼；

（三）制作、贩卖、传播淫秽物品；

（四）提供或者从事以营利为目的的陪侍；

（五）赌博；

（六）从事邪教、迷信活动；

（七）其他违法犯罪行为。

娱乐场所的从业人员不得吸食、注射毒品，不得卖淫、嫖娼；娱乐场所及其从业人员不得为进入娱乐场所的人员实施上述行为提供条件。

最高人民法院、最高人民检察院关于办理赌博刑事案件具体应用法律若干问题的解释

颁布日期：20050511　　实施日期：20050513

为依法惩治赌博犯罪活动，根据刑法的有关规定，现就办理赌博刑事案件具体应用法律的若干问题解释如下：

第一条 以营利为目的，有下列情形之一的，属于刑法第三百零三条规定的“聚众赌博”：

（一）组织 3 人以上赌博，抽头渔利数额累计达到 5000 元以上的；

（二）组织 3 人以上赌博，赌资数额累计达到 5 万元以上的；

（三）组织 3 人以上赌博，参赌人数累计达到 20 人以上的；

（四）组织中华人民共和国公民 10 人以上赴境外赌博，从中收取回扣、介绍费的。

第二条 以营利为目的，在计算机网络上建立赌博网站，或者为赌博网站担任代理，接受投注的，属于刑法第三百零三条规定的“开设赌场”。

第三条 中华人民共和国公民在我国领域外周边地区聚众赌博、开设赌场，以吸引中华人民共和国公民为主要客源，构成赌博罪的，可以依照刑法规定追究刑事责任。

第四条 明知他人实施赌博犯罪活动，而为其提供资金、计算机网络、通讯、费用结算等直接帮助的，以赌博罪的共犯论处。

第五条 实施赌博犯罪，有下列情形之一的，依照刑法第三百零三条的规定从重处罚：

（一）具有国家工作人员身份的；

（二）组织国家工作人员赴境外赌博的；

（三）组织未成年人参与赌博，或者开设赌场吸引未成年人参与赌博的。

第六条 未经国家批准擅自发行、销售彩票，构成犯罪的，依照刑法第二百二十五条第（四）项的规定，以非法经营罪定罪处罚。

第七条 通过赌博或者为国家工作人员赌博提供资金的形式实施行贿、受贿行为，构成犯罪的，依照刑法关于贿赂犯罪的规定定罪处罚。

第八条 赌博犯罪中用作赌注的款物、换取筹码的款物和通过赌博赢取的款物属于赌资。通过计算机网络实施赌博犯罪的，赌资数额可以按照在计算机网络上投注或者赢取的点数乘以每一点实际代表的金额认定。

赌资应当依法予以追缴；赌博用具、赌博违法所得以及赌博犯罪分子所有的专门用于赌博的资金、交通工具、通讯工具等，应当依法予以没收。

第九条 不以营利为目的，进行带有少量财物输赢的娱乐活动，以及提供棋牌室等娱乐场所只收取正常的场所和服务费用的经营行为等，不以赌博论处。

◎附录:

王××侵犯著作权案[①]

——未经许可将非法获得的计算机软件修改后出售牟利的行为如何定性

一、基本案情

被告人王××，男，29岁，原系浙江省杭州泓瀚软件系统有限公司的法定代表人。1998年10月28日被逮捕。

浙江省杭州市下城区人民检察院以被告人王××犯侵犯著作权罪，向杭州市下城区人民法院提起公诉。

杭州市下城区人民法院经审理查明：

被告人王××原系杭州天利咨询工程服务公司(以下简称天利公司)职员。1996年6月，天利公司开发了《天丽鸟自来水智能系统》软件(以下简称天丽鸟软件)。1998年4月，王××从天利公司辞职，与他人合伙注册成立了杭州泓瀚软件系统有限公司(以下简称泓瀚公司)。

1998年上半年，被告人王××从天利公司技术员严××处取得了非法拷贝的天利公司开发的天丽鸟软件，并让原天利公司程序员肖××将软件源代码稍作修改并更名为《泓瀚自来水智能调度、信息发布、热线服务系统》(以下简称泓瀚软件)。嗣后，王××即以泓瀚公司的名义，将泓瀚软件销售给青岛市自来水公司和大同市自来水公司，销售金额16万元，获利15.2万元。王××还以城确公司的名义，与广东省顺德市的桂洲镇、容奇镇自来水公司签订合同，收取定金12.25万元，准备再将涨潮软件销售给上述两公司，后因案发而未成。

杭州市下城区人民法院认为：公诉机关指控被告人王××侵犯著作权，事实清楚，所举证据确实、充分，且能相互印证，可作为定案根据。王××及其辩护人所提从青岛、大同自来水公司收到的只有15.2万元而非16万元的意见，经查与事实相符，应予采纳。其他辩护意见与查明的事实和法律规定不符，不予采纳。天利公司开发了天丽鸟软件，依照《中华人民共和国著作权法》第三条第(八)项、第二条第一款的规定，该公司是著作权人。被告人王××以营利为目的，未经著作权人许可，复制销售他人计算机软件，违法所得数额巨大。故依照《中华人民共和国刑法》第二百一十七条第(一)项的规定，于1999年6月4日判决如下：

被告人王××犯侵犯著作权罪，判处有期徒刑四年，并处罚金人民币二万元。

宣判后，王××不服，以销售给青岛、大同两公司的软件是让肖××重新开发的；销售给广东两家公司的软件是网络版，与天利公司的产品在运行环境、源码上均不相同；本公司有大量合法业务，并非仅为犯罪而设立；本人主观上没有侵犯天利公司软件著作权的故意，并且是代表泓瀚公司从事业务活动，应由公司承担一切责任为由提出上诉。

王××的辩护人提出：肖××并未按照王××的指令修改软件，王××并不知道肖××提供的仍是天利公司的复制品，在王××看来，软件经过修改后就不会侵犯他人的版权，王××的主观上不具备侵犯著作权的故意，其行为不构成犯罪。

① 案例资料来源：最高人民法院刑事审判第一庭、第二庭《刑事审判参考》，北京：法律出版社，2001年9月第8辑。

杭州市中级人民法院经审理认为：上诉人王××及其辩护人提出已销售给青岛、大同两公司的软件是让肖××重新开发的；准备销售给广东两公司的软件是网络版，与天利公司的产品在运行环境、源码上均不相同的意见，已经被鉴定结论及证人肖××、汪××的证言证明不是事实，王××本人也无法提供出其公司独立开发出来的软件产品作为证据。证人肖××等人的证言及泓瀚公司的往来账目已经证明，从事侵权软件的复制和销售，是王××的公司设立后的主要活动，王××关于公司设立后有大量合法业务的辩解不能成立。王××未经软件著作权人天利公司的同意，擅自复制、修改天利公司的产品进行销售，非法获利达 20 万元以上，其行为已触犯刑法第二百一十七条的规定，构成侵犯著作权罪。故于 1999 年 7 月 26 日裁定驳回上诉，维持原判。

二、主要问题

1．未经许可将非法获得的计算机软件修改后出售牟利的行为如何定性?

2．侵犯著作权罪如何适用刑罚?

三、裁判理由

(一)被告人王××未经著作权人许可，将其计算机软件修改后销售牟利的行为，构成侵犯著作权罪

根据刑法第二百一十七条第(一)项的规定，侵犯著作权罪是指以营利为目的，未经著作权人许可，复制发行其作品，出版他人享有专有出版权的图书，复制发行其制作的音像制品，或者制售假冒他人署名的美术作品，违法所得数额较大或者有其他严重情节的行为。以计算机软件为对象构成侵犯著作权罪应当同时具备以下三个条件：一是行为人具有营利的目的；二是行为人未经软件著作权人许可，实施了复制发行其计算机软件的行为；三是违法所得数额较大或者有其他严重情节的。本案被告人王××实施了销售行为，其营利目的是显而易见的；其违法所得数额达 27 万余元，根据《最高人民法院关于审理非法出版物刑事案件具体应用法律若干问题的解释》(以下简称《非法出版物解释》)第二条的规定，应当认定其“违法所得数额巨大”；根据《计算机软件保护条例》第三条第(五)项的规定，计算机软件的复制，就是指把软件转载在有形物体上的行为。王××将同一涨潮软件销售给青岛市自来水公司和大同市自来水公司，还与广东省顺德市的桂洲镇、容奇镇自来水公司签订销售合同，毫无疑问其实施了“复制发行”行为。因此，王××的行为是否构成侵犯著作权罪，关键在于以下问题的认定：

首先，复制发行未办理软件著作权登记的软件是否侵犯了软件开发者的软件著作权?

根据《计算机软件保护条例》的规定，计算机软件，是指计算机程序及其有关文档。计算机程序，是指为了得到某种结果而可以由计算机等具有信息处理能力的装置执行的代码化指令序列，或者可被自动转换成代码化指令序列的符号化指令序列或者符号化语句序列。计算机程序包括源程序和目标程序。同一程序的源文本和目标文本应当视为同一作品。文档是指用自然语言或者形式化语言所编写的文字资料和图表，用来描述程序的内容、组成、设计、功能规格、开发情况、测试结果及使用方法，如程序设计说明书、流程图、用户手册等。软件著作权属于软件开发者。“中国公民和单位对其所开发的软件，不论是否发表，不论在何地发表，均依照本条例享有著作权”。软件著作权人享有下列各项权利：“(一)发表权，即决定软件是否公之于众的权利；(二)开发者身份权，即表明开发者身份的权利以及在其软件上署名的权利；(三)使用权，即在不损害社会公共利益的前提下，以复制、展示、发行、修改、翻译、注释等方式使用其软件的权利；(四)使用许可权和获得报酬权，即许可他人以本条第(三)项中规定的部分或者全部方式使用其软件的权利和由此而获得报酬的权利；(五)转让权，即向他人转让由本条第(三)项和第(四)项规定的使用权和使用许可权的权利”。下列行为，依法构成侵犯软件著作权的行为：“(一)未经软件著作权人同意发表其软件作品；(二)将他人开发的软件当作自己的作品发表；(三)未经合作者同意，将与他人合作开发的软件当作自己单独完成的作品发表；(四)在他人开发的软件上署名或者涂改他人开发的软件上的署名；(五)未经软件著作权人或者其合法受让者的同意修改、翻译、注释其软件作品；(六)未经软件著作权人或者其合法受让者的同意复制或者部分复制其软件作品；(七)未经软件著作权人或者其合法受让者的同意向公众发行、展示其软件的复制品；(八)未经软件著作权人或者其合法受让者的同意向任何第三方办理其软件的许可使用或者转让事宜”。因此，虽然天利公司的天丽鸟软件既未发表，亦未向软件登记管理机构办理软件著作权登记，天利公司作为天丽鸟软件的开发者，仍然依法享有软件著作权。任何单位和个人未经著作权人天利公司许可，对其软件进行修改、复制发行的行为，均侵犯了天利公司软件著作权。

其次，未经软件著作权人许可，将其计算机软件修改后复制发行的行为，是否属于刑法意义上的“复制发行”？

从形式上看，王××将以不正当手段获得的天丽鸟软件进行了修改，并且更名为泓瀚软件，是一种未经权利人许可而使用其软件的行为，与《著作权法实施条例》第五条第(一)项规定的“以印刷、复印、临摹、拓印、录音、录像、翻录、翻拍等方式将作品制作一份或者多份”的“复制”行为有一定的区别。但是，认定是否属于复制行为，不能仅以原件与复制件在形式上、表现上是否完全相同作为判断依据，还应当看其实质，如行为人是否对该软件进行了实质性改进。如果对软件的功能作了实质性改进，应属于演绎行为，与“复制”有所不同；如果仅依靠一定的设备、技术、技艺，机械性地再现原作品，则属于复制行为。从本案审理查明的事实来看，王××并没有对天丽鸟软件作实质性的改进，仅将其源代码稍作修改后，便更名为泓瀚软件。泓瀚软件所包含的智力创造仍是天利公司独自的劳动成果，不具有在某一方面的独创性和原创性，不是新的作品，因此，在实质上仍是原作品的复制。王××以营利为目的，未经软件著作权人许可，复制发行其天丽鸟软件的行为，应当认定属于刑法意义上的“复制发行”行为。

(二)被告人王××的行为属于个人犯罪

被告人王××作为泓瀚软件系统有限公司的法定代表人，虽以公司名义实施犯罪行为，但该公司自成立以来，主要从事侵权软件的复制和销售，根据《最高人民法院关于审理单位犯罪案件具体应用法律若干问题的解释》第二条“公司、企业、事业单位设立后，以实施犯罪为主要活动的，不以单位犯罪论处”的规定，对其行为应当认定为个人犯罪。

(三)关于侵犯著作权罪的定罪处刑标准

刑法第二百一十七条规定的侵犯著作权罪确定了两个定罪处刑标准：一是“违法所得数额”，二是“情节”。关于“违法所得数额”，参照1995年7月5日《最高人民法院关于审理生产、销售伪劣产品刑事案件如何认定“违法所得数额”的批复》的规定，是指生产、销售伪劣产品获利的数额，即扣除成本、税收后的获利数额。关于“情节”，按照《非法出版物解释》第二条的规定，包括“非法经营额”，即通常所说的“流水额”、“毛利”，包含成本、税收的总额。这样，当人民法院审理案件，既具有“违法所得数额”，又具有“非法经营额”时，由于对侵犯著作权的行为同时可以按“违法所得数额”或“非法经营数额”两种标准来衡量，在考虑刑罚适用时，有时会产生冲突，即按不同的标准有可能适用不同的刑罚。此种情况下，应当选择适用处罚较重的标准定罪处刑。本案中，人民法院根据复制发行软件不需投人大量的原材料、设备等成本，非法经营额一般较小的实际情况，按照被告人王××的违法所得数额对其定罪处刑是正确的。

（执笔：钟　宣　审编：张　军）

第四章　计算机犯罪对策

预防计算机犯罪的问题，实际上是维护社会信息交流安全问题。信息是社会发展的重要战略资源。信息技术和信息产业正在改变传统的生产、经营和生活方式，成为新的经济增长点，信息使知识经济初见端倪。信息网络国际化、社会化、开放化、个人化的特点使国家的“信息边疆”不断扩展，甚至延伸到了每个网民。国际上围绕信息的获取、使用和控制的斗争愈演愈烈，信息安全已经成为维护国家安全和社会稳定的一个焦点，各国都给以极大的关注与投入。信息安全保障能力是21世纪综合国力、经济竞争实力和生存能力的重要组成部分，是世纪之交世界各国在奋力攀登的制高点。网络信息安全问题如果解决不好，将会全方位地危及我国的政治、军事、经济、文化、社会生活的各个方面，使国家处于信息战和高度经济金融风险的威胁之中。

第一节　强化我国的网络立法

网络犯罪对法学研究产生了深远影响，它不仅对法学理论和现行法律体系、法律规定带来了冲击，也为法学理论的全球化和法律规定的趋同及司法协助带来了契机。

网络立法，是建立和完善社会主义法律体系的需要，是调整网络犯罪引起的社会冲突关系的需要，是保障网络健康发展的需要，是使人懂得维护自己的权利、同网络犯罪作斗争的需要，也是教育人守法、预防犯罪的需要。

一、提高立法技术，缩短立法周期

网络犯罪的泛滥有各方面的原因，例如技术、意识、社会心理、政治等，同时，法律的相对滞后也是一个不容忽视的原因，从有立法思想、立法议项，到出草案、一遍遍审议，直到通过，“一慢二看三通过”的立法速度远远赶不上网络发展的速度。

另一方面，传统的立法技术相对较为简单，立法者们同时又是社会生活的参加者，对社会生活有自己的感受和理解，其制定的法律也较为适应社会生活的需要。但是人类进入数字社会以后，传统的立法技术已经远远不能满足需要。立法者不懂网络，网络人又不能立法成为当今社会立法领域的一个突出矛盾，直接导致了现行网络立法的各种缺陷甚至失误。“他山之石，可以攻玉”，让我们比较一下国外相关技术性立法的措施。例如，德国解决上述问题主要从两方面着手，从机构上，立法委员会除了成立专门的专家委员会负责技术性问题的解释和把关外，还聘请相关行业的权威人士，向立法委员会传授有关的知识，并回答立法委员会技术方面的问题；从程序上，首先由专家委员会提出存在的问题及技术上的解决方案，再由立法者们对问题进行归纳和总结，并按照立法原则及框架形成文字，最后再交由技术顾问审核。上述程序及机构上的措施保证了法律的技术性与立法原则的统一。

二、法律的规定应与技术的可操作性相契合

网络犯罪立法的调整对象主要是以网络为载体实施的犯罪行为。其行为从实施到产生结果，无一不具备了极强的技术含量。应该说网络犯罪是高智商的犯罪。要预防和制止此类犯罪，相关法律的制定者及实施者均应拥有丰富的专业知识。同时，法律的可操作性也是制胜的关键法宝。所谓“魔高一尺，道高一丈”，只有可被实际运用的法律才能被运用于降魔除妖。现行的我国刑法、刑事诉讼法虽已对计算机或网络犯罪作出了一定的规定，但其缺乏可操作性的弊端却限制了它的发挥，例如：我国刑法和刑事诉讼法中都没有关于网络犯罪的定罪量刑标准和诉讼程序的规定；上述法律中对于证据的规定不够明确，未将一些新的技术性证据如各种电磁记录物或电磁化的信息等列入证据范畴，在司法实践中造成一定的困难；在损害结果的计算上，只计算直接的有形的物质资产的损失，对造成其他重大间接损害的评估没有统一的计算标准。随着科学技术的发展，网络犯罪这种高科技的智能犯罪将层出不穷，网络犯罪的立法也应是动态的，除了解决上述的可操作性问题外，网络犯罪的范畴、立案标准、强制措施等也应从立法上予以明确，便于司法机关办案的合法、快捷。

三、与世界法律体系衔接及相互利用的问题

互联网有一个突出的特点就是它的国际化。在网络上，千里之外的信息可以瞬间获得，当然，千里之外的犯罪行为也会对我们的生产、生活产生巨大的破坏。网络犯罪是一种国际化的犯罪，它危害到了整个世界的网络安全。因此世界各国应该联合起来，进行广泛的合作和研讨，像打击国际恐怖活动一样打击网络犯罪。一方面，国际社会已制定了相应的制裁网络犯罪的国际公约。世界各发达国家也已制定了各国的反网络犯罪的法律。而另一方面，许多发展中国家却因为网络的不普及，而漠视了相关方面的法律规定。这一状况给予网络犯罪存在的空间。只有全世界都行动起来，让各国国内法律相互接轨，形成一个严密的国际法律合作体系，才能真正打击网络犯罪。因此，我国的反网络犯罪立法应从一开始就注重与国际法律体系和惯例衔接，以避免在运行中所产生的国际摩擦和冲突。

四、法律的统一性问题

我国在 1994 年发布了《计算机信息系统安全保护条例》；1997 年修订的新刑法增加了“非法侵入计算机信息系统罪”和“破坏计算机信息系统罪”。此外，我国还制定了《关于对与国际联网的计算机信息系统进行备案工作的通知》、《计算机信息网络国际联网安全保护管理办法》、《计算机信息系统安全专用产品检测和销售许可证管理办法》、《公安部关于防病毒卡等产品属于计算机安全专用产品的批复》、《公安部关于严厉打击利用计算机技术制作、贩卖传播淫秽物品违法犯罪活动的通知》等十几个相关法律法规，这些都是我国打击网络犯罪的重要法律武器。但由于这些法律法规制定的时间先后不一致、制定的部门不同，而导致了相关内容上的冲突与重复，这给法律法规的施行上造成了一定程度的困难。今后的立法工作中，不仅要理顺现有法律法规的冲突，在必要的时候，应制定一部统一法典，使网络犯罪的预防与制裁真正做到“有法可依”。

除了上述几个网络立法的建议外，预防和制裁网络犯罪的有力措施还在于提高防范技术及增强安全意识，只有“三管齐下”，才能真正做到预防与制裁相结合，不给犯罪分子以可乘之机，将网络犯罪的可能性及危害性降到最低。

第二节 预防计算机犯罪的法律对策

任何安全防范的技术措施都会有不足之处，而面对计算机犯罪的挑战，仅仅靠技术防范是远远不够的，还需要法律手段，尤其是刑事法律手段加以防范。自1978年美国佛罗里达州计算机犯罪法问世以来，到1999年3月至少已有37个国家先后制定了有关计算机安全方面的刑事立法。目前，我国的计算机安全的立法已取得一定的成果。根据我国计算机犯罪的实际情况，国务院于1991年5月24日颁布了《计算机软件保护条例》，并于1991年10月1日实施。1994年2月28日，国务院又颁布了《中华人民共和国计算机信息系统保护条例》；1996年颁布了《中华人民共和国计算机信息网络国际联网管理暂行规定》；1997年颁布的《刑法》，增加了有关计算机犯罪方面的规定，这些规定填补了《刑法》在计算机犯罪领域的空白，结束了我国计算机信息系统无法可依的局面。然而，我国《刑法》仅有三条针对计算机犯罪的规定，我们认为这实在不能涵盖计算机犯罪的所有类型，对于惩罚和预防计算机犯罪是远远不够的，而且计算机犯罪和一般犯罪不同，是一种高科技的智能犯罪，加上科学技术高速发展，新的犯罪形式总是层出不穷，有关的立法也应是一个动态的过程。我们必须结合国内具体情况不断完善有关法律法规，这样才能有效地防范计算机犯罪。下面就完善计算机犯罪立法加以探讨。

一、我国计算机犯罪的刑法规定之完善

我国《刑法》仅在第285条和第286条分别规定了非法侵入计算机信息系统罪和侵入、破坏计算机信息系统罪，这远远不能涵盖形形色色的针对计算机信息的犯罪行为，在具体适用中存在一些难以解决的问题。因此我们认为，应对现行刑法有关条款进行修改，并增加一些有关计算机犯罪的罪名，以便更有效地预防和打击计算机犯罪。

（一）建议修改非法侵入计算机信息系统罪

《刑法》第285条规定：“违反国家规定，侵入国家事务、国防建设、尖端科学技术领域的计算机信息系统的，处三年以下有期徒刑或者拘役。”本罪侵犯的客体是国家对重要领域计算机信息系统安全的管理秩序，其行为对象是国家事务、国防建设、尖端科学技术领域的计算机信息系统。我们认为，非法侵入计算机信息系统罪的客体和对象范围只限定在国家事务、国防建设和尖端科学技术领域的计算机信息系统之内，显得过于狭窄。它与计算机技术日新月异的发展及其在我国各行各业的广泛应用状况极不相称。目前我国许多单位，尤其是金融、保险、医疗、交通、航运等机构都建立了计算机信息系统。而这些领域计算机信息系统的安全性也极其重要，非法侵入这些领域的计算机信息系统同样具有非常严重的社会危害性。加上互联网的广泛应用，给非法侵入计算机信息系统提供了更多的机会，如果我们不从法律上对其加以保护，则极不利于打击犯罪、不利于我国的社会主义建设事业。

为了更有效地打击计算机犯罪，《刑法》第285条规定的非法侵入计算机信息系统罪应将金融、医疗、交通、航运等重要领域的计算机信息系统包括在内。考虑到侵入不同领域的计算机信息系统的行为具有不同的社会危害性，即侵入“国家事务、国防建设、尖端科学技术领域”计算机信息系统相对于侵入金融、医疗、信息服务等领域的计算机信息系统来说，前者对社会的危害性要大一些。因此，建议将《刑法》第285条规定修改为：

“违反国家规定，侵入金融、交通运输、公用电信、医疗领域或者其他关系国计民生的

重要计算机信息系统的，处三年以下有期徒刑或者拘役。

侵入国家事务、国防建设、尖端科学技术领域的计算机信息系统的，从重处罚。”

（二）建议增设盗窃计算机软件、数据罪

盗窃计算机软件数据罪，是指秘密窃取计算机系统内部数据的犯罪。这种犯罪是以非法侵入计算机系统为手段，以窃取计算机系统内部数据为目的的行为。

首先，计算机系统内部的数据，有些是属于知识产权的软件，有些是属于商业秘密的资料，有些则是属于国家秘密，窃取这些数据的行为，都可以适用相应罪名来加以处罚。但是，计算机系统中还有相当一部分数据并不属于以上的内容，却有广泛的知识性，如果没有使用价值行为人就不会去盗窃它，其中有些数据对所有人来说可能是多年呕心沥血创造的知识，具有十分重要的价值。数据是信息，信息是无形的资源和财富，而且是比有形财富更为珍贵，从知识经济的角度上考虑，窃取这些数据的行为也应该规定为犯罪，否则就会造成盗窃物质财富构成犯罪，而盗窃知识财富不构成犯罪的畸形状态。

其次，虽然这些数据似乎同一般的文字资料非常相似，但是由于计算机系统的特点，它能够存储大量的数据，这样的数据是一般的单项资料所不具有的。收集这些数据要花费大量的成本，而大量数据的集合，就具有少量数据所不具有的特点，它们在系统内部的有机组合，还会产生新的信息，创造出更加重要的知识呈现出比物质财产更大的价值。

再次，数据作为一种知识财富，它又与物质财富不同，行为人盗窃了物质财富，原主就失去对它的控制和占有，而盗窃数据并不使其所有人对它失去控制和占有，因此，盗窃数据行为的社会危害性应当说轻于盗窃物质财富，不可按普通的盗窃罪适用刑罚，如果将其规定为犯罪，则应单列罪名并配置轻于普通盗窃罪的法定刑。

基于上述理由，建议在《刑法》中增设如下条文：

“以拷贝复制方法，窃取他人计算机软件、数据，数量较大、价值较高或者多次窃取的，处二年以下有期徒刑或者拘役，并处或者单处罚金；数量巨大或者价值昂贵的，处二年以上五年以下有期徒刑，并处罚金；数量特别巨大或者价值特别昂贵的，处五年以上十年以下有期徒刑，并处罚金或者没收财产。”

（三）建议增设窃用计算机罪

在现行《刑法》中，窃用计算机信息系统的行为并未受到应有的重视。根据《刑法》第265条规定：“以牟利为目的，盗接他人通信线路、复制他人电信号码或者明知是盗接、复制的电信设备、设施而使用的，依照第264条盗窃罪的规定定罪处罚。”窃取使用计算机信息系统同窃用通信系统一样，都是窃用这些设备提供的服务。服务可以是一种有价值的东西，但是它和一般的财产具有不同的性质，它的价值只有在使用者享受这种服务时才体现出来，并且价值的大小和使用者使用的时间成正比。窃取计算机信息系统服务的行为不仅窃用了服务，而且侵犯了计算机信息系统的安全保护和管理制度。然而，在现行《刑法》中并未对这种危害行为作出规定，这对于打击计算机犯罪极为不利。例如，1998年7月某高校应届毕业生杨×因非法侵入“上海热线”信息网被公安机关抓获，后被以“破坏计算机信息系统罪”的罪名逮捕。对于本案的定性，我们赞成这样的观点：首先，在该案中，杨×侵入的“上海热线”是网络服务商（ISP）的信息系统，不属于国家事务、国防建设、尖端科学技术领域。因此其行为不构成《刑法》第285条规定的非法侵入计算机信息系统罪；其次，杨×仅实施了非法侵入的行为，并没有构成《刑法》第286条规定的破坏计算机信息系统罪三种情况中的任何一种，因此也不构成破坏计算机信息系统罪；再次，杨×的行为也不构成《刑法》第265条规定的盗窃罪。据此，该学者认为，根据罪刑法定原则，杨×的行为并不构成犯罪。

鉴于以上分析，我们认为，应当在《刑法》中将窃取计算机信息系统服务的行为规定为犯罪。由于计算机信息系统服务与通信均属于信息产业，可以将窃用计算机信息系统与窃用通信系统放在一起来规定，这样可以避免司法实践中的困难，尤其是在认定盗窃数额问题上的困难。

因此建议将《刑法》第 265 条修改为："以牟利为目的，盗接他人通信线路、盗用互联网终端设备及账号、窃取复制他人电信号码或计算机账号或者明知是盗接、复制的电信设备设施而使用的，依照本法第 264 条的规定定罪处罚。"

（四）建议修改侵犯著作权罪

由于计算机国际互联网的广泛应用，使得《刑法》第 217 条规定的侵犯著作权犯罪在司法适用中出现一定的困难。例如，行为人未经著作权人同意，将其作品上载在 Internet 上的 BBS，尽管行为人并不以营利为目的，却给著作权人带来损失，但根据《刑法》第 217 条，该行为并不构成侵犯著作权犯罪，这不利于对著作权权利人的保护和促进社会主义文化和科学事业的发展和繁荣。

此外，该条文第 1 款规定："未经著作权人许可，复制发行其文字作品、音乐、电影、电视、录像作品、计算机软件及其他作品的"，按照此款规定，非法复制他人软件使用，无论数量多大，价值多高，危害多重，只要没有发行，就不构成犯罪，这不利于我国软件产业的发展。开发一份软件，开发商需投入巨额资金，成本相当高。一个软件在国内市场上可能发行数百万甚至上千万份，才能收回成本。如果软件投放市场后，任人拷贝使用，谁敢投资软件产业？有人说对非法复制软件使用的行为，可以追究盗用者的民事责任，不必动用刑法。我们对这种观点不敢苟同。试想，非法复制软件人通常都是众多的自然人，如果在全国各地有千人实施了这种行为，软件公司有能力和条件都对他们提起民事诉讼吗！要这样做，该公司也就变成"打官司"的专业公司了，还有资金和精力去研制软件吗！由此可见，《刑法》第 217 条第 1 款将计算机软件与其他作品相提并论是不恰当的，所以，我们在前项立法建议中提出增设"盗窃计算机软件、数据罪"。

二、加强对计算机犯罪的侦查力量和有效起诉

对计算机犯罪的有效起诉，是防范计算机犯罪的关键环节。将计算机犯罪分子绳之以法，一方面使计算机犯罪分子不敢冒险再犯，另一方面又发挥出一般预防的威慑作用，使有计算机犯罪意图者受到警戒而不敢轻举妄动。要做到对计算机犯罪的有效起诉，必须采取以下措施：

（一）加强司法人员的专业训练

刑事案件的侦查成效，取决于侦查人员的素质。由于侦查计算机犯罪特有的困难，因此，具有专业知识的刑事侦查人员在计算机犯罪的刑事追诉工作中是关键性的人物。对于刑事执法人员而言，有关的专业训练，是有效抗制计算机犯罪的先决条件。在当前的司法实践中，由于司法人员缺乏计算机专业知识，甚至对于已经发现的计算机犯罪案件，往往因为"证据不足"而前功尽弃。因此，刑事侦查人员除具有参与侦查工作的意愿外，最重要的是要具有现代计算机技术知识的技能。从现有工作人员中挑选出具有较高工作能力的合格人员加以专业化的训练，是当前司法机关惩治计算机犯罪的重要举措。

（二）强化网络警察队伍的建设

目前，世界上比较发达的国家，纷纷设立计算机警察，因为计算机犯罪具有特殊性，如果没有技术高超娴熟的计算机警察为其“保驾护航”，后果将是不堪设想的。在德国，为了打击 Internet 上的犯罪行为，特别设立了网络警察组织，他们坐在计算机显示器前，就可以追查 Internet 上各种形式的犯罪，诸如诈骗、赌博、左翼和右翼极端分子的活动和色情犯罪，仅 1996 年一年查获涉嫌传播色情作品的罪案就高达 110 例。在英国，有一家名叫 CCV 的伦敦警察局犯罪部，专门负责计算机高科技犯罪的侦探工作，除了应付计算机犯罪之外，他们还在警察培训大学开设计算机调查技术课程，帮助公众解除因计算机病毒带来的麻烦。目前，该部已成为整个欧洲计算机的警察信息中心。在法国，巴黎警察分局的信息技术犯罪缉查处，10 多位计算机警察都是电脑方面处理、存储、传播信息的行家里手。他们处在侦破信息技术犯罪的前哨阵地，面对的是信息卡走私犯、电话卡不正当交易犯、电话线路盗用犯、自动转换器干扰犯、交互网络及信息公路上的海盗与计算机窃贼。在日本，东京京都等 5 个城市有百余名计算机警察。他们大多从优秀中年计算机专家群中遴选而来，此后又在警校接受有关法学、犯罪学、侦破学等专业训练。

在位于佐治亚州的美国联邦执法培训中心，联邦调查局的警察们正在分批受训，学习怎样从电子公告牌上发现证据，如何跟踪信用卡欺诈等侦查技术。该培训中心主任说：“给每位警察分发一个徽章、一支枪和一部便携式电脑的时代马上就要来临。”

我国的网络警察队伍自从 1994 年前后建立以来，为国民经济建设保驾护航，维护网络法律秩序、遏制计算机违法犯罪，保障国家安全、国家经济体制和秩序安全、电子商务安全等，作出了重大的贡献。但是，警力、培训和设备是远远不够的，需要大大加强。

三、防范计算机犯罪的管理措施

为防范计算机犯罪，除了运用技术手段、法律手段外， 还需加强对企业机构和人事制度的管理，提高有关人员的素质，加大对计算机安全的宣传。

（一）加强机构管理和人事制度管理

日本学者西田修认为， 预防计算机犯罪的根本措施是加强人事管理。由于计算机犯罪中有相当大一部分是那些从事与计算机相关工作并被认为忠实、可信任的人员所为，因此，人事管理就成为防范计算机犯罪的一个重要环节。

首先，在作人事安排时，应分工明确，各司其职。计算机操作人员和管理人员要严格分工，业务机和编程调试机要严格分开，业务员和程序员也要严格分开，要严明职责，互相制约，使计算机工作人员和管理人员仅能在自己授权范围内工作。对从事高技术工作的人员不能盲目迷信、不管不问，而是应该对他们进行必要的审查、考核、教育和培训，使他们建立模范的职业道德规范和安全保密的观念。关键岗位的人选，如系统分析员等，不仅要有严格的政审，还要考虑其现实表现、工作态度、道德修养和业务能力等方面，尽可能保证这部分人安全可靠。对于调离人员，特别是在不情愿情况下被调走的，必须认真办理手续。除人事手续外，必须进行调离谈话，申明其调离后的保密义务，除回收所配钥匙及证件，退还全部技术手册及有关资料外，系统必须更换口令和机要锁。在调离决定通知本人时，必须立即进行上述工作，不得拖延。人事部门亦应定期对计算机系统所有工作人员进行经常性考核。说到底，犯罪是一个“人”的问题。在预防企业内部的犯罪行为时，最重要的问题是使人们在实际工作中感觉生存意义和价值，使他们无心犯罪。只有使所有从事计算机工作的人员都真心实意地从事这项工作，调动出他们的全部能力，并给他们足以相当于其劳动价值的经济报酬，才能是有效的措施之一。

其次，由于相当多的对计算机信息系统的非法侵入是由于企业内部管理不善所致，因此，要有效地防范计算机犯罪，必须加强企业管理。某黑客说："黑客依赖于使用者的使用不当及懒惰，通常正是他们为黑客悄悄溜入提供了入口"，"使用者可能是系统最大的危险"。事实上，计算机用户是计算机安全最脆弱的环节。人们需要相互交谈。我们当然不能仅仅因为害怕会说出一些可能危及安全的东西，就要求每个接触计算机的职员都突然沉默下来，不同其他人交流。然而，计算机用户在与他人交谈时，总会在无意中泄露一些信息。黑客使用了这些信息就能获得系统访问权。大多数信息的泄露都是无意的，或在电话中回答技术问题，或在闲谈时提到某些东西。黑客很容易装成公司维护技术员给用户打电话，以解决问题的名义索要访问系统的密码。计算机用户将密码告诉朋友也是很常见的，而那个朋友又把它告诉另外的朋友，最后落入有不轨意图的人手中。计算机用户通常对系统安全并不注意，也丝毫不感兴趣，社交工程在很大程度上就是得益于这一事实。因此，系统管理员应教育用户有关安全的措施，用户也应妥善保管好系统信息。为了防范来自外部的非法侵入，一个简单可行的办法就是：制定并严格遵守规章制度，加强计算机安全教育，使每个计算机使用者知晓计算机犯罪的后果，从而树立安全保密意识和与计算机犯罪作斗争的责任感。

另外，美国计算机安全专家英格与霍威顿认为，为保证人事管理及各种安全技术落到实处，运用计算机信息系统的部门均应建立一支计算机安全专业队伍。这队伍应该由安全负责人、内部审计师、系统分析员、程序员构成，其职责主要是：（1）制定防止越权存取数据和使用计算机的方针和措施；（2）就安全系统的分析、设计、测试和评价制定标准和方法；（3）制定计算机设备、程序和数据实体保护措施；（4）制定应急救灾计划。这支队伍实质上发挥着内部安全稽核的功能。

总之，计算机安全问题的关键在于管理，而管理的核心在于管好人。这是计算机安全的前提。这个问题不解决，其他一切措施再好，也不能保证安全。正如美国年轻的计算机窃密者兰德雷斯所说的那样："计算机的主人和系统操作人员应抓紧时间教育他们的用户。如果他们这样做了，目前的计算机窃密行为就会降低到名存实亡的低水平活动程度。事情就是那么简单。"

（二）建立个人电子身份登记制度和"回溯查因"的正当程序制度

为了便于对网络和网民的活动进行有效管理，保护网民合法权益的需要，人们早就呼唤能够帮助查找网上犯罪人新技术的出现，但又担心当今计算机科学技术能否解决问题？计算机科技的进一步发展，应当和可以研制出一种装置，它能在互联网上设立一道进入网络空间的"大门"。任何人进入这道大门，都必须首先出示自己的电子身份证，否则将被拒之门外，就像开汽车必须有驾驶执照一样，住旅馆必须出示身份证或护照一样。这种检测个人电子身份的技术，能够跟踪每个上网者，将他们在网上的往来路径（仅仅是来往路径）记录下来，严加保守秘密，非经法定程序，任何人（包括网络管理人员）都无权开启特定查找、查询功能。上网者的电子身份证还必须是隐含的，除经政府依法授权的网络管理机关外，谁也不能知晓和无法知晓。这种记录上网者行踪的装置，绝对排除探测个人活动内容、资料、隐私、秘密等信息的功能，在相对意义上保护网民的个人隐私权。我们将这种设想称之为"电子身份登记制度"。

在个人电子身份登记制度下，上网者在网络空间与别人打交道，是否公开自己的电子身份完全由本人决定；当然，对方可以要求他出示电子身份证，决定是否同他交流信息或进行交易。只有当上网者通过信息技术知识严重危害社会，涉嫌犯罪，达到法定查找行为人电子身份证条件，经司法机关立案侦查时，才可以启动电子身份查找系统，通过虚拟行为人的电子身份，验明他在现实社会中是什么人，这在很大程度上起到威慑和限制计算机犯罪的作用。我们把这种设想称之为网络管理秩序的中的“回溯查因制度”。

我们相信，任何正直善良的网民都会支持建立这样一种网络管理制度。因为人们都知道这种制度的建立是为了保护自己的合法权益。只有人人都遵守这种制度，自己的合法权益才能得到有效的保障。生活在秩序井然的社会中，是人类自身的需要，是社会进步的表现。社会的各种法律制度，无一不是由于无法忍受无序和混乱而由人类自己制定出来的。选择了互联网的人们，并不生活在现实社会以外。现实社会的种种弊病同样会在互联网中显现出来。虚拟世界所虚化的，仅是上网人的真实姓名和身份。它没有也不可能把人们的真实身体也虚化。当一只真实的拳头击中你的真实鼻子，使你真实地血液流淌，却让你看不见它来自何方？这时也许你比任何人都急于找到那个真实凶手。我们相信多数人都不会喜欢在自己的电脑显示屏上出现谩骂自己家人的语言，也不会喜欢在自己的电子信箱里塞满垃圾文件，更不会喜欢有人上门来要求你或你的家人提供“性服务”。当你受到网上骚扰的时候，你也会希望能找到骚扰者，将他绳之以法。 因此，建立电子身份登记和回溯查因制度，是信息社会发展的必然，具有不可抗拒的力量。

（三）加强预防计算机犯罪的教育和宣传工作

计算机犯罪所以能得以实施，是因为计算机用户不使用不断更新的技术防范措施。例如，能常常发现安全特性很差的设计、忽略口令或不进行系统备份。因此，提高人们对计算机和通讯系统的易受攻击性，以及相关的安全性的公共意识非常重要。计算机知识是一种专业知识，虽然计算机广泛的用途和强大的功能已逐渐为人所知，但是对于计算机某些片面认识，往往使人认为计算机系统万无一失，以致对计算机犯罪反应迟钝。特别是在我国，由于计算机应用普及时间短，人们对于计算机犯罪分子往往具有矛盾的心理和反常的态度，因此更应重视计算机犯罪预防的宣传工作。首先，增强全社会对于计算机犯罪严重危害性的认识，改变人们对于此类犯罪行为及行为人的宽容心态，建立社会合力共诛计算机犯罪的大环境，积极支持司法机关侦破处罚计算机犯罪。其次，提醒计算机使用部门，在工作中经常保持必要的警觉，小心谨慎地对待计算机操作，避免轻易遭受计算机犯罪的侵害。

四、加强国际合作

计算机犯罪是国际性问题。例如，当犯罪分子利用计算机网络的匿名性跨国实施犯罪行为时，必须经过国际性的相互合作，才可能有效地预防和起诉计算机犯罪。加强国际合作主要包括以下几方面：

1．通过生成一组定义良好的最小限度的法规来防范非法行为，像黑客行为（非法访问和侵入计算机信息系统）、计算机间谍、计算机破坏、计算机滥用和软件盗版。

2．通过生成一组定义良好的国际性最低限度的法规，来定义在全球范围内应被起诉并应受到惩罚的非法内容，特别是关于儿童色情、宣扬暴力、仇恨的演讲以及对少数民族和个人的诽谤。

3．鼓励各国为网络服务商制定相适应的规则。例如，通过生成一个法律系统使得所有国家的网络服务商意识到在其服务器上存放有非法内容时，必须进行适当的努力以清除这些非法内容。同时，数据的自由流动不应由于试图阻止对其他服务器的访问以及要求访问提供商遵守其职责而受到影响。

4．鼓励各国为有效起诉计算机犯罪制定国内法，特别是关于对计算机系统和国际性网络的搜查和扣押、证人的职责（例如提供口令和解密文件）、网络线上窃听以及对计算机系统的访问。

5．提交可能的网络匿名滥用情况、安装国际性系统以便在出现匿名滥用时将匿名者查出。这要求以存在适当的保护隐私权的法律措施。例如，通过要求把有关司法机关的命令作为传送特定数据的必要前提。如果所有的国家通过相互合作，则一定能查出匿名者。

6．鼓励司法机构互相合作，特别是在国际性搜查和扣押设备时为"冻结"数据而采取的紧急措施。

7．处理跨国的国际计算机犯罪的司法管辖权问题的适宜措施。

8．对执法人员就计算机犯罪及其起诉进行教育和培训。

五、采取道德规范、管理、技术与法律的综合手段

信息网络安全的柱石由四方面组成：道德规范、管理、技术与法律，如图 4-1 所示。

伦理与道德规范是基础，计算机犯罪不同于传统的犯罪，常常是行为与结果相分离，点击几下鼠标，按几下键盘，可能会给社会和他人造成灾难后果，而罪犯的感觉可能与玩一个电子游戏没有什么差别，所以要建立计算机行业伦理与道德规范，形成良好的计算机行为规则，什么是可为，什么是不可为。

管理是关键，常言道"邻居老太太的眼睛加上两把锁，能够杜绝绝大部分失窃案"，这里邻居老太太的眼睛和两把锁，就是一项管理措施，如内外网隔离、安全等级划分、权限分配、信息中心管理规定、上机须知等，只要在有数据交换的地方加强管理措施，就能强化信息安全。

技术是卫士，在信息网络的各个环节，都有相应的安全技术，如防火墙，入侵检测，身份认证等。

法律是底线，侵犯了他人、集体和国家的利益，就要承担相应的民事责任、行政责任或刑事责任。

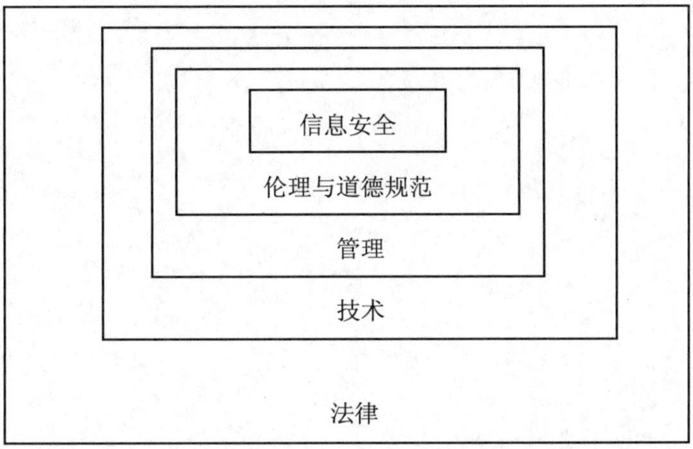

图 4-1　信息网络安全的柱石

将四者综合应用，有助于增加信息网络的鲁棒性，降低防护代价和资源开销。例如：珠宝店的珠宝放在玻璃橱窗里，玻璃橱窗就是珠宝店的安全技术措施，玻璃橱窗很容易被打破，但是为什么没人去这样做？原因就是有伦理道德的规范和法律的威慑力在做后盾。因此，我们在信息网络安全领域可以引入这种玻璃橱窗概念，就是在敏感点放诸如此类的提示“如果你没有相应的权限进入，就会触犯××法律法规，承担相应的民事责任、行政责任或刑事责任”，然后与相应的法律法规和案例相链接，这样通过法律的威慑力，能够阻止极大部分的无恶意的上网者进入和骚扰，从而减少信息网络上的违法乱纪现象，减低信息安全风险，降低信息安全代价。这是一种值得认真研究的方法。

第五章　信息安全相关的热点问题

第一节　电子政务相关的法律问题

电子政务（E-government）是政府运用信息及通信技术，构建一个电子化的虚拟机关，以改进政府组织，重组公共管理，推进政府部门办公自动化、网络化、电子化和全面信息共享，行使政府职能，提高效率，以适应当前社会飞速发展的需要。信息技术的飞速发展，正在引发一场深刻的变革，极大地推动着经济和社会的发展，政务信息化、电子化已成为衡量国家及城市竞争水平的标志之一。从世界范围来看，推进政府部门办公自动化、网络化、电子化和全面信息共享，已是大势所趋。联合国经济社会事务部把推进发展中国家政府信息化作为重点，欧、美、日等主要国家为提高其国际竞争优势，相继推出国家信息基础建设，并规划用网络构建电子政务。我国电子政务虽然起步较晚，但发展势头迅猛。由于电子政务的特殊地位，它对整个社会的电子化、网络化、信息化具有巨大的拉动作用。

电子政务及安全是当前知识经济和社会发展的新焦点，在目前和将来都会对人类社会的发展起至关重要的作用。随着 Internet 的发展，电子政务及安全已成为法学、计算机科学和系统科学研究的一个重要分支和前沿领域。

一、电子政务的特点

1．开放性，网络的开放性将全球联为一体，使电子政务突破了时间和地域限制，极大地提高了效率。电子政务的开放性必然会与现行法律的地域性相冲突，比如电子政务的管辖、税收等问题。电子政务的健康发展，必须与网络这一特征相适应。

2．虚拟性，网络的虚拟性特征改变了传统的政务环境和政务方式，人们进行政务活动不必像现实环境和政务方式那样面对面，有时甚至不必使用自己的真实名称。电子政务的虚拟性政务环境和政务方式，与建立在现实政务环境和政务方式基础之上的现行的政务规则相抵触，因此电子政务的健康发展，需要与之相适应的新的政务规则即电子政务法，否则必将阻碍电子政务的正常进行和健康发展。

3．技术性，一百多年前，马克思曾提出过“法律要有自然科学的精确性”的命题。随着科学技术和整个文化的发展，需要调整的社会关系中，越来越多的社会关系需要用技术性、专业性较强的立法加以调整，而完成这方面的立法任务，往往是专门的立法机关所不能胜任的，有必要委托有关机关行使一定的立法权。电子政务的建立、运行都离不开信息与通信技术的支持。与现行政务方式相比，网络和电子政务的技术性特征，使得电子政务的进行和电子政务的法律规制，需要相应的技术支持，因此电子政务法，应当遵循和适应一定的技术规则，否则将阻碍电子政务的发展。

4．透明性和互动性，互联网最具优势的特点之一，就是透明性和互动性。基于互联网的电子政务，信息比以往任何时候都显得重要。无论是经济结构的调整优化，还是经济全球化的发展；无论是高新技术产业的开拓，还是把农业推向市场，都离不开信息的引导。民主社会以信息公开为前提，政府信息公开化是社会主义民主的必然要求。信息是理性沟通的基础，而理性的沟通又是民主的前提。信息技术为民主的发展提供了物质技术基础，而这一基础又将把民主推向更高的层次。在我国，知晓并监督政府的决策是人民当家作主的重要途径，其中最有效、最快捷的方式就是政府行为过程透明并在广泛的范围内公开，从而吸引社会公众的关注与参与。电子政务能大大拓宽社会公众行使民主权利和参政议政的渠道，在法律允许的范围内，将公众关心的热点、难点、重点问题以及涉及公众利益的问题广而告之，使公众有更多的机会了解政府在做什么、在怎么做，并可以及时地以多种方式表达自己的意见，参与决策过程，获得政府具体、个性化的信息服务。因此，电子政务与民众具有良好的互动性，能够实时上情下达，与民意沟通，是一种效率极高的行政方式，电子政务法，必须适应这一特征。

二、电子政务法的特点

1．电子政务法是综合法

电子政务过程，要经过诸多计算机网络硬件设备，政务信息要经过各种技术操作。因此，电子政务法，应该规范政务的各种技术环节，规范因电子政务这种特殊的政务手段，给政务过程带来的新问题，规范因电子政务技术产生的新问题。比如说，一个政务信息的电子文件在传递过程中何时算是到达？到达的地点如何确定？接受方用何种方式回复，等等。

但是，电子政务是政府职能一部分，电子政务的基本原则，必然基于现行法律。这些不是全新的法律规范，只是传统的法律在互联网上的适用方法和新的解释，任何一个互联网的法律，都不能脱离现实中已经被普遍确立为基本原则的法律概念，所有在传统法律中已经被认可的原则，互联网都必须遵守。所以，电子政务法是综合法。

2．电子政务法是技术法

电子政务在法律中应该充满了各种技术名词、技术规则、技术标准或者类似的表述，因为电子政务就是建立在这些技术基础上的社会关系的一种，规范了这些技术名词、技术规则、技术标准，也就是说，如果确立了各种技术手段在电子交易过程中的法律地位，赋予各种技术以法律的意义，一部电子政务法的框架就形成了。

3．电子政务法是安全保护法

随着互联网的发展，人们越来越认识到，安全问题是电子政务发展的瓶颈。政府信息涉及政治、经济、科技、军事、文化等许多重要领域，其中有许多属于敏感信息，甚至是国家机密，要确保国家利益以及公民和法人的正当权益不受侵犯。首先依法划定政府信息上网的范围、等级和存取权限，明确政府信息网上公开与保密的原则和标准。政府信息的密级也应随着时间和条件的变化随时加以调整，使解密信息及时上网，这样才能真正做到有的放矢，确保国家核心机密。因此，要利用电子政务法的安全保护法，来遏制电脑黑客、计算机病毒。对于故意提供虚假信息、乱收费、不依法提供或发布政府信息、凭借手中的信息权力牟取暴利以及在信息提供和发布中泄露国家机密、妨碍公共利益、侵犯公民隐私的机构和个人，要依法严肃查处。网络同现实生活一样，有着道德、行业规范和法律的存在，互联网受到各种层次的保护。

4．电子政务法是自由法

电子政务法不能限制网络自由，因为自由是互联网的灵魂。电子政务法的一个重要内容，是把互联网在自由发展中确立的原则，上升为法律，把电子政务在新的环境中形成的规则和惯例，上升为法律。因此，对于电子政务，立法机关和政府应该更多地发挥宏观调控、整体把握的能力，至于其中的细节，交给实践去决定。同时，我们还要能够容忍：发展的电子政务也许会走的一些弯路，这是成功必须付出的代价。

5．电子政务法是阳光法

政府信息是政府部门为履行职责而产生、获取、利用、传播、保存和负责处置的信息，它是人们全面考察社会情况，从事政治、经济、科技、军事和文化活动所必不可少的国家资源。政府信息资源开发和利用的程度，是一个国家发展水平的重要标志。作为有重要价值的国家资源，政府信息属公共所有，政府有必要也有责任，向公众提供具有权威性和指导性的电子信息服务。电子政务应当利用高效可靠的政府信息网络，将政府信息快速、方便、廉价、准确地传给社会公众，减轻公众为此需要付出的经济和时间负担，通过适当的信息提供与发布制度，使公众能够享受方便、快捷的信息服务，使公众在公平、法治和宽松的环境下及时获取和利用可公开的政府信息。政府信息的公开应该是一般原则，而不公开则应是例外。信息发布和信息提供是政府向公众传播信息的两种方式。政府部门有义务、有责任向公众发布和提供信息。信息发布是指政府部门以各种形式主动向公众传播信息的行为。政府机构的组织、职权、工作方法和程序、有关的法规和文件、行政许可的标准和条件等内容，政府部门应主动公开。信息一经发布，全社会都可以利用。信息发布应直达公众，避免不必要的延迟和垄断。信息提供是指政府部门应公众的要求，在法规、政策许可的范围内向公众提供信息的行为。所提供的信息可能已经发布，也可能尚未发布。当依法有权获取政府信息者提出获取信息的请求时，政府部门应及时予以回复。政府可以拒绝公民、法人和其他组织获取政府信息的请求，但拒绝的权力仅限于法律规定的豁免事项。我国已有了《保密法》，为了促进经济发展，适应加入 WTO 的新形势，结合电子政务的实施，国务院总理温家宝签署第 492 号国务院令，颁布了《中华人民共和国政府信息公开条例》。

鉴于上述分析，电子政务法应坚持遵循电子政务的客观规律，依法促进电子政务发展；既要从我国的现实情况出发，又要充分借鉴国外先进的立法经验，与国际主流立法趋势接轨，制定出既具有我国特色又符合国际潮流的电子政务法。

三、电子政务法的基本原则

1．适应性原则

所谓适应性原则，是指电子政务法对所有涉及的诸如电子政务、签名、认证、原件、书面形式、数据电文、信息系统、相关技术等有关范畴应保持开放、中立的姿态以适应电子政务不断发展的客观需要，而不能将其局限于某一特定的形态，以免厚此薄彼，防止因电子政务法对特定范畴的偏爱而损害法的连续性、稳定性，阻碍电子政务的健康发展。在网络和信息时代，技术进步和社会发展日新月异，这就要求对以网络和信息技术为基础的电子政务法适应技术和社会快速发展的形势，电子政务法应采取适应性原则。

电子政务的进行离不开有关技术的支持，如保障政务安全的电子认证、电子签名、电子支付制度等都是以密码技术、信息通信技术和其他相关技术的支持为基础的，如果将电子签名、电子认证、电子支付等制度依附于某一特定的技术，而相关技术的不断发展，将使得建立在先前某一特定技术基础之上的电子认证、电子签名、电子支付等电子政务法律制度，不能适应新技术条件下电子政务对安全的需要。另外，电子政务的发展也将日新月异，一些建立在某一特定概念基础之上的技术，诸如签名、原件、书面形式、对称密钥加密、非对称密钥加密等也将很快发展和更新，方能不断适应电子政务发展的需要，以保证法律的稳定性和连续性。因此，电子政务的技术性特征要求对电子政务所涉及的相关技术和范畴必须采取适应性原则，以使电子政务法能够适应电子政务技术和电子政务自身不断发展的客观需要，防止因对特定技术和范畴的偏爱而阻碍电子政务的发展。

2．协调性原则

协调性原则是指电子政务法既要与现行法律相互协调，又要与国际法律相互协调，同时还应协调好电子政务过程中出现的各种新的关系，电子政务管辖权之间的冲突等，网络和现代电子政务将极大改变现行的政务环境和政务方式，辅助利用电话、电视、传真、电子邮件等方式进行政务，具备当事人互不谋面、无纸化的特征；现行的国际政务方式也越来越具备开放性，因此电子政务法应与现行有关法律相互协调，如应与现行法律中有关书面、签名等规定相互协调。网络和现代电子政务的全球性和技术性特征，说明电子政务法具有客观统一性，电子政务法的这种客观统一性，要求各国应充分考虑电子政务法的国际性，尽量与国际法律相协调。

3．安全性原则

所谓安全性原则，是指电子政务法应充分考虑电子政务对安全的需要，安全是电子政务的生命之所在，没有安全，就没有电子政务的存在与发展。电子政务系统应该是安全可靠的，平台上有相当多的政府公文在流转，其中不乏重要情报，有的甚至涉及国家安全。安全性原则要求与电子政务有关的信息在传输、存储、交换等整个过程不被丢失、泄露、窃听、拦截、改变等，要求网络和信息应保持可靠性、可用性、保密性、完整性、可控性和不可抵赖性。网络和电子政务的开放性、虚拟性和技术性使得网络和电子政务过程中的信息和信息系统极易受到攻击，政务安全是政务主体决定选择利用网络进行电子政务的最重要的因素之一。因此，电子政务法应坚持安全性原则。

4．鼓励、促进和引导原则

21世纪是网络与电子政务时代，电子政务将在经济发展中起到举足轻重的作用，电子政务的发展，将渗透到整个社会，需要通过法律加以鼓励、引导、促进和拉动社会的参与。由于电子政务的发展和社会公众对电子政务的认识有一个过程，因此，应从政策、法律上为电子政务创造良好、宽松的环境，努力引导企业和社会公众积极参与电子政务。所以，为促进电子政务的快速发展，电子政务法应贯彻鼓励、促进和引导原则。

5．现实性和前瞻性原则

国际互联网络是一个整体，是真正世界经济一体化的物质基础，单个国家、群体的规范行为如果与全球性规范不一致，不但阻碍自身经济的进步，也同时阻碍世界经济一体化的进程。因此，网络法需要有足够的现实性和前瞻性。

四、电子政务法的目标

研究电子政务立法，就是根据中国电子政务的特色和发展趋势，制定一整套的电子政务相关法律。电子政务关系到政府工作效率和决策质量，关系到政府能力和国家能力，关系到政府形象和国家形象，对国民经济和社会发展都将产生重大影响。而建立一个权力、职能、规模和行为都受到宪法和法律明确限制，公开接受社会监督和制约的电子政务，实现政府职能由管理型向管理服务型转变，积极为社会广泛提供有价值的信息引导和信息服务，对于有效开发和科学利用政府信息资源，优化信息资源配置，树立勤政、廉洁、务实、节俭、透明的政府形象，全面实现政府信息化，促进经济建设，都将产生积极而深远的影响。

第二节　侵犯网络知识产权的法律责任

一、 保护网络知识产权的立法沿革

美国于 1974 年成立了“利用新技术作品委员会”，为 1980 年修改《版权法》提供了大量建设性意见。该法在世界各国中率先规定：“计算机程序属于本法保护对象”。尔后，英国、加拿大、日本等国也先后直接或间接地修改版权法，使之包含保护计算机软件的内容。

关于网络知识产权保护，中国的知识产权法律规定了违反法律规定的行为应承担的法律责任，包括民事责任、行政处罚和刑事责任。主要涉及的刑法文件有两部，刑法相关法律有两部，相关法规有 9 部，相关规章有 27 部，地方性规定有 1 部，审判解释有 2 部。

1994 年 7 月 5 日全国人民代表大会常务委员会《关于惩治侵犯著作权的犯罪的决定》指出，以营利为目的，有下列侵犯著作权情形之一，违法所得数额较大或者有其他严重情节的，处三年以下有期徒刑、拘役，单处或者并处罚金；违法所得数额巨大或者有其他特别严重情节的，处三年以上七年以下有期徒刑，并处罚金：（一）未经著作权人许可，复制发行其文字作品、音乐、电影、电视、录像作品、计算机软件及其他作品的；（二）出版他人享有专有出版权的图书的；（三）未经录音录像制作者许可，复制发行其制作的录音录像的；（四）制作、出售假冒他人署名的美术作品的。单位有本决定规定的犯罪行为的，对单位判处罚金，并对其直接负责的主管人员和其他直接责任人员，依照本决定的规定处罚。

1997 年 3 月 14 日修订《刑法》时，对上述条文略作调整后，移植于《刑法》第 217 条和第 220 条，其内容为：以营利为目的，有下列侵犯著作权情形之一，违法所得数额较大或者有其他严重情节的，处三年以下有期徒刑或者拘役，并处或者单处罚金；违法所得数额巨大或者有其他特别严重情节的，处三年以上七年以下有期徒刑，并处罚金：（一）未经著作权人许可，复制发行其文字作品、音乐、电影、电视、录像作品、计算机软件及其他作品的；（二）出版他人享有专有出版权的图书的；（三）未经录音录像制作者许可，复制发行其制作的录音录像的；（四）制作、出售假冒他人署名的美术作品的。单位犯本节第 213 条至第 219 条规定之罪的，对单位判处罚金，并对其直接负责的主管人员和其他直接责任人员，依照本节各该条的规定处罚。

全国人民代表大会常务委员会 2000 年 12 月 28 日颁布的《关于维护互联网安全的决定》指出，为了维护社会主义市场经济秩序和社会管理秩序，对利用互联网侵犯他人知识产权，构成犯罪的，依照刑法有关规定追究刑事责任。

二、民事责任

国务院 2001 年 12 月 20 日修订的《计算机软件保护条例》第 24 条规定，除《中华人民共和国著作权法》、本条例或者其他法律、行政法规另有规定外，未经软件著作权人许可，有下列侵权行为的，应当根据情况，承担停止侵害、消除影响、赔礼道歉、赔偿损失等民事责

任：（一）复制或者部分复制著作权人的软件的；（二）向公众发行、出租、通过信息网络传播著作权人的软件的；（三）故意避开或者破坏著作权人为保护其软件著作权而采取的技术措施的；（四）故意删除或者改变软件权利管理电子信息的；（五）转让或者许可他人行使著作权人的软件著作权的。

全国人民代表大会常务委员会 2001 年 10 月 27 日颁布的《中华人民共和国著作权法（修正）》的第 47 条规定，有下列侵权行为的，应当根据情况，承担停止侵害、消除影响、赔礼道歉、赔偿损失等民事责任：（一）未经著作权人许可，复制、发行、表演、放映、广播、汇编、通过信息网络向公众传播其作品的，本法另有规定的除外；（二）出版他人享有专有出版权的图书的；（三）未经表演者许可，复制、发行录有其表演的录音录像制品，或者通过信息网络向公众传播其表演的，本法另有规定的除外；（四）未经录音录像制作者许可，复制、发行、通过信息网络向公众传播其制作的录音录像制品的，本法另有规定的除外；（五）未经许可，播放或者复制广播、电视的，本法另有规定的除外；（六）未经著作权人或者与著作权有关的权利人许可，故意避开或者破坏权利人为其作品、录音录像制品等采取的保护著作权或者与著作权有关的权利的技术措施的，法律、行政法规另有规定的除外；（七）未经著作权人或者与著作权有关的权利人许可，故意删除或者改变作品、录音录像制品等的权利管理电子信息的，法律、行政法规另有规定的除外；（八）制作、出售假冒他人署名的作品的。

国家技术监督局和新闻出版署 1997 年 8 月 8 日发布的《标准出版管理办法》指出，侵犯标准出版单位合法权益的，依法承担民事责任。全国人民代表大会常务委员会 2000 年 12 月 28 日颁布的《关于维护互联网安全的决定》指出：利用互联网侵犯他人合法权益，构成民事侵权的，依法承担民事责任。

三、行政责任

国家科学技术委员会和国家经济体制改革委员会在 1994 年 4 月 21 日提出的《关于进一步培育和发展技术市场的若干意见》指出，加强知识产权保护是维护技术市场秩序的重要环节。要把大力宣传和贯彻执行《技术合同法》、《专利法》、《商标法》、《著作权法》、《反不正当竞争法》和《计算机软件保护条例》等知识产权法律结合起来，切实加强对在流通领域进入市场和在市场中产生的知识产权保护，保护当事人就科技成果应当享有的精神权利和经济权利，制止假冒、剽窃和其他侵犯专利权、商标权、著作权、计算机软件版权及其他科技成果权的行为。

全国人民代表大会常务委员会 2000 年 7 月 8 日颁布的《中华人民共和国海关法（修正）》指出，违反本法规定进出口侵犯中华人民共和国法律、行政法规保护的知识产权的货物的，由海关依法没收侵权货物，并处以罚款；新闻出版署 1996 年 8 月 8 日发布的《关于对出版和复制境外电子出版物和计算机软件进行著作权授权合同登记和认证的通知》指出，对不进行著作权授权合同登记出版和复制电子出版物和计算机软件而造成侵权的单位，一经发现，著作权行政管理部门将依著作权法从重给予行政处罚。国家技术监督局和新闻出版署 1997 年 8 月 8 日发布的《标准出版管理办法》指出，发行单位和个人发行未署出版单位名称的标准的，没收出版物和违法所得，可以并处违法所得 5 倍以下的罚款；伪造、假冒标准出版单位名称出版或复制标准的，依照《中华人民共和国标准化法》、《中华人民共和国标准化法实施条例》和《出版管理条例》予以取缔，没收非法出版物和违法所得，并处违法所得 3 倍以上 5 倍以下的罚款。

四、刑事责任

全国人民代表大会1997年3月14日颁布的《中华人民共和国刑法》第217条指出，以营利为目的，有下列侵犯著作权情形之一，违法所得数额较大或者有其他严重情节的，处三年以下有期徒刑或者拘役，并处或者单处罚金；违法所得数额巨大或者有其他特别严重情节的，处三年以上七年以下有期徒刑，并处罚金：（一）未经著作权人许可，复制发行其文字作品、音乐、电影、电视、录像作品、计算机软件及其他作品的；（二）出版他人享有专有出版权的图书的；（三）未经录音录像制作者许可，复制发行其制作的录音录像的；（四）制作、出售假冒他人署名的美术作品的。第220条指出，单位犯本节第213条至第219条规定之罪的，对单位判处罚金，并对其直接负责的主管人员和其他直接责任人员，依照本节各该条的规定处罚。

全国人民代表大会常务委员会2000年12月28日颁布的《关于维护互联网安全的决定》指出，为了维护社会主义市场经济秩序和社会管理秩序，对利用互联网侵犯他人知识产权，构成犯罪的，依照刑法有关规定追究刑事责任。

新闻出版总署、国家版权局、公安部、文化部、海关总署、国家工商行政管理总局和教育部2001年9月14日发布的《关于集中开展整顿出版物和计算机软件市场专项行动的通知》指出，针对非法出版活动当前仍相当猖獗的情况，要加大运用《刑法》等法律武器进行刑事打击的力度。刑事案件查处以公安机关为主，新闻出版和版权等有关管理部门积极配合。当前要加大对政治性非法出版物大案和盗版教材辅读物以及计算机软件盗版等大案的查处力度。要以查办案件为契机，深入追击，坚决打掉制售各种非法出版物和盗版软件的不法团伙，端掉其制作、储运窝点，摧毁地下发行网络。严厉打击出版物和盗版软件走私。

五、相关的审判解释

最高人民法院在1998年12月17日发布的关于审理非法出版物刑事案件具体应用法律若干问题的解释指出，以营利为目的，实施刑法第二百一十七条所列侵犯著作权行为之一，个人违法所得数额在五万元以上，单位违法所得数额在二十万元以上的，属于“违法所得数额较大”；具有下列情形之一的，属于“有其他严重情节”：（一）因侵犯著作权曾经两次以上被追究行政责任或者民事责任，两年内又实施刑法第二百一十七条所列侵犯著作权行为之一的；（二）个人非法经营数额在二十万元以上，单位非法经营数额在一百万元以上的；（三）造成其他严重后果的。以营利为目的，实施刑法第二百一十七条所列侵犯著作权行为之一，个人违法所得数额在二十万元以上，单位违法所得数额在一百万元以上的，属于“违法所得数额巨大”；具有下列情形之一的，属于“有其他特别严重情节”：（一）个人非法经营数额在一百万元以上，单位非法经营数额在五百万元以上的；（二）造成其他特别严重后果的。“复制发行”是指行为人以营利为目的，未经著作权人许可而实施的复制、发行或者既复制又发行其文字作品、音乐、电影、电视、录像作品、计算机软件及其他作品的行为。

上海市高级人民法院、上海市人民检察院、上海市公安局和上海市司法局2000年11月20日提出的《关于本市办理部分刑事犯罪案件标准的意见（试行）》规定，个人违法所得2万元以上不满10万元，单位违法所得10万元以上不满50万元，属于“违法所得数额较大”的起点标准。具有下列情形之一的，属于“其他严重情节”：（1）个人非法经营额10万元以上不满100万元，单位非法经营额50万元以上不满500万元；（2）因侵犯著作权曾经两次以上被追究行政责任或者民事责任，二年以内又侵犯著作权的；（3）造成其他严重后果或者其他严重情节的。个人违法所得 10 万元以上，或者单位违法所得 50 万元以上，属于“违法所得数额巨大”的起点标准。具有下列情形之一的，属于“其他特别严重情节”：（1）个人非法经营额 100 万元以上，或者单位非法经营额 500 万元以上；（2）因侵犯著作权曾被追究刑事责任，又犯侵犯著作权罪的；（3）造成其他特别严重后果或者具有其他特别严重情节的。

六、案例

1998 年上半年，被告人王××从天利公司技术员严某某处取得了非法拷贝的天利公司开发的《天丽鸟自来水智能系统》软件，并让原天利公司程序员肖某某将软件源代码稍作修改并更名为《泓瀚自来水智能调度、信息发布、热线服务系统》。嗣后，王××即以杭州泓瀚软件系统有限公司的名义，将该软件销售给青岛市自来水公司和大同市自来水公司，获利 16 万元。此外，王××还以泓瀚公司的名义，与广东省顺德市的桂洲镇、容奇镇自来水公司签订合同，收取定金 12.25 万元，准备再将该软件销售给上述两公司，后因案发而未成。杭州市下城区人民法院于 1999 年 6 月 4 日判决：一、被告人王××犯侵犯著作权罪，判处有期徒刑四年，并处罚金人民币 2 万元。二、被告人王××赔偿附带民事诉讼原告人天利公司人民币 28.69 万元。

近来，网络知识产权侵权纠纷有愈演愈烈之势，网络知识产权问题的不断产生，无不表明现有的著作权法已经滞后于技术的发展，这种情况不但使原创者的网络知识产权得不到有效的保护，同时也限制了我国知识经济的发展。完善保护网络知识产权的法律法规，在资源共享、保护当事人利益、满足公众需求之间，在有利于互联网的长远发展的基础上，找到一个各方都能接受的平衡点，这是最值得关注的。互联网是一个飞速发展的新兴媒介，拥有巨大的资源，是知识经济时代发展的主要平台。由于互联网的便捷性、开发性和交互性，互联网拥有各种文字、图像、音响、动画和电影等，是一个巨大的宝藏。一些网站对这些东西收集、整理、分类、包装、提升，然后对网民提供，这里就涉及到网络知识产权的保护问题。笔者认为：网上稿费不应高于纸媒介质的 1/2～1/3，因为网站对这些东西有加工，具有附加值，同时对原创作品有扶持和推广作用。为了方便，可以授权著作管理中心进行管理，管理的方式可以灵活多样。

随着计算机和网络技术的飞速发展，人们已进入日新月异的信息社会。互联网深刻地改变着人们的生活，个人、团体、甚至国家的信息活动，在行为模式和相互关系上都发生了革命性的变化，互联网在给人们的生产、商业、娱乐、教育科研和信息传播等带来巨大发展的同时，也对国家的政治、经济、文化、道德传统提出了严峻的挑战，特别是网络知识产权的保护。因此，保障互联网的健康发展，对促进社会和人类进步，具有重大的意义。

第三节　远程教育相关法律法规

教育网站是指通过收集、加工、存储教育信息等方式建立信息库或者同时建立网上教育用平台与信息获取及搜索等工具，通过互联网服务提供单位（ISP）接入互联网或者教育电视台，向上网用户提供教学和其他有关教育公共信息服务的机构。教育网校是指进行各级各类学历学位教育或者通过培训颁发各种证书的教育网站。教育网站和网校可涉及高等教育、基础教育、幼儿教育、师范教育、职业教育、成人教育、继续教育及其他种类教育和教育公共信息服务。

教育部 2000 年 6 月 29 日颁布的《教育网站和网校暂行管理办法》指出：现代远程教育和教育信息服务是我国社会主义教育事业的重要组成部分，开展现代远程教育和教育信息服务必须遵循国家的教育方针。

教育网站和网校凡利用卫星网络进行教育教学活动的，必须经由中国教育电视台上星。主管的教育行政部门按与面授教育管理对口的原则负责对教育网站和网校进行审批和管理，并报教育部信息化工作领导小组备案。凡在中华人民共和国境内申报开办教育网站和网校，必须向主管教育行政部门申请，经审查批准后方可开办。已开办的教育网站和网校，如未经主管教育行政部门批准的，应及时补办申请、批准手续。未经主管教育行政部门批准，不得擅自开办教育网站和网校。

开办各类教育网站，必须具备下列基本条件：（一）具有必要的资金及资金来源的有效证明。（二）符合国家法律、法规及国家主管教育行政部门规定的其他条件。

开办教育网校，还必须是主管教育行政部门认可的、具有在中华人民共和国境内从事与所办网校相同类型教育活动资格的事业法人，或者是与该机构合作并由其提供质量保证的事业法人或者企业法人组织。

申请开办教育网站和网校的机构（以下简称申办机构）应向主管教育行政部门提供下列材料：（一）开办（或确认）教育网站和网校的书面申请。包括：教育网站和网校的类别、网站和网校设置地点、辅导站设置地点（如果设置）、预定开始提供服务日期和申办机构性质、通信地址、邮政编码、负责人及其身份证号码、联系人、联系电话等。（二）本办法第十条所述基本条件证明。（三）申办机构概况。（四）由学校与企业合资开办教育网站和网校的，应该提供会计师事务所或者审计师事务所出具的资信证明或者验资报告。（五）由学校与企业合资开办教育网站和网校的，应提供申办机构的公司章程、股东协议书等文件。（六）信息安全保障措施。

申请开办教育网校，还应提供开办教育网校的办学条件，包括教学大纲、教学管理手段、师资力量、招生对象和资信担保证明等资料。已获准开办的教育网站和网校应在其网络主页上标明已获主管教育行政部门批准的信息，包括批准的日期、文号等。凡获得批准开办的教育网站以企业形式申请境内外上市的，应事先征得教育部同意。已获准开办的教育网站和网校，由教育部信息化工作领导小组负责定期向社会公布。

教育网站和网校应遵循国家有关法律、法规，不得在网络上制作、发布、传播下列信息内容：（一）泄露国家秘密危害国家安全的；（二）违反国家民族、宗教与教育政策的；（三）煽动暴力，宣扬封建迷信、邪教、黄色淫秽制品、违反社会公德、以及赌博和教唆犯罪等；（四）煽动暴力；（五）散布谣言、扰乱社会秩序、鼓动聚众滋事；（六）暴露个人隐私和攻击他人与损害他人合法权益；（七）损害社会公共利益；（八）计算机病毒；（九）法律和法规禁止的其他有害信息。如发现上述有害信息内容，应及时向有关主管部门报告，并采取有效措施制止其扩散。

凡国家法律、法规规定面向社会公开的公益信息，任何教育网站和网校不得进行有偿服务。未经教育部批准，教育网站和网校不得冠以“中国”字样。凡冠以政府职能部门名称的教育网站，均不得从事经营活动。境外机构在中华人民共和国境内参与教育网校建设的，根据中外合作办学的有关规定并参照本办法执行。有关教育网站和网校收费标准与办法，由开办机构提出申请，所在地的教育行政部门商物价管理部门确定；对跨省区办学单位的收费，由开办机构协商所服务区域的物价主管部门确定。

第四节　金融机构计算机信息系统安全保护

公安部、中国人民银行1998年8月31日颁布的金融机构计算机信息系统安全保护工作暂行规定指出：金融机构计算机信息系统安全保护工作实行谁主管、谁负责、预防为主、综合治理、人员防范和技术防范相结合的原则，逐级建立安全保护责任制，加强制度建设，逐步实现科学化、规范化管理。金融机构计算机信息系统安全保护工作的基本任务是：预防、打击利用或者针对金融机构计算机信息系统进行的违法犯罪活动，预防、处理各种安全事故，提高金融机构计算机信息系统的整体安全水平，保障国家、集体和个人财产的安全。

金融机构计算机信息系统安全防范设施，包括计算机主机房的构筑防护设施和计算机信息系统及其相关的配套设备的技术防护设施。

金融机构的数据处理中心计算机主机房应当符合下列基本要求：

（一）主机房在建筑内应为独立区域。

（二）主机房周围100米内不得有危险建筑，如：加油站、煤气站等。

（三）主机房必须按照有关标准配置防火、防水、防盗设施并和当地公安机关110联网，以便报警。

（四）对不能停机的主机房必须采用双回路供电，或者配置发电机、持续工作八小时以上的ＵＰＳ等设施。

计算机设备必须有可靠接地，接地电阻不大于相应设备的技术要求，并装置必要的防雷电设施。金融机构应当在主机房、柜面等要害部位安装监控设备，落实值班监视制度。对不能停机的计算机信息系统，金融机构应当配置必要的备份机，以便故障时切换使用。重要的通讯控制装置及通讯线必须要有备份。网络通讯设施要有安全技术措施。

各级金融机构应当将计算机信息系统安全防范工作纳入职工的岗位责任制，并与其他工作同时进行检查考核。定期对职工进行法制教育、安全意识教育和防范技能训练。金融机构应当加强主要岗位工作人员的录用、考核制度，不适宜的人员必须及时调离。对重要岗位计算机信息系统的安全情况经常进行检查，及时整改不安全隐患。计算机工作人员调离时，必须移交全部技术手册及有关资料，并更换计算机的有关口令和密钥。涉及银行业务核心部分开发的技术人员调离本系统时，应当确认对本系统安全不会造成危害后方可调离。

金融机构应当对与计算机有关的卫星天线、电源接口、通信接口等设备进行定期检查维护。金融机构应当建立计算机主机房的值班及人员出入管理登记等制度。金融机构应当建立操作人员密码制度，分清各自责任。密码修改要有记录。金融机构应当实行权限分散原则。明确系统管理员、系统操作员、终端操作员、程序员的权限和操作范围。建立系统运行日志，每天打印重要的操作清单。日志信息长期保存，以备稽查。

金融机构应当对易受病毒攻击的计算机信息系统，定期进行病毒检查。用介质交换信息要按规定手续管理，并进行病毒预检，防止病毒对系统和数据的破坏。金融机构对证券交易、储蓄、会计等业务的计算机数据处理，应当建立严格的管理措施，以防止各类事故的发生。金融机构应当用软、硬件技术严格控制各级用户对数据信息的访问权限，包括访问的方式和内容。

金融机构应当对重要的数据建立数据备份制度，并做到异地保存。金融机构应当对储有重要数据的故障设备，交外单位人员修理时，本单位必须派专人在场监督。金融机构应当建立废弃数据、介质的处理制度。

金融机构修改金融业务程序和系统参数，必须履行一定的审批手续，并做好文档资料的相应修改。金融机构的开发系统应当和业务系统分离，程序员只能在开发系统上工作。业务用机不得用于项目开发，不得含有源程序、编译工具、连接工具等工具软件，不使用与业务无关的任何存储介质。系统管理员不能兼任柜面及事后稽核等工作，不得参与相关软件开发。参加过应用系统开发的人员，不得担任相应系统的管理员。金融机构启用新的应用软件，应当按规定手续交系统维护人员安装到业务系统，并做好日志记录。重要系统应用软件运行过程中出现异常现象，金融机构应当立即报告本级银行安全管理职能部门，做好详细记录，经领导同意后，由系统管理人员进行检查、修改、维护。

金融机构应当建立定期的系统和程序备份制度，异地保存两个以上最新的版本及其目录打印清单，以备系统和程序的恢复。金融机构对重要的业务系统及设备，必须制定应急情况处理方案。

金融机构对联网的计算机及其网络设备和通讯设备的安装、使用，应当建立严格的管理措施，以防“黑客”的侵袭。金融机构对重要通信应当采用加密措施，并定期更换通信密钥。重要线路应当采用专线联接方式或者虚拟专线联接方式。金融机构应当建立严格的密钥管理制度和在紧急情况下销毁密钥的手段和措施，以防止密钥的失密。

金融机构对与国际联网的计算机信息系统，要按有关规定向公安机关登记备案。对生产机以及存放重要数据的计算机不得以任何方式与国际互联网联网。公安机关应当定期对金融机构的计算机信息系统进行检查，发现有影响计算机信息系统安全的隐患时，应当及时通知该金融机构。

第五节　关于利用计算机盗窃电子资金的法律问题

金融业历来被视为“社会财富的宝库”，一直令犯罪分子垂涎。近年来，金融领域计算机犯罪越来越猖獗。金融领域计算机犯罪是计算机犯罪中的一类，与其他计算机犯罪相比较，具有两个特征：一是仅限于发生在金融领域范围内的计算机犯罪。这里的金融领域是指金融电子化环境下的银行、证券、投资公司、电子商务认证授权中心等金融业及其相关行业。二是它仍然属于计算机犯罪，具有计算机犯罪的共性，可能侵犯涉及金融领域的各种社会关系，如利用计算机盗窃电子资金。由于20世纪90年代以来，电子商务从无到有迅速发展起来，金融系统配合其发展建立了一整套业务体系，如电子身份认证和授权。在联系世界的电子商务系统中，每天都有数以亿计的电子资金在流动，我们不难预见，金融领域计算机犯罪必然扩展到这一新领域。利用计算机盗窃电子资金是指利用计算机秘密窃取电子资金过户系统中的电子资金的行为，我国《刑法》第287条规定，“利用计算机实施……盗窃……的”，依照盗窃罪定罪处罚。1998年8月原工商银行职员郝××利用熟悉银行计算机终端机操作银行业务程序的便利，与其弟郝××合谋盗窃金融机构资金，郝氏兄弟通过在银行计算机系统专用线路上接入的无线侵入装置，非法侵入金融计算机系统，向事先准备的16个账号转移资金72万元，实际取出26万元人民币。该案例隐藏着一个法律问题，电子资金是否属于盗窃罪的犯罪对象？如果属于犯罪对象，那么应该如何界定这类犯罪的既遂与未完成形态？

一、电子资金是否属于盗窃罪犯罪对象

我国刑法和有关司法解释没有把电子资金明文规定为盗窃罪的犯罪对象，加之刑法学界对盗窃罪的犯罪对象存在“有体说”、“效用说”、“持有可能说”、“管理可能说”等分歧观点，因而有关盗窃罪的论著在讲到犯罪对象时，未将电子资金涵纳其中，电子资金成了被遗忘的角落。笔者认为，作为盗窃对象的财物，必须是具有一定经济价值且可以为人力所控制、支配、转移、使用的财物，包括有形财物、无形财物、有价服务。基于这种认识，电子资金属于盗窃对象的范畴，理由如下：（1）盗窃罪犯罪对象的内容应随社会的发展进步而不断发展。回顾盗窃罪的历史发展，其犯罪对象由最初的有形财物，扩展到无形的能源，而后适应信息服务的发展扩展到电信服务，适应金融工具的发展扩展到有价支付凭证、有价证券、有价票证，等等。在金融电子化深入发展的今天，电子资金代表公私财物所有权，盗窃罪的犯罪对象必然涵盖电子资金这种新的财物表现形式。（2）电子资金不同于一般的知识信息，要将他人账户上的资金通过计算机秘密划拨到自己的账户上，被害人账户上的资金必须相应减少，否则电脑拒绝运行。行为人通过电子资金过户系统，将他人的电子资金调拨进自己的账户中，如果没有被冻结资金账户，行为人能够随时转移电子资金提取现金，或者在网络中进行购物和其他交易。（3）电子资金与有价支付凭证、有价证券、有价票证在本质上同一。它们都是金融现代化产生的金融工具，代表一定财物的所有权，既然有价支付凭证、有价证券、有价票证等都能成为盗窃对象，为什么电子资金不能成为盗窃对象呢？（4）刑法和司法解释已经把电力、煤气、天然气和电信服务规定为盗窃罪的对象，它们同电子资金一样不仅是无形财产，而且是人们不能完全控制的对象，既然前面四者可以成为盗窃对象，那么电子资金也应当是盗窃的对象。（5）把电子资金归入盗窃罪的犯罪对象有利于保护金融资产。目前盗窃金融资产的犯罪已经十分严重，而且我国金融的信息化、国际化将使我国金融业对世界开放，银行资产的安全将面临更大的挑战，如果不把电子资金归入盗窃罪的犯罪对象，将不利于有效打击利用计算机盗窃电子货币的犯罪。

二、如何界定利用计算机盗窃电子资金犯罪既遂与未完成形态

国内外刑法理论和司法实践中，对盗窃罪既遂与未遂的标准存在不同观点，有“接触说”、“转移说”、“藏匿说”、“控制说”、“失控说”、“失控加控制说”等，在我国后者是通说。对于盗窃电子资金犯罪的，有观点认为应该按照失控加控制的标准来认定，即盗窃电子货币的，如果被盗电子资金已经脱离被害人账户，由于行为人意志外的原因，未能进入行为人账户的，属于犯罪未遂；如果行为人账户中已经收到被盗资金的构成既遂。笔者认为，这种观点值得商榷，因为：（1）电子资金过户系统是一种功能强大的金融电子化系统，不仅能够使资金快速转移到全球范围内的金融网点，而且能够在银行的有效控制下，很好地管理资金流动，如被害人发觉资金被盗，经及时报警、挂失，即可以对被盗资金流入的账户进行冻结，使犯罪人无法使用或者转移被盗资金，从而挽回损失遏制犯罪。由于电子资金过户系统的电子资金处于金融企业和账户所有人的共同控制下，即使犯罪人将电子资金转进自己的账户，也难以认定犯罪人完全控制了资金，在这种情况下，由于犯罪人意志外的因素，未能进一步处置已经进入自己账户的资金的，不能视为已经得逞，而应该以盗窃罪未遂论处。（2）行为人将已经转移进自己账户的被盗资金作进一步转移、兑现、或者在网络中消费的，表明了行为人有非法占有他人财产的犯罪目的，并且已经实际控制了被盗资金，应该构成盗窃罪既遂。如果

高等学校信息安全专业规划教材

行为人在将他人资金转入自己账户后悔悟，在罪行暴露前自动将电子资金归还被害人的，表明行为人已经自动放弃犯罪并有效防止了犯罪结果的发生，故应该以犯罪中止论处。这符合我国区别对待和鼓励悔罪的刑事政策。(3) 信用卡是使用电子资金的一种方式，根据《刑法》第 196 条第 3 款规定，“盗窃信用卡并使用的”依照盗窃罪定罪处罚。最高人民法院 1998 年 3 月 10 日发布的《关于审理盗窃案件具体应用法律若干问题的解释》第 10 条规定，盗窃信用卡并使用的，“其盗窃数额应当根据行为人盗窃信用卡后使用的认定”，而不是按被盗信用卡可能提取出的资金数额认定。由此可见，取得电子资金使用权后是否使用、转移电子资金，是能否成立盗窃罪既遂的重要根据。此外，“高法”前述司法解释第 1 条第 2 项规定，“盗窃未遂，情节严重，如以数额巨大的财物……为盗窃目标的，应当定罪处罚”。这样，将他人巨大的电子资金转入自己账户，而未来得及使用、转移的行为，也列入盗窃罪打击的范围，可避免放纵犯罪而给国家金融现代化建设带来消极影响。(4) 电子货币是金融电子化发展的产物，同传统的物质财富、货币、金融票据、金融票证和有价证券等，在表现形式、管理使用方式等方面都有较大的差别，在司法实践和刑法理论上，不可用处理盗窃传统“财物”的思维方式，来处理盗窃电子货币的问题，而应当从社会发展的实际情况出发，科学认定盗窃罪的犯罪对象，正确判断盗窃电子货币的既遂与犯罪未完成形态。

第六节　电子货币的法律性质

伴随着网络经济的发展，电子货币应运而生。电子货币的产生与发展，给各个国家的金融体制带来了一列问题与挑战。诸如如何认定电子货币的法律性质，如何对电子货币进行监管等，都是各国面临的不可回避的问题。而有关电子货币的法律问题的解决，将为电子货币的普及应用扫清法律障碍。电子货币系统是电子商务活动的基础，电子货币取代传统的法定货币（银行券和硬币）作为主要的交易和支付手段已经成为一种不可逆转的世界性发展趋势。电子货币的出现，使我们的生活空间从原子世界向比特世界转移。电子货币系统是关系到国家金融体制、经济活动方式以及消费者权益的重要问题。1998 年 7 月 29 日，欧盟委员会就在欧盟成员国范围内建立统一的电子货币法律制度向欧盟理事会提交了两项指令草案。欧盟委员会负责金融事务的委员会马里奥-艾迪（MARIO MONTI）在阐述两项指令草案宗旨时指出：电子货币不仅是构成电子商务必不可少的要素，同时它还可以使欧元在以实在货币形式流通前取代现金作为支付手段。两项指令的目的是为电子货币的流通创造一个清晰、安全和可靠的法律环境，以此来保障消费者和企业的利益，增强人们使用电子货币的信心。电子货币的普及应用将为网络经济开辟新的更为广阔的空间，使之在金融服务、电子商务等领域产生更大的效益。

一、电子货币的定义

目前，全球范围内对电子货币尚无确切、统一的定义，但研究讨论却异常强烈。一般认为，电子货币主要是指依靠先进电子化系统进行无纸化支付的手段，包括智能卡、电子现金、电子支票、储值卡等，网络银行在某种意义上也可称作一种电子支付手段。电子货币的实质就是代表一定商品价值的数字符号。

二、电子货币的种类

智能卡（Smort Card）。智能卡是一种内部嵌入了集成电路的、信用卡大小的电子卡，大致分接触式、非接触式 2 种。它们又分别有存储式，带 CPU 式两种。智能存储智型卡中有硬件的逻辑保护，以密码加密形式来保护存储内容不被非法更改；较先进的存储卡里面有读、写的安全模块、算法的加密认证等。智能卡提供了一种简便的方法，可用来存储和解释私人密钥和证书，并且非常容易携带。智能卡可以配合 SET 或 SSL 使用。所谓 SET（Semre Electronic Tronsaction）是用来保护消费者在公用互联网上持卡付款的安全交易标准，是一种应用于开放网络环境下，以信用卡为基础的安全电子支付系统的协议，它给出了一套电子交易的过程规范。1996 年 2 月 1 日 MasterCard 与 Visa 两大国际信用卡组织与技术合作伙伴 GTE、Hetscape IBM、Microsoft 等一批跨国公司共同开发了安全电子交易规范，简称 SET。通过 SET 这一套完备的安全电子交易协议可以实现电子商务交易中的加密、认证机制、密钥管理机制等。保证在开放网络上使用信用卡进行在线购物的安全。由于 SET 提供银行的认证，确保了交易数据的安全、完整可靠和交易的不可抵赖性，特别是具有保护消费者信用卡号不被窃取等优点，因此它成为目前公认的信用卡/借记卡网上交易的国际标准。SET 协议采用了对称密钥和非对称密钥体制，把对称密钥的快速、低成本和非对称密钥的有效性结合在一起，以保护在开放网络上传输的个人信息，保证交易信息的隐蔽性。SET 非常好地解决了智能卡与电子商务的结合，智能卡上有效的证书使持卡人的身份得到认证。并直接在每一次网上购物时签上客户的数字签名。SSL（Secure Socket Layer）是在客户端和主机端之间，利用 RSA 技术，传输机密信息资料的通信加密协议。智能卡是目前最常用的电子货币，可在商场、饭店、车站、互联网等许多场所使用，可采用刷卡记账、POS 结账，ATM 提取现金，网上结算等方式进行支付。

电子现金（e-cach 或 digital currency ）是以电子化数字形式存在的预金货币。电子现金支付已经有三种典型的实用系统开始使用，分别是：Mondex, Netcash, Digicash。

Mondex 是指欧洲使用的以智能卡为电子钱包的电子现金支付系统，应用于多种用途，具有信息存储、电子钱包、安全密码锁等功能，可保证安全可靠。

Netcash 是指可记录的匿名电子现金支付系统。主要特点是设置分级货币服务器来验证和管理电子现金，使电子交易的安全性得到保证。

Digicash 是指无条件匿名电子现金支付系统。主要特点是通过数字记录现金，集中控制和管理现金，是一种足够安全的电子交易系统。

电子钱包（e-purse 或 e-wollet）目前世界上有 VISA 和 Mondex 两大电子钱包服务系统，其他电子钱包系统还有 MasterCard Cash，Europay Clip 和比利时的 Proton 等。使用电子钱包购物，通常需要在电子钱包服务系统中进行，使用电子钱包的顾客通常在银行里都是有账户的。在使用电子钱包时，将有关的应用软件安装到电子商务服务器上，利用电子钱包服务系统就可以把自己的各种电子货币分成电子金融卡上的数据输入进去。在发生收付款时，如果顾客要用电子信用卡付款，例如用 Visa MasterCard 卡等付款时，顾客只要单击一下相应项目（或相应图标）即可完成。

电子支票（e-check 或 e-cheque）。电子支票将传统支票改变为带有数字鉴名的电子报文，或利用其他数字电文代替传统支票的全部信息。电子支票方式的付款可以脱离现金和纸张进行。电子支票传输系统目前一般是专用网络系统，国际金融机构通过自己的专用网络、设备、软件及一套完整的用户识别、标准报文，数据验证等规范化协议完成数据传输，从而控制安全性，电子支票方式的汇款在专用网络上应用具有成熟的模式（例如 SWIFI 系统），公用网络上的电子资金转账仍在试验阶段。典型的电子支票系统有 e-check、HetBill、Net cheque 等。

三、电子货币的特点

从上述电子货币的种类，可以看出，它们具有三个典型的共同特征：以电子计算机技术为依托，进行储存，支付的流通；应用广泛，可广泛应用与生产、交换、分配和消费领域；电子货币的使用和结算不受金额限制、不受对象限制、不受区域限制，且使用极为简便。

电子货币与信用卡等转账卡的最大区别是后者本身并不代表资金，需要在卡片使用后经过对其指定的账户的信息处理才能完成交易，而智能卡，电子现金等电子货币本身就代表资金，它在支付时是被当做现金货币使用的，不需再指向其他资金源如银行账户。

四、电子货币的法律性质

关于电子货币的法律性质，我国银行法尚无明确规定。近来关于这方面的讨论较多，有种观点认为，电子货币是一种最新的价值尺度、支付手段和价值保存手段。根据电子商务在现实中的发展来看，我国实际上已经认可其作为货币的一种形态。电子货币与现有贸币并不相斥，实际上电子货币是以现金、存款等货币的现有价值为前提，通过其发行者将其电子信息化之后制造出来的，从这个意义上讲，电子货币是以现有通货为基础的二次性货币。电子货币具备传统货币应有的基本职能，可充当网上电子商务活动的价值尺度，交换媒介和价值储存手段，与传统货币并没有什么本质上的区别。

电子货币的法律性质取决与电子货币在货币理论和结算理论上的定位。首先，在货币理论上，电子货币是否能够满足作为通货的三个基本条件：①支付手段；②价值尺度；③价值保存手段。从电子货币目前在全球的使用上来看，单用电子货币本身作为交换媒介，并不能执行支付手段的全部职能。关于价值尺度和价值保存这两个条件，单凭电子货币本身也是不能满足的。只有当电子货币与实际货币之间在任何时候都可以用 1∶1 的比率变换，电子货币才可执行价值尺度或价值保存的职能。所以，目前全球范围使用的处于试验阶段的电子货币，从其职能上看，与通货还有相当距离。其次，在结算理论上，目前的电子货币是将现金或者存款这些现有的支付手段，用电子化的方法转移、传递，以实现结算，它并不是能完全替代现金或者存款的一种独立的支付手段。

电子货币要成为一种真正的货币，必须发展完善直到具备了货币应有的特征。一般认为，为了使货币职能得以实现，货币本身必须具备五种品质：价值稳定、普遍接受、易于分割、易于辨认和携带以及弹性供应。因此，电子货币要成为一种新形式的通货，电子货币系统应具备以下要素：一是安全性，先进的加密技术使电子货币不可被更改、伪造或者复制；二是转移性，电子货币既可以在公用互联网上转移，也可网络存储于其他可携带而不依赖于任何物理位置或者单一的计算机网络；三是双向性，电子货币不但可以用于向商家支付，而且可以转移到其他的使用者，可以在任何时候自由地在线或者离线转移，不需要任何第三方确认；四是无期限性，除非丢失，毁灭或者发行人破产，电子货币可以安全存储于某处多年后再取出使用而不会过期；五是普遍接受性，电子货币的发行人必须得到承认和信任，电子货币在较广泛的领域内获得普遍的接受；六是简易性，电子货币对使用者和接受者来说都是简单的，可广泛使用和广泛接受。因此，在网上商务活动成为社会的主流商业模式之前，电子货币只能作为一种辅助性的支付手段起作用。

鉴于目前我国电子商务中涉及银行体系的部分尚无法可依，我国应借鉴别国的成功经验，结合我国的实际情况，及时制定相应的法律，并对电子货币的法律性质予以明确规定。

第七节　电子货币的监管

伴随着网络经济的发展，电子货币应运而生。电子货币主要是指依靠先进电子化系统无纸化支付的手段，包括信用卡、电子现金、电子支票、储值卡等，其实质就是代表一定商品价值的数字符号。电子货币的普及应用为网络经济开辟了新的更为广阔的空间，使之在金融服务、电子商务等领域产生了巨大的效益。但电子货币在孕育着新商机的同时也对提供电子货币服务的金融机构和监管部门提出了一系列问题和挑战。如何对电子货币进行监管，是各国面临的不可回避的问题。因此，有关电子货币的监管问题的解决，将为电子货币的普及应用扫清法律障碍。

一、电子货币对现行金融监管制度的冲击

（一）电子货币的发行主体是否属于金融监管的对象。目前国际间对这一问题的认识，尚存在较大分歧。很多国家正在探索一种合适的电子货币发行的监管办法。欧洲大陆各国认同这样的观点，即电子货币的发行应该包含在金融机构的业务中，其发行主体应该属于金融监管的对象之一。在 1998 年欧盟委员会就在欧盟理事会提交的指令草案规定，发行电子货币的机构与传统意义上的“信用机构”享有同样的市场准入权利和等同的竞争条件。这体现在：第一，即使电子货币发行机构无意从事传统信用机构所提供的全部金融服务，它依旧有权在整个欧盟成员国范围内自由从事经营活动；第二，电子货币发行机构只接受设立地成员国一国的管理和监督，这也使其在经营条件上与传统的信用机构完全相同。而在美国和英国，占主导性的观点则是，若对电子货币的发行主体进行严格的监管和限制，会损害民间机构的技术开发和创造精神，把电子货币的发行限定于金融机构还为时过早，因为一些证券公司、特殊贷款公司、非银行支付供应商、信用机构也能提供电子货币服务。

如果将电子货币的发行主体限定于中央银行，则存在着尖锐的矛盾和冲突。因为货币主权是中央银行独有的利益，它来自货币发行权，该利益反映在对生息资产通过以发行货币的方式进行无息或者低息融资的回报上。如果法定货币被私人电子货币所取代，这部分中央政府收入来源就会丧失或者减少。如果由中央银行以某种形式发行电子货币，不仅可以向消费者提供无风险的电子支付产品，还可以换回货币主权收益的损失。但这样做的代价很大，因为政府介入会冲淡市场活力的发挥，抑制私营领域的发展，阻碍重大的金融创新，而且高风险的新兴商务可能会浪费纳税人的钱财。如果国家强制统一电子货币，不仅会造成很大的浪费，还会形成社会福利的净损失。

（二）关于电子货币系统的风险。电子现金的安全使用也是一个重要的问题，电子货币支付系统在整个运作过程中包含的风险主要来自两个方面：第一，系统风险。包括系统故障、系统遭受外来攻击、伪币和欺诈等。目前，涉及电子货币的潜在犯罪行为大致有两种，一种是利用支付系统所进行的犯罪行为，如洗钱、避税和非法赌博。另一种是由于电子货币本身属性所造成的犯罪，如对电子货币进行伪造，利用电子货币进行欺诈。据有关报道，每年由于信用卡欺诈和伪造造成的损失已超过 10 亿美元。此外，不适当的操作和内部程序、信息系

统失败和人工操作失误等都会引起电子货币支付系统出现故障，甚至导致系统瘫痪。电子货币系统容易遭受内部员工及外部黑客的恶意或非恶意攻击。一旦遭受攻击不仅会造成难以估量的损失，而且会影响商家和普通消费者对电子货币的接受。目前，电子货币职能机关只能通过加密、签名等方式而无法通过物理手段加以防伪，只要关键技术被窃取或者以其他手段掌握，伪造起来非常容易，伪币的大量出现将会带来电子货币支付系统和发行机构的重大损失从而威胁到电子货币系统的稳定性，并有可能导致金融危机。第二，非系统性风险。通常情况下，电子货币发行机构不需要也不可能保持用于赎回电子货币的100%的传统货币的准备金，一旦由于某种原因电子货币发行机构陷入财力危机或破产时，其发行的电子货币会发生信用危机，发行机构可能就无法满足对货币的赎回要求而形成支付危机。此外，在现代科技迅速发展的今天，伪币和欺诈的出现难以避免，消费者的信用卡号和密码等身份数据可能会被盗用，从而引发财产损失和透支等纠纷。随着电子货币的迅速发展，各国的法律执行机构也在考虑如何加大执行力度，用于防范、调查和及时执行影响支付系统运行的犯罪行为。

（三）电子货币的跨国问题。电子货币、电子结算发展的结果，将为其使用者跨越国境利用外国经营者提供的结算服务创造更多机会，特别是在国外旅游或通过电脑网络进行买卖时，消费者有可能使用国内机构发行的预付卡去支付国外发生的业务。事实上，由于互联网的发展，以电子货币进行的结算服务，已出现无国籍化的动向。还有，一个国家的发行者能对另一个国家的消费者发行电子货币，以便在国内或国际商业交易中使用，这种跨国发行能够避开国内法律和法规的限制，使电子货币的管辖权问题变得含糊不清，因而，在法律、行政、司法等方面的管辖权问题也就更加复杂化了。对于无国界的电子商务应用来说，电子货币还在税收、法律、外汇汇率、货币供应和金融危机等方面存在大量的潜在问题。有必要制定严格的电子货币的发行管理制度，保证电子货币的正常运作。为了保护使用者的利益，1997年十国财政部长、中央银行总裁会议专门设立电子货币作业部来讨论研究电子货币的有关问题。目前，各国需要考虑的是设计一个合适的国际政策，既能减少电子货币跨国使用的障碍，又能降低电子货币供应的竞争。

二、电子货币监管框架的构建

电子货币对现行的金融监管制度产生了直接或间接的影响，为维护金融体系的稳定和安全，防止侵害消费者利益的行为发生，以及避免出现恶性竞争，无秩序的行为，政府适度监督是必要的。但如果将电子货币作为一种科技产品来管理，沿用统一、规范和标准化的原则，势必会与电子货币兴起进程中出现的产品多样化和技术、协议等的快速进化相矛盾，同时又形成一些业务领域的规则和管理的真空。因此，统一规范的标准体系虽然可以避免竞争产生的重复投资和浪费，但也会限制竞争的发展。

基于以上考虑，欧盟一些国家目前一般采取两种方式解决电子货币系统的监督问题：一是在中央政府有关部门如央行或者财政部货币总署建立一个有关电子货币的工作小组，负责研究电子货币对金融监督、法律、消费者保护、管理、安全等问题的影响，跟踪电子货币系统发展的最新动态，提出有关电子货币发展的宏观政策建议和报告。二是现有的监督机构根据电子货币的发展状况，修改不适用于数字和网络经济时代的原有规则，同时制定一些新的监管规则和标准。目前，监管当局普遍关注的问题还只限于为电子货币系统提供一个安全的环境，监管的出发点以保护消费者的利益为主。总的看来，欧盟对电子货币的监管采用的仍是以原有监管机构和监管范围划分为主的方式，一般不建立新的监督机构，但由此却加大了监管机构之间、监管机构和其他政府部门之间的协调难度。

在我国，构建电子货币监管框架是一个颇值得研究探讨的问题。我们认为，在数字化、网络化时代，我国应对中央银行的金融监管职能进行较大调整，适时地将监管重点转移到对电子货币的发行资格的认定、电子货币流通过程中安全支付标准的审查和监察、电子货币流通规则的制定、电子货币风险系统的控制和消费者保护等方面来。中央银行应建立并完善信息报告与备案制度，制定外部审查评估原则和标准，修改相应的法律规范与规则；及时地研究、制定和执行有效的电子货币政策，建立安全的电子货币发行的交易体系和标准，为网上电子资金的流动制定安全标准和程序；对电子货币的发行主体和网上电子支付结算中心进行资格认定，对电子货币产品开发人的科研技术实力和信誉进行资格认定；研究制定相关制度和规则，防范电子货币支付系统可能出现的系统和非系统风险。

三、加强电子货币监管的具体措施

（一）加强对发行主体监管。仅从技术上讲，具备一定技术条件的商家都可以发行电子货币，如果不加以控制，电子商务将不可能正常发展，甚至由此带来相当严重的经济金融问题。因此，为了维护社会、经济秩序，确保发行者财务运作的健全和结算系统运行的安全可靠，防止侵害消费者利益的欺诈行为发生，以及防止恶性竞争和无秩序发行，应该明确规定，只有银行等信用机构才能发行电子货币，而且关于电子货币的发行还应受到有关国家货币政策的约束。只有在金融监管部门的批准与监督下，银行之外的其他主体才能发行电子货币。

为保证电子货币的发行行为能保持必要的流动性和稳健经营，中央银行可以向所有的电子货币发行人提出储备金要求和充足资本要求。目前，大多数国家对电子货币发行机构的法定准备金要求和最低资本金要求与一般信用机构相同，但一些国家如德国则对纯粹发行电子货币机构的准备金要求进行了调整，日本规定，受制于《预付卡法》的发行机构必须存入不低于发行的电子货币余额50%的准备金。这些做法，都值得我国借鉴。此外，还应建立电子货币系统统计和信息披露制度、现场和非现场检查制度及信息安全审核制度等。

在市场经济中，电子货币发行人运营失败的可能性不可能完全消除。为了维护消费者和商家的利益及其对电子货币的信用，许多国家正考虑建立电子货币的担保、保险或者其他损失分担机制，如美国、德国、日本、加拿大和意大利等国都考虑将电子货币纳入存款保险或者担保制度体系中，我国也应在这方面有所考虑。

（二）明确规定电子货币相关当事人（电子货币的发行人、商家、金融机构、网络服务提供者，认证机构等）的权利、义务和责任。

1．电子货币的发行人和开发者在开发、发行电子货币之前要对技术、安全性、业务前景等进行可行性论证和成本与收益的比较分析，在电子货币发行方案中考虑防范例如洗钱犯罪活动，采取适当的操作程序，有效地控制操作风险。

2．应急措施和业务恢复计划对电子货币的发行人来说十分必要，以便在不利情况发生时仍然能够提供产品和服务。电子货币的发行人应当考虑安全因素，即备份所在地的安全和内部控制应当同处理中心一样先进，电子货币的发行机构要确保技术及操作系统程序具有处理意外事故的紧急对策以保证关键性操作的连续性。

3．潜在的伪币和欺诈行为会给电子货币发行机构和其他参与者带来巨大的金融风险，采取高度安全措施关系到各方的利益，发行人必须在技术组织和处理过程方面具备足够的安全性，以防止各种伪造和盗窃活动。为减少、限制伪币和欺诈风险的发生，电子货币发行人应具备监控和赎回电子货币余额的能力。

4. 对电子货币系统进行非法攻击或者未经授权的侵入是威胁电子货币安全的一个主要问题。研究显示，内部攻击比外部攻击更容易损害系统，因为内部系统的使用者了解系统情况和进入方法。因此，电子货币的发行人必须具有良好的预防和侦测手段来保护其系统不受内部和外部的滥用。

5. 电子货币的发行人必须向国家中央银行汇报货币政策要求的相关信息。电子货币发行者和技术开发者应澄清消费者、商家以及系统参与者的权利义务和各自承担的风险。在电子货币的交易中，货币发行者至少应向使用者揭示可能发生的各种风险和保险时被保险的范围。

（三）电子货币系统风险的控制。为确保电子货币的健康发展，维护电子货币支付系统的稳定与安全，必须在国家层面、行业层面、企业层面这三个层次对电子货币支付系统可能面临的各种风险进行管理和控制。在国家层面上，应根据电子货币的发展研究、制定和明确电子货币规范化运作的一系列相关法律法规，明确界定电子货币涉及的各方当事人权利、义务的范围，规定争端解决机制，建立损失补偿和分担机制，限制电子货币被不法分子用以洗钱和逃税等风险。在行业层面上，主要是中央银行对电子货币系统的多种风险进行监督和控制。从宏观的中央银行的角度，控制这些风险的方法是以法律的形式限定电子货币发行主体，如只限于现有商业银行，而对其他机构的准入进行严格控制，中央银行对电子货币的发行人实施与现有商业银行同样的监管，对电子货币提供与传统银行同样的保护。在企业层面上，是指电子货币的开发者、发行人对币种风险加以防范和控制。电子货币的开发者、发行人应建立内部风险控制和管理秩序，能够识别、衡量、监管和控制各种潜在的风险，防范违反安全规定的各种形式的侵入，确保信息的完整性和对消费者隐私权的保护，提供安全、可靠、提供可用的电子货币产品。

（四）我国在处理电子货币的跨国问题时，应密切关注国际上的研究动向，结合我国的实际情况，制定保护国内使用者利益的相关法律、法规。

第八节 跨国网上购物合同的法律适用

跨国网上购物合同是跨国民事关系主体之间通过国际互联网订立的跨国买卖合同，它随着信息技术的发展和电子商务的产生应运而生。近年来以国际互联网为媒介进行的商务活动正在全球范围逐渐兴起，专家认为，这种交易方式有可能改变现有的商业形态、流通系统与行销战略，并可能成为21世纪最具潜力和活力的贸易载体。由于网络商务仍以现实世界的商务为基础，因此现实商务活动中所有可能发生的法律问题，网络商务都可能会面临。但是，由网络商务自身的特点决定，它还会有许多现实世界所没有的、为现实世界无从规范的特殊问题。通过网络订立跨国购物合同，不仅使传统的营业机构所在地、合同缔结地、履行地等概念变得模糊不清，而且由于各国电子商务法方面的差异，将在合同领域产生一系列的法律冲突，特别还牵涉到如何确定案件管辖权，直接影响到跨国网上购物合同应以何国法为合同的准据法的问题。

一、跨国网上购物合同的特殊性

作为现代信息技术衍生物的跨国网上购物合同，与传统的国际货物买卖合同及国际消费合同之间既有联系，又有区别。

（一）与国际货物买卖合同的比较。所谓国际货物买卖合同是指营业地在不同国家当事人之间订立的有关货物进出口买卖的合同，其合同主体应具有不同国籍或营业地分处不同国家；买卖的标的应是非为个人或家庭消费品的货物；此外，货物的交付必须办理进出口手续。与之相比，跨国网上购物合同的国际性体现在民事法律关系任一要素均含有涉外性，其主体既有从事商品生产与销售的经营者，又有普通消费者；故合同的标的物既有货物，又有消费品；同时，货物和商品与买方有时在同一国家，无须办理货品的进出口手续（如国内买方向国外网站订购商品，国外网络通过其设在国内的商品配送点送货）。

（二）与国际消费合同的比较。所谓国际消费合同是指消费者为满足生活消费需要，与经营者订立的购物、使用商品或接受服务的合同。尽管各国法律对消费合同的定义和表述不尽相同，但一般均从合同的主体资格、交易的目的和对象来确定消费合同的范围，从而归纳出其特征为：1.此类交易合同是为了个人或家庭提供商品或服务，或为上述目的提供信用的合同；2.卖方的行为发生在自己的商业过程中；3.买方属于在自己的行业或职业范围之外的个人。表面上看，跨国网上购物合同似乎就是国际消费合同，但实质上它们之间仍有很大的不同。如前所述，跨国网上购物合同既有消费者与提供商品的商家订立的消费合同，也有企业与企业之间为从事生产或销售而订立的贸易合同，还有买方与不具有商业资格的卖方之间订立的一般民事买卖合同（如某甲将自己的手机在网上叫卖，某乙网上浏览后承诺购买）。此外，网上购物合同的标的仅为货物或商品，不包括提供服务的合同或消费信贷合同，故跨国网上购物合同不论当事人为满足生活消需要还是生产或销售需要，不须审查合同的目的，它包括了部分国际消费合同（即网上购买商品的消费合同，但又不仅仅是国际消费合同）。

由此可见，跨国网上购物合同既不同于国际货物买卖合同，也不同于国际消费合同，而是一个特殊的新型合同，因此，有关调整国际货物买卖合同与国际消费合同的各国法律和国际条约均不能运用其上。但是，跨国网上购物合同虽然订立的方式有所不同，但就其基本法律特征而言，仍然是合同双方当事人通过数据电文或电子邮件手段设立、变更、终止民事权利义务关系的协议，与传统有体物贸易并无本质上的区别，其“商品-货币-商品”这一商品销售的根本特征并没有丝毫的改变，而且，跨国网上购物合同又与国际货物买卖合同及国际消费合同有非常密切的联系，是与它们最相类似的合同。因此，对于这样一个特殊的合同类型，我们可以在一定程度上参考借鉴国际货物买卖合同和国际消费合同的法律适用规则。

二、跨国网上购物合同的法律适用

国际私法对涉外合同之法律冲突的解决，主要是通过国际间制定统一实体和通过用冲突规范选择特定国家实体法这两种相互补充的调整方法。跨国网上购物合同也应适用这些调整方法。

（一）统一实体法

1990 年国际商会修订了《国际贸易术语解释通则》，并指出，“修订的主要原因是为了贸易术语适用 EDI 目前频繁运用的需要……”；联合国制定了《联合国行政、商业、运输电子数据交换规划》；国际海事委员会组成电子提单专题委员会，主持制定了《电子提单规则》；1996 年国际贸易法委员会召开第 29 次会议，通过了《电子商务示范法》，同年 12 月，联合国大会以 51/162 号决议通过《电子商务示范法》，为网络商务活动提供了订阅国际条约的示范法。《电子商务示范法》是迄今为止世界上第一个关于 EDI 的法律，该法的目的是要向各国立法者提供一套国际公认的规则，说明怎样去消除此类法律障碍，如何为电子商务创造一种比较可靠的法律环境，解决了一些长期困扰电子商务的法律问题。虽然《电子商务示范法》既不是国际条约，也不是国际惯例，不具有任何强制性，但随着国际贸易的发展，《电子商务示范法》有可能逐步演变为一个具有某种强制力的国际条约或国际惯例。1997 年美国前总统克林顿在其《全球电子商务框等》中，建议各国应以《电子商务示范法》为原则，就电子契约、电子文件及与电子商务有关的基本法律问题，建立一套全球一致的电子商务的基本原则。

根据我国《民法通则》的有关规定和国际上公认的法律适用原则，国家缔结或参加有关国际条约的，应优先于国内法而适用国际条约；国家法律没有规定，可以适用国际惯例。对于跨国网上购物合同而言，其法律适用仍应遵循这样的原则。此外，目前在调整法律冲突规范的国际渊源上还出现了通过国际组织制定的非官方的法律文件来调整法律冲突的趋势，并已在国际商事领域得到普通推行，以弥补国际条约之不足。如联合国贸易法委员会制定的《国际商事仲裁示范法》和罗马统一私法国际协会制定的《国际商事通则》。上述有关商务的某些国际协议，则属于此类非官方法律文件，跨国网上购物合同的当事人可以选择它们作为合同的准据法，诉讼机关或仲裁机关也可以用它们来作为合同的准据法。

（二）冲突法

我国《民法通则》第 145 条及《合同法》第 126 条明确规定："涉外合同当事人可以选择处理合同争议所适用的法律，但法律另有规定的除外。涉外合同的当事人没有选择的，适用与合同有密切联系的国家的法律。"跨国网上购物既有涉外合同的共性——国际性，又有其自身的特性——网络合同的签订地、履行地不明确，这使得其法律适用规则与一般涉外合同既相同又不同。

1．意思自治原则的适用。当事人在缔结合同时可自行决定其合同适用的法律，除非对于某些特殊种类的合同（如涉及不动产的合同、劳动合同以及涉外经济合作及资源勘探，涉外投资等合同），各国出于确保国家利益及维护弱方当事人正当权益的考虑，对意念自治进行限制或排除。跨国网上购物合同不直接涉及国家利益，也不存在绝对的弱方当事人，不应属于限制或排除适用意思自治原则之例外，故应任由买卖双方在网上或网下共同选择合同适用的法律。但是，对跨国网上购物合同当事人的意思自治不应是绝对的，毫无限制的。中国普遍尊重合同当事人的默示选择，但由于网络证据的复杂性，为尽量减少合同争议，对于此类合同当事人的选择应是明示的。此外，当事人的意思自治应不得规避有关法律的强制性规定，如合同中涉及消费者权益方面的争议，可以适用有关国际消费者权益保护法的强制性规范。

2．最密切联系原则的适用。我国《合同法》第 126 条对涉外合同的法律适用仅作了原则性的规定，关于货物买卖，司法解释为："国际货物买卖合同，适用合同订立时卖方营业所在地的法律。如果合同原在买方营业所所在地谈判并订立的，或者合同明确规定卖方须在买方营业所所在地履行交货义务的，或者合同主要是依买方指定的条件并就买方发出的招标订立的，则适用合同订立时买方营业所所在地的法律。"本书认为，跨国网上购物合同与国际货物买卖合同不尽相同，不能完全适用有关国际货物买卖合同的法律规定；而且此类合同一般要求卖方在买方所在地履行交货义务，即合同的履行地主要在买方所在地，适用卖方所在地法律明显不合理；特别是网上购物合同中有相当一部分买方是普通消费者，在适用法律时既要考虑各方当事人的具体利益，考虑合同所起的社会作用，也要兼顾对消费者的特殊保护。因此，在当事人未作法律选择时，应适用买方所在地的法律。

（三）合同准据法的适用范围

我国的理论与实践中对合同准据法的效力范围一直采取统一论的观点，故跨国网上购物合同准据法的适用范围同样应采统一论，即“凡是双方当事人对合同是否成立、合同成立的时间、合同内容的解释、合同的履行、违约的责任以及合同的变更、中止、转让、解除、终止等发生的争议，均应包括在内。”

第九节　网络银行的法律问题

网络银行又称网上银行，是银行业发展电子银行的其中一环，它与电脑联线、互动电脑、流动电脑等共同构成未来银行业的电子银行产品。目前，互联网银行正全面取代 PC 银行业务。据美国研究机构调查 2000 年元月有 16%的家庭使用互联网上的银行服务，网络银行的利润将占全部银行利润的 30%，可以预见，互联网银行业务将成为 21 世纪银行的主导业务。在我国，由于电脑普及程度较低，网络银行发展较慢，目前我国商业银行由于存在大量不良资产，再加上经济增长放慢，利率下调，利息税分流资金等原因效益普遍低下，甚至亏损。特别是入世后外资银行参与竞争，外资银行的网络银行业务将使国内银行大量铺摊设点的营业网络不攻自破，所以国内银行应加快网络银行的建设。但在网络银行的建设与发展过程中，下列一些法律问题必须得到重视和解决。由于网络银行是一种新型的金融运行机制，而我国现行的法律普遍对电子商务业务缺乏必要的规定，在网络经济面前往往显得捉襟见肘。因此，网络银行存在的这些法律问题，如果解决得不好，不仅会妨碍网络银行的发展，而且会影响我国社会整体信息化的水平，相反，如果我们能积极抓住机遇，迎接挑战，针对网络银行及信息经济的发展，不断健全和完善相关的法律法规，我们将会抢占市场优势和技术资源优势。

一、网络银行的安全性与隐私权问题

网络银行的弊端主要是其安全性问题。黑客数据欺骗与电脑病毒构成网络安全的严重困扰，而网络运行的安全性直接关系到网上银行的生存。虽然已开发出各种防火墙（firewall）、SSL 保安、128bits 加密技术、SET 双重数码核对保安标准等技术，但在理论上仍非绝对安全。故而目前不少网上服务仅限于提供查询、转账、开立定期与简单投资理财等服务，因为银行担心其内部资料与客户资料在互联网上被盗窃。在美国，目前网上金融诈骗和资料盗窃仍是网上理财发展的一个重要制约因素。一项调查发现，在全球 50 家最大规模的银行中，超过一半的电脑网络在 1998 年中曾经受到过一次以上的电脑黑客入侵。

黑客侵入造成的损失涉及刑事责任与民事责任以及银行与客户间的责任分摊问题。我国《刑法》第 286 条规定了破坏计算机信息系统罪，第 287 条规定了利用计算机实施金融诈骗、盗窃、贪污、挪用公款等犯罪行为应承担的相应刑事责任。对黑客也可依民法中侵权行为来使其承担民事责任，但实际上黑客个人的民事赔偿责任很难实现，所以就存在银行与客户间谁承担黑客入侵造成的客户财产损失（如存款数据错误、信用卡资料被公开而被他人恶意消费，等等）问题。一般认为：银行有义务建立、维护其交易体系的安全，有数据保护义务；而客户不可能去维护银行安全，对于侵权造成的损失应由银行自己承担。但客户方面一旦发现遭受损失也应及时通知银行、主张权利，以免因迟延而扩大损失，而在诉讼中处于不利的地位。银行则除了技术上、法律上的对策外，还可考虑用保险的方法来分散风险。

网上银行的保密性直接涉及客户的隐私问题。黑客的侵入可以用刑法、民法来追究其责

任，对于政府的收入纳税调查又该如何追究？如果因此而侵犯隐私权，又如何依法索赔？当前迫切需要完善《民法通则》，增加对隐私权的保护，不宜再按名誉权去保护之；另外则是制定《数据保护法》，以规范存储和使用个人信息，限制非法转移信息，避免给当事人造成损失。

从国际上看，保护网上隐私权的标准尚不统一。欧洲希望制定强有力的规则保护网络空间的隐私权，欧盟现正在制定法规，禁止向未达到欧洲标准的国家输出资料和信息；美国也要求在禁令规定的范围之内，因为美国大部分的数据流动是受宪法保护的。美国并提出成立一个可以实行自我管理的机构，以创造一个符合欧洲标准的安全港。从总体上说，制定保护网上隐私权的法律，有利于电子商务特别是网络银行的健康发展。

二、网上贷款有关法律问题

目前我国大陆的网上银行业务尚未包括网上贷款，香港银行的网络贷款业务需在专门的贷款机上进行，只是 PC 银行的范畴。但从长远来看，我国必将开展基于互联网的网上贷款业务，则以下法律必须考虑：1.网上贷款的性质及其与商业银行法的冲突：我国商业银行法第 20~第 23 条规定了设立商业银行的条件、经营许可证的颁发、财务制度等规定。但在网络银行，根本不存在什么分支机构，但事实上它又无所不在，则这部分内容是否会因无法适用而需要作出修正？我国入世后，外国银行可经营跨国金融业务，尤其是对个人的跨国贷款存款，其优秀的网站将使国内银行众多的机构无用武之地，面对这些业务的扩张，如何运用法律进行监管，这些都是立法中需考虑的重要内容。2.网上贷款合同的有关问题：一个是书面形式的问题：《商业银行法》第 37 条要求贷款合同应为书面合同；新《合同法》第 11 条规定数据电文（含电子数据交换与电子邮件）也可视为书面形式，所以这一问题可以说已经解决。另一个问题是网上贷款合同成立时间与地点：是以网上手续完成之后合同生效还是到银行去认证交易后生效？相应的，若纯粹在网上完成贷款手续，则异地贷款的合同成立地点又如何确定？3.另外，商业银行法要求的审贷，异地贷款须在贷款人当地央行分支机构备案等规定对网上贷款业务也存在严重制约，不利于其发展。

三、网上银行的票据法律问题

目前，网上支付的手段大体包括三种：一是利用现有的信用卡结算系统进行的网上支付；这不是此处探讨的网上银行的范畴。二是允许客户可以通过网络转移自己账户中资金的网上支付体系，如“电子支票”（electronic check）“网上贷记卡”（Internet debit card ）等。三是“数字货币”或“数字现金”（digital cash）。

电子支票方面法律问题：主要是票据法的问题：即电子支票所采用的数字签名与票据法上的“签章”关系如何？我国《票据法》第 7 条规定：“票据上的签章，为签名、盖章或者签名上加盖章”。那么数字签名是否属于该“签章”，若不属于则依《票据法》所谓的“电子支票”就可能是无效的，从而给当事人造成损失。可见票据法有必要把数字签名纳入“签章”范畴。随着网上银行业务的扩展，传统的书面票据将逐渐被电子票据所取代，《票据法》中一些传统的概念，如出票地、付款地等如何确定，均需加以明确以适应网络虚拟空间的特点。

就数字货币或数字现金而言，它们只是一些技术性中介服务商提供的服务手段。这些中介商可能从事一些支付结算的业务，而这些必须由央行批准，否则会构成对银行业务专营权的侵犯。

四、网上银行的税收法律问题

在网络这个虚拟环境中开展银行业务，使税法中的纳税主体、客体、纳税环节及纳税地点及涉外税法中的常设机构等基本概念的界定都陷入了困境，需要税法作出修正。由于客户与银行之间的合同，票据都以电子形式存在，这些无纸化操作导致传统的凭证追踪审计改变了基础。如何对税法进行修改、如何对网上银行进行征税是立法机关和税务机关需要解决的问题。

首先，对网上银行是否应征税值得探讨。因为在是否应对包括网络银行在内的电子商务征税，应征收哪些税的讨论中，存在主税派和免税派两种不同的主张：主税派主张，网上电子商务的发展已威胁到现有的税基，应对电子商务征税，以制止应征税款通过网络流失。免税派主张对电子商务总体暂缓征税。在许多问题尚未解决的情况下，草率征税弊多利少不可行，从长远看应对电子商务按常规应征收的税种部分免税。目前，各国着眼于鼓励网上经济和信息产业的发展，都没有采取重大措施或改革现有税法来控制电子商务带来的税收流失问题。所以我国在对网络银行征税时应采取审慎态度，特别要考虑网络银行前期投入巨大的特点，鼓励网络银行发展。

其次，我国于 1999 年 10 月起实行储蓄实名制，2000 年 4 月 1 日起征收个人利息所得税。这些在网络银行上都将遇到一些技术困难需要解决。在互联网中，交易实体是无形的，由于无法面对面地审查身份证件，就很难保证实名制的实施；况且黑客们假造姓名身份或冒充他人身份在技术上并不困难。如果再回到现实中去审查身份，会提高银行和客户的交易成本，也不利于银行扩大其异地银行业务。就“个人利息所得税”及其他预提税而言，由于银行与客户的业务中没有有形的合同与票据，其过程和结果难以留下痕迹作为审计线索，而且保密技术的发展与应用使税务机关很难确定纳税人的身份与交易细节。可以预言避税与反避税斗争将会日趋激烈。

再次，网络银行使得外国一些银行不必在别国开设分支机构即可经营国际金融业务，尤其是中国入世后，外国银行可通过网络银行来瓜分国内的金融市场。这就会产生一些国际税法上的问题。第一是“常设机构”的概念问题，这一概念的意义是非居民的外国公司通过其设在收入来源国的常设机构而取得经营所得，收入来源国可以征税；对于不是通过该常设机构取得的收入，收入来源国不能征税。但是在网络银行，则完全不必在中国设立常设机构，通过网络即可提供相同的服务，这样税率就从 33%降到 20%利息预提税。这样一来，常设机构这一概念就形同虚设，因为它本来就是以现实地域为基础的概念。第二，外国网络银行也可以通过将网站（总机构或分支机构）迁到避税港而轻而易举地达到避税目的，而丝毫不影响其经营。国际税法上反避税任务从而变得更加艰巨更加困难。为了防止税收流失，各国反而可能放宽对网络银行的税收政策。第三，由于通过地域税收管辖权（如总机构、常设机构所在地）征税困难，美国等发达国家主张以居民税收管辖权来对网络银行征税，即只要是本国银行取得的收入，其居住国就有权征税；而这对发展中国家是非常不利的，因为在包括网络银行的电子商务中主角多为发达国家公司，采取居民税收管辖权将使发展中国家丧失大量税收。所以，发展中国家应当在立法上通过收入来源地税收管辖权来确保税收不致流失。

总之，网络银行的兴起对传统商业银行形成很大冲击，正如微软总裁比尔•盖茨所言：“传统商业银行是将要在 21 世纪灭绝的一群恐龙。”我国银行业不应落后于时代，而应紧锣密鼓，把网络银行作为重点发展方向，迎头赶上。同时，立法机关与执法机关也应权衡利弊，适时推进法律的发展，确保网络经济健康顺利地发展。

第十节 我国公司法与电子商务的冲突和衔接

网络技术的使用推广及电子商务的迅猛发展，正在冲击和改变着传统公司法的规范手段和对外关系的格局，使其模式发生了根本性的变化。公司IT化就是随着电子商务的发展而出现的一种新的公司管理制度，即以电子计算机及网络技术为手段，以现代电磁技术取代传统法定书面程序用于公司法律事务管理的一系列过程。公司IT化不仅降低公司成本，增进企业运作效率，而且是促进公司法律事务管理创新的理想媒介，已得到国外企业界的青睐。为此，一些国家已进行了多方面的尝试，并制定了相关的规范性文件。在我国虽然电子商务的重要性已为人们所认可，但对公司 IT 化的反应还相对迟缓，学者们也没有对此展开研究。公司IT化需要解决的问题很多，有些是技术性问题，而有些则必须通过修改原有的或设计新的法律来解决。

一、公司电子商务化过程的法律问题

（一）公司电子文件的签名。按照各国公司法的规定，在股东会议召开前后，股东为了解公司经营状况有权查阅公司文件并提出质询。对于股东认可的公司文件，股东应当亲笔签名或书面认证，以保证其真实性、安全性。但是，在公司IT化过程中，公司文件将以电子化方式向股东公开。由于股东无法利用电子数据传递亲笔签字，难以达到法律对手书签名的要求。因此，公司电子文件的签名就成为公司IT化首先需要解决的法律问题。那么在电子商务条件下，股东如何才能确认公司文件呢？从欧美、日本等国家公司IT化的发展来看，法律承认公司文件的电子化，并规定公司电子文件适用各自相关的电子署名法。联合国国际贸易法委员会在《电子商务示范法》中规定，在公司法及相关法律要求文件署名的，只要保证文件的完整性、安全性，该电子签名若在其技术认证上确认了签署人的身份，又证明了该公司文件的信息完整，即可将电子化文件视为该当事人亲笔签署的文件，从而产生相应的法律效力。也就是说，只要签名人遵守了电子署名法的规范和要求，就不能否认由技术信息构成的文件对签名人产生的法律效力。这些做法明确了电子文件的法律地位，也即承认了电子署名的法律地位，已经得到大多数企业的认可。

（二）公司电子文件的传输。按照各国公司法的规定，在股东会议召开前，公司应向股东送达会议通知及相关文件。在公司IT化情况下，将使用公司的设备和软件系统，通过网络传输渠道进行。尽管电子化送达具有快速、简便的优点，但由于技术故障难以保障公司文件的真实性，从而可能影响股东会议决议的效力。从实践来看，公司电子文件传输过程中最容易出现的问题是传输错误和系统侵入。所谓传输错误，是指公司电子文件没有正确地传输给股东。如股东E-mail信箱错误等。所谓系统侵入，是指因系统外的原因而使公司电子文件在传输过程中发生变化。例如，因外在技术手段窃取或篡改公司的通知文件，因病毒感染使输送的文件内容完全消除等。公司电子文件发生传输错误或者系统侵入，必将影响股东权利的行使，因此，也将产生以下两个法律问题需要解决：

1．公司应否承担法律责任。一般而言，在发生传输错误或系统侵入的情况下，法律将会根据参与主体的不同以确定法律责任的承担，对此，一些国家依赖于网络法律与电子商务法的全球性或国别范围内的统一规则，并结合各自的法律力求确立一种可接受的依据和准则。

这种依据和准则，就是过错推定原则。按照这种原则，如果发生传输错误或系统侵入造成股东的损失，公司若不能证明自己没有过错，则应承担相应的法律责任。从公司实践来看，为限制公司的法律责任，一些公司或行业都做出了自律性章程或规则，在诸如黑客侵入篡改、无法预见中的病毒感染，计算机程序或自动化手段功能失调等问题上，事前做出责任豁免说明。

2．股东能否提起股东会议无效之诉。在公司电子文件传输中，由于各种原因使股东会议通知等信息未能传输给股东，股东是否可以将“未能传输”或“不到达”作为股东会议程序失误的瑕疵，从而提起股东会议无效之诉。对这一问题，从各国公司法的规定来看，如股东会议召集程序出现瑕疵，股东可以提出撤消决议和决议无效的诉讼。我国《公司法》第111条也规定，股东大会决议违反法律、行政法规时，股东有权向人民法院提起诉讼。对此，我国学者认为，当股东自身权利、利益因违法股东大会的实施而受侵害时，股东除可主张大会决议无效或撤消外，还可主张赔偿。股东大会通知未能传递给股东的，是否影响股东大会决议的效力，从国外的诉讼实践来看，以下两点值得我们参考。一是对股东通知的遗漏，如果召集者尽到了善意注意义务并无过失，也没有造成对股东大会决议形成的障碍，则不应影响股东会决议的效力，股东请求股东会议决议无效的请求不应予以支持，二是对股东通知的遗漏，如果纯属召集者的主观过错造成的，以致于妨碍了股东大会公正的决议成立或者使决议存在重大失误的，应当按照违反善意注意义务的过错责任原则加以规范，股东可以主张决议取消之诉。因此，采用电子化通知手段，应当首先明确在电子化传输过程中，由于发生“不到达”事实，是否影响了法定多数的表决要件，从而导致形成极其不公正的决议。如果出现这样的结局，造成股东损失的情况时，召集者应当承担法律责任，股东有权提起取消决议之诉。

（三）股东的电子表决权。在股东大会上，行使表决权是公司法保障股东共益权的一项重要内容，传统的行使表决权方式分为投票表决和书面表决两种。前者为在特定的股东大会场所，按照每一股份有一表决权的原则进行表决，后者为由于远距离障碍及其他原因股东无法参加会议的情况下，股东在公司寄来的表决权行使单上签字盖章，递交公司的投票方式。与传统的表决方式相比，电子表决方式仍然会面临未能传输导致权利无法行使，或权利不完全行使带来的大会决议的效力等法律问题。

1．由于电子化股东大会无法面对股东本人，因此，如何对股东本人进行确认就成为首要问题。在书面投票表决的情况下，对股东本人的确认，是股东本人亲自在公司寄递的表决票上签字盖章，公司可以通过和以往的签字和印章进行对比、印证，以确认股东身份。在电子化操作的情况下，公司只能凭借股东本人ID和密匙以及公司同股东约定的形式来确认。各国立法实践普遍认为，如果股东按正常程序输入信息，并且经由该程序发送至公司指定的资料系统，公司经过安全程序的确认后，应视其为该股东合法有效的发送行为，其产生的后果由股东本人承担。但是，公司和股东约定程序有错误，导致股东按照错误程序发送，或公司未遵循约定的程序，公司应当对其产生的后果负责。

2．在物理性的场所会议与电子虚拟会议并用的情况下，股东会议的决议可能会出现一种情况，即一方的电子虚拟会议出现系统侵入、虚拟认证和传输错误使股东未能行使表决权。而一方的物理性会场出席会议的股东已经达到法定的投票要件产生了合法决议。在这种情况下，一部分股东无法实现其权利，而经合法程序又产生了公司决议。那么，此时的股东会议的决议是否有效呢？对此，笔者认为，如果由于电子化投票表决的股东未能行使表决权而蒙受损失，而该损失与决议程序不当或者非法决议内容存在因果关系时，公司应当承担法律责任。

3. 股东的表决权可以自己行使，也可以委托他人代理行使。在电子商务条件下，股东则可以采取电子委托。关于表决权的电子委托，主要涉及两个问题需要明确：一是代理人是否局限于股东，在实践中，许多公司出于自身利益的考虑，在章程中规定本公司股东以外者不得成为代理人，因此，股东通常会在公司提供的人员中选择代理人。将代理人资格局限于股东，虽然可以防止股东以外的人干扰股东会议从而保护公司利益，但在一定程度上限制了股东行使表决权的机会，股东弃权或白纸委托书就会增加，从而会出现公司利用白纸委托书进行有利于自己支配的活动。我们认为，随着经济全球化的发展，公司的股东分居于不同国家或地区的现象会越来越多，这就为委托股东为代理人造成了很大困难。因此，在公司 IT 化的情况下，股东委托代理人不应限于股东，其他人亦可以作为代理人。二是表决权不统一行使问题。所谓表决权的不统一行使，是指对同一议案将所持股份一部分投赞成票，一部分投反对票。在表决权委托代理的情况下，由于代理人行使的表决权是依照委托者的意思表示来进行的，而如果一个代理人代理多数股东，就会出现不统一的意思表示，因此表决权的不统一行使是一个必然的问题。在电子化方式委托代理人的情况下，如果作为被代理人的股东没有提出明确的行使比例，则代理人可能滥用不统一行使表决权，使公司股东会议不能正常进行。对这一问题，笔者认为，股东或代理人应预先向公司申请不统一行使，明确不统一行使的理由和比例。公司在确认后，在网面上决定专用专栏，进行必要的技术设计，以避免出现操作、识别上的混乱。

二、完善我国公司法的若干意见

我国《公司法》自颁布以来，在保护公司股东、债权人合法权益，维护社会经济利益方面起到了积极作用。随着经济技术及国际趋势的发展，为应对经济全球化，我国公司 IT 化立法已是大势所趋。我们针对公司 IT 化制度中涉及的法律问题，就公司法的修订提出一些建议。

（一）应当确认公司电子文件的法律地位。从我国公司法有关条款看，公司文件还不包含电子文件在内，也不能作出电子化方式的解释。因此，在我国实施公司电子商务、首要问题是在法律上明确电子文件的法律地位并确保电子文件的应用效力。在此基础上，从机制上明确电子文件的鉴发与认证，统一模式，并将电子文件与股东传输的一些环节紧密结合，以确保电子文件的运作。

（二）明确电子化方式的操作性和规范性，确立电子签名的效力。电子签名是公司 IT 化制度的基石，其作用不仅体现在公司情报信息传输中，更体现在股东权利行使和委托代理的规范中。不确定其法律地位，就不可能解决公司 IT 化带来的安全性和可靠性问题。

（三）应当确立公司与股东承担法律责任的根据及归属。从发达国家的情况来看，电子信息传播中的责任归属有其复杂性和特殊性，这表现在：传统纸面法律文件中确认当事人责任的方法，已不再能囊括电子传输中的责任归属问题；法律手段和技术手段相关交错，会使公司法制度趋于复合多元化，形成一种公司主体、电子媒介和认证体系多重调整的立体法律关系。一般情况下，即使公司主动采取各种防范举措，也会出现公司主体的电子文件传输失误，这很难按照传统的责任归属原则确定有关当事人的责任。因此，有必要参照通讯失误和网络安全等规范进行专门立法。在公司 IT 化过程中，公司主体同电子中介服务者应明确各自和各个阶段的行业行为准则，尽可能在传输手段，服务程序的合法性及承诺方式上达成一致。

在公司IT化的管理上，应当将重点放在公司的监控义务、电子中介服务的证据保全及提供失误的防范技术等方面。在法律责任的归属上，应确立不同于一般民事责任的归责原则和构成要件，按照过错推定原则，从公平合理角度确立善意保护原则，保证当事人责任确定的可操作性。

（四）应当允许公司制定自律性原则。电子商务技术的发展有许多变数，在强化公司统一规则的基础上，应强调公司在IT化中的自律性原则。IT科技发展的变化，使统一规则不可能包罗万象，许多方面还需依自律性的原则加以规范。

从我国整个公司法体系现状看，制定完整的公司电子商务法律规范的时机还不成熟。由于电子商务在我国实践中还刚刚起步，公司电子化也是局部的。因此，不可能像发达国家那样出台专门的公司IT化法律。公司电子商务立法应当在实践的基础上，经过中间试行，达到逐步完善。

第十一节　我国证券电子商务的法律问题

证券电子商务，即网上证券交易，通常是指投资者利用Internet网络资源，获取国内外各交易所的及时报价，查找国际国内各类与投资者相关的经济金融信息，分析市场行情，并通过互联网进行网上的开户、委托、支付、交割和清算等证券交易全过程，实现实时交易。与传统证券交易方式相比，网上证券交易具有如下一些显著的特点：第一，网上交易打破时空限制，降低了券商的经营成本。从理论上讲，券商只要拥有一个网址就可以无限扩大自己的客户群体，更可吸引大量银行活期存款客户进行交易；第二，减少了交易环节，因此可以降低交易风险，提高交易效率；第三，加快证券市场信息流动速度，提高资源配置效率。

总体来说，一方面我国证券电子商务正迎来大发展时期，另一方面证券电子商务还是局限于非常狭小的范围内，其中除网上交易的技术标准及技术体制、网民素质、软硬件设施不配套等因素限制外，证券电子商务法律的缺乏所带来的不确定性是非常重要的制约因素。证券电子商务从整体上而言是属于《证券法》范围的，但传统的证券法律都是针对传统的证券发行及交易活动，对网上发行与交易都没有做前瞻性的立法规定。同时，已经颁布的有关电子商务的法律存在着诸多的缺陷与不足，对证券电子商务的特殊性考虑较少，难以起到促进证券电子商务发展的功效，使得以后实务中的网上证券交易存在着法律上的障碍。因此对我国证券电子商务法律问题进行较系统深入探讨，非常必要。

一、投资者身份的确认以及数据电文的归属

与传统经纪业务中“面对面”交易方式不同，网上交易的真实性更加不容易考察和验证，信用问题便随之出现，主要表现在投资者身份难以确认。我国证券交易实名制尚未建立，投资者只要有身份证便可以开户，若投资者不是以本人身份证进行开户、交易，那么，当该投资者采取“机会主义”行为，即有意识地进行超出其资金能力进行投资并失败时，在法律上就无法追究该投资者的责任，只有由经纪公司来承担损失。因为我国实行两级清算制，券商作为一个法人须首先与中央登记结算公司进行证券与资金的结算，完成证券与资金的划转，而后再与具体投资者进行结算。若只是进行股票投资，我国禁止信用交易的规定、以及券商交易系统本身的技术设置就能解决这一问题。但当市场发展使股指期货、信用交易等出现后，信用交易就是很现实的选择，那时，投资者的“机会主义”行为便会产生严重的后果。如投

资者以所有资金作为保证金进行股指期货的投资，当投资行为正确时，能够获得高杠杆收益。但当投资方向出现错误时，若损失很大，那么投资者有可能不再缴纳“追加保证金”，其损失就要由经纪公司赔偿。因此如何对投资者身份进行确认，以防止其抵赖和否认就十分关键。

依据中国证监会在2000年4月颁布的《网上证券委托暂行管理办法》（以下简称办法）第六条，在证券公司合法营业场所依法开户的投资者，经本人申请办理相关手续后，方能进行网上委托。证券公司在为投资者办理网上委托相关手续时，应要求投资者提供身份证原件，并向投资者提供证实证券公司身份、资格的证明材料；禁止代理办理网上委托相关手续。从该办法规定看，投资者在办理网上委托时，必须出具身份证原件，从禁止代理办理网上委托手续来看，应该是投资者本人的身份证。但这种规定的合理性值得商榷，因为证券公司不是公安部门，对该身份证与出示人是否同一难以确认，而且我国证券交易尚未实行实名制，借用他人身份证来进行证券交易现象十分普遍，将审核身份证与出示人同一的义务赋予券商是否过于苛刻？一旦该身份证与出示人不同一，则应属于违反禁止性规定而无效，证券公司与该出示人投资者将承担混合过错责任。在前述信用交易时，出示人投资亏损则券商一般将难以寻找出示人索赔，此时身份证出借人是否应承担连带民事责任？我们认为，如果出借人明知借用人是进行网上交易，则须承担连带责任，如果是借用人超出出借人的授权范围，则应由借用人自己承担责任，但出借人负有补充民事责任，因为身份证不能借用，不管该借用是否有偿。这样规定，可以为以后推行证券交易实名制奠定基础。这些问题都亟待法律作出明确规定。

在以后允许信用交易、期货期权交易的背景下，我们认为对投资者身份的确认应从以下角度进行把关：一是推行证券交易实名制，防止借用他人身份证进行网上交易，当然这需要国家公安部门将身份证与出示人同一的鉴别技术授予券商为前提，否则将难以实行；二是券商应采用可靠的技术与管理措施，正确识别网上投资者的身份，防止仿冒客户身份或证券公司身份，同时必须采取防止事后否认的技术措施。目前这方面的技术已经能够解决，比如通过口令密码、非对称密钥加密、生物笔迹鉴别、指纹鉴别、眼虹膜鉴别、声纹鉴别等电子签名手段可以实现。此外，电子商务认证在防止否认方面非常有效，它是针对交易当事人之间可能产生的误解或抵赖而设置的，以便在电子商务交易当事人之间预防纠纷，减少交易风险。

在实行电子交易系统模式及券商理财网上交易模式时，如何让在线的投资者在事后承认自己已经发出的交易指令，防止投资者对已发出的通信，包括数据电文的发送、接收以及内容予以否认进行法律规范意义重大，否则投资者以自己没有下达买或卖的投资指令而要求券商赔偿，或者投资亏损后人无所踪时券商为其垫付亏损额的事情并非不可能发生，这样就容易导致整个法律关系紊乱，危害网上交易的正常发展。数据电文归属规则是电子商务环境下，将电信的发出与其发出者相联系的基本规则，是确立交易当事人之间因数据电文而产生法律关系后果的前提性规范。数据电文规则主要是通过确立在某些环境下，数据电文被认为是发送者的，来处理数据电文的归属，并进一步在收件人知道或应当知道该数据电文不是发送者时所应适用的推定。这方面，联合国贸易委员会颁布的《电子商务示范法》第13条值得借鉴。第13条分别就不同的主体或设施状况而分为三类：一是对数据电文的发端人而言，一项数据电文，如果是由发端人自己发送，即为该发端人的数据电文；二是就发端人的代理人或“电子代理人”而言，就发端人与收件人之间而言，数据电文在下列情况下发送时，应视为发端人之数据电文：（a）由有权代表发端人行事的人发送；或（b）由发端人设计程序或他人代为设计程序的一个自动动作的信息系统发送；三是从收件人角度做出了推定：就发端人与收件人之间而言，收件人有权将一项数据电文视为发端人的数据电文，并按此推断行事，如果（a）为了确定该数据电文是否为发端人的数据电文，收件人正确地使用了一种事先经发端人同意的核对程序；或（b）收件人收到数据电文是由某一人的行为而产生的，该人由于与发端人或与发端人之任何代理人的关系，得以动用本应由发端人来鉴定数据电文确属源自其本人的某一方法。虽然这只是一个示范法，但对各国的电子商务却起着重要的指导作用，成为国际间通用的电子商务法。我国也应以其为蓝本制定相关的国内证券网上交易法律，以与国际接轨。

二、证券网上交易的要约与承诺

网上交易的要约与承诺与传统的面对面签订合同有所不同。在我国实行的改进型委托模式中，区分要约与承诺基本没什么价值，因为这与目前的电话委托、热自助委托一致，都是通过券商的交易席位进行或交易所主机进行撮合成交，只要买卖双方要约的内容（价格、数量）相对应，买卖方向相反，便可以成交，从而构成合同法上的交叉要约。此时，区分谁是要约人谁是承诺人意义不大，当事人的承诺实质上就包含在要约当中，双方都可以视为承诺人。而在完全化的互联网电子交易系统模式中，缔约方投资者完全是通过自动化的无纸合同进入互联网实现要约或承诺，订立合同是在非面对面的虚拟空间自动完成，双方可能远隔万里，这就为假冒者、捏造他人身份者提供了从事交易的机会，因此在交易之前必须确认双方身份，这可以通过身份认证、数字签名、公钥加密等技术实现；同时网上交易的要约和承诺可能会被黑客等修改而不能正确地反映当事人的真实意思表示，而且数据电文的修改通常不留痕迹，因此如何解决该问题显得十分重要。美国《统一计算机信息交易法》第 213 条规定：电子认证、展示、信息、记录或履行归属于某人，如果是该人或其电子代理人的行为，或者该人根据代理人或其他法受到约束，依赖于他人的电子认证、展示、信息、记录或履行的当事人，负有确认归属的责任。第 214 条规定：在自动交易中，消费者不受那些自身无意而是由于电子错误导致的电子信息的约束，如果消费者：（1）及时知道了错误：A. 向对方通知了错误；B. 促使了向对方的交付，或根据从对方接收的合理的指示向另一人交付，或毁坏了信息的所有副本；并且（2）还没有使用信息，或从信息收到任何利益或价值。电子错误是指消费者在使用信息处理系统时，因为没有提供合理的方法删除、更正或避免错误，而在电子信息中产生错误，这是一种可归责于相对交易人的错误。通常，该交易系统是券商提供的，如果该系统没有提供必要的错误更正设施，责任就只能由券商承担，相反则只能由投资者自己承担。当然，券商在承担责任后可以根据产品质量法向提供该操作系统的供应商索赔。1992 年欧共体委员会提出的《通过 EDI 订立合同的研究报告》指出，可以把对计算机的运作拥有最后支配权的人，视为该计算机所发出的要约或承诺的责任人。

三、风险揭示书的法律性质

目前我国开展网上交易的券商，都在终端的窗口显示证券网上买卖风险揭示书，这些风险揭示书是办法第 7 条的规定，其要求证券公司应与客户本人签订专门的书面协议，以明确双方的法律责任，并以风险揭示书的形式向投资者解释相关风险。那么，是否券商按照办法的要求履行了风险揭示义务就可以免除责任？是否可以将风险揭示书中列示的风险损失全部由投资者承担？

依据实务“网上交易协议书”规定，客户对设备故障、通信故障、自然灾害或其他不可抗力因素造成的客户损失，券商不承担任何责任；在网络中断、高峰拥挤或网上委托交易方式出现异常等情况下用电话等替代交易方式进行证券交易，否则由此导致的客户未能成交所发生的一切损失，券商概不承担责任。从办法第 7 条的含义看，只要开展网上交易的券商向投资者及时以风险揭示书的形式解释了风险，而且在“网上交易协议书”中确定了券商与客户的责任，该责任划分就是合法的。现实中券商的“网上交易协议书”也再次肯定了这一意思。

我国的这种规定是否合理？其实，券商提供的“网上交易协议书”是券商预先拟定以供重复使用，并在与客户订立时不允许客户协商的，因而是一种格式合同。依据合同法第 39 条，采用格式合同条款订立合同的，提供格式条款的一方应遵循公平原则确定当事人之间的权利和义务，并采取合理方式提请对方注意免除或限制其责任的条款，按照对方的要求对该条款予以说明。由于格式合同是否遵循公平原则制定只能由拟定方说了算，因此对处于被动的接受方而言是不公平的，因此此时需要由国家出面干预，对格式合同予以审核。依据办法第 28 条，券商提供的“网上交易协议书”应向证券主管部门提交与客户签订的网上委托协议书范本、风险揭示书以及向客户提供的其他有关网上委托的所有资料，由国家证券主管部门审核以后，决定是否允许该券商从事网上交易。可见，我国券商提交的“网上交易协议书”应该是合法的。此外，办法第 7 条规定，券商须向投资者解释，只要券商履行了该义务，协议书中规定的责任分担条款应该是有效的。

至于如何保护投资者的知情权，我国有关的法律未做规定。美国《统一计算机信息交易法》第 221 条规定了“互联网类型交易中的交易前的披露”：本条适用于通过互联网或类似的电子地址，并以此种电子方式将计算机信息提供给被许可人的使用人。在此种情况下，许可人应提供对标准格式合同条款的审查机会，也就是说，只要券商在网上交易窗口及时展示或提供可以获取该格式合同的地址及方法，就视为尽了信息披露义务，投资者的审查合同的机会就得到了保证。因此，我国相关的法律也可以借鉴美国的规定，对投资者的知情权予以法律保护。

四、网上电子交易系统的法律性质

虽然我国目前仍未出现美国互联网电子交易系统，但并不因此就不必要对该网上交易系统的法律性质进行探讨，而且美国的做法值得我们仿效。在美国，互联网电子交易系统取代了传统经纪人、券商、实物交易所的功能，那么该系统是否有必要登记注册为经纪人、券商或交易所对证券监管来说非常重要，因为法律是通过对传统交易所这一交易市场及其参与者券商、经纪人的权利义务来进行监管，达到保护投资者权益的目的。

在美国，SEC 以互联网电子交易系统的发起人是否参与到证券交易活动当中，以及在该交易中是否收取佣金作为标准加以判定，如果该系统发起人参与网上交易活动并向交易当事人收取佣金，则必须依据《证券交易法》第 15 节规定登记注册为经纪人或券商。相反如果该交易系统仅仅提供信息及交易空间而不收取佣金，则无需登记为经纪人或券商。目前 SEC 已核准成立的四个互联网电子交易系统就不是作为经纪人或券商予以登记注册的。

依据美国 1975 年证券法修正案，证券交易所必须向 SEC 登记注册，而且必须符合确保投资人和公众利益，不允许对竞争进行限制、不得实行不公平竞争和歧视、公平分摊各项费用、对违规会员进行处分等 7 个条件。从互联网电子交易系统提供了一个投资者买卖证券的交易市场或设施这一角度观察，该系统也应登记为证券交易所。不过目前 SEC 豁免了该系统登记注册为交易所的义务，因为其数量少（仅 4 家）、知名度不高、股票流通性弱、成交数量少。当然，SEC 要求该系统的发起人提交投资人交易记录以便进行监督，而且通过投诉信件对该系统运转情况进行监督。其实，SEC 的态度与作法实质上是支持互联网电子交易系统这一新生事物的发展，以免过高的要求与责任使这一新经济代表走向夭折，其用心良苦可见一斑。相信随着在该系统交易量的剧增、社会影响的不断扩大，SEC 也许会在将来以交易所的标准对其进行监管，要求其以交易所名义进行登记注册，履行交易所的相关职责。

第十二节　电子商务中私人密码运用的法律规则

当前，以计算机网络为核心的信息技术的迅猛发展及互联网的迅速普及，极大地改变了人类数千年的传统生活方式。电子商务作为全球经济一体化背景下的一种全新的商业机制，具有高效率，无疆界，无时限和低成本等特点，而获得迅速发展，将成为 21 世纪初全球经济最大增长点之一。电子商务是通过数据电文而进行的无纸化交易，在这种交易下，如何鉴别交易者身份，如何确认交易内容以及如何对交易的内容进行保密等是电子商务发展中的重要问题。而包括私人密码在内的电子密码在电子商务中的应用，可以说是目前解决以上问题的有效办法。事实上，在有电子商务的领域，必有包括私人密码在内的电子密码的应用。就目前的技术条件而言，没有包括私人密码在内的电子密码的应用，电子商务无从谈起。然而，使用私人密码必须有一定的规则，否则电子商务的“游戏”就无法进行。电子商务是在一个较为开放的网络环境中进行，因此如何保障信息的保密性和安全性，是电子商务中的一个重要课题。就安全手段来说，私人密码可以说是目前较为重要的安全手段之一。

一、电子商务中私人密码使用的归责原则

（一）本人行为原则。所谓本人行为原则，是指只要客观上在交易中使用了私人密码，如无免责事由，则视为交易者本人使用私人密码从事了交易行为，本人对此交易应承担相应的责任，确立这一原则的理由在于：

1．这是由私人密码的性质决定的。私人密码，是密码技术中与公共密码相对立的一种密码，它由本人生成并所有且只有本人知悉，其作用在于表示文件签署者身份及表示签署者同意电子文件内容并对数据电文进行保密。私人密码有如下特点：（1）私有性。私人密码属个人数据，故私人密码具有隐私权的属性。依此属性，公民对因其生成的包括私人密码在内的个人数据拥有专有权，并享有拒绝、排斥任何未经法律批准的监视、窥探及披露的权利。任何人非法利用计算机网络技术收集、存储、使用包括私人密码在内的个人数据，均构成对他人隐私权的侵犯。（2）秘密性。私人密码由本人生成且为其持有，除非本人泄密，他人不得知晓。私人密码的技术价值就在于私人密码一旦设定和输入，非经复杂的破译程序不可再现。私人密码的数字在技术上破译不仅相当困难，而且往往因为破译时间长久而不具有现实性。实践中，一些法官和当事人常以为私人密码能为交易对方如银行的操作人员所知晓，这是对私人密码缺乏了解的缘故。因此，私人密码由本人生成而且在保密状态下由本人持有和使用，本人或许有意无意地将私人密码告知了他人，或许在操作时不注意防范为他人窥视了私人密码，甚至可以就是自己使用了私人密码，不论是哪一种情况，是本人的行为所致，与交易对方无关，因而应由本人承担私人密码使用的责任。

2．这是由私人密码的功能决定的。在传统的纸面交易中，交易当事人就交易的内容协

商一致后，可以书面签字或盖章，在通过计算机网络进行的电子交易中都很难做到，但加密技术和认证中心系统的产生，已为我们妥善地解决当事人签名的独特性及当事人身份认证问题提供了技术上的可能。这就是数字签名，私人密码正是数字签名的基本方式，即通过加强技术而设定的包括私人密码在内的电子密码等数据电文，对交易者身份及对交易内容予以确认。由此起到鉴别当事人身份的作用。其次，私人密码的使用表明对交易内容予以确认。在传统的纸面交易中，交易双方通过在书面上签字或盖章，确定交易内容，并预防抵赖行为的发生，电子商务同样要求交易的各个环节都是不可否认的，对交易的文件内容是不可被修改的，从这个意义上讲，私人密码的使用，都表明交易主体对交易内容的确认。由电子商务的特点所决定，在交易中，信息发送和接收者都不能对此予以否认，即电子商务行为的“不可抵赖”性，这就要具备审查能力，以使交易一方不能抵赖已发生的交易行为。从这个角度讲，私人密码的使用是审查当事人是否从事交易行为的有效手段，就是说，凡是使用私人密码从事的交易都是本人进行的交易行为，本人不得抵赖，不得否认接收或发送某些特殊的文件或数据。

（二）本人行为原则的例外。在下列情况下，本人原则不适用：1. 私人密码使用涉及的软件密级程度过低。适用本人行为原则的基础之一，是私人密码使用涉及的软件秘级达到足够安全的程度。如软件的密级程度过低，他人可轻易破译私人密码，则无私人密码的私有性、唯一性、秘密可言。在此情况下，如仍适用本人行为原则，对本人极为不利不公。2. 失窃、失密后及时向交易对方挂失。在本人办理了挂失手续后，有人仍凭此私人密码从事交易，此种情形，不适用本人行为原则。因本人已履行了自己应尽的挂失义务，他人所以能凭此密码从事交易，是由于交易对方的过失所致。对上述两种情况所产生的后果，应由交易相对方如银行承担相应的法律责任。

（三）公平责任原则。这一原则是指操作系统的秘级程度会达到要求的标准，但私人密码仍被破译。对此情况，因交易双方对损失的造成均无过错，应适用公平责任原则，在考虑双方当事人的财产状况及其他情况的基础上，由双方共同分担损失，经济实力强的当事人应当适当多承担一些损失。理由在于，电子商务具有一定的社会风险，最具破坏力的莫过于操作系统受到黑客攻击，在本人无过错的情况下，操作系统受到黑客攻击，致使黑客获取私人密码并从事交易，应由双方共同分担进行电子商务交易而不可避免的风险。

二、电子商务中使用私人密码的举证责任

举证责任是指私人密码的使用普及及其相对方对私人密码的使用主张不承担责任或主张应由相对方承担责任，需举证证明。

（一）交易相对方主张自己不承担责任的，需证明：

1．操作系统是符合保密安全等级的。操作系统密级程度过低，私人密码容易被破译，此情形不适用本人行为原则的效力规则。故交易一方如银行需证明其操作系统是符合保密秘级程度要求的，从而排除本人主张适用效力规则例外的可能。

2．交易一方如银行只须证明交易是凭私人密码完成的，至于私人密码是否为本人使用，不负举证责任。因据本人行为原则，只要客观上使用私人密码即可，私人密码是本人委托，出借、转让他人使用，抑或是在失窃、失密挂失前被他人使用，对交易一方如银行而言，在所不问。

（二）本人主张其免责需证明：

1．证明泄露密码后已向交易对方挂失，如私人密码失窃、失秘挂失后，有人仍凭私人密码从事交易，则交易对方具有过错，故交易对方应对此承担相应的责任。当然，如有人在本人挂失前已从事交易，则当然适用本人行为原则。

2．证明操作系统被他人破译。因为若操作系统的密级过低，致私人密码被破译并从事交易，本人可主张不适用本人行为原则。若操作系统是在符合有关保密秘级程度的情况下被破译，处理上会不适用本人行为原则，但据公平责任原则，本人亦应承担一定的损失。

三、风险防范

在现有条件下使用私人密码从事交易，原则上该是可以保证交易安全的。但因私人密码毕竟是在开放性的网络中使用，这样，在使用中仍有一些风险隐患，就须有更加强的防范意识和得力的防范措施，防止和减少不必要的风险损失。

1．本人管好自己的私人密码。依据归责原则，如本人对私人密码保管不善，造成私人密码失窃或失忘，本人应承担相应的法律责任。故本人应对其私人密码严加保管，以防失窃失忘。通过私人密码完成的交易只要能做到：①除收发双方外别人无法知道信息内容；②信息在传输过程中不被篡改；③发送方能确信接收方不是假冒的，为保证以上安全要求，那么发送方的发送行为就达到了安全要求。从目前的情况看，为保证以上安全要求，在技术上主要采用两类技术手段；一种是为防止数据被盗窃篡改而使用的加密技术。另一种是用以确认正在打交道者确实是本人的认证技术。这些技术从理论上均有严密的体系，具有较强的保密及认证功能，从实践应用来看，已起到交易安全的功能。

2．操作系统的设计和使用应严格分开。私人密码不仅对任何第三人是保密的，而且对经营使用和设计该操作系统的有关方也应是保密的。现实中经常有经营使用者与设计者关系密切的情形。因设计者对操作系统十分熟悉，有可能破译私人密码，对私人密码的保密大为不利，因为这里不能排除操作人员和设计人员相互串通的可能。故在实践中，操作系统的设计和使用应当严格分开，做到使用者不知是谁设计，设计者不知是谁使用，如银行系统，应在严格保密的状态下委托设计操作系统软件，下发各行和分支机构使用，以确保私人密码的保密性、安全性。

3．在有条件的地方设立认证中心。认证中心是指在电子交易中作为中介人，保管公共密匙并证明该公共密匙是属于某一当事人的，从而保证交易的对象是真实的。私人密码要结合公共密匙才能进入交易，这对私人密码的安全使用有积极的作用。德国、日本、美国、加拿大许多国家颁布的有关数字签名的法律中，对认证中心的作用都作出了相应的规定，我国目前对认证中心的作用和管理没有统一的政策进行指导，导致各个机构、行业建立自己的认证中心，重复建设，管理混乱，从而不利于长远发展，也不利于安全保密。因此，笔者建议，我国应首先制定这方面的法律、法规，在有条件的地方，设立统一的认证中心，进行统一管理。

4．操作系统达到一定的密级程度。在交易中如操作系统没有达到一定的密级程度，纵使交易者自己没忘，也可能因操作系统的密级过低，致使私人密码被他人破译。因此，为防范私人密码的使用风险，操作系统须达到一定的密级程度。具体需达到何种密级程度，应借鉴电子商务发达国家的有关规定及考虑我国电子商务发展的实际情况，由国家作出统一规定。

第十三节　电子商务的管辖权

随着电子商务的迅猛发展，全世界使用电子商务的用户也越来越多，与此同时，与网络有关的各种不同形态的法律争议也层出不穷。各国当事人之间一旦发生了法律争议，不可避免的会涉及争议的管辖权问题、法律的适用等问题，这也就是国际私法的内容。但在网络世界中，把争议各方联系在一起的是贯通全球、不受国界限制的网络空间，网络空间自身的特性使大量跨国纠纷出现并呈现出新的特点，从而给传统国际私法带来新的问题，传统的国际私法的一些原则和规律受到了动摇和挑战。

一、对电子商务环境下管辖权确定思考

由于电子商务是一个全球性和开放性市场体系，所以与网络相联系的纠纷具有了跨国纠纷的性质，互联网既是一种传输信息的媒介，又是一个虚拟的网络空间，所有的网络交易或行为要套用传统的管辖权规则比较困难，由于网上地址与地理位置可以说是无甚关联，所以网上行为就很难确定是发生在哪一个具体的地理位置，于是这种互联网上的跨国纠纷就具有了新性质，传统的确定管辖权的规则受到动摇。如何建立适应网络空间特性的国际私法管辖权的确定规则，是我们要尝试解决的问题。

地域因素是一个非常重要的确定管辖权的基础。很多情况下，首先得确定一个明确的地域，无论是当事人住所地，物之所在地，还是诉讼原因所在地，在地域因素确定之后，该地域内的法院也就自然拥有对案件的管辖权了。在网络空间里，法院原来非常明确的管辖区域就变得模糊甚至无法划清了。传统的以地域为基础确定管辖权的原则含义应当做出修正甚至应当做出新的诠释。如果在传统规则下确定网上行为的管辖权，可能会产生世界所有国家的法院对某一网上行为都有管辖权的结果。原因很简单，因为互联网是一个全球性的开放型网络系统。如果某一个网站的内容有可能违法或者侵权，那么无论它是主动地将该内容发出，还是被动地被别人所访问，由于网络的全球性，加上互联网对发送或访问内容并不进行区域限制，是开放的网络，因此，全世界范围内的网络用户都可能成为受害人，依照侵权行为地包括行为实施地和损害发生地的规则，全球范围内的法院都有对此的管辖权。这种结果会使得网上行为人受制于全球法院和法律的制约，而行为人可能会因为违反自己压根没有听说过的法律规定或触犯压根没有想到的人的权利而被起诉。但任何一个人都没有义务了解全球范围内的法律规定和其他情况。这种结果会导致网络国际纠纷管辖权的更多冲突。为了解决管辖权问题在网络环境下的困惑，各国都在探寻网络环境下新的管辖模式。

（一）管辖权相对论

持这种理论的学者认为：

1．网络空间应该作为一个新的管辖区域而存在，就像公海、国际海底区域和南极洲一样，应在此领域内建立不同于传统规则的新的管辖原则。

2．任何国家都可以管辖并将其法律适用于网络空间内的任何人和任何活动，其程度和方式与该人或该活动进入该主权国家可以控制网络空间的程度和方式相适应。

3．网络空间内争端的当事人可以通过网络的联系在相关的法院“出庭”，法院的判决也可以通过网络手段来加以执行。当美国的一个州法院对一个身居亚洲腹地的人行使管辖权时，可能通过电子邮件召开听证会来进行审判，而后运用网络过滤器或清除器来执行判决，这个

过滤器或清除器可以追踪和阻碍该人以后发送的同类信息。

首先，这种相对论只能适用于网络空间争端的一部分，即只适用于与信息本身的合法性和控制有关的问题；其次，这种理论认为管辖权大小取决于国家接触和控制网络的范围和能力，这无疑要靠法官的自由裁量做出判断，在判断时除了与该国的技术水平、法律规定有关以外，更大程度上带有法官司的主观性。这在美国互联网案件的司法实践中有很重要的体现，法院对几乎完全相同性质案件的管辖权问题做出了截然相反的判决。在莫里茨公司诉网金公司一案中，地处加利福尼亚州的网金公司在互联网上拥有网址，网金公司在网址上提供了一项有关新服务的广告，有 311 名密苏里州的居民访问了该网址。位于密苏里州的莫里茨公司向密苏里州东区法院起诉，控告网金公司侵犯其商标权及进行不正当竞争。最后密苏里州东区法院裁定自己有对此案的管辖权，原因在于被告网金公司在互联网上的行为已经与原告所在的密苏里州发生足够的接触，根据美国管辖权方面的法律规定，这种足够的接触就能够产生原告所有的密苏里州法院的管辖权。但在另外的迈克道纳夫诉法龙公司一案中，法院对管辖权问题则做出了相反的裁定。居住在加利福尼亚州的迈克道纳夫向加州南区法院起诉位于明尼苏达州的一家广告公司——法龙公司，控告它在互联网网点里的广告中使用了自己的体育照片，侵犯版权。但加州南区法院以管辖权不充分为由驳回了此案。法院认为，在互联网上保留一个可以被加州人访问的网址并不足以构成足够的联系从而构成对加州以外公司的司法管辖权，“因为全世界共享网络，同意网上访问构成足够联系从而建立管辖权的做法会削弱当前的管辖权要件，本法院不愿走到这一步。”除了这两个案例以外，还有其他类似的案例，可能在那些案例中被告在互联网不像这两个案例一样是被动地保留网点而被网上其他州的用户访问，而是主动将广告发往其他州，但是，当其他州的人向自己所在州的法院对被告提起诉讼时，对于管辖权问题，法院的裁定仍然分为截然相反的两种。究其根源，是因为目前对网络环境下新的管辖权模式尚未建立，而在传统管辖权确定规则的框架下考虑网点的存在是否构成足够的联系从而构成管辖权基础，难免就与法官对网络技术和法律精神的认识、对地方利益保护的态度息息相关了，对相似的案例做出这样相反的裁定也是不足为奇的。但不管怎样，从美国目前相互矛盾的判例中可以得出，在各国对网络空间的司法管辖权制度尚未达成新的国际公约之前，那种认为任何国家只要愿意都可以管辖并将其法律适用于网络空间内的任何人和任何活动的管辖权相对论尚不足取，它只能给已经足够困惑的网络空间的司法管辖权问题带来更大的困惑。

（二）根据服务器位置所在地决定管辖权

互联网透明的特性和宽阔的范围意味着任何一个希望得到网址的商业实体都可以从网上众多的物理地址中进行选择，得以实现。随着电子商务的发展，很多活动都是通过网络进行的，当事人的活动与国际互联网络联系非常密切，由此产生的纠纷大多具有国际性。而当事人在网络上的活动范围是飘忽不定、难以把握的，相对而言，当事人在网上的网址还是一个比较稳定的因素，网址的产生和变更需要服务提供商 ISP 通过一定的程序来进行，在特定的时间内它是可以确定的。因此，对于网络国际纠纷可以考虑从网址入手来确定管辖权。

既然考虑从网址入手确定网络上各种纠纷的管辖权，而网址是当事人在网上的地址，而非在法院管辖区域的地理地址，那么就需要找出与网址相关联的地理地址，才能由此决定管辖该地理地址的法院拥有对此的管辖权。这个地理地址就非服务器位置所在地莫属了。因此，从一个特定网址上网进行活动的人，如果其活动具有侵权性而被他人起诉，则该网址所对应的服务器位置所在地就成为管辖权的基础了。

当然，与网址相关的地理地址从广义上讲，还应当包括该网址上进行活动涉及的其他参加者的网址所对应的服务器位置所在地址，而根据网络的全球性，网上任何用户都可以访问该网址，该网址也可以将活动扩及到网络在世界上存在的任何地方，这就意味着与网址相关的物理地址除了该网址的服务器位置所在地的地址外，还包括世界上任何网络可以触及到的地方。这回到了前面所讲的网上行为人是否应受制于全球法院和法律的制约的问题上。在网络环境下的管辖权制度尚未有新的突破、形成新的模式之前，要慎重地遵循已有的管辖权确定原则，在这个问题上先保守一些可能比任意扩大管辖权的范围要更有利于保持司法实践的有序。也就是说，一个国家不能为保护地方利益而以未形成定论的理由去行使对全世界网络行为的管辖权。

总之，由于网络空间本身是一个比较特殊的地域，它与传统的物理地域相比有许多自身的特殊性，因此，在研究网络上法律冲突的管辖权问题时，更应当注重国际的交流与合作，寻求制定出统一的国际公约以解决网络争议的管辖权问题。目前尚未达成这样的公约，因此分处各国的当事人在进行网上交易从事电子商务时，要采取一些防范措施，以降低自己在其他国家被诉的风险。例如，尽量在电子合同中约定解决争议的法院和法律，以避免外国法院主张管辖权的风险，进行诸如发布网上广告的网上活动时尽量标明免责事由，防止被其他地域的公民起诉，等等。

二、法律适用

调整涉外民事关系的法律主要有两种：一是冲突法调整。根据冲突规范的指定就能找到确定涉外民事关系当事人具体的权利和义务的特定实体法，该实体法在国际私法上被称为准据法。二是实体法调整。即制定统一实体规范，直接规定当事人的权利与义务，它一般体现在国际公约和国际惯例中。这里主要讲的是通过冲突法确定准据法，决定发生在网络空间的涉外民事纠纷的法律适用问题，至于在具体案件中有统一的国际公约和国际惯例则当然应适用该统一实体规范。

确定了涉外民事案件由哪个国家的法院行使管辖权后，接下来解决纠纷最关键最重要的问题就是法律适用问题了。但是网络技术对网上行为造成的地域模糊性同样给法律适用带来了困惑。突出表现在对互联网案件的识别和连接因素的确定问题上。法律适用的过程就是准据法的确定过程，在这个过程中，首先是通过识别，将待决的涉外民事案件的事实情况或有关问题进行定性和分类，以把它划入特定的法律范畴，然后，根据适用于该法律问题的冲突规范，从而确定相应的准据法。举个简单的例子，在德国法院提起的某一具体的涉外民事纠纷经过识别被判定为是一起侵权行为赔偿纠纷，根据“侵权行为赔偿适用于侵权行为地法”的冲突规范，而该案的侵权行为地被确认为发生在法国，这一民事纠纷案件最后应适用的准据法应为法国的有关法律。但整个确定准据法的过程并非如此简单易行，而是一个非常复杂的过程，在电子商务日益发达的今天，网络技术更是对国际私法的法律适用问题提出许多问题。

（一）对互联网案件的识别

对互联网案件的识别有两种方式，一种是在原有的法律体系中进行识别，例如通过互联网订立合同的纠纷就识别为合同案件，在互联网上发生的侵权案件就识别为侵权案件，等等。另一种就是在原有的法律体系之外通过国内立法与判例、国际条约与公约建立起一个“网络空间法”，形成一个独立的法律部门，专门适用于互联网的案件。

独立的“网络空间法”能否产生，取决于全世界各个国家的立法和司法实践以及各国在这一问题上的统一，这一点目前尚难以做到。并且，因为互联网这种技术革新而形成的统一网络空间毕竟是一个虚拟的空间，从虚拟回到现实，各个国家仍然为了各自的利益，利用它们的权力各行其是。于是，即使建立了统一的“网络空间法”，某一国家可能为了维护本国利益而以公共秩序保留等理由拒绝对“网络空间法”的适用。因此，最好是在不改变原有的法律结构的基础上，根据互联网提出的各种新问题给原有的法律注入新的内容，这才不失为一种解决互联网案件纠纷法律冲突切实可行的方法。这时，识别也就应当在原来的法律体系中进行，进而寻找相应的准据法。

（二）连结因素的确定

在冲突规范中，有一个非常重要的部分，那就是特定的民事关系或法律问题的某国法律连结起来的纽带或标志，在国际私法中被称为连结因素或连结点。从国际私法的长期实践和发展来看，比较常见的一些连结点有：国籍、住所或居所、营业所、物之所在地、行为地、法院地、当事人的合意选择、与案件或民事关系有最密切联系的国家或地区等。其中，当事人的合意选择地、最密切联系地是后来发展起来的连结因素，与传统的连结因素相比，更加灵活、有弹性，是对传统连结因素 “软化处理”的结果。在处理与互联网相关的案件时，由于案件纠纷发生在网络上，确定连结因素尤其是确定行为地这种连结因素时会发生困难。互联网的广阔性和开放性使得网上行为的影响遍及全球，那么到底决定哪一个国家或地区的法律作为最终适用的法律呢？是允许任何受理案件的国家都可以自己国家或地区的法律标准来审理案件呢？还是以根据特殊的规则确定的特定国家或地区法律标准、甚至干脆以与位置关系不大的网上社区法律标准来进行审理案件？能不能从网络空间本身入手，确立一个新的连结因素呢？关于这些问题，立法和实践都尚无定论。

1．尊重网上社区解决网上纠纷

从美国的一些州际司法案件审理中的法律适用来看，对于互联网上的案件而言，即使受理案件的州法律与被告本州的法律有本质的区别，受理案件的州法院仍然可以依据自己州的法律进行判决。这样其实就带来了跟前面所述互联网给管辖权带来的问题相似的矛盾，结果使得网上行为人受制于全球法律的制约，最终因法院适用行为人无法了解和掌握，也无义务了解和掌握每个国家或地区的法律而受到不利的判决。于是针对这样的情况，有的学者提出了应当重视和新生网上社区的观点。网络空间中非地理意义的网上社区是客观存在的，它由一些有着共同兴趣、目标和准则的用户群体构成，而这些用户的地理空间中居于何处并不明确，对网上社区的形成也毫无影响。在互联网案件中，适用法院地法还是被告属人法，这样的争论仍属于传统冲突规范可以解决的问题；是否应对网上社区的法律标准予以尊重或干脆引为准据法的一部分来处理网上案件，这才是一个新课题。如果各国法院和立法都对网上社区视而不见，势必导致互联网用户进行网上活动的同时，必须力不从心地查明各国有关某一领域的各种标准和限制，这是对互联网的扼杀，也是法律适用的真正困境。

2．建立新的连结因素

网上纠纷当事人的国籍、住所或居所、营业所、物之所在地、行为地等连结因素在网上往往难以查明，同时这些因素对网上活动往往毫无意义，这时，可以考虑根据最密切联系原则的原理建立新的连结因素。

根据学者们的设想和构思，网络服务提供者 ISP 不仅在技术上处于一个不可或缺的地位，在法律上也应被赋予新的权利、处于新的地位。由于在网络案件中，最容易确定的就是当事人属于哪一个ISP所服务的用户，用户在选择该ISP的时候，就可以由ISP明示用户应当遵守的规则。因此，与当事人关系最密切的是他们的ISP，根据最密切联系原则，可以考虑适用ISP所在地或者他们选择适用的活动。这样，互联网用户将制定规则和选择法律的权利委托给了ISP，互联网用户在选择ISP的同时也就意味着他接受了该ISP所在地的法律或者该ISP所选择的国家或地区的法律适用。用这种方法来决定法律适用，能够使用户非常清楚自己受到哪种法律规则的约束，应当遵循什么规定。将非纠纷当事人的ISP所在地或者ISP选择作为新的连结因素，不仅符合最密切联系原则的灵活性内涵，而且由于最初的选择权在网络用户手中，有利于当事人预见法律的后果，不至于被适用自己完全不了解的法律。

第十四节　电子签名法

一、电子签名法的立法背景

电子签名法是以规范作为电子商务（也包括电子政务）信息载体的数据电文和当事人在数据电文上以电子数据形式“签名”为主要内容的法律制度。以计算机网络和电子技术应用为依托的电子商务，具有远比传统商务更为便捷、高效、覆盖面广、交易费用低廉等明显的优势，更能适应信息时代和经济全球化的需要，因而其发展迅猛，得到日益广泛的应用。但电子商务所带来的贸易方式革命性的变化，却遇到了传统法律的障碍，产生了一系列必须解决的法律问题，主要是：(1）书面形式问题。按照现行法律的规定，重要商务文件，包括重要的合同、商业票据等，都须采用书面形式，否则不具法律效力。但无纸化的电子商务以数据电文代替纸质媒介为信息载体，不采用传统的书面形式。以数据电文形式记载的交易信息是否具有法律效力，需要予以明确。(2）原件和保存问题。重要的商务活动要求提供和保存相关原件；在发生纠纷提起仲裁或诉讼时，要求以原件作为证据。而电子商务以数据电文在计算机网络间传递信息，电子数据都记录在计算机内，输入到打印机打印出来的都只能算是“副本”。那么，如何确定数据电文的“原件”，什么样的数据电文可以视为符合法律要求的书面形式，需要明确。(3）签名问题。传统商务活动中，交易双方在纸质文件上手书签名或盖章，一是为了证明身份，二是表示对所签名盖章的书面文件的认可，受其约束，不得反悔。鉴于签名盖章对保证交易安全极为重要，有关法律规定，书面合同等重要的商务文件，须经当事人签名盖章始生效力。而在电子商务中，通过计算机网络以数据电文传递交易信息，不可能采用传统的手书签名、盖章方式，为此人们创造了在数据电文中用电子数据“签名”的技术，以其作为保证网上交易安全的重要手段。这种签名是否具有与手写签名同等的法律效力，也需要法律予以明确。(4）电子签名的规则不明确，对电子签名人的行为缺乏规范，发生纠纷后责任难以认定。(5）电子认证服务提供者的法律地位和法律责任不明确，行为不规范，认证的合法性难以保证。(6）电子签名的安全性、可靠性没有法律保障，交易方对电子交易的安全缺乏信心。

为了消除电子商务和电子政务发展过程中的法律障碍，十届全国人大常委会第十一次会议审议通过了《中华人民共和国电子签名法》。电子签名法的颁布实施，对于规范电子签名行为，确立电子签名的法律效力，维护有关各方的合法权益，起到了重要的作用。

二、电子签名法的适用范围

制定电子签名法的主要目的是为了规范电子签名行为，确立电子签名的法律效力。目前，电子签名主要是在电子商务活动中使用的。随着信息化水平的不断提高，在政府部门对一些经济、社会事务管理中，也开始采用电子手段，如电子报关、电子报税、电子年检以及行政许可法规定的可以采用数据电文方式提出行政许可申请等，这些也都涉及电子签名的法律效力问题，同样需要适用电子签名的有关规定。因此，电子签名法的适用范围应有一定的前瞻性和包容性，即主要适用于商务活动，但又不限于商务活动。所有使用电子签名、数据电文的领域，关于电子签名、数据电文的法律效力问题，均适用电子签名法的规定。同时，考虑到经济、社会等方面的行政管理活动中使用数据电文、电子签名的特殊情况，电子签名法授权国务院依据本法制定政务活动和其他社会活动中使用电子签名、数据电文的具体办法。

此外，基于交易安全和社会公共利益的考虑，借鉴一些国家的做法，电子签名法规定在一些特定范围内的法律文书，不适用电子签名法关于电子签名、数据电文的法律效力的规定。包括：（1）涉及婚姻、收养、继承等人身关系的；（2）涉及土地、房屋等不动产权益转让的；（3）涉及停止供水、供热、供气、供电等公用事业服务的；（4）法律、行政法规规定的不适用电子文书的其他情形。

三、电子签名法的主要内容

数据电文、电子签名的法律效力问题，是电子签名法要解决的首要问题。电子签名法第三条明确规定："民事活动中的合同或者其他文件、单证等文书，当事人可以约定使用或者不使用电子签名、数据电文。""当事人约定使用电子签名、数据电文的文书，不得仅因为其采用电子签名、数据电文的形式而否定其法律效力。"

关于数据电文的法律效力主要包括：（一）关于书面形式。电子签名法第四条规定："能够有效地表现所载内容，并可以随时调取查用的数据电文，视为符合法律、法规要求的书面形式。"（二）关于原件形式要求。电子签名法第五条规定："符合下列条件的数据电文，视为满足法律、法规规定的原件形式要求：（1）能够有效地表现所载内容并可供随时调取查用；（2）能够可靠地保证自最终形成时起，内容保持完整、未被更改。但是，在数据电文上增加背书以及数据交换、储存和显示过程中发生的形式变化不影响数据电文的完整性。"（3）关于文件保存要求。电子签名法第六条规定："符合下列条件的数据电文，视为满足法律、法规规定的文件保存要求：（1）能够有效地表现所载内容并可供随时调取查用；（2）数据电文的格式与其生成、发送或者接收时的格式相同，或者格式不相同但是能够准确表现原来生成、发送或者接收的内容；（3）能够识别数据电文的发件人、收件人以及发送、接收的时间。"（4）关于证据效力。电子签名法第七条规定："数据电文不得仅因为其是以电子、光学、磁或者类似手段生成、发送、接收或者储存的而被拒绝作为证据使用。"同时第八条规定："审查数据电文作为证据的真实性，应当考虑以下因素：（1）生成、储存或者传递数据电文方法的可靠性；（2）保持内容完整性方法的可靠性；（3）用以鉴别发件人方法的可靠性；（4）其他相关因素。"

同时，在电子签名法中还对数据电文的归属、数据电文的收讫确认、数据电文的发送和接收时间以及数据电文的发送和接收地点进行了规定。

关于电子签名的法律效力，电子签名法第十四条规定："可靠的电子签名与手写签名或者盖章具有同等的法律效力。”并在第十三条第一款规定了可靠的电子签名的条件，即：（一）电子签名制作数据用于电子签名时，属于电子签名人专有；（二）签署时电子签名制作数据仅由电子签名人控制；（三）签署后对电子签名的任何改动能够被发现；（四）签署后对数据电文内容和形式的任何改动能够被发现。”同时在第十三条第二款规定：“当事人也可以选择使用符合其约定的可靠条件的电子签名。”也就是说，只要电子签名符合法律规定或者当事人约定的可靠条件，就与手写签名或者盖章具有同等的法律效力。

四、关于电子认证机构的管理

在电子交易过程中，交易双方互不认识，缺乏信任，使用电子签名时，往往需要由第三方对电子签名人的身份进行认证，并为其发放证书，为交易双方提供第三方认证。根据我国的实际情况，电子签名对电子认证机构采用了政府主导的管理模式，对电子认证服务设立了市场准入制度，即从事电子认证服务必须取得政府有关部门的许可。电子签名法第十七条、第十八条规定，从事电子认证服务必须具备一定的条件，并取得国务院信息产业主管部门的许可。并在第二十五条规定授权国务院信息产业主管部门依照本法制定电子认证服务业管理的具体办法。

电子签名法还对电子认证机构的义务进行了规定，主要包括：

1．电子认证服务提供者应当制定、公布符合国家有关规定的电子认证业务规则，并向国务院信息产业主管部门备案。

2．电子认证服务提供者应当对电子签名认证申请人的身份进行查验，并对有关材料进行审查。

3．电子认证服务提供者应当保证电子签名认证证书内容在有效期内完整、准确，并保证电子签名依赖方能够证实或者了解电子签名认证证书所载内容及其他有关事项。

4．电子认证服务提供者拟暂停或者终止电子认证服务的，应当在暂停或者终止服务九十日前，就业务承接及其他有关事项通知有关各方。同时，应当在暂停或者终止服务六十日前向国务院信息产业主管部门报告，并与其他电子认证服务提供者就业务承接进行协商，作出妥善安排。

5．电子认证服务提供者应当妥善保存与认证相关的信息，时间为电子签名认证证书失效后至少五年。

◎附录：

中华人民共和国电子签名法

（2004年8月28日第十届全国人民代表大会常务委员会第十一次会议通过）

目　录

第一章　总则

第一条　为了规范电子签名行为，确立电子签名的法律效力，维护有关各方的合法权益，制定本法。

第二条　本法所称电子签名，是指数据电文中以电子形式所含、所附用于识别签名人身份并表明签名人认可其中内容的数据。

本法所称数据电文，是指以电子、光学、磁或者类似手段生成、发送、接收或者储存的信息。

第三条　民事活动中的合同或者其他文件、单证等文书，当事人可以约定使用或者不使用电子签名、数据电文。

当事人约定使用电子签名、数据电文的文书，不得仅因为其采用电子签名、数据电文的形式而否定其法律效力。

前款规定不适用下列文书：

（一）涉及婚姻、收养、继承等人身关系的；

（二）涉及土地、房屋等不动产权益转让的；

（三）涉及停止供水、供热、供气、供电等公用事业服务的；

（四）法律、行政法规规定的不适用电子文书的其他情形。

第二章　数据电文

第四条　能够有形地表现所载内容，并可以随时调取查用的数据电文，视为符合法律、法规要求的书面形式。

第五条　符合下列条件的数据电文，视为满足法律、法规规定的原件形式要求：

（一）能够有效地表现所载内容并可供随时调取查用；

（二）能够可靠地保证自最终形成时起，内容保持完整、未被更改。但是，在数据电文上增加背书以及数据交换、储存和显示过程中发生的形式变化不影响数据电文的完整性。

第六条　符合下列条件的数据电文，视为满足法律、法规规定的文件保存要求：

（一）能够有效地表现所载内容并可供随时调取查用；

（二）数据电文的格式与其生成、发送或者接收时的格式相同，或者格式不相同但是能够准确表现原来生成、发送或者接收的内容；

（三）能够识别数据电文的发件人、收件人以及发送、接收的时间。

第七条 数据电文不得仅因为其是以电子、光学、磁或者类似手段生成、发送、接收或者储存的而被拒绝作为证据使用。

第八条 审查数据电文作为证据的真实性，应当考虑以下因素：

（一）生成、储存或者传递数据电文方法的可靠性；

（二）保持内容完整性方法的可靠性；

（三）用以鉴别发件人方法的可靠性；

（四）其他相关因素。

第九条 数据电文有下列情形之一的，视为发件人发送：

（一）经发件人授权发送的；

（二）发件人的信息系统自动发送的；

（三）收件人按照发件人认可的方法对数据电文进行验证后结果相符的。

当事人对前款规定的事项另有约定的，从其约定。

第十条 法律、行政法规规定或者当事人约定数据电文需要确认收讫的，应当确认收讫。发件人收到收件人的收讫确认时，数据电文视为已经收到。

第十一条 数据电文进入发件人控制之外的某个信息系统的时间，视为该数据电文的发送时间。

收件人指定特定系统接收数据电文的，数据电文进入该特定系统的时间，视为该数据电文的接收时间；未指定特定系统的，数据电文进入收件人的任何系统的首次时间，视为该数据电文的接收时间。

当事人对数据电文的发送时间、接收时间另有约定的，从其约定。

第十二条 发件人的主营业地为数据电文的发送地点，收件人的主营业地为数据电文的接收地点。没有主营业地的，其经常居住地为发送或者接收地点。

当事人对数据电文的发送地点、接收地点另有约定的，从其约定。

第三章 电子签名与认证

第十三条 电子签名同时符合下列条件的，视为可靠的电子签名：

（一）电子签名制作数据用于电子签名时，属于电子签名人专有；

（二）签署时电子签名制作数据仅由电子签名人控制；

（三）签署后对电子签名的任何改动能够被发现；

（四）签署后对数据电文内容和形式的任何改动能够被发现。

当事人也可以选择使用符合其约定的可靠条件的电子签名。

第十四条 可靠的电子签名与手写签名或者盖章具有同等的法律效力。

第十五条 电子签名人应当妥善保管电子签名制作数据。电子签名人知悉电子签名制作数据已经失密或者可能已经失密时，应当及时告知有关各方，并终止使用该电子签名制作数据。

第十六条 电子签名需要第三方认证的，由依法设立的电子认证服务提供者提供认证服务。

第十七条 提供电子认证服务，应当具备下列条件：

（一）具有与提供电子认证服务相适应的专业技术人员和管理人员；

（二）具有与提供电子认证服务相适应的资金和经营场所；

（三）具有符合国家安全标准的技术和设备；

（四）具有国家密码管理机构同意使用密码的证明文件；

（五）法律、行政法规规定的其他条件。

第十八条 从事电子认证服务，应当向国务院信息产业主管部门提出申请，并提交符合本法第十七条规定条件的相关材料。国务院信息产业主管部门接到申请后经依法审查，征求国务院商务主管部门等有关部门的意见后，自接到申请之日起四十五日内作出许可或者不予许可的决定。予以许可的，颁发电子认证许可证书；不予许可的，应当书面通知申请人并告知理由。

申请人应当持电子认证许可证书依法向工商行政管理部门办理企业登记手续。

取得认证资格的电子认证服务提供者，应当按照国务院信息产业主管部门的规定在互联网上公布其名称、许可证号等信息。

第十九条 电子认证服务提供者应当制定、公布符合国家有关规定的电子认证业务规则，并向国务院信息产业主管部门备案。

电子认证业务规则应当包括责任范围、作业操作规范、信息安全保障措施等事项。

第二十条 电子签名人向电子认证服务提供者申请电子签名认证证书，应当提供真实、完整和准确的信息。

电子认证服务提供者收到电子签名认证证书申请后，应当对申请人的身份进行查验，并对有关材料进行审查。

第二十一条 电子认证服务提供者签发的电子签名认证证书应当准确无误，并应当载明下列内容：

（一）电子认证服务提供者名称；

（二）证书持有人名称；

（三）证书序列号；

（四）证书有效期；

（五）证书持有人的电子签名验证数据；

（六）电子认证服务提供者的电子签名；

（七）国务院信息产业主管部门规定的其他内容。

第二十二条 电子认证服务提供者应当保证电子签名认证证书内容在有效期内完整、准确，并保证电子签名依赖方能够证实或者了解电子签名认证证书所载内容及其他有关事项。

第二十三条 电子认证服务提供者拟暂停或者终止电子认证服务的，应当在暂停或者终止服务九十日前，就业务承接及其他有关事项通知有关各方。

电子认证服务提供者拟暂停或者终止电子认证服务的，应当在暂停或者终止服务六十日前向国务院信息产业主管部门报告，并与其他电子认证服务提供者就业务承接进行协商，作出妥善安排。

电子认证服务提供者未能就业务承接事项与其他电子认证服务提供者达成协议的，应当申请国务院信息产业主管部门安排其他电子认证服务提供者承接其业务。

电子认证服务提供者被依法吊销电子认证许可证书的，其业务承接事项的处理按照国务院信息产业主管部门的规定执行。

第二十四条 电子认证服务提供者应当妥善保存与认证相关的信息，信息保存期限至少为电子签名认证证书失效后五年。

第二十五条 国务院信息产业主管部门依照本法制定电子认证服务业的具体管理办法，对电子认证服务提供者依法实施监督管理。

第二十六条 经国务院信息产业主管部门根据有关协议或者对等原则核准后，中华人民共和国境外的电子认证服务提供者在境外签发的电子签名认证证书与依照本法设立的电子认证服务提供者签发的电子签名认证证书具有同等的法律效力。

第四章 法律责任

第二十七条 电子签名人知悉电子签名制作数据已经失密或者可能已经失密未及时告知有关各方、并终止使用电子签名制作数据，未向电子认证服务提供者提供真实、完整和准确的信息，或者有其他过错，给电子签名依赖方、电子认证服务提供者造成损失的，承担赔偿责任。

第二十八条 电子签名人或者电子签名依赖方因依据电子认证服务提供者提供的电子签名认证服务从事民事活动遭受损失，电子认证服务提供者不能证明自己无过错的，承担赔偿责任。

第二十九条 未经许可提供电子认证服务的，由国务院信息产业主管部门责令停止违法行为；有违法所得的，没收违法所得；违法所得三十万元以上的，处违法所得一倍以上三倍以下的罚款；没有违法所得或者违法所得不足三十万元的，处十万元以上三十万元以下的罚款。

第三十条 电子认证服务提供者暂停或者终止电子认证服务，未在暂停或者终止服务六十日前向国务院信息产业主管部门报告的，由国务院信息产业主管部门对其直接负责的主管人员处一万元以上五万元以下的罚款。

第三十一条 电子认证服务提供者不遵守认证业务规则、未妥善保存与认证相关的信息，或者有其他违法行为的，由国务院信息产业主管部门责令限期改正；逾期未改正的，吊销电子认证许可证书，其直接负责的主管人员和其他直接责任人员十年内不得从事电子认证服务。吊销电子认证许可证书的，应当予以公告并通知工商行政管理部门。

第三十二条 伪造、冒用、盗用他人的电子签名，构成犯罪的，依法追究刑事责任；给他人造成损失的，依法承担民事责任。

第三十三条 依照本法负责电子认证服务业监督管理工作的部门的工作人员，不依法履行行政许可、监督管理职责的，依法给予行政处分；构成犯罪的，依法追究刑事责任。

第五章 附则

第三十四条 本法中下列用语的含义：

（一）电子签名人，是指持有电子签名制作数据并以本人身份或者以其所代表的人的名义实施电子签名的人；

（二）电子签名依赖方，是指基于对电子签名认证证书或者电子签名的信赖从事有关活动的人；

（三）电子签名认证证书，是指可证实电子签名人与电子签名制作数据有联系的数据电文或者其他电子记录；

（四）电子签名制作数据，是指在电子签名过程中使用的，将电子签名与电子签名人可靠地联系起来的字符、编码等数据；

（五）电子签名验证数据，是指用于验证电子签名的数据，包括代码、口令、算法或者公钥等。

第三十五条 国务院或者国务院规定的部门可以依据本法制定政务活动和其他社会活动中使用电子签名、数据电文的具体办法。

第三十六条 本法自２００５年４月１日起施行。

第六章　电子证据及计算机取证

随着信息技术日益深入社会生活，法律调整的范围不断向科技领域延伸，因法律和信息技术结合产生的新型证据——电子证据，逐渐被人们所关注，成为当前证据学研究领域中的热点问题，侦破计算机、网络等高科技犯罪是侦查机关的一个难题，而计算机取证恰恰成为此类案件侦破的"瓶颈"，也关乎证据的可采性乃至诉讼的成败。通过计算机取证收集获取具有可采性的证据，被用来解决大量的计算机犯罪案件，包括网络入侵、侵犯知识产权和网络欺诈、电子交易纠纷等，一些国家和国际组织先后设立了特殊的计算机取证原则及计算机取证的过程模型，如国际电子证据组织的计算机取证原则、美国司法部的计算机取证法律执行过程模型等。我国也先后制定了一些相关的办案规则以指导电子证据的调查取证工作，包括《公安机关办理刑事案件程序规定》、《计算机犯罪现场勘验与电子证据检查规则》、《公安机关电子数据鉴定规则》等，为现场勘验、电子证据的收集、鉴定、扣押等方面制定了相应的规范，在一定程度上弥补了传统调查取证规则之不足，在计算机取证中起到了殊为重要的作用。国外研究计算机取证技术和工具起步较早，也获得了重大成果，包括数据复原、扫描、数据复制、数据截取和数据欺骗技术等在内的收集技术，以及数据挖掘、对比、日志分析、密码破译、追踪技术在内的电子证据分析技术等。

第一节　电子证据概述

电子证据已经被誉为信息社会的"证据之王"，对于此类证据的法律界定在世界各国都尚无定论，目前的主流观点倾向于使用"电子证据"这一术语来界定这种新型证据，只是名家们的解释略有不同。深入地研究电子证据的法律特征，准确地定义电子证据是案件侦查中计算机取证的基础，也是计算机取证工作合理、合法展开的前提。

一、电子证据的界定

以计算机技术、电子技术、通信技术为特征的现代信息技术的迅猛发展，为我们构建了一个与现实世界越来越相像的虚拟世界。伴随着新型电子商务、电子政务等虚拟活动的日益丰富，刑事犯罪、民事侵权、劳动纠纷等案件也逐渐增多，一种新型证据——电子证据亦随之产生，并在司法实践中愈加显示出其重要性，成为近年来司法和计算机网络等信息技术领域所关注的对象。

（一）电子证据及其相关术语的定义

作为近年来由现代信息技术衍生的一种新型证据，世界各国司法界对此存在着各种各样的表述，英文相关术语有"Electronic Evidence"、"Computer Evidence"、"Digital Evidence"、"Computer-based Evidence"、"Computer-produced Evidence"等数种，我国目前引用较多的术语有“电子证据”、“计算机证据”、“数字证据”、“网络证据”等，有学者还将几个术语等同使用。例如，浙江工业大学软件开发环境重点实验室的赵小敏、陈庆章在其论文中认为“电子证据也称为计算机证据，是指在计算机或计算机系统运行过程中产生的，以其记录的内容来证明案件事实的电磁记录物”。但是，无论从外延还是从内涵考虑，“电子证据”、“计算机证据”、“数字证据”、“网络证据”都是有区别的，不能相提并论。

1. 计算机证据

计算机证据源于英文法律术语“Computer Evidence”，《COMPUTER EVIDENCE ACT 57 OF 1983 OF SOUTH AFRICA》就直接采用了该概念。目前，人们从各种不同的角度对计算机证据加以定义，基本上可以概括为计算机系统运行过程中产生的或存储的、以其记录的内容证明案件事实的电、磁、光信息。由此可见，计算机证据与计算机系统具有必然的关联性，计算机系统包括硬件系统和软件系统，某一数据信息的形成、存储、传输、运行、分析等各个环节只要与计算机的硬件设备或软件系统有一丝一毫的关系，均可以将其归入计算机证据的范畴。计算机证据既包括 WORD 电子文档、电子合同文本、音频、视频文件等，还包括计算机本身的一些系统记录资料，如系统日志、硬盘分区表、Windows 操作系统和数据库的临时文件或隐藏文件等；既可以以书面形式展示，也可以通过屏幕显示、打印绘图、视频播放等多种表现形式展示。

国外法律界还使用一些与计算机证据相类似的术语，但在我国使用较少。例如，“Computer-based Evidence”直译为基于计算机的证据，这些证据是以计算机系统本身为基础而存在的资料用来证明案件事实，诸如系统日志、硬盘分区表信息等；“Computer-produced Evidence”直译为计算机形成的证据，即计算机形成的记录（Computer-produced record），按照美国司法部《刑事侦查中搜查、扣押计算机与获取电子证据之联邦司法手册》中的规定，该种证据包括计算机生成的记录（Computer-generated record）、计算机储存的记录（Computer-stored record）以及某些既有计算机生成记录也有计算机储存的计算机记录，诸如录入的电子合同、WORD 文档等。以上证据反映了计算机系统的状态或其产生、存储都依赖于计算机系统，与计算机系统具有密切的关系，笔者认为它们均属于计算机证据的范畴，是计算机证据的一部分。

2．网络证据

近年来由于与网络相关案例的增多，审判活动和新闻评论界中经常使用术语“网络证据”。如广州海事法院倪学伟编写的案例“网络证据在审判中的适用——平保北京分公司诉艾派克斯公司海上货物运输合同案”。[①]另外，IT 界的技术专家和学者在研究网络环境中的证据获取技术时均直接使用术语“网络证据”。这些案例及研究中提及的网络证据是指在计算机网络环境中出现的、用以证明案件事实的数据信息，包括 IP 地址、域名、电子邮件（E-mail）、电子公告板记录（BBS）、网络聊天记录（E-chat）、电子数据交换（EDI）等。目前在司法活动中作为证据使用频率较高的是 IP 地址、电子邮件、网络聊天记录、电子数据交换等与计算机网络有关的数据信息。

3．数字证据

数字证据由英文术语 Digital Evidence 翻译得来，在国外司法界使用率较高。如计算机犯罪专家 Eoghan Casey 认为，数字证据“包含有下述各种数字式数据的证据，即能够证明发生

① 《新京报》2005 年 8 月 5 日的报道“刘×案新添‘网络证据’”。

了某一犯罪的数据，或者能否在犯罪行为与被害人之间、犯罪行为与犯罪人之间建立某种联系的数据”。

数字证据，是指表现为数码形式的、用以证明案件事实的数据信息。以电子数字计算机的信息处理为例，通过键盘、鼠标等设备输入的字符、音频、图片等数据信息，被转换为计算机能够直接认读而人们并不能直接理解的二进制 0、1 代码组合，即数字信息，经过计算机系统的逻辑或算术运算，再将数字信息转换为人们可感知的各种输出形式，如屏幕显示、打印文档、音频播放等，数字技术性是数字信息区别于其他信息的本质特征。数字信息如能证明案件事实即为数字证据。SWGDE (Scientific Working Group on Digital Evidence，数字证据科学工作小组)与 IOCE(International Organization on Computer Evidence，国际计算机证据组织)在 1999 年在伦敦举办的旨在为各国提供数字证据交换规则的 IHCFC 会议(International Hi-Tech Crime and Forensics Conference，国际高科技犯罪与取证会议) 上提交了一份名为《数字证据：标准与原则》的报告，对数字证据从技术方面进行了定义，“数字证据是指以数字形式存储或传输的信息或资料。”由于强调的是作为证据应用的数据信息本身的“数字”技术特性，因而该术语在司法实践活动中使用的并不多。

4．电子证据

现代信息社会以信息活动作为社会发展的基本活动，改变着人类教育、生活和工作方式以及价值观念。由电子技术、通信技术和计算机技术构成的信息技术，奠定了信息社会的技术基础，促进了现代商务活动、医疗教育、行政管理的电子化、网络化，同时也衍生了电子证据，电子证据甚至被誉为信息世界的“证据之王”。近年来，国内许多学者认同“电子证据”这一法律术语并加以界定，如电子证据是“以电子形式存在的、用做证据使用的一切材料及其派生物；或者说，借助电子技术或电子设备而形成的一切证据”。许多国家和国际组织在司法活动中也采用电子证据这一术语并制定相应的法律法规。例如，菲律宾的《电子证据规则》、加拿大的《统一电子证据法》、美国的《统一电子交易法》、英国政府的《电子通信法案》、新加坡的《1998 电子交易法》以及联合国的《电子商务示范法》中均采用“电子证据”一词。另外，欧盟的《电子商务动议》、美国的《全球电子商务框架》等数字化交易规范和标准文件，虽不具有法律效力，但也在实践活动中采用“电子证据”一词。

目前，人们所提及的电子证据主要表现为电子邮件、电子交易记录、计算机中的文件、数码相机中存储的图片及视频资料，等等，无论是哪种形式，其产生、存储、传输、后期处理等各个环节都离不开以电子技术为基础的信息技术。因此，就目前技术发展水平而言，可采用广义的法律定义方式将电子证据界定为：一切由信息技术形成的、用以证明案件事实的数据信息，即广义上的电子信息。

（二）电子证据与相关术语的关系

对于这种信息社会的“证据之王”，如何定义和界定，学界至今尚无定论。我国 IT 业界侧重于研究证据的收集分析技术，主要采用数字证据、网络证据、计算机证据等术语；法学界采用的术语主要是计算机证据与电子证据，重点分析该种证据的法律性质、类型、效力及取证规则。

电子证据是一切由信息技术形成的、用以证明案件事实的数据信息。从形成数据信息的技术角度分析，一部分电子证据与计算机系统有关，如计算机系统日志、IP 地址、网络设置参数等；一部分与计算机系统无关，如人们早期使用的第一代手机是基于模拟电子技术的半导体技术形成的通信工具，其通话内容只能属于电子证据而不是计算机证据；此外数码照片、录音摄像等也都属于电子证据而不属于计算机证据。因此，电子证据不仅限于与计算机有关的证据，还包括由第一代手机、数码相机、摄像机等电子设备形成的非计算机证据。

计算机系统从功能上可以分为单机系统和网络系统，当计算机没有连入任何一种网络环境时，此计算机系统被称为单机系统，反之属于网络系统，连入的计算机及其打印机等外部设备处于网络环境中。因此，前面所提到的计算机证据应该包括单机系统中提取到的证据和网络证据。

现代各种电子设备如计算机、手机等普遍采用数字电子技术，电子证据因而主要表现为数字形式。但由第一代手机、录像机、摄像机等电子设备生成的诸如通话记录、摄像内容等模拟信息，也是借助于信息技术而生成，也属于电子证据的范畴。模拟信息是用具体数值或量（如电压信号的幅度、降位、频率、脉冲信号的幅度或持续时间等）记载的数据内容，数字信息是以二进制的 0 或 1、十进制的 0、1、……、9 等数码形式存在的信息。二者之间存在着本质区别，如模拟信息具有时间上的连续性，而数字信息的状态是离散的；模拟信息经过复制会产生一定的耗损，数字信息的复制则不会产生本质变化等。但现代信息技术的迅猛发展，使得技术之间不再存在以往难以逾越的鸿沟，不同性质的数据信息可以通过计算机设备和相应的软件进行制式转换。如模拟信号形式的固定电话通话录音可以转换为数字式的音频数据文件。因此，电子证据应该包括基于电子、通信技术的模拟证据和具有数字技术性的数字证据。

综上所述，依据用以证明案件事实的数据信息的存在形式划分，电子证据由数字证据和模拟证据两部分组成；依据用以证明案件事实的数据信息是否与计算机有关来划分，电子证据由计算机证据和非计算机证据两部分组成，而计算机证据由单机证据和网络证据两部分组成。由此可见，电子证据可以涵盖其他几种术语的定义。

（三）用"电子证据"广义定义法界定新型证据更为恰当

对于信息技术衍生的新型证据，不同业界的不同研究方法，虽然丰富了研究内容，更深入地剖析了其各方面的属性，但弊端在于各界均以自己的研究领域为核心，对于这种新型证据形式体现出的学科交叉性研究不足，故而形成了各执一端的局面，使人们对这种证据的认识产生了混乱，给司法实践带来了不便。因此统一术语、明确界定是此种证据正确应用的前提。基于以上对几种术语的解释和比较，与其他术语相比，电子证据涵盖的内容更加丰富，外延更为宽泛，囊括了其他几种术语的定义，而"计算机证据"、"网络证据"、"数字证据"等任何一种术语都仅片面地代表了此种新型证据的某些形式。更为重要的是，信息技术是以电子技术为基础而发展的，使用"电子证据"这一术语定义信息技术衍生的新型证据能够较为真实地反映该种证据的技术特征。在此，也可以借鉴国外的立法例，如美国《统一电子交易法》中规定："电子技术，是指含有电子的、数据的、磁性的、光学的、电磁的或类似性能的相关技术。"此法中使用多种不同的技术性能扩大了"电子"的语义范围，为电子证据术语的使用奠定了解释基础。因而，多数学者认为使用"电子证据"称谓此种证据更为恰当。

采用广义定义法界定电子证据是"一切由信息技术形成的、用以证明案件事实的数据信息"，实际上依据的是开放定义原则。几十年前的人类并没有预见到社会发展到如今的高科技、信息化境地，而现行的法律法规也未给电子证据分配一席之地，虽然目前用广义的法律定义界定电子证据这一新概念术语，未免有外延宽泛之嫌，但给未来的社会进步、技术发展准备了一定的空间，为将来吸纳新技术产生的证据形式留有余地，符合法律定义的前瞻性要求，既能够为适应科技不断发展的需要而较长时间内保持使用该术语和广义定义的相对稳定性，也能为重新科学地划分证据类型奠定基础。

二、电子证据的特点

证据的基本功能在于证明案件的事实。因此，电子证据与传统证据的法律功能是一致的，即电子证据无论是以打印出来的书面形式展现，还是以视频形式播放，都是以存储介质中的内容印证案件的事实。但是作为一种与信息技术密不可分的新型证据，电子证据同时具有一些与传统证据不同的物理特性和技术特征。

（一）物理特性

电子证据是由信息技术或电子设备生成、用以证明案件事实的数据信息，其实质是电、磁、光信息，因而电子证据本身的物理特性是有别于传统证据的主要特征。其物理特性主要表现为：

1．特殊的记录方式

书证、物证等传统证据以文字、图形、实物状态等形式记录证明案件的内容，电子证据则不同，其起证明作用的内容要么是连续的模拟电子信号，要么是离散的数字电子信号，是通过信息技术将所要记录的信息按一定规律转化为电磁场的变化再以某种方式记录下来而形成的电子信息。如计算机通过集成电路电子矩阵的正负电平或磁性材料磁体的变化而形成的电磁场将电子信息记录在磁盘中，或利用激光通过变化的电磁场将电子信息以凹凸“小点”的形式记录在光盘上。这种特殊的记录方式是电子证据与其他证据相区别的、最本质的特性。

2．特定的传输空间

书证、物证等传统证据只能在物理空间中以实物形式传递，但信息技术的发展，使得本质是电磁信号的电子证据是以无形的方式在电磁场中进行传播。例如电子邮件可以通过网络发送给任意计算机用户，任意两人之间的通话也是弥漫在电磁场中的信号，这些电子信息通过虚拟空间传播到世界各个角落里。

3．特殊的存储性质

电子证据的法律功能虽然同其他证据一样，但电子证据必须承载在特殊的存储介质中。书证保存在纸张、布帛或其他可以书写的物质上，证人证言以证人记忆的方式显示出来，物证的载体通常是各种物品、物质或痕迹，而电子证据则离不开芯片、软盘、硬盘、U 盘、光盘或磁带等专门用以保存电磁信息的存储介质。这种电磁载体的容量是传统介质无法比拟的，一张光盘可以存储数百兆的信息，几张光盘甚至可以作为一个“电子图书馆”，电子证据也往往隐藏于海量的电子信息中。此外，物证会因周围环境的变化而影响自身的某种属性，书证容易损毁或出现笔误，证人证言易被误传、误导、误记或带有主观性，而电子证据由于其特殊的存储性质则可以长期无损存储及随时复制，即电子证据一旦被完整保存，除非故意损坏或超过安全存储期限，其内容便有了不变的保证。

4．特殊的感知方式

电子证据虽然同样是以其存储的内容证明案件的事实，但其实质是电磁信息，无法像传统书证、物证似的可以用笔墨直接书写或呈现为有形的物体，人们不能通过读、听、看等形式直接感知。没有相应的显示、播放等电子设备和配套的软件，无论怎样形象生动、真实可靠的数据信息，都只能保存在各种电磁存储介质中，丝毫不能被人们所认识、了解其内涵。

5．特有的电磁泄漏性

电磁泄漏是指电子设备工作时能够通过地线、电源线、信号线寄生电磁信号或谐波将设备所处理的信息辐射、传导出去，即电子信息在生成、存储、传输等各个环节里都可以通过辐射和传导两种途径向外传播。例如当计算机设备在进行数据处理和传输时，各种高频脉冲通过电器元件和分布参数的耦合、调制、迭加成为包含有用信息的频带信号，由电源线、电缆和电话线等通信链路进行传导，传导过程中因导线的天线效应，部分杂散的电磁能量能够转化为电磁波辐射而造成电子信息泄露。传统证据本身不是电磁信号，如果保存得当，根本不会产生信息泄露的状况，因而电磁泄漏性只是电子证据特有、而书证等传统证据根本不具有的物理特性。

（二）技术特征

电子证据实质是由电磁信号形成的记录案件事实的电子信息，具有明显的物理特性，现代信息技术是电子证据赖以存在的基础。因此，较之传统证据，其明显的技术含量使得电子证据还具有以下特点：

1．相对的易删改性

传统证据若经改动，通常比较容易被察觉，如修改书证所载的内容，可以通过查验笔迹、辨别印章等方法发现痕迹，因而嫌疑人目前很少对书证进行修改，因此不易删改性被认为是传统书证的一个特点。而对于电子证据而言，具备一定的信息技术，故意或无意中的不当使用完全可以修改文件内容、IP地址等数据信息，由此部分学者认为，较之于传统书证，电子证据更易被伪造或篡改，致使电子证据在法律上的不确定性与不可靠性大大增加，即电子证据具有“易删改性”。笔者以为，电子证据的易删改性是相对的。对于WORD文档、电子合同等数据信息，其内容以二进制代码形式存储在磁盘等介质的磁道上，普通的修改操作仅仅是对原有信息的简单覆盖；而且操作者在进行修改时，计算机在系统内和该文件的某一区域会记录下修改时间、修改位置等操作痕迹，若修改的是描述计算机运行状态的系统信息，尤其是网络环境中的实时信息，操作者必须具有相当深厚的计算机、网络、通信等方面的知识和技术，普通用户很难做到不留下任何“痕迹”，用数据恢复、数据挖掘等技术完全能够发现删除操作的“蛛丝马迹”。此点正像传统书证的不易删改性。为此犯罪嫌疑人也千方百计地利用新技术隐藏、销毁证据，以逃避法律的制裁。例如，数据擦除技术可以清除存储介质中的文件目录或原始数据；数据隐藏技术可以把暂时不能被清除的数据伪装成其他类型；数据加密技术可以在数据信息中添加特设的密码，使数据信息的增、删、改不易被发现，增加了调查取证的难度。但是其一旦被发现并固定，则始终保持其原始状态，因而也可以说电子证据较之传统证据更具有安全性和稳定性，电子证据的易删改性是相对而言的。

2．隐蔽性、分散性

由于电子证据本质是电磁信息，无论其存储介质是计算机的内存、光盘还是各种存储卡，其记录的证明案件事实的内容都不能直接展现，不似传统证据具有直观可见性。计算机的系统信息、计算机入侵者留下的“电子痕迹”等电子证据隐藏于计算机内部的特定存储区域，用普通的证据收集方法不易发现，从而又增加了电子证据的隐蔽性。信息社会是个虚拟世界，互联网就是一张无形的电子网，能够证明犯罪事实的电子信息通常不分地域或国界地散布在互联网的众多网站、服务器、终端用户的各种设备中，因此电子证据具有非常强的隐蔽性、分散性。

3．自动性、实时性

计算机网络技术形成的数据信息，如描述计算机运行状态、网络流量监测信息、防火墙状态的计算机系统环境、网络运行数据等是电子证据的主要类型，由于计算机存储程序、自动执行的工作原理，使得这些数据信息由计算机系统根据程序的运行自动生成。例如，犯罪嫌疑人在入侵网络时，计算机系统会自动记录其入侵行为的某些操作数据（IP 地址、访问系统时间等）并保存一定期限。即使是由数码相机、摄像机等电子设备生成的数据信息，其衍生的用以证明案件事实的附加信息如数码相片生成的时间、相片的大小、标题等，也是在操作电子设备过程中自动、实时生成的。由于数据传输的高速率，电子证据都是实时形成的。若不存在故意或无意的操作不当，电子证据一经形成就始终保持最初的原始状态，并能长期无损保存、反复使用。因此，电子证据具有传统证据无法比拟的自动性、客观实时性。

4．多样性、复合性

由于对电子证据采用的是广义定义法，外延非常宽泛，因而电子证据既包括了传统的视听资料，又包括了计算机数据以及电话、传真等通信数据，类型多种多样。电子证据的内容也不拘一种，既可以是单独的媒体形式，如打印在纸上的字符，显示器上输出的视频、图像，音频设备播放的声音等，也可以是字符、声音、图像、视频等多媒体的复合形式，使得电子证据可以单独或综合地以文本、图形、音频、视频等多媒体的形式展现，较之传统证据能够更加生动、形象地反映案件事实。通过先进的科学技术手段，可以将与案件有关的图像、声音、符号、文字和其他数据信息，甚至案件发生的实际状况直观地再现出来，利用这些电子证据重构犯罪过程。而传统证据除视听资料外，基本上都是单一的媒体形式。

三、电子证据的法律定位

无论从民事、行政还是刑事的角度，现行的诉讼证据都被划分为书证、物证、视听资料、当事人陈述、证人证言、鉴定结论以及勘验笔录等七种，并具有各自的证据规则。电子证据的出现及其愈加重要的社会、法律作用，对证据的原有划分体系造成了一定的影响，电子证据的法律定位问题一直以来是学术界的争论焦点之一，主要有“书证说”、“视听资料说”、“混合证据说”和“独立证据说”等观点。因此，鉴于电子证据的物理特性及其特殊的取证技术，同传统证据存在本质区别，应该赋予电子证据合理的法律地位，重新调整诉讼证据的划分体系，以保障电子证据的司法应用。

（一）电子证据与传统证据的比较

1．电子证据与书证

近年来电子商务在社会生活中占据了越来越重要的地位，国外商务法律界普遍存在“电子证据就是书证”的观点。例如 1982 年英国的 A. Kelman、R. Sizer 在《计算机在法庭上的地位》中明确指出，计算机记录相当于书面文件。国内部分学者以为，“书证是以文字、图画、符号等表达的思想内容来证明案件事实”，电子证据同书证一样也是以其包含的内容证明案件事实，同时援引国外的法律经验，提出应该将电子证据视为书证，以书证规则对电子证据进行规制的“书证说”。电子证据与传统书证对案件所起的证明作用虽然相同，但二者依附的载体与证明机制具有明显差异，对电子证据在司法实践中的应用产生了巨大影响，因此不能将电子证据与传统书证等同看待，理由主要体现在以下两个方面：

（1）不同类型的电子证据无法全部并入传统书证

随着信息社会的发展，电子证据在诸如电子商务、劳动纠纷、行政执法等案件中出现得愈加频繁，电子合同、IP 地址、电子邮件、数码相片等电子信息逐渐地被实体法引用为证据，例如我国 1999 年 3 月 15 日颁行的《合同法》规定“书面形式是合同书、信件及数据电文（包括电报、电传、传真、电子数据交换和电子邮件）等可以有形地表现所载内容的形式”。《合同法》根据电子证据与书证的法律功能相同，而在电子商务领域里，将数据电文与传统书证的纸质形态同归为实体法意义上的书面形式。但是应当看到，书证的载体除纸张外，还包括布帛、纺织品、印章等有形物体，书证的呈现也不仅限于纸质形态，而《合同法》中所提到的“书面形式”仅是数据电文呈现于纸质载体的一种表现形式，并不表明除纸质载体之外其他表现形式的数据电文就是书证，同一内容的电子信息可以以多种形式展现，其书面形式仅仅是为了让人们能够了解数据信息内涵的一种展现形式。目前我国诉讼法划分的七种证据类型中除物证、视听资料外都可表现为书面形式，但书面形式均没有阻碍书证、证人证言等成为一种独立的证据类型及具有自身的证据规则。因此也不能仅因电子证据的书面形式而决定其归属问题。此外，除了数据电文，电子证据还包括诸如IP地址、数码相片、音视频等多种类型，其中音视频信息根本无法通过纸张等有形形式表现，《合同法》无法将这些类型的电子证据纳入书证的范畴。因此如果将电子证据归入书证，势必会将通话录音、音视频文件等类型的电子证据排除在书证之外。

（2）司法实践中提交方通常很难提供传统证据学理论中要求的电子证据的原件形式

我国《最高人民法院关于执行〈中华人民共和国刑事诉讼法〉若干问题的解释》第53条分别规定：“书证应提交原件”、“收集、调取的书证应当是原件……”传统证据学理论对于证据的原件要求通常存在一种认识趋向，即原件内容是可直接被感知的。虽然电子证据同书证一样都依赖于载体而存储，但电子证据最原始的形式是存储在磁盘等介质上的电磁信息，人们无法通过器官直接感知，必须借助于某种设备或工具进行认读，并以打印、屏幕显示等某种形式展示给法庭，而此种形式很难说明它就是传统意义上的“原件”。尤其有些电子信息，如果脱离了原始电子环境，就无法展现并被人感知。虽然信息技术的日益进步，必定会促进技术的发展以解决电子证据的原件直接感知难题，但目前也不能忽视电子证据的不可见性而直接将电子证据并入书证。

由于判例法国家对于电子证据的新规定与其原有的证据规则基本一致，英国、美国、加拿大等许多国家将电子证据归于书证之中，例如美国《加州证据法典》第255条规定：如果数据被储存在电脑或类似的设备里，任何打印输出或其他可见的可读输出，只要精确地反映了数据，就是“原件”。联合国《电子商务示范法》第8条与第9条明确规定了电子商务中产生的信息可以作为证据使用的情形：评定完整性的标准应当是，除加上背书及在通常传递、存储、显示中发生的正常变动之外，有关信息是否保持完整，未经改变；应根据生成信息的目的并参照所有相关情况来评定所要求的可靠性标准，依此来判断是否为原件。这些规定排除了电子证据并入书证的最大障碍，即书证对于原件的要求，解决了将电子证据归于书证会产生的矛盾。但是，我国这样的大陆法系国家没有判例法国家的法律基础，不能像判例法系及时、有效地对原有的和不断产生的新判例规则进行调整和完善。如果将电子证据直接并入书证，势必会引起书证原有证据规则的变更，影响证据的出示、真实性的鉴定、证据保全等各个方面。因此必须考虑到我国的法律沿革与现状，不可盲目地吸纳国外法律经验，不能简单直接地将电子证据归于书证。

2．电子证据与视听资料

持“视听资料说”的学者认为应将计算机存储的资料等电子证据归属于视听资料之中，这种观点不似“书证说”那样将国外立法判例作为借鉴，仅是希望将电子证据这种新型的证据吸收进原有的证据法中，维持原划分体系的稳定性，减轻重新立法的难度。

传统的视听资料，是指“可据以听到声音、看到图像的录音、录像，以及电子计算机储存的数据和材料，又称音像资料”。我国在将视听资料规定为独立的证据类型之后，对其法律适用又做出了不少规定和解释。例如，最高人民检察院颁行的《检察机关贯彻刑诉法若干问题的意见》第3条第1款规定：“视听资料是指以图像和声音形式证明案件真实情况的证据。包括与案件事实、犯罪嫌疑人以及犯罪嫌疑人实施反侦查行为有关的录音、录像、照片、胶片、声卡、视盘、电子计算机内存信息资料等。”交通部颁行的《公路路政管理规定（试行）》第20条第2款规定，视听资料是指“能证明案件事实的照片、录像带、录音带、电影胶片、传真资料、电话录音等”。北京市高级人民法院的《关于办理各类案件有关证据问题的规定（试行）》第3条第7款规定的视听资料“包括录音录像资料和电子数据交换、电子邮件、电子数据等电脑储存资料”。

以上规定或解释给人们的直观印象是：视听资料与电子证据，均须借助于电子技术存储或显示信息。表面看来，二者存在形式相似，都是以电磁或其他形式而非文字符号形式储存在非纸质介质上，而且外延似乎相同。但证明能力较弱的视听资料在诉讼中一般不能成为独立定案的依据，必须结合案件其他证据加以使用，而在电子商务交易、网络活动中，往往只存在电子合同、电子数据交换、聊天记录等数字形式的证据，没有其他类型的证据，一旦将电子证据归属于视听资料之列，有可能使案件因没有其他可采性强大、可独立定案的证据而无法诉讼，将致司法各界甚至现实信息社会于非常不利的局面。这是不能将电子证据归入视听资料的关键原因。

3．电子证据与物证等其他几种传统证据

持“混合证据说”的学者们认为，传统证据都具有书面形式，因此建议在不影响“证据分为物证、书证、视听资料、证人证言、当事人陈述、鉴定结论与勘验检查笔录”的划分体制的基础上，将电子证据并入现有的七类证据中，形成电子物证、电子书证、电子视听资料、电子的证人证言、电子的当事人陈述、电子的鉴定结论以及电子勘验检查笔录等七小类。笔者认为此种划分方法，不但混淆了各类证据的特性，而且还需在采集、鉴别等方面为电子证据制定一些新的规则，严重扰乱现有的证据规则，造成立法的难度及规则运用的不便。

传统的七类证据在信息社会都可以用电子形式表示或存储，但证人证言、当事人陈述、鉴定结论、勘验检查笔录的电子形式都是在犯罪案件发生后，由侦查人员收集的用以证明案件事实的资料用电子形式来进行表示或存储，不产生于犯罪过程当中而只是事后各方对案情的描述反映，而电子证据是在犯罪过程中形成，记录案件发生的时间、状态、过程等情况，反映案件的实际状态，与书证、证人证言、当事人陈述、鉴定结论、勘验检查笔录的电子形式具有本质的区别。至于电子物证即犯罪嫌疑人在实施犯罪行为过程中留下的电子“痕迹”，是指以其存在与状况来证明案件事实的电子信息，如非法入侵者在所侵入计算机系统中留下的读取时间记录，它是由计算机系统自动生成的，以其存在状态来证明入侵事实的，本身就属于电子证据。电子书证如记载当事人之间意思表示的电子合同，从形成方式和存储性质来看也属于电子证据，而不是传统书证。

（二）确立电子证据独立的法律地位，重新规范诉讼证据划分体系

随着人们对信息技术认识程度的进一步加深，避免对电子证据归属问题的无休止争论，为司法实践提供统一的法律依据，正确地界定电子证据、赋予电子证据合理的法律地位是保障司法实践活动顺利进行的基础。电子证据本身所固有的区别于传统证据的独特属性及电子证据获取的特有原则是电子证据以新的证据类型独立运作的先决条件。电子证据实质是电磁信号，其形成、存储、传输等各个环节都具有较大有别于传统证据的特殊性，以原有证据体系囊括新的证据类型，不是长久之策，将电子证据作为一种独立的证据类型运用是立法前瞻性与稳定性的需要。随着计算机技术的迅猛发展并广泛运用于社会的各个领域，涉及计算机、网络的各类案件，正越来越多地依赖于电子证据的收集与采纳。随着科学技术的发展，有关电子证据的各种问题将会更加复杂化和技术化。因此将电子证据与其他传统证据形式加以区分，确立其独立的法律地位既是必要的也是重要的，是时代发展之必然要求。

电子证据是指一切由信息技术形成的、用来证明案件事实的数据信息，定义的外延非常宽泛，确立了其独立的法律地位，势必会给现行的证据类型划分带来重大的影响，主要体现在：

第一，根据电子证据的界定，电报、数据报文等利用发报机等电子设备通过信息技术形成的证据类型，其内容本质是电磁信息，应该从传统书证中分离出来，归属于电子证据。

第二，录音录像、视频等视听资料的技术基础主要是电子音像技术，属于信息技术中的电子技术，其内容实质同电子证据一样，也是电磁信息，必须存储在磁带、光盘等存储介质中，因此这些视听资料亦属于电子证据的范畴。但是传统视听资料中的电影胶片类证据，其内容的生成、存储、显示是通过化学显影反应、放大扩印，原理类似于书证中的印刷技术；胶片证据材料的法律功能也同书证一样，是以其显现的图片内容证明案件事实，因此不应并入电子证据，而可以并入传统书证。

第三，在证据划分体系中用电子证据取代视听资料。正如美国《统一电子交易法》中规定：“电子技术，是指含有电子的、数据的、磁性的、光学的、电磁的或类似性能的相关技术。”“电子”含义的扩大使得电子证据术语能比视听资料更能体现出这种新型证据的物理特性和技术特征，因此采用电子证据比视听资料定义此类新型证据更加适当、涵盖面全，同时也可以因未来技术发展的不可预测给此类证据留有一定的外延扩充。

综上所述，原有的诉讼证据将被重新划分为书证、物证、电子证据、证人证言、当事人陈述、鉴定结论及勘验检查笔录等七种。取消传统的视听资料证据类型，将其并入电子证据，但视听资料中由胶片存储的证据材料应该并入书证，现在书证中的数据报文、电报等由信息技术生成的证据归入电子证据。电子证据只有被确立了独立证据的法律地位，配置自身的证据规则，才能保证电子证据在司法活动中合理、合法、有效地运作，发挥其应有的诉讼作用。

四、电子证据的可采标准

证据的法律作用是用来证明案件事实，最终作为诉讼的依据。关于电子证据是否具有刑事诉讼法上的可采性问题，世界各国争议已久。例如，判例法系国家多由陪审团认定事实，陪审团则由一般民众临时组成，未受过专业的法律训练，容易受误导，因此对于可采性较为薄弱或易于伪造的证据，均采取予以排除的决定，不得将此类证据作为形成裁决的依据。而电子证据其内容是不能直接感知的电磁信息，不存在有形的物理形态，如遭删除、修改，又极难发现，因而易使陪审团形成错误的裁决，所以电子证据的可采性遭到许多质疑。但近年来的司法实践证实，如果电子证据能够保证证据的关联性、合法性和客观性，就完全可以同传统证据一样具有可采性，在定案、诉讼中承担相应的法律责任。

（一）电子证据的关联性

关联性是证据的自然属性，是证据与案件事实之间客观存在的联系。关联性对于判断电子证据是否可采具有重要意义，确实有关联性的电子证据才可以采纳为诉讼证据，无关联性的电子证据不得采纳，即某个电子证据一定要比没有该证据更能明显地证明案件事实的存在或者不存在。计算机取证需要分析数据信息与案件事实有无关联，关联程度如何，往往还要与系统环境、其他证据材料相互结合，并排除相互之间的矛盾，才能与案件事实发生实质性关联。电子证据如果能够在一定程度上对能否证明案件事实产生实质性影响，法庭应当裁定其具有关联性。例如，通过对计算机程序进行结构分析和实际运行，可以判断程序编制的有关情况，若可以证明与某一软件存在大量雷同，那么这个计算机程序就与待证的侵犯知识产权犯罪事实具有一定的关联性。

电子证据与案件事实联系的方式和途径可以多种多样，而且不同的电子证据同案件事实的联系环节和方式不一样，对定案、诉讼所起的作用也不一样。许多情况下，单个的证据材料不能证明案件的全部事实，但只要其可以证明案件事实的某个方面，同案件事实之间就存在一定的联系，可以成为证据链条中的一个环节。例如，单用网站上下载的淫秽图片只能说明其内容是非法的，存在犯罪事实，却不能以此证明图片的制作者、传输者及传输时间等，也就不能仅凭此图片确定嫌疑人、实施犯罪情节等案件的其他事实，从而无法破案诉讼。但如果能够收集到诸如图片制作设备、设备使用者的密码、账号等特有信息就可以减小嫌疑人的范围，确定破案方向。这些数据信息加上图片从不同层面与案件事实具有联系，每个证据材料都可以成为证据链条中一个独立的电子证据。

因此，电子证据是否可被采纳取决于电子证据是否能够保证其与案件事实具有实质的关联性。如果一个电子信息无法被证明与案件事实的任何一个方面存在相关性，则此电子信息不具备电子证据的关联性，不能作为诉讼、定案的依据。

（二）电子证据的合法性

证据的合法性是指只有采取法定形式，具有法定来源，由法定主体以合法手段取得的证据材料才具有证据能力。依照非法证据排除规则，不具有合法性的证据应当予以排除。最高人民法院《关于〈中华人民共和国刑事诉讼法〉若干问题的解释》的第61条仅规定“严禁以非法的方法收集证据，通过非法方法获取的言辞证据，查证属实的，不能作为定案的根据”。即只要不违反此规定，证据均具备合法性。因此，电子证据的生成、存储、获取等环节均应该合法，并且其合法程度应该足以保证证据真实性，并对国家利益、社会公益和他人基本权利等重大权益不构成严重侵犯。信息社会虚拟空间的开放性，使得保护公众的合法权益尤为重要，因此，电子证据的合法性问题比传统证据更受关注。许多国家对收集电子证据的扣押、搜查等措施专门进行了立法，有的还特别制定了指导取证的司法手册，如美国司法部制定的《刑事调查中搜查、扣押计算机与获取电子证据之联邦司法手册》(《Federal Guidelines for Searching and Seizing Computers and Obtaining Electronic Evidence in Criminal Investigations》)，指导调查取证过程中采取的搜查、扣押等手段及电子证据的收集，以保证电子证据的合法、有效。在司法实践中，通常被排除的电子证据主要有严重违反取证规则以非法搜查、扣押等手段获取的电子证据，以及在电子证据的制作、收集等过程中不符合有关规则可能影响证据真实性的电子证据。因而即使获取的电子证据具有关联性、客观性，也都有可能因非法获取被视作“毒树之果”而不得被采纳。

（三）电子证据的客观性

电子证据必须具有客观性， 根据我国《电子签名法》第8条规定：“审查数据电文作为证据的真实性， 应当考虑以下因素：(一) 生成、储存或者传递数据电文方法的可靠性。(二) 保持内容完整性方法的可靠性；(三) 用以鉴别发件人方法的可靠性；(四) 其他相关的因素。”在诉讼活动中采纳某一证据形式时，应当既考虑该证据生成过程的可靠程度如何，又考虑这一证据的表现形式是否被伪造、变造或剪辑、删改过，还要考虑证据与持有人的关系。《电子签名法》第5条规定："符合下列条件的数据电文，视为满足法律、法规规定的原件形式要求：（一）能够有效地表现所载内容并可供随时调取查用；（二）能够可靠地保证自最终形成时起，内容保持完整、未被更改。但是，在数据电文上增加背书以及数据交换储存和显示过程中发生的形式不影响数据电文的完整性。" 即如果没有相反证据，法官应当相信基于C A认证体系下的电子数据都是客观、真实的，具有数字签名并通过其验证的文档也都是真实的。虽然电子证据很难表现为传统意义上直观可视的"原件"，但若能保证电子证据从最初的收集获取到作为诉讼证据使用，其内容没有任何变化，则该电子证据具有客观性。

2005 年 8 月安徽省首次将聊天记录作为证据使用， 芜湖市镜湖区人民法院采信了公安机关搜集的扎实、有效的"电子证据"， 并在判决书上写道："网上聊天记录虽然具有虚拟性，但在本案通过侦查活动还原为与真实世界前后连贯的事实， 具有稳定性和整体性， 故对辩护人提出的网络聊天记录不能作为证据的意见不予采纳。"近年来，电子证据在司法实践中愈加重要，而且已经成为打击网络犯罪的核心证据，能否在虚拟的网络空间、海量的电子信息中获取有用的证据材料，保证其有效可采性，是侦查机关在计算机取证中面临的重大挑战。

第二节 计算机取证规则

证据是案件的"灵魂"和核心，刑事诉讼中调查取证是侦查人员为查明案件事实真相，依照法定程序进行调查、发现、取得和保全等一切与案件事实有关证据材料的活动。计算机取证作为侦查高科技犯罪、解决网络纠纷等司法活动的主要过程，必须在法律规范下，利用科学验证的方式发现、固定、提取、分析证据材料，获取符合证据的可采标准的电子证据以及可以用其重构违法犯罪过程，是案件侦查的最终目标及作为法庭诉讼的依据。美国打击网络不法行为的总统工作小组在 2002 年 3 月提交的报告《电子前线：滥用网络之不法行为带来的挑战》中指出：当前执法机构面对的最大挑战之一便是如何处理电子证据问题，这种挑战还将日趋严峻，因为计算机取证已经成为任何一次侦查活动的一部分。

一、国内外的计算机取证规则评介

电子证据的生成、存储、传输等各个环节依赖于信息技术，具有许多与传统证据明显不同的特性，因而决定了对电子证据的调查获取除了要遵循传统的取证规则外，还必须遵循特定的原则和程序，以保证所调查获取的电子证据符合可采性标准。计算机取证结合了法学、刑事侦查学和信息技术等多门学科，因而需要从这些学科的不同角度及其相互关系等方面进行计算机取证规则的研究。

（一）国外的计算机取证规则

美国等发达国家早于 20 世纪 80 年代开始研究计算机取证规则，在取证思想、理论、技术、方法等方面取得了不少成果。有的国家或组织很早就着手开发制定相关的法律规则，主要是在对传统取证手段的修订中，逐步建立或完善电子证据的搜查、扣押、实时收集等取证措施，但在司法实践还存在不足，适时地还需要不断地进行调整。如美国宪法第四修正案中规定，公民的文件同其人生、财产一样不受非法搜查、扣押，需要经过批准才能实施搜查、扣押，但对于存在于多个司法管辖区域内的电子证据，则因需要分别申请批准文件、耗时过长而延误收集电子证据的有利时机，而可能收集不到全部的电子证据。《法国刑事诉讼法典》

第三编“预审管辖”的第二节“电讯的截留”之第100条规定了截留电讯的措施，但没有明确规定电讯截留是否可以适用于计算机网络通信，等等。而在有关电子证据的搜查、扣押等取证措施的国际法律文件中，最值得借鉴的是2001年通过、2004年生效的欧洲理事会《关于网络犯罪的公约》，该《公约》的第19条规定了搜查、扣押存储的计算机数据等措施，虽然比较完善，但它不能直接用于犯罪侦查，而只是为各缔约方在设立相应的电子证据扣押、搜查等取证措施时，确定的必须规定的基础内容或最低立法标准。各缔约方可以根据本国特殊的法律制度、文化背景，设立本国的搜查、扣押电子证据的取证措施。

（二）国内现行的计算机取证规则

近年来随着高科技犯罪案件的增多，我国也逐步制定了一些相关的办案规则以指导电子证据的调查取证工作，不断适应新形势对司法活动的要求。例如，1998年5月公安部颁行的《公安机关办理刑事案件程序规定》中，第197条第2款原则性地阐述了计算机犯罪现场勘查与电子数据鉴定的问题：“计算机犯罪案件的现场勘查，应当立即停止使用，保护计算机及相关设备，并复制电子数据。”第215~218条比较详细地规定了电子邮件、电报、录音带、录像带、电子数据存储介质的扣押与保管问题，第215条规定“扣押犯罪嫌疑人的邮件、电子邮件、电报，应当经县级以上公安机关负责人批准，签发扣押通知书，通知邮电部门或者网络服务单位检交扣押。”第216条规定“不需要继续扣押的时候，应当经县级以上公安机关负责人批准，签发解除扣押通知书，立即通知邮电部门或者网络服务单位。”第217条规定“对于扣押的物品、文件、邮件、电子邮件、电报，应当指派专人妥善保管，不得使用、调换、损毁或者自行处理。经查明确实与案件无关的，应当在三日以内解除扣押，退还原主或者原邮电部门、网络服务单位。”第218条规定“对不能随案移送的物证，应当拍成照片；容易损坏、变质的物证、书证，应当用笔录、绘图、拍照、录像、制作模型等方法加以保全。对于可以作为证据使用的录音、录像带、电子数据存储介质，应当记明案由、对象、内容，录取、复制的时间、地点、规格、类别、应用长度、文件格式及长度等，并妥为保管。”第234~235条规定了电子数据鉴定的范围规则。公安部为规范计算机犯罪现场勘验与电子证据检查工作，确保现场勘验检查质量，根据《刑事诉讼法》、《公安机关办理刑事案件程序规定》、《公安部刑事案件现场勘查规则》，专门制定了《计算机犯罪现场勘验与电子证据检查规则》、《公安机关电子数据鉴定规则》，旨在发现、固定、提取、分析鉴定与犯罪相关的电子证据及其他证据，进行现场调查访问，制作和存储现场信息资料，判断案件性质，确定侦查方向和范围，为侦查破案提供线索和证据，并保证电子证据鉴定结论的真实性和合法性。

以上法律规范从案件侦查的不同阶段规定了涉及电子证据的检查、提取、保管、固定等取证程序的实施规则，具有一定的原则性和可操作性，尤其是《计算机犯罪现场勘验与电子证据检查规则》和《公安机关电子数据鉴定规则》对勘验检查、鉴定的对象、主体、过程、手段等方面都制定了比较详细的操作要求，对近年来的高科技犯罪侦查工作起到了一定的指导作用。但由于一直以来，国内学术界对电子证据的界定、法律地位等问题尚无定论，由此造成的不确定性直接体现在相关的调查取证规则中，如前者将电子证据界定为“电子数据、存储媒介和电子设备”，后者则认为待鉴定的对象是指“以数字化形式存储、处理、传输的数据”。规则中对操作对象界定的局限性，导致了证据检查、收集等各个阶段的操作要求存在不足，而且现场勘验、证据检查和收集仅仅是案件侦查的部分阶段或可以采取的措施，并不是调查取证的整个过程，因而导致以上规范对于计算机取证的原则、证据的分析等阶段还缺乏相应的法律规定，一定程度上影响了司法实践活动。因此，在明确界定电子证据、确立其独立的法律地位的基础上，有必要制定完善的取证规则，包括计算机取证应遵循的原则、计算机取证的实施标准，以规范计算机取证程序，保证获取的电子证据的可采性。

二、计算机取证规则

证据是破案诉讼的关键，取证是必经的司法过程，获取具有可采性的证据是取证的主要目的，通过调查取证人员遵循取证原则、进行具体的取证行为来实现这一目的。以原则规范计算机取证是保证电子证据可采性的关键。目前，由加拿大、法国、德国、英国、意大利、日本、俄罗斯和美国的计算机取证研究人员组成的 G8 小组提出的六条原则是国际上最权威的计算机取证原则：

（1）必须应用标准的取证过程。

（2）获取证据时所采用的任何方法都不能改变原始证据。

（3）取证人员必须经过专门培训。

（4）完整地记录证据的获取、访问、存储或传输过程，并妥善保存这些记录以备随时查阅。

（5）每位保管电子证据的人员必须对其在该证据上的任何行为负责。

（6）任何负责获取、访问、存储或传输电子证据的机构有责任遵循以上原则。

由于网络的无国界性，不同国家在法律、道德和意识形态上存在差异，取证原则取决于不同的证据使用规则，如果全部遵循此原则指导我国的计算机取证，可能会造成案件无法继续侦查或使取证结果无法成为诉讼证据的后果。

公安部、最高人民检察院、最高人民法院规定了有关勘验、提取、扣押、保管、分析电子数据等取证环节的规则与程序，如《公安机关电子数据鉴定规则》、《计算机犯罪现场勘验与电子证据检查规则》，部分省、市也对电子商务数据如何存储、备份、恢复等方面提出了有益的建议，但这些法律规范偏向于指导如何提取电子证据，各种方法应遵循什么法律原则均很少涉及且尚未统一，使得在司法实践中侦查机关进行取证时缺乏整体的指导思想，各个环节之间不能有效地衔接，严重影响了电子证据的可采性和证据链条的完整性。

由此可见，不同的国家、组织根据各自的出发点，制定的取证原则虽然不完全相同，但大体都是为保证获取证据的合法性、客观性和关联性。笔者认为计算机取证的原则应该包括以下几方面：

1．依法取证原则

任何证据的有效性和可采性都取决于证据的客观性、与案件事实的关联性和取证活动的合法性，取证活动的要件构成是指参与取证活动全过程、决定或影响取证结果的各个方面或因素，包括取证的主体、对象、手段和过程四个要素，只有保证取证“四要素”同时合法，才能保证获取的证据合法。

计算机取证不仅要保证取证实体合法，还要保证取证程序合法。我国《刑事诉讼法》第 43 条规定：“审判、检察、侦查人员必须依照法定程序，收集能够证实犯罪嫌疑人、被告人有罪或无罪、犯罪情节轻重的各种证据。严禁刑讯逼供和以威胁、引诱、欺骗以及其他非法的方法收集证据。”除此之外，计算机取证的依法原则还体现在：

（1）主体合法

取证主体是案件证据的主要提交者，随着在案件中承担举证责任的地位不同，取证主体也会有所不同。我国《民事诉讼法》、《行政诉讼法》对取证主体没有严格的规定，但《刑事诉讼法》第 101 条规定："侦查人员对于与犯罪有关的场所、物品、人身、尸体应当进行勘验或者检查。在必要的时候，可以指派或者聘请具有专门知识的人，在侦查人员的主持下进行勘验、检查。"《计算机犯罪现场勘验与电子证据检查规则》第 6 条规定："执行计算机犯罪现场勘验与电子证据检查任务的人员，应当具备计算机现场勘验与电子证据检查的专业知识和技能。"第 8 条规定："计算机犯罪现场勘验与电子证物检查，应当由县级以上公安机关公共信息网络安全监察部门负责组织实施。必要时，可以指派或者聘请具有专门知识的人参加。"刑事案件的侦查对取证主体具有非常严格的规定，加之电子证据与取证方法的特殊性，因此取证主体必须具有相应的资格，才能依法完成电子证据的发现、收集、保全等取证活动。

电子证据的取证主体首先必须具备法定的取证资格，只有具备合法的调查取证身份，才能执行相应的取证活动。其次由于电子证据的技术特性，取证人员稍有疏忽都有可能造成重要数据信息丢失的后果，致使案件无证可循，传统的取证方法已不能保证电子证据的客观完整性。因此取证主体还应该具备计算机、通信、电子等相关技术专业知识，以保证对电子证据采取科学的取证方法。鉴于计算机取证是一门技术性非常强的交叉科学，要求侦查人员具备相当的信息技术并不现实，因而侦查机关聘请具有法定资格的计算机取证专家协助调查取证是弥补此缺陷的有效方法。专家在取证中可以起到积极的帮助作用，如取证专家通过对获取电子证据的困难程度和最终的可能结果的分析，提出获取该证据的合理建议，制定相应的计划、步骤；协助搜查、扣押电子设备，寻找潜在的电子证据，从技术的角度确保证据的真实性和完整性；恢复被删除的电子证据并加以分析、鉴别；作为专家证人出庭作证，说明电子证据收集、分析过程的可靠性，解释相关技术问题，并接受对方当事人和律师的质询；对电子证据的专门技术问题做出鉴定结论；并在整个取证过程中起到监督作用，等等。因而计算机取证的主体应该包括合法的侦查人员和具有法定资格、"有案在册"的计算机取证专家。

由于电子设备、计算机网络就像一个容量极大的"储存柜"，个人、单位都可以随意地放置大量的公私信息，包括个人隐私、商业秘密、国家机密等。因此无论是哪类取证主体都需要遵守一定的保密协议，对涉案的个人隐私、商业秘密、国家军事机密等必须做到严格保守秘密，以维护公民和国家的合法权利不受侵犯。

此外，调查取证时，电子设备的所有人是否在场要视情况而定，如果是公开调查取证，所有人、权利人应该在场，而如果是秘密调查取证，可以不在场。

（2）对象合法

为保证所有人、权利人的隐私不被侵犯，计算机取证的对象应该是受攻击、被入侵、被利用实施犯罪行为的计算机、网络系统或涉案的电子设备，尤其要注意在检查计算机系统、网络环境、数码相机等电子设备中的信息时，只有被怀疑与案件事实有关联的信息才能作为被取证调查的对象。此外，为保护与案件无关的人员的权利，还需要确定电子信息存储的位置、状态、方法等作为取证的对象范围。

（3）手段合法

计算机取证的手段主要包括取证人员通过手工直接取证（即物理取证）和通过特制的信息系统（即工具取证）进行取证两种。物理取证即传统取证，要求取证人员身份合法并符合技术操作规范，工具取证是针对电子证据的技术特性对物理取证的补充，除了要符合物理取证的上述条件外，取证所使用的工具和程序等还必须通过国家有关主管部门的评测，并取得合法资格。

刑事诉讼中规定收集证据是侦查机关为查明案件事实真相，依照法定程序调查、发现和取得一切与案件有关的情况和材料的活动。法律赋予侦查机关依法采取勘验、检查、搜查、扣押等各项取证手段，以保证取证工作的顺利进行。例如搜查可分为对人的搜查、对物及对其他住所的搜查。为保证取证手段合法，搜查前需要准备好搜查证，在研究案情的基础上确定相关的搜查范围。在高科技犯罪中，电子证据通常存储在硬盘、光盘等大容量的存储介质中，必须在海量的数据中区分哪些是与证明案件事实有关联的信息，哪些是无关数据，哪些是由犯罪者留下的犯罪记录“痕迹”。对于与案件事实无关的数据，不能进行任意地搜查，以免侵犯了所有人或权利人的隐私权、商业秘密等合法权益。

取证方法、手段非法势必导致电子证据的可信度大大降低，因此在计算机取证过程中不得采取窃录、非法定位、非法监听、非法搜查、扣押等措施或方式以及不得使用未经审核验证合格的程序获取证据、通过非法软件验证电子证据。

取证活动的每个环节都应该遵循收集证据的标准程序，采取的手段也应该符合法律的要求。因而取证手段除应严格遵守《刑事诉讼法》中的一般规定及《公安机关办理刑事案件程序规定》的相关规定外，还必须遵守《计算机犯罪现场勘验与电子证据检查规则》中有关计算机取证手段的规定。

（4）过程合法

取证过程中，应该遵守相应的取证活动规范，包括：在不对原有证物进行任何改动或损害的前提下获取证据；证明所获得的证据和原有的数据是相同的；在不改变数据的前提下对其进行分析；采用人证、书证和音像资料等传统证据形式验证电子证据的合法性；要坚持及时将一些电子信息转换为书证；要利用传统的音视频采集工具对取证过程进行全程记录；两个合法的取证人员同时在场取证等。电子证据只要存有一丝一毫的怀疑，就必须通过合法的鉴定机构对其进行鉴定，使之转换为合法的证据。此外，整个取证过程必须受到监督，以保证取证过程的合法性。

即使证据具有与案件事实的客观、关联性，其取证主体、对象、手段方法、过程存在非法因素，该证据也会因非法证据排除规则而不能被采纳。因此，依法取证是计算机取证的首要原则。

2．无损取证原则

证据材料必须能够客观、真实地反映案件事实，才能成为有效的诉讼证据，作为定案的依据。我国诉讼法规定，在提交物证、书证时若提交原件确有困难，可以提交复制品或副本。对于存储介质中的电子信息，基本上不存在传统意义上直观可视的“原件”，目前司法实践中使用的均是原始存储介质中电子信息的“克隆”形式。由于电子信息的复制技术不会造成信息内容的损失，同时可以保证信息在存储介质中的保存位置不变，因此只要复制的内容与生成时原始存储介质上的内容完全相同，就应视为原件，即电子证据具有客观性。电子证据依赖于一定的环境而存在，与存储介质不可分离，对存储介质、系统环境的任何操作均可能改变电子信息的属性，即使打开可疑计算机或电子设备这种基本操作，都会改变设备的系统日志信息，极可能损毁将来需要用以证明案件事实的证据材料。为了防止由于对涉案设备、系统的操作而损毁某些电子证据，造成证据收集的不充分，计算机取证中不能对涉案设备、系统进行任何修改操作，以维护涉案设备、运行环境等全部信息的完整状态，是保证获取的电子证据客观性的前提和基础。

实施取证活动，应该始终保证电子证据的无损状态。例如在收集存储介质中的电子证据时，应该采用镜像工具（如 Safe back、SnapBack、DatArret 等）以字符流镜像的方式对存储介质中的所有数据信息进行备份，在以后的分析、鉴定等取证环节中只能对备份数据进行操作，必要时可将备份的数据恢复到原始状态，作为分析、鉴定数据的原始参考标准，使得分析、鉴定的结果具有可信性，保证电子证据的客观性。电子证据实质是存储在电磁介质中的电磁信息，受到外界磁场的影响有可能被消磁而损失原始证据，对于收集到的电子证据应妥善保管，采取远离高磁场、高温环境，避免静电、潮湿、灰尘和挤压等措施，以保证电子证据的客观完整状态。因此计算机取证的每个步骤、采取的每个措施等各个环节都应该遵循无损取证原则，确保获取的证据符合可采性。

3．全面取证原则

全面取证原则，体现在侦查机关在取证过程中应该尽可能地全面调查取证，使获取的证据相互印证，形成完整的证据链条。通常，单个电子证据定案诉讼的情况很少，案件往往包含多个用以破案、诉讼的证据，每一个证据从不同的层面与案件具有某种关联，如账户、密码可以确定嫌疑人；电子邮件可以认定敲诈信息；系统日志可以证明作案时间等，这些电子证据组成一条完整的证据链以证明案件的全部事实。侦查人员往往会忽视海量信息中一些细微的数据信息，但现代信息技术环境下这样的证据又非常之多。因而在计算机取证时，一定要认真分析电子证据的来源并进行全方位、多角度的取证，在确保证据与案件事实关联的基础上，将获取的所有电子证据结合案件的其他类型证据，相互印证，排除矛盾的电子证据，最终组成完整的证据链，才能达到破案胜诉的目的。所以，全面取证原则应该成为计算机取证的一个重要原则，对保证案件的顺利侦破、形成可采的证据链条具有不可忽视的作用。

4．及时取证原则

电子证据基本上是在信息系统运行过程中自动、实时生成的，系统经过一段时间的运行很可能会造成信息系统的变化，如网络的审核记录、系统日志、进程通信信息都会或多或少有所变化，则这些数据信息不再能如实反映案件的事实。因而电子证据的获取具有一定的时效性，确定取证对象后，应该尽早搜集证据，保证其没有受到任何破坏和损失。从电子数据形成到获取，相隔的时间越久，越容易引起电子数据的变化。例如，IP 地址经常被用来确定涉案计算机设备、犯罪嫌疑人的方位，但这种“网络号码”却不像身份证号一样与所有者存在固定的标识关系。虽然某一计算机连入网络后被分配了一个固定的 IP 地址，但该计算机退出网络后，若能及时获取它的 IP 地址就可查明此台计算机所在的地理方位，据此继续侦查，否则此 IP 地址极有可能被分配给新连入网络的其他计算机。因此，及时取证可以保证电子数据作为证据的客观性，维持电子数据与案件事实的关联性。

三、计算机取证过程

（一）国外的计算机取证过程模型

对于计算机取证的实施过程，国外很多组织结合司法实践，依据不同的标准提出了多种取证过程模型，例如 2001 年，Chris Prosise 和 Kevin Mandia 在《Incident Response: Investigating Computer Crime》一书中提出了事件响应过程模型的概念，该模型将计算机取证过程分为 11 个步骤，从响应安全事件的角度全面、具体地考虑了取证问题。2001 年美国司法部（US. Department of Justice，DoJ）在《电子犯罪现场调查指南》中提出了一个计算机取证程序调查模型的概念，对电子证据的不同类型及其安全处理的不同方法进行了说明，满足一直从事物理犯罪取证（非数字证据取证）司法人员的需要。DoJ 的取证实施过程模型包括 5 个基本步骤：

（1）准备阶段（preparation）：在调查前，准备好所需设备和工具。

（2）收集阶段（collection）：搜索和定位计算机证据。

（3）检验（examination）：对可能存在于系统中的证据进行校验与分析。

（4）分析（analysis）：对检验分析的结果进行复审和再分析，提取与对案件侦破有价值的信息。

（5）报告（reporting）：对案件的分析检验结果汇总提交。

此过程模型基于传统的物理犯罪（physical crime）现场调查过程模型，将计算机硬盘作为电子证据收集的主要对象，过分依赖传统取证过程，没有考虑电子证据的技术特性，取证技术和法律要求不能有效地结合，无法保证证据的客观真实性和合法性。

近年来人们逐渐关注计算机取证更为本质的技术特性和法律要求，进入抽象过程模型研究阶段，如美国空军学院（US. Air Force Institute）提出的取证抽象过程模型、端到端的数字调查过程模型等。近年来随着网络案件的增多，对动态电子证据的需求越来越大，有些学者因而提出了实时可取证系统模型等相关理论，对促进计算机取证过程标准化、科学化的研究具有重要的意义，为计算机取证规则的构建和实施提供了有力的技术支持。

（二）计算机取证的实施

国内对计算机取证过程标准化的研究还没有形成一个较完整的体系，目前的研究主要集中在取证的实施方面。

刑事侦查的基本任务是调查取证、查明犯罪事实、查获犯罪嫌疑人，法律赋予侦查机关在调查取证过程中可以依法采取勘验检查、搜查、扣押证据等特定的手段以保证证据的有效性。涉及电子证据的调查提取同样应遵循传统证据调查提取的原则、步骤，但由于电子证据自身的物理特性和技术特征，又决定了计算机取证同传统取证有所区别，如犯罪现场、收集分析证据材料、采用的技术工具、侦查人员构成等方面都存在差异。计算机取证的实施及其有区别于传统证据调查的环节主要包括以下几方面：

1．受理报案

受理报案是侦查机关了解案件、发现证据的重要途径，是侦查活动的起点，是依法立案的前提和基础。因此受理报案可以算是展开计算机取证工作的准备阶段。

与一般传统刑事案件相同，高科技犯罪尤其是涉及网络的犯罪，甚至可以说几乎所有的网络欺诈等计算机金融犯罪、侵犯商业秘密、网络侵权等知识产权类犯罪的侦查都是来自被害的群众或金融机构、公司企业的受害报案。因此，侦查机关在受理报案时，除遵循一般刑事案件受理报案的要求外，还要详细记录案情及举报人资料，详细、全面地了解潜在的与案件事实相关的电子证据材料，如报案方的计算机系统、打印机等电子设备的情况，尤其是IP地址、域名、网络运行状况、设备的日常使用管理、受害方和犯罪嫌疑人的信息技术水平等对确定虚拟现场、嫌疑人有所帮助的资料。对于与电子证据材料有关的情况，应由掌握一定信息技术的侦查人员进行询问和记录。在接受举报材料、记录报案情况后，应该提醒报案方务必及时保护涉案现场的计算机系统、网络环境，等待侦查人员依法调查提取证据材料，保证侦查时调查环境的完整客观状态，为保证将来获取电子证据的客观性奠定基础。

2．保护涉案现场

任何一个案件的现场都是犯罪“痕迹”集中的地点，是搜集证据的首要场所，对计算机等高科技犯罪案件也不例外。计算机网络将地理位置上分散的计算机连接在一起，利用网络环境实施攻击、入侵计算机系统、网络欺诈、网络侵权等案件时，犯罪嫌疑人往往利用自己、别人或网吧里的计算机实施攻击、入侵网络上的其他计算机，向网络上用户散布欺诈信息等犯罪行为，受到破坏、影响的不是自己的计算机而是网络上其他用户的计算机，而一些证据材料通常遗留在网络服务器中，因此涉及计算机网络的案件现场较之传统案件现场更复杂，还需要考虑涉案的网络环境。目前在诉讼过程中起到关键作用的大部分是受到破坏影响的计算机系统、网络环境中的数据资料，因而有学者把电子证据所处的虚拟现场分为单机现场和网络现场。还有专家把计算机犯罪案件的现场根据不同情况进行分类，例如按现场在计算机案件发展过程中所处的地位和作用分为主体现场和关联现场，按计算机案件的形成过程分为预备犯罪现场、实施犯罪现场和掩盖犯罪现场，按犯罪现场有无变动和性质分为原始现场、变动现场、伪造现场和伪装现场等。造成这些分类无非是因为计算机网络技术使得犯罪嫌疑人可以"远程"实施犯罪活动，因此可以以犯罪嫌疑人实施犯罪行为的场所为标准，将涉案的现场分为犯罪嫌疑人实施犯罪行为的"作案现场"、网络环境中可能存有证据线索的"关联现场"和造成犯罪后果的"发案现场"。

计算机取证尤其是在计算机系统、网络中取证时，首要之事是冻结作案现场和发案现场的计算机系统，保护目标计算机系统，及时地维持计算机网络环境的状态。对于作案现场，还需要保护诸如录音机、数码相机、计算机设备等作案工具中的线索痕迹，如键盘、打印机、相机上留下的作案人指纹，网络连线等设备外观的情况等，保护方法与普通案件侦查时封锁犯罪现场、搜索证物没有区别。但在操作过程中务必避免发生任何更改系统设置、硬件损坏、数据破坏或病毒感染的情况发生，以免破坏电子证据的客观性或造成证据的丢失。例如计算机的主板是带有电流的高集成度的线路板，不正确的关机操作、拔插闪存、移动硬盘等操作均可能因电流不稳定冲击而烧坏计算机主板等主要硬件设备，使计算机系统、网络环境中的数据信息遭到破坏，严重的甚至会造成整个计算机系统的信息全部丢失而无法恢复。

目前的计算机犯罪基本上由内部人员实施，或者由外部人员通过网络实施，只要犯罪嫌疑人有所察觉，就会立即采取手段销毁证据或破坏证据，因此涉案现场一旦确定，必须迅速加以保护，进行检查。

对于涉及网络的犯罪，聊天记录、电子邮件、入侵信息等相当一部分电子证据隐藏在网站的服务器即关联现场中，一旦确定可能的关联现场，必须立即采取相应的保护措施。服务器中存有海量信息，涉及的用户非常之多，在对服务器中的电子信息采取搜查、检查、扣押等手段时，务必要依法进行，以免因取证手段不合法而造成证据不能被采用。

3．收集电子证据

任何案件的侦查，最重要的是收集证据，证据是作为日后逮捕及起诉的有效依据。在高科技犯罪案件中，对一般传统证据的收集，其要领与一般犯罪案件并无不同，但在收集电子证据材料时应遵循电子证据的特点。

对于计算机网络犯罪，通常需要收集的证据资料主要来自涉案的计算机系统、网络管理者与 ISP 商（网络服务提供商）。系统、网络管理者与 ISP 商的配合，显然会是计算机犯罪侦查成功的重要因素。在此期间，主要注意收集以下数据信息：计算机审核记录，包括使用者账号、IP 地址、起止时间及使用时间等；客户登录资料，包括申请账号时填写的姓名、联络电话、地址等基本资料；犯罪事实资料，即证明该犯罪事实存在的数据资料，包括文本、屏幕界面、原始程序等，如侵权著作、淫秽画面等。此外，同系统网络管理者、ISP 商及案件其他相关人的案情访谈，也是了解可能的犯罪嫌疑人证据资料的主要来源。

从所收集的证据资料中，即可研究分析本案是属于何种犯罪类型，并进而了解犯罪嫌疑人的职业身份、动机目的、犯罪手法等，有助于侦查人员正确研究案情、迅速确定犯罪嫌疑人可能的范围。例如计算机系统日志文件能产生审计痕迹，记录下任何重要的网络活动，包括使用者进入计算机的时间，所取用的资料、档案、程序，进行过哪些操作、何时离开系统以及哪些行为被拒绝等操作。依据这些"电子指纹"，就可以找出究竟是何人所为，使用者是来自系统内部还是外部。

通常，犯罪分子在作案后可能会彻底删除或者混淆证据以隐藏犯罪行为，而且计算机系统中的某些事件，如正在进行的文件修改、已经发生的进程中断、内部进程通信和内存的使用情况等，或许不会在被攻击的系统中留下事后线索。因而需要一个运行中的监控器把这些事件实时记录下来以获取全面充分的证据支持调查人员得出具有较强确定性的结论。目前越来越多的网络侵权、网络欺诈等网络犯罪需要这类实时、动态数据信息来证明案件事实，事后静态的取证方法不能获取这类实时证据，因此要采用动态收集证据方法获取系统、设备的实时状态，以构成能够客观、完整地反映犯罪实施过程的证据链。

侦查机关在诉讼中取胜的关键不仅仅是某个单独证据的客观真实、合法、与案件事实相关，更重要的是整个证据链条的客观、完整。电子证据是由信息技术生成的、用以证明案件事实的数据信息，既包括反映计算机系统本身的证据、通过计算机操作生成的证据和网络环境中存在或生成的证据，也包括以数字形式存储和以模拟信号形式存在的证据，还包括由除计算机之外的电子设备生成的证据，即传统的视听资料，都可以成为证据链条中的一个环节。所以在证据收集过程中，收集直接关系案件事实的数据信息自不待言，但是也不能忽视诸如数码相片的数字信息证据、网络环境参数、各硬件之间的连接情况等细节信息的收集。需要特别注意的是，侦查机关在收集电子证据之前，必须采用合法的取证工具对涉案设备和数据进行备份、存档，以保证存储内容的原始性，作为与分析得到的证据材料进行比对或在必要时将原始介质中的数据信息进行恢复、重构案件事实之用。因此，尽可能全方位、多角度客观完整地收集与案件事实相关的数据信息能够保证侦查机关在诉讼中立于不败之地。

由于电子证据的删改性，根据无损取证原则，应由侦查人员或是聘请的取证专家对原始存储介质进行备份，以保证电子证据的客观真实性。同时备份过程应当由嫌疑人、被害人或在场人共同确认，以免日后对证据的可采性滋生争议。

人们目前较为忽视的是由电磁辐射而形成的电子证据，电子证据内容实质是电磁信息，在电磁场中进行无形传播时会造成电磁泄漏，也可以通过电磁信息截获的方式来收集电子证据。

4．固定与保管电子证据

由于电子证据的删改性，为保护证据的完整性、客观性，必须对电子证据进行固定和保管，《计算机犯罪现场勘验与电子证据检查规则》的第 12~14 条对此做出了有关规定。考虑到有些案例可能要花上两三年时间来解决，因此，首先应用适当的储存介质（如 Mess storage 或 CD-ROM）进行原始的镜像备份。电子证据内容实质是电磁信号，极为脆弱，如经消磁即无法恢复，因此搬运、保管电子证据时不应靠近磁性物品防止被磁化，提取的磁性存储介质，必须妥善地保存在纸袋或纸盒内，置于防碰撞的位置，不可只以纸袋或塑料袋封存；对于计算机和磁性存储介质，不可放置在安有无线电接收设备的汽车内，且不能放置于温度过高或过低的环境中；另外存储介质如磁带或磁盘发霉或潮湿，即难以读取其存储的记录内容，因而应将扣押的电子证据放置在防潮、干燥的地方。对获取的电子证据采用安全措施进行保护，非相关人员不准操作存放电子证据的设备。不可轻易删除或修改与证据无关的文件以免引起有价值的证据文件永久丢失。

5．分析电子证据

电子证据材料内容实质是电磁信号，不具有直观可视性，因而收集的电子证据材料是否能够成为定案诉讼的依据，必须采用相应的技术方法对电子证据材料进行分析而得知其内容加以判断。

分析前必须先将重要证据资料备份以完整保存证据，必要时可全部备份。尤其是应该将磁盘（计算机硬盘、软盘、闪存等）、PDA 内存、数码相机的存储卡等存储介质进行镜像备份，即“克隆”，以备与分析结果进行对比，必要时还可以重新制作备份证据材料或重新构建犯罪案件事实，以验证获取的证据与原始存储介质内容相同、是客观真实的。

分析电子证据时应该对备份资料进行非破坏性分析，即通过一定的数据恢复方法将嫌疑人删除、修改、隐藏的证据进行尽可能的恢复，在恢复出来的文件资料中分析查找线索或证据。

6．归档电子证据

在计算机取证的最后阶段，应整理取证的结果并进行分类归档保存，以供法庭作为诉讼证据，主要包括对涉案电子设备的检查结果；涉及计算机犯罪的日期和时间、硬盘的分区情况、操作系统和版本；使用取证技术时，数据信息和操作系统的完整性、计算机病毒评估情况、文件种类、软件许可证以及取证专家对电子证据的分析结果和评估报告等所有相关信息。尤其值得注意的是，在计算机取证的过程中，为保证证据的可信度，必须对取证各个步骤的情况进行记录、归档，包括收集证据的时间、地点、人员、方法以及理由等，以使证据经得起法庭的质询。

高科技犯罪的侦查工作具有高度的技术性。在较先进国家，通常规定侦查机关遇到高科技犯罪案件尤其是涉及网络的案件时，应该先通报其他机关（类似我国的信息产业部、新闻出版署、科技部、CNCERT 组织等)，由技术专家共同处理，以免侦查机关由于技术的局限性而延误时机或毁损证据。

在我国，高科技犯罪的处理程序与一般犯罪案件并无很大不同，只有在遇到侦查困难时，才会主动请求其他机关的协助调查。但是，如果能够有计算机取证专家的指导，会大大提高搜索破案线索的效率，破案几率大为增加，有效维护电子证据的客观真实性及电子证据与案件事实的关联性。尤其是对于服务器的扣押、计算机中资料的恢复与鉴定，如何操作才能保证证据的可采性，这些取证工作不是一般侦查人员所能胜任的，因此计算机取证的整个过程中应该有相关方面技术专家的协助。但要注意侦查机关应该聘请国家法律认可、具有取证资质的机构或技术专家协助。

目前有些受害方携带计算机主机、硬盘等可疑证物到侦查机关报案，受害方为保护自己的隐私、商业秘密等信息，之前还对电子邮件、硬盘内容等进行了删改操作，致使电子证据材料的客观性遭到破坏，无法保证其可采性，通常会受到嫌疑人或检察机关、法院的质疑，不能被作为诉讼证据使用。又如一起在知识产权界引起争议的案件中，专门研究知识产权法的专家学者在状告某公司在互联网上不经同意连载他们的作品、侵犯其著作权时，却也被该公司指称其代理人在向侦查机关提供侵权的电子证据时，未经授权、擅自使用了该公司的“××阅读器软件”被反诉非法使用软件。由此，有必要尽快制定计算机取证的原则，以指导、规范高科技犯罪案件的侦查和计算机取证的实施，确保获取的电子证据材料符合关联性、合法性和客观性，具备诉讼证据的可采性。

第三节　计算机取证技术

计算机取证的主要任务是从海量的电子信息中搜索、收集并分析得出与案件有关联、能够客观反映案件事实的证据或线索。通常，高科技犯罪案件中的犯罪嫌疑人具有较高的技术水平，会千方百计地消除在涉案设备、信息系统中留下的“痕迹”，甚至伪造虚拟现场以增加调查取证的难度。侦查人员必须运用相应的取证技术全面收集各种证据，在相关证据中进行分析，才能发现、选取有价值的证据线索。由于电子证据的自动、实时性，使得可以证明网络犯罪的电子证据更是稍纵即逝，传统的事后静态的取证技术已不能及时获取这些实时的电子证据，无法保证案件证据链的完整，必须采用对进程通信、入侵状态等数据信息的动态取证技术。电子证据的技术性使得计算机取证技术远比传统取证技术复杂得多，关乎着获取的证据能否保证客观真实、完整，具有可采性。因而先进、高效的取证技术是计算机取证工作顺利进行的有力保障。

（一）证据收集技术

电子证据的收集包括物理获取和信息发现两个阶段。物理获取是指侦查人员对犯罪案件现场的勘验，寻找并提取相关的物证，信息发现是指从原始存储介质中搜索并获取用以证明案件事实的证据，即收集电子证据。不同案件对电子证据收集的要求不同，有些情况只需找到关键的电子文档、图片或 IP 地址就足以侦破案件，而类似入侵计算机系统的复杂案件要求全面收集所有可疑的电子证据以重现涉案设备在案件发生过程中的细节，其证据收集技术也相对更复杂。

电子证据是由信息技术生成、用以证明案件事实的电子信息，包含的类型多种多样，涵盖外延宽泛，充分了解电子证据的来源是采用相应收集技术的前提，也可以为侦查机关确定案件调查对象和方向提供初步思路。从调查对象来看，电子证据主要来自：

第一，计算机单机系统。一部分是基于计算机软、硬件系统的数据信息（computer-based evidence），反映了计算机系统的状态。主要有计算机系统日志、USB 等硬件设置、基本输入/输出（BIOS）设置、硬盘驱动的交换（swap）分区、slack 区和空闲区、系统的审计记录（Audit Trails）、操作系统和数据库的临时文件或隐藏文件、数据库的操作记录软件设置、书签、历史记录等，还包括入侵后的残留物（文件、进程等）、备份介质等。另一部分是计算机生成的数据信息（computer-produced evidence），由操作计算机通过软件生成。主要包括由使用者利用办公自动化软件录入或生成的各种文档，如电子合同、电子表格、演示文稿等，还包括由财务、报关、音视频转换等专业软件生成的财务报表、报关单、MP3、视频等文件。

第二，由计算机以外的电子设备生成。一种是现代通信技术应用中出现的数据信息，常见的有传真内容、手机短信、通话内容等形式；第二种是音像技术应用中出现的数据信息，常见的有录音摄像（如采用数字视频技术得到的城市交通违章监控信息）、数码相片、MP3 或 MP4 音乐视频等；第三种是由特殊的现代仪器设备生成的数据信息，包括目前在金融、电信、交通、公用事业等方面广泛应用的电话卡、储值卡、交通卡等 IC 卡记录，以及飞行记录仪生成的飞机“黑匣子”记录等。

以上两类电子证据基本上存于存储介质中，目前常用的存储介质主要包括计算机使用的软盘、硬盘、ZIP 盘、JAZ 盘、闪存，音像设备使用的磁带、磁光盘、CD-ROM、CDR、CDRW、DVD、MO 以及应用于多种领域中的 CF、MS、SD、MMC 存储卡等，因此电子证据的收集主要是针对各种存储介质进行的。目前取证调查人员对可疑计算机、存储设备普遍采用数据复原技术、数据复制技术、扫描技术、数据截取技术等收集技术，从不同的技术层面、采取不同的技术手段收集所有可能获取的数据进行事件重构以确认犯罪行为实施的时间、地点和方式。例如，现时的黑客们往往在入侵结束后，擦除掉自己残留在侵入方系统中的“痕迹”，犹如犯罪分子销毁犯罪证据那样删除或修改系统日志及其他有关记录。但只有物理格式化磁盘、粉碎文件或装满磁盘的所有空间，不再可能找回“删改”的内容，其他的操作包括清空回收站，都还可以采用数据恢复等技术将“删改”的信息查找回来。如 Windows 系统中的 file slack 区，记录着大量删除后的“残留物”，包括 E-mail 碎片（Fragments）、字符处理碎片、目录树镜像（snapshot）及其他潜在的工作会话碎片，都可以通过相应的取证软件收集，作为潜在的电子证据完善证据链条。

第三，来自网络环境、通信或自动化控制过程。主要包括防火墙日志、Modem 调制解调器状态、网络事务审计、ftp、反病毒软件日志、网络监控流量（Network monitor traffic）、E-mail、Web 浏览器数据缓冲、实时聊天记录、电子公告板记录等，以及反映自动化控制流程、状态的程序、数据，如工厂车间的生产流水线系统信息和数据。

此类电子证据反映了系统、设备运行过程中的实时状态，集中体现了电子证据的自动、实时性，是解决网络侵权、网络欺诈等网络犯罪必须提供的动态数据信息，因而收集获取时必须将数据恢复、数据复原等基于存储介质的取证技术结合到防火墙、侵入检测技术以及蜜罐等技术，对所有可能的犯罪行为进行实时数据获取和分析，智能分析入侵者的企图，采取措施切断链接或诱敌深入，在确保系统安全的情况下获取最大量的证据，并将证据收集、保存、提交，及时获得全面、真实的证据，保证证据的客观性和证据链的完整。

（二）证据分析技术

通过收集技术获取的数据信息还是最原始的数据形式，本身不具有直观可视性，不能直接被人所感知，为了揭示其与犯罪案件的关联性，必须对这些数据进行分析，找出它们与案件之间的关系，因此如何在收集的数据信息中分析出可以用来证明案件事实的证据是计算机取证的关键阶段，电子证据的分析技术是取证技术中的核心技术。

电子证据分析基于客观、科学的技术原理，针对所收集来的、已经验证了其可信性的电子数据如程序代码、电子设备以及相关的文字资料等数据信息进行技术分析，就文件的来源、特征、传播范围、传播途径；程序的来源、功能；电子设备的功能；嫌疑人的特征、动机、行为以及行为后果等出具定量或定性的分析结论，从而找出它们与案件事实之间的客观联系使其成为侦破犯罪的有力证据，进而重构案件的真实情况。目前，主要的数据分析技术是在已经获取的数据信息流寻找相匹配的关键词或关键短语，具体包括文件数字摘要分析技术；文件属性分析技术；日志分析技术；根据已经获得的文件或数据的语法、用词和编程风格推断出其可能作者的分析技术；发掘同一事件不同证据间联系的分析技术以及对电子介质中的被保护信息的强行访问技术等。

目前采用的分析系统主要分析计算机的类型、采用的操作系统，是否为多操作系统或有隐藏的分区；有无可疑外设；有无远程控制、木马程序及当前计算机系统的网络环境；分析在存储介质的特殊区域中发现的所有相关数据；利用存储空闲空间的数据分析技术进行数据恢复，获得文件被增、删、改、复制前的痕迹。通过将收集的程序、数据和备份与当前运行的程序数据进行对比，从中发现篡改痕迹。另外还通过对涉案设备的所有者，或电子签名、密码、交易记录、回邮信箱、邮件发送服务器的日志、上网 IP 等特有信息分析识别犯罪嫌疑人等。

根据计算机取证原则，所有的分析都必须在原始存储介质的镜像备份上进行，分析技术必须提供完整的取证流程监控系统，详细记录取证人员分析取证的全过程，形成完整的流程监控报告，保证证据的客观完整。同时必须将电子证据与案件的其他证据综合分析、相互印证，以确保证据与案件事实的关联，形成具有可采性的、完整的证据链条。

近年来，伴随着电子证据与计算机取证逐渐被各界所认识，计算机、通信等信息技术的迅猛发展，取证技术也蓬勃发展，美国等技术发达国家对取证技术的研究取得了不少成果并普遍应用于全球范围的司法实践中。网络犯罪的增多推动着计算机取证技术的研究正在向自动化、智能化方向发展，如将静态取证技术结合到入侵检测、防火墙、网络侦听中以形成动态取证技术，并利用专家系统分析每个协议层的网络数据；无线环境的取证分析、远程取证技术等。我国也正在积极地研究开发具有自主知识产权的取证技术和工具。但是，一定要牢固树立“技术服务于法律”的理念，在研究取证技术的同时，务必结合取证技术的法律要求，切实保证通过技术获取的电子证据符合证据的可采标准，才能使诉讼成功，有力打击高科技犯罪，保护信息社会的安全。

第七章　计算机安全等级保护

随着网络全球化和经济全球化的发展，以及国家政治、经济、文化、军事和社会体系的运行，由于对网络环境的依赖而面临日益深刻的、全球化的安全风险。我国的信息化已进入以电子政务、电子商务、新闻文化传播、教育娱乐应用、多媒体个人通信和金融、电力等的信息网络化应用为主导的发展阶段，能否积极和综合地解决信息化主流应用中的“安全”问题，直接关系到我国能否抓住重大的历史机遇，逐步实现十六大提出的“以信息化带动工业化，以工业化促进信息化”的发展战略。

但目前我国进口的计算机系统产品，其安全功能基本上是最低层次的，且我国尚没有自己的配套安全技术产品，使用的微机和网络产品从硬件、固件到软件，基本没有安全保障功能，在建的一些重要信息系统，也缺乏安全技术防范措施。计算机信息系统的建设者、管理者和使用者都面临着一个共同的问题，就是他们建设、管理或使用的信息系统是否安全，如何评价系统的安全性。这就需要有一整套用于规范计算机信息系统安全建设和使用的标准和管理办法。

我国于 1989 年由公安部开始设计起草有关信息系统安全的法律和标准。在起草过程中经过长期对国内外广泛的调查和研究，特别是对国外的法律法规、政府政策、标准和计算机犯罪的研究，使我们认识到要从法律、管理和技术三个方面着手，对信息安全要实行等级保护制度。

第一节　我国计算机安全等级保护

当前，我国信息安全存在的最大问题是信息安全保护工作不统一、不规范，有关各方对信息如何保护及安全与否无法把握，心中无数。这将导致国家信息安全技术水平和整体信息安全保护能力很难提高，如不尽快采取有效的解决办法，势必影响国家信息化建设、经济发展、社会稳定、国防建设以及国家安全等。

为此，国家高度重视信息安全保护工作。经党中央和国务院批准，国家信息化领导小组决定加强信息安全保障工作，实行信息安全等级保护，重点保护基础信息网络和重要信息系统安全，抓紧安全等级保护制度建设。

一、我国计算机安全等级保护的法律和政策依据

等级保护的概念最早是在 1994 年 2 月 18 日，国务院发布的《中华人民共和国计算机信息系统安全保护条例》（147 号令）中提出的，在该条例第二章关于安全保护制度的第九条规定：“计算机信息系统实行安全等级保护，安全等级的划分标准和安全等级保护的具体办法，由公安部会同有关部门制定”、“国家对计算机信息系统安全专用产品的销售实行许可证制度。

具体办法由公安部会同有关部门制定。”

为了切实加强重要领域信息系统安全的规范化建设和管理，全面提高国家信息系统安全保护的整体水平，使公安机关公共信息网络安全监察工作更加科学、规范，指导工作更具体、明确，公安部组织制定了《计算机信息系统安全保护等级划分准则》（GB17859-1999）国家标准，于1999年9月13日由国家质量技术监督局审查通过并正式批准发布，并于2001年1月1日起执行。该准则的发布为计算机信息系统安全法规和配套标准的制定和执法部门的监督检查提供了依据，为安全产品的研制提供了技术支持，为安全系统的建设和管理提供了技术指导，是我国计算机信息系统安全保护等级工作的基础。

从2003年开始，国家相关部门提出了一系列等级化信息安全的指导方针、政策和指南。2003年中央办公厅、国务院办公厅转发的《国家信息化领导小组关于加强信息安全保障工作的意见》提出“要重点保护基础信息网络和关系国家安全、经济命脉、社会稳定等方面的重要信息系统，抓紧建立信息安全等级保护制度，制定信息安全等级保护的管理办法和技术指南”，明确要求我国信息安全保障工作实行等级保护制度。

2004年9月，公安部、国家保密局、国家密码管理委员会办公室、国务院信息化工作办公室联合下发了《关于信息安全等级保护工作的实施意见》，文件中明确指出“信息安全等级保护制度是国家在国民经济和社会信息化的发展过程中，提高信息安全保障能力和水平，维护国家安全、社会稳定和公共利益，保障和促进信息化建设健康发展的一项基本制度”，并规定了实施信息安全等级保护制度的原则、内容、职责分工、基本要求和实施计划，部署了实施信息安全等级保护工作的操作办法。

2006年年初，公安部、国家保密局、国家密码管理局、国信办四部委《信息安全等级保护管理办法》规定和协调了我国主要部门的职能：

- 公安机关负责信息安全等级保护工作的监督、检查、指导。
- 国家保密工作部门负责等级保护工作中的有关保密工作的监督、检查、指导。
- 国家密码管理部门负责等级保护工作中的有关密码工作的监督、检查、指导。
- 国家信息化工作办公室及地方信息化领导小组办事机构负责等级保护工作的部门间协调。

二、我国计算机安全等级保护的主要内容及意义

信息安全等级保护，是指对涉及国计民生的基础信息网络和重要信息系统按其重要程度及实际安全需求，合理投入，分级进行保护，分类指导，分阶段实施，保障信息系统安全正常运行和信息安全，提高信息安全综合防护能力，保障国家安全，维护社会秩序和稳定，保障并促进信息化建设健康发展，拉动信息安全和基础信息科学技术发展与产业化，进而牵动经济发展，提高综合国力。

其主要内容包括：对信息系统按业务安全应用域和区实行分级保护；对系统中使用的信息安全产品实行按分级许可管理；对等级系统的安全服务资质分级许可管理；对信息系统中发生的信息安全事件分等级响应、处置。下面分别对这几个方面进行介绍。

（一）对信息系统按业务安全应用域和区实行分级保护

根据信息和信息系统在国家安全、经济建设、社会生活中的重要程度；遭到破坏后对国家安全、社会秩序、公共利益以及公民、法人和其他组织的合法权益的危害程度；信息系统必须达到的基本的安全保护水平等因素，对信息和信息系统划分以下五个安全保护和监管

等级：

第一级为自主保护级，适用于一般的信息系统，其受到破坏后，会对公民、法人和其他组织的合法权益产生损害，但不损害国家安全、社会秩序和公共利益。

该级信息系统运营、使用单位或个人依照国家管理规范和技术标准进行自主保护。

第二级为指导保护级，适用于一般的信息系统，其受到破坏后，会对社会秩序和公共利益造成轻微损害，但不损害国家安全。该级信息系统运营、使用单位应当依据国家管理规范和技术标准自主进行保护。必要时，国家信息安全监管职能部门进行指导。

第三级为监督保护级，适用于涉及国家安全、社会秩序和公共利益的重要信息系统，其受到破坏后，会对国家安全、社会秩序和公共利益造成损害。该级信息系统运营、使用单位依照国家管理规范和技术标准进行自主保护，信息安全监管职能部门对其进行监督、检查。

第四级为强制保护级，适用于涉及国家安全、社会秩序和公共利益的重要信息系统，其受到破坏后，对国家安全、社会秩序和公共利益造成严重损害。该级信息系统运营、使用单位依照国家管理规范和技术标准进行自主保护，信息安全监管职能部门对其进行强制监督、检查。

第五级为专控保护级，适用于涉及国家安全、社会秩序和公共利益的重要信息系统的核心子系统，所承载的业务受到破坏后，会直接对国家安全造成特别严重损害。该级信息系统运营、使用单位依照国家管理规范和技术标准进行自主保护，国家指定专门部门、专门机构进行专门监督。

（二）对系统中使用的信息安全产品实行按分级许可管理

信息安全产品是指与信息网络或者信息系统安全相关的以计算机硬件或者软件的形态集成的，实现信息系统运行中的特定功能的，构建信息系统并使其正常运行的软硬设备。由于信息安全产品的安全功能和可控性直接关系到其所构建的信息系统的安全，所以国家对信息安全产品的管理除按法律要求实行销售许可外，还对信息安全产品的使用按照其安全性，特别是其可控性和可信性进行分等级管理。不同安全保护等级的信息系统和网络应使用与其安全等级相适应的信息安全产品。

（三）对等级系统的安全服务资质分级许可管理

从事信息系统安全等级测评的单位，应当遵守国家有关法律法规和技术标准规定，保守在测评活动中知悉的国家秘密、商业秘密和个人隐私，提供安全、客观、公正的检测评估服务。测评单位资质管理办法由有关部门另行制定。

（四）对信息系统中发生的信息安全事件分等级响应、处置

信息安全事件是指危害信息系统平台运行和安全功能、应用系统（包括数据信息）的完整性、可用性和保密性，危害国家安全、社会秩序、经济建设、公共利益、公民利益的故障、事故、案件、战争行为等。依据信息安全事件对信息和信息系统的破坏程度、所造成的社会影响以及涉及的范围，确定事件等级。根据不同安全保护等级的信息系统中发生的不同等级事件制定相应的预案，确定事件响应和处置的范围、程度以及适用的管理制度等。信息安全事件发生后，分等级按预案进行响应和处置。

对信息系统实行等级保护是国家法定制度和基本国策，是开展信息安全保护工作的有效办法，是信息安全保护工作的发展方向。实行信息安全等级保护的决定具有重大的现实和战略意义。

首先实行等级保护制度，能够充分调动国家、法人和其他组织及公民的积极性，发挥各方面的作用，达到有效保护的目的，增强安全保护的整体性、针对性和实效性，使信息系统安全建设更加突出重点、统一规范、科学合理，对促进我国信息安全的发展将起到重要推动作用。

其次实施信息安全等级保护，可以有效地提高我国信息安全建设的整体水平，有利于在信息化建设过程中同步建设信息安全设施，保障信息安全与信息化建设相协调；有利于加强对涉及国家安全、经济秩序、社会稳定和公共利益的信息系统的安全保护和管理监督；有利于明确国家、法人和其他组织、公民的安全责任，强化政府监管职能，共同落实各项安全建设和安全管理措施；有利于提高安全保护的科学性、整体性、针对性，推动信息安全产业水平，逐步探索一条适应社会主义市场经济发展的信息安全发展模式。

第二节　我国计算机安全保护等级标准

由于对信息系统和安全产品的安全性评估事关国家安全和社会安全，任何国家不会轻易相信和接受由别的国家所作的评估结果，为保险起见，要通过本国标准的测试才认为可靠。因此，没有一个国家会把事关国家安全利益的信息安全产品和系统的安全可信性建立在别人的评估标准、评估体系和评估结果的基础上，而是在充分借鉴国际标准的前提下，制定自己的安全评估标准。

一、国外等级保护的发展历程

早在 1967 年美国国防科学委员会就提出了计算机安全保护问题，1970 年美国国防部（DoD）在国家安全局（NSA）建立了一个计算机安全评估中心（NCSC），开始了计算机安全评估的理论与技术的研究。

1985 年美国国防部首次公布了《可信计算机系统评估准则》（TCSEC，Trusted Computer System Evaluation Criteria，俗称橘皮书）。橘皮书论述的重点是通用的操作系统，为了使它的评判方法适用于网络，NCSC 于 1987 年出版了一系列有关可信计算机数据库、可信计算机网络等方面的指南（俗称彩虹系列）。该书从网络安全的角度出发，解释了准则中的观点，从用户登录、授权管理、访问控制、审计跟踪、隐通道分析、可信通道建立、安全检测、生命周期保障、文本写作、用户指南均提出了规范性要求，并根据所采用的安全策略、系统所具备的安全功能将系统分为四类七个安全级别。将计算机系统的可信程度划分为 D、C1、C2、B1、B2、B3 和 A1 七个层次。下一节将对 TCSEC 做专门介绍。

TCSEC 带动了国际计算机安全的评估研究，1990 年英国、德国、法国和荷兰四国联合提出了《信息技术安全评估标准》（ITSEC），ITSEC（又称欧洲白皮书）除了吸收 TCSEC 的成功经验外，首次提出了信息安全的保密性、完整性与可用性的概念，把可信计算机的概念提高到可信信息技术的高度。它们的工作成为欧共体信息安全计划的基础，并对国际信息安全的研究、实施带来深刻的影响。

美国并不甘心 TCSEC 的影响被 ITSEC 所取代，为了保持自己在制定准则方面的优势，美国采取联合其他国家共同提出新评估准则的办法来体现其领导作用。1991 年 1 月六国七方（英国、加拿大、法国、德国、荷兰、美国国家安全局和美国标准技术研究所）宣布制定通用安全评估准则（CC）的计划。1996 年 1 月六国七方公布 CC1.0 版，并于 1998 年公布 CC2.0 版。1999 年 12 月，ISO 接受 CC 为国际标准 ISO/IEC15408 标准，并正式颁布发行。从 CC

的发展历史可以看出，CC 源于 TCSEC，但已经完全改进了 TCSEC。它吸收了各先进国家对现代信息系统信息安全的经验与知识，将会对未来信息安全的研究与应用带来重大影响。

二、美国国防部可信计算机系统评价准则（TCSEC）

TCSEC 将计算机安全由低到高分为四类七级（见表 7-1）：一类是 D 等级，这一类什么保护要求也没有；第二类是 C1、C2、B1 等级，目前流行的商用操作系统的安全性大都属于这一类；第三类是 B2 等级，该类要求对基础模型的安全性给出精确的证明，对可信计算基（TCB， Trusted Computing Base）有清楚的技术规范说明；第四类是 B3 和 A1 等级，这一类具有更高的安全性，它要求对 TCB 有更精确的证明和形式化的设计。下面介绍每一种安全级别的主要特点。

表 7-1 **计算机系统安全级别**

安全级别					主要特征
1	D	无保护级	D		无安全保护
2	C	自主保护等级	C1	自主安全保护	自主访问控制
			C2	可控访问保护	可控的自主访问控制与审计
3	B	强制保护等级	B1	标记安全保护	强制访问控制，敏感度标记
			B2	可结构化保护	形式化模型、隐蔽信道约束
			B3	安全区域保护	安全内核、高抗渗透能力
4	A	验证保护等级	A1	可验证性保护	形式化安全验证，隐蔽信道分析

D 级是可以使用的最低的安全级别。由于该级别根本就没有安全措施，整个系统是不可信赖的。对于硬件来说，由于没有任何保护机制，操作系统容易受到损害；由于没有系统访问限制和数据访问限制，任何人不需任何账户就可以进入系统，不受任何限制就可以访问他人的数据文件。DOS、旧版本的 Windows 和 Apple 的 Macintosh System 7.1 等都属于这个级别的操作系统。

C1 级称自主安全保护系统，它描述了一种典型的用在 Unix 系统上的安全级别。这种级别的系统对硬件有某种程度的保护，如用户拥有注册账号和口令，系统通过账号和口令来识别用户是否合法，并决定用户对程序和信息拥有什么样的访问权，但硬件受到损害的可能性仍然存在。

用户拥有的访问权是指对文件和目标的访问权。文件的拥有者和超级用户可以改变文件中的访问属性，从而对不同的用户给予不同的访问权。例如，让文件拥有者具有读、写和执行的权力，给同组用户读和执行的权力，而给其他用户予以读的权力。

C1 级保护不足之处在于用户能直接访问操作系统的超级用户。C1 级不能控制进入系统用户的访问级别，所以用户可以将系统中的数据任意移走，他们可以控制系统配置，获取比系统管理员允许的更高权限，如改变和控制用户名。

C2 级称为可控安全保护级。在 C2 级评估中，除了 C1 级包含的特性外，C2 级别具有访问控制环境权力。该环境具有进一步限制用户执行某些命令或访问某些文件的权限，而且还加入了身份认证级别。另外，系统对发生的事件加以审计，并写入日志当中，例如什么时候开机，哪个用户在什么时候从哪儿登录等，这样通过查看日志，就可以发现入侵的痕迹，如果多次登录失败，也可以大致推测出可能有人想强行闯入系统。审计除了可以记录系统管理员执行的活动以外，还加入了身份认证级别，这样就可以知道谁在执行这些命令。审计的缺点在于它需要额外的处理器时间和磁盘空间。

使用附加身份认证就可以让一个 C2 级系统用户在不是超级用户的情况下有权执行系统管理任务。身份认证可以用来确定用户是否能够执行特定的命令或访问某些核心表，例如，当用户无权浏览进程表时，若执行了 PS 命令就只能看到自己的过程。

授权分级使系统管理员能够给用户分组，授予他们访问某些程序或访问分级目录的权限。另一方面，用户权限能以个人为单位被授权对某一程序所在目录进行访问。如果其他程序和数据也在同一目录下，那么用户也将自动得到访问这些信息的权限。

能够达到 C2 级的常见操作系统有 Unix、Xenix、Windows、Linux 等系统。

B 类安全包含 3 个级别：B1、B2 和 B3 级，它们都采用了强制保护控制机制。

B1 级又称为带标记的访问控制保护级，是支持多级安全（例如秘密和绝密）的第一个级别。这个级别说明处于强制性访问控制之下的对象，系统不允许文件的拥有者改变其许可权限。安全级别存在保密、绝密级别。在这一级，对象（如磁盘区和文件服务器目录）必须在访问控制之下，不允许拥有者更改他们的权限。B1 级的计算机系统安全措施由操作系统而定。政府机构和防御承包商们是 B1 级计算机系统的主要拥有者。

B2 级叫做结构保护级。它要求计算机系统中所有的对象都要加上标签，而且给设备（磁盘、磁带和终端）分配单个或多个安全级别。它是提供较高安全级别对象与较低安全级别对象相通信的第一个级别。

B3 级又称安全域级别，使用安装硬件的方式来加强域的安全。例如，内存管理硬件用于保护安全域免遭无授权访问或其他安全域对象的修改。该级别也要求用户通过一条可信任途径接到系统上。

A1 级又称验证设计，是当前橘皮书的最高级别，它包括了一个严格的设计、控制和验证过程。与前面所提到的各级别一样，该级别包含了较低级别的所有特性。设计必须是从数学角度上经过验证的，而且必须进行秘密通道和可信任分布的分析。可信任分布的含义是，硬件和软件在物理传输过程中已经受到保护，以防止安全系统被破坏。A1 级系统的要求极高，达到这种要求的系统很少，目前已获得承认的这类系统有 Honeywell 公司的 SCOMP 系统。

三、我国计算机安全等级保护标准体系的组成及其相互关系

我国信息安全等级保护标准由运行过程控制标准、评测过程控制标准、构建过程控制标准、基础标准（GB17859）组成。

其中，基础性标准包括：(1)《计算机信息系统安全保护等级划分准则》(GB17859-1999)，是其他标准的基础；(2)《信息系统安全等级保护实施指南》，为等级保护的实施提供指导。

构建过程控制标准包括：(1）技术要求标准；(2）产品要求标准。

测评过程控制标准包括：(1）系统测试与评估标准；(2）产品测试与评估标准。

过程控制标准包括：(1）工程管理标准，为管理工程实施提供指导；(2）系统管理标准，对系统运行过程的管理提供指导；(3）监督、检查管理标准，为按等级保护要求对信息系统的构建、测评、运行过程进行监督、检查、管理提供指导。

标准体系的基本思想概括为：以信息安全的保密性、完整性、可用性、可控性及不可否

认性五个属性为基本内容，从实现信息安全的五个层面，按照信息安全五个等级的不同要求，分别对安全信息系统的构建过程、测评过程和运行过程进行控制和管理，实现对不同信息类别按不同要求进行分等级安全保护的总体目标，如图 7-1、图 7-2、图 7-3、图 7-4 所示。

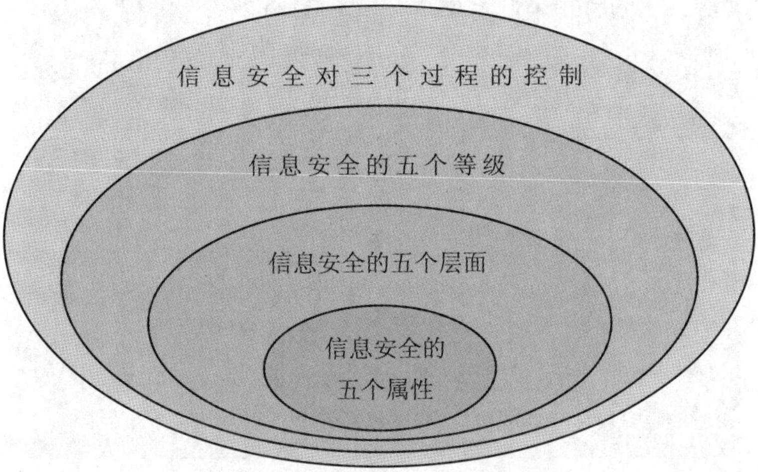

图 7-1　信息安全等级保护基本思想

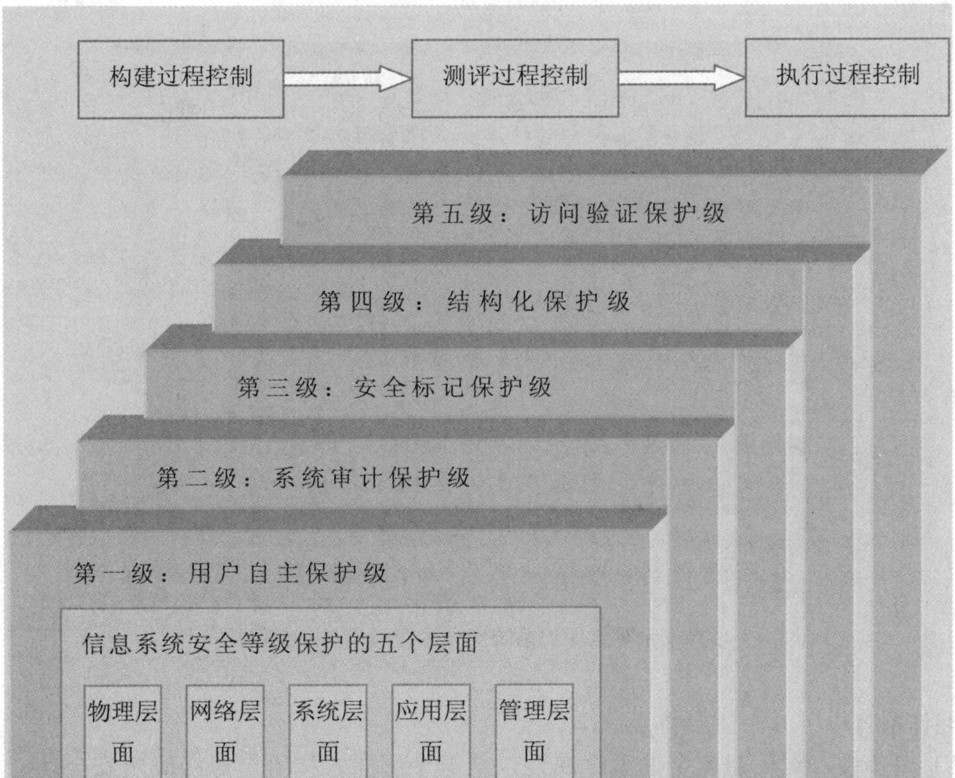

图 7-2　信息安全等级保护分级、分层及控制过程

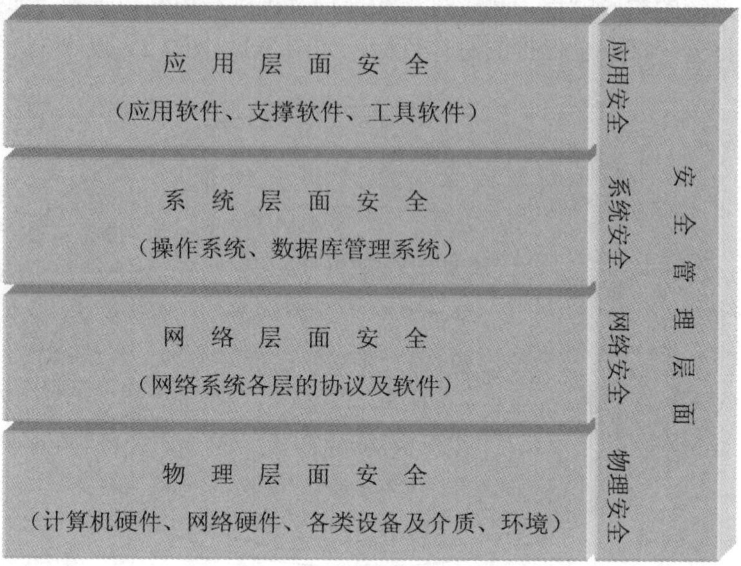

图 7-3　信息安全等级保护五个层面的内容

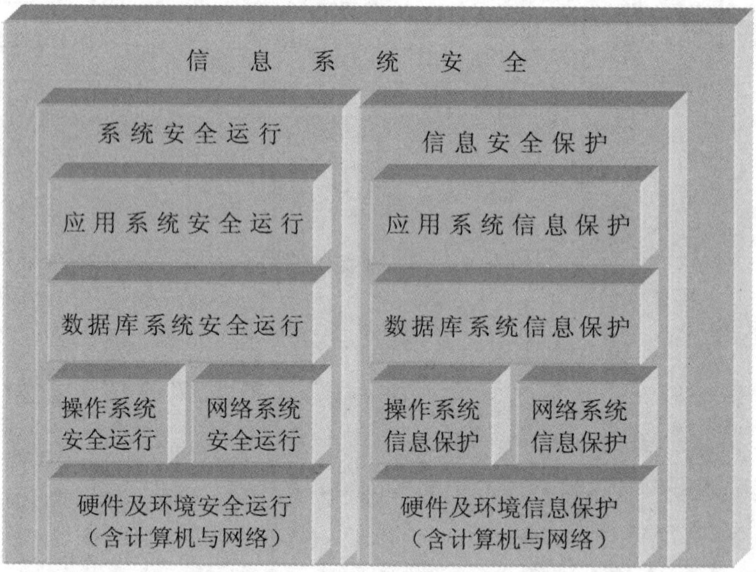

图 7-4　信息安全等级保护系统安全运行和信息安全保护

标准体系有以下 6 个主要特点：

（1）完备性：对信息安全的五个属性，从五个层面、按五个等级确定安全功能要求和安全保证要求；对安全系统的构建、测评、运行三个过程进行全面控制。

（2）整体保护性：实现信息的保密性、完整性和可用性（包括抗抵赖性、可控性和可操作性等），以及系统安全运行控制。

（3）技术先进性：标准体系是在充分了解国际上当前信息安全技术及其标准发展的基

础上，汲取先进的安全技术规定，并与国际接轨。

（4）实用性：充分考虑到我国信息技术的发展和信息安全的现状，从制定可行的信息系统安全方案出发，适用于我国信息安全等级管理的需要。

（5）前瞻性和可扩展性：标准体系所确定的技术和管理，具有一定的前瞻性，并可根据信息安全技术的发展改进和扩展。

（6）具有充分的法律依据和执法保证：147 号令、27 号文件明确规定我国信息安全实施等级保护；执行过程控制标准适用于安全等级管理对安全系统及安全产品从设计、实现、检测、评估到监督、检查的管理需要；有相应的执法人员（如电子警察）确保等级保护的贯彻执行。

四、我国计算机安全保护等级划分准则

国家质量技术监督局于 1999 年 9 月 13 日正式公布了新的国家标准《计算机信息系统安全保护等级划分准则》（GB17859-1999）。该标准于 2001 年元旦开始实施。这是我国第一部关于计算机信息系统安全等级划分的标准，而国外同类标准就是美国国防部的 TCSEC。在 TCSEC 中划分了 7 个安全等级：D、C1、C2、B1、B2、B3 和 A1 级，其中 D 级是没有安全机制的级别，A1 级是最高的安全级别。在我国的 GB17859 中，去掉了这两个级别，对其他 5 个级别也赋予了新意。下面分别对各安全级别的主要标准进行介绍。

第 1 级，系统自主保护级。本级的主要特点是用户具有自主安全保护能力。系统采用自主访问控制机制，该机制允许命名用户以用户或用户组的身份规定并控制客体的共享，能阻止非授权用户读取敏感信息。TCB 在初始执行时需要鉴别用户的身份，不允许无权用户访问用户身份鉴别信息。该安全级通过自主完整性策略，阻止无权用户修改或破坏敏感信息。

第 2 级，系统审计保护级。本级也属于自主访问控制级，但和第 1 级相比，TCB 实施粒度更细的自主访问控制，控制粒度可达单个用户级，能够控制访问权限的扩散，没有访问权的用户只能由有权用户指定对客体的访问权。身份鉴别功能通过每个用户唯一标识监控用户的每个行为，并能对这些行为进行审计。增加了客体重用要求和审计功能是本级的主要特色。审计功能要求 TCB 能够记录：对身份鉴别机制的使用；将客体引入用户地址空间；客体的删除；操作员、系统管理员或系统安全管理员实施的动作，以及其他与系统安全有关的事件。客体重用要求是指，客体运行结束后，以其占用的存储介质（如内存、外存、寄存器等）上写入的信息（或称残留信息）必须加以清除，从而防止信息泄露给其他使用这些介质的客体。

第 3 级，安全标记保护级。本级在提供系统审计保护级的所有功能的基础上，提供基本的强制访问功能。TCB 能够维护每个主体及其控制的存储客体的敏感标记，也可以要求授权用户确定无标记数据的安全级别。这些标记是等级分类与非等级类别的集合，是实施强制访问控制的依据。TCB 可以支持对多种安全级别（如军用安全级别可划分为绝密、机密、秘密、无密 4 个安全级别）的访问控制，强制访问控制规则如下：

仅当主体安全级别中的等级分类高于或等于客体安全级中的等级分类，且主体安全级中的非等级类别包含了客体安全级中的全部非等级类别，主体才能对客体有读权；仅当主体安全级中的等级分类低于或等于客体安全级中的等级分类，且主体安全级中的非等级类别包含于客体安全级中的非等级类别，主体才能写一个客体。

TCB 维护用户身份识别数据，确定用户的访问权及授权数据，并且使用这些数据鉴别用户的身份。审计功能除保持上一级的要求外，还要求记录客体的安全级别，TCB 还具有审计

可读输出记号是否发生更改的能力。对数据完整性的要求则增加了在网络环境中使用完整性敏感标记来确信信息在传输过程中未受损。

本级要求提供有关安全策略的模型，主体对客体强制访问控制的非形式化描述，没有对多级安全形式化模型提出要求。

第 4 级，结构化保护级。本级 TCB 建立在明确定义的形式化安全策略模型之上，它要求将自主和强制访问控制扩展到所有主体与客体。它要求系统开发者应该彻底搜索隐蔽存储信道，要标识出这些信道和它们的带宽。本级最主要的特点是 TCB 必须结构化为关键保护元素和非关键保护元素。TCB 的接口要求是明确定义的，使其实现能得到充分的测试和全面的复审。第 4 级加强了鉴别机制，支持系统管理员和操作员的职能，提供可信设施管理，增强了系统配置管理控制，使系统具有较强的抗渗透能力。

强制访问控制的能力增强，TCB 对外部主体能够直接或间接访问的所有资源（如主体、存储客体和输入/输出资源）都实行强制访问控制。关于访问客体的主体范围有了扩大，第 4 级则规定 TCB 外部的所有主体对客体的直接或间接访问都应该满足上一级规定的访问条件。而第 3 级则仅要求那些受 TCB 控制的主体对客体的访问受到访问权限的限制，且没有指明间接访问也应受到限制。要求对间接访问也要进行控制，意味着 TCB 必须具有信息流分析能力。

为了实施更强的强制访问控制，第 4 级要求 TCB 维护与可被外部主体直接或间接访问到的计算机系统资源（如主体、存储客体、只读存储器等）相关的敏感标记。第 4 级还显式地增加了隐蔽信道分析和可信路径的要求。可信路径的要求如下：TCB 在它与用户之间提供可信通信路径，供对用户的初始登录和鉴别，且规定该路径上的通信只能由使用它的用户初始化。对于审计功能，本级要求 TCB 能够审计利用隐蔽存储信道时可能被使用的事件。

第 5 级，访问验证保护级。本级的设计参照了访问监视器模型。它要求 TCB 能满足访问监视器（RM, Reference Monitor）的需求，RM 仲裁主体对客体的全部访问。RM 本身是足够小的、抗篡改的和能够分析测试的。在构造 TCB 时要去掉与安全策略无关的代码，在实现时要把 TCB 的复杂度降到最低。系统应支持安全管理员职能，扩充审计机制，在发生安全事件后要发出信号，提供系统恢复机制，系统应该具有很高的抗渗透能力。

对于实现的自主访问控制功能，访问控制能够为每个命名客体指定命名用户和用户组，并规定它们对客体的访问模式。对于强制访问控制功能的要求与上一级别的要求相同。对于审计功能，要求 TCB 包括可以审计安全事件的发生与积累机制，当超过一定阈值时，能够立即向安全管理员发出报警，并且能以最小代价终止这些与安全相关的事件继续发生或积累。

对于可信路径功能要求如下：当与用户连接时（如注册、更改主体安全级），TCB 要提供它与用户之间的可信通信路径。可信路径只能由该用户或 TCB 激活，这条路径在逻辑上与其他路径上的通信是隔离的，并且是可以正确区分的。

第 5 安全级还增加了可信恢复功能。TCB 提供过程与机制，保证计算机系统实效或中断后，可以进行不损害任何安全保护性能的恢复。

以上 5 个安全等级各自提供的安全能力如表 7-2 所示。表中的“√”表示在 5 个安全级别中首次出现的安全能力（标注中称为新增功能）。

我国计算机安全等级划分标准的一个显著特点是：评价的因素简化，可操作性增强。在 TESEC 标准中，一共有 25 条评价因素。而新标准中只有 10 条评价系统安全能力的因素，而且这些因素的含义都是比较好理解的，这样有助于在实际中对标准的掌握。

表 7-2　　**我国计算机信息系统安全等级划分标准**

安　全　能　力	第 1 级	第 2 级	第 3 级	第 4 级	第 5 级
自主访问控制	√	⊂	≡	≡	⊂
强制访问控制			√	⊂	≡
标记			√	⊂	≡
身份鉴别	√	⊂	⊂	≡	≡
客体重用		√	≡	≡	≡
审计		√	⊂	⊂	⊂
数据完整性	√	≡	⊂	≡	≡
隐蔽信道分析				√	≡
可信路径				√	≡
可信恢复					√

注：√表示新增功能，⊂表示比上一级功能有扩展，≡表示与上一级功能相同。

◎附录一：

关于开展全国重要信息系统安全等级保护定级工作的通知

公信安[2007]861 号

各省、自治区、直辖市公安厅（局）、保密局、国家密码管理局（国家密码管理委员会办公室）、信息化领导小组办公室，新疆生产建设兵团公安局、保密局、国家密码管理局、信息化领导小组办公室，中央和国家机关各部委保密委员会办公室、密码工作领导小组办公室、信息化领导小组办公室，各人民团体保密委员会办公室：

为进一步贯彻落实《国家信息化领导小组关于加强信息安全保障工作的意见》和公安部、国家保密局、国家密码管理局、国务院信息化工作办公室《关于信息安全等级保护工作的实施意见》、《信息安全等级保护管理办法》（以下简称《管理办法》）精神，提高我国基础信息网络和重要信息系统的信息安全保护能力和水平，根据国家网络与信息安全协调小组 2007 年的工作部署，公安部、国家保密局、国家密码管理局、国务院信息化工作办公室定于 2007 年 7 月至 10 月在全国范围内组织开展重要信息系统安全等级保护定级工作（以下简称“定级工作”）。现就有关事项通知如下：

一、定级范围

（一）电信、广电行业的公用通信网、广播电视传输网等基础信息网络，经营性公众互联网信息服务单位、互联网接入服务单位、数据中心等单位的重要信息系统。

（二）铁路、银行、海关、税务、民航、电力、证券、保险、外交、科技、发展改革、国防科技、公安、人事劳动和社会保障、财政、审计、商务、水利、国土资源、能源、交通、文化、教育、统计、工商行政管理、邮政等行业、部门的生产、调度、管理、办公等重要信息系统。

（三）市（地）级以上党政机关的重要网站和办公信息系统。

（四）涉及国家秘密的信息系统（以下简称“涉密信息系统”）。

二、定级工作的主要内容

（一）开展信息系统基本情况的摸底调查。各行业主管部门、运营使用单位要组织开展对所属信息系统的摸底调查，全面掌握信息系统的数量、分布、业务类型、应用或服务范围、系统结构等基本情况，按照《管理办法》和《信息系统安全等级保护定级指南》的要求，确定定级对象。各行业主管部门要根据行业特点提出指导本地区、本行业定级工作的具体意见。

（二）初步确定安全保护等级。各信息系统主管部门和运营使用单位要按照《管理办法》和《信息系统安全等级保护定级指南》，初步确定定级对象的安全保护等级，起草定级报告（报告模版见附件 1）。跨省或者全国统一联网运行的信息系统可以由主管部门统一确定安全保护等级。涉密信息系统的等级确定按照国家保密局的有关规定和标准执行。

（三）评审与审批。初步确定信息系统安全保护等级后，可以聘请专家进行评审。对拟确定为第四级以上信息系统的，由运营使用单位或主管部门请国家信息安全保护等级专家评审委员会评审。运营使用单位或主管部门参照评审意见最后确定信息系统安全保护等级，形成定级报告。当专家评审意见与信息系统运营使用单位或其主管部门意见不一致时，由运营使用单位或主管部门自主决定信息系统安全保护等级。信息系统运营使用单位有上级行业主管部门的，所确定的信息系统安全保护等级应当报经上级行业主管部门审批同意。

（四）备案。根据《管理办法》，信息系统安全保护等级为第二级以上的信息系统运营使用单位或主管部门到公安部网站下载《信息系统安全等级保护备案表》（见附件 2）和辅助备案工具，持填写的备案表和利用辅助备案工具生成的备案电子数据，到公安机关办理备案手续，提交有关备案材料及电子数据文件。其中，第二级信息系统的备案单位只需填写备案表中的表一、表二和表三，第三级以上信息系统的备案单位还应当同时提交备案表表四所列各项内容的书面材料。隶属于中央的在京单位，其跨省或者全国统一联网运行并由主管部门统一定级的信息系统，由主管部门向公安部办理备案手续。跨省或者全国统一联网运行的信息系统在各地运行、应用的分支系统，向当地设区的市级以上公安机关备案。

涉密信息系统建设使用单位依据《管理办法》和国家保密局的有关规定，填写《涉及国家秘密的信息系统分级保护备案表》（见附件 3），按照属地化管理原则，中央和国家机关单位的涉密信息系统向国家保密局备案；地方单位的涉密信息系统向所在地的市（地）级以上保密工作部门备案；中央和国家机关地方所属单位的涉密信息系统，向所在地的省级保密工作部门备案。

（五）备案管理。公安机关和国家保密工作部门负责受理备案并进行备案管理。信息系统备案后，公安机关应当对信息系统的备案情况进行审核，对符合等级保护要求的，颁发信息系统安全保护等级备案证明。发现不符合《管理办法》及有关标准的，应当通知备案单位予以纠正。发现定级不准的，应当通知运营使用单位或其主管部门重新审核确定。各级保密工作部门加强对涉密信息系统定级工作的指导、监督和检查。

三、定级工作的要求

（一）加强领导，落实保障。各地区、各部门要加强对本地区、本行业信息安全等级保护工作的组织领导，及时掌握工作进展情况，并可组织成立专家组，明确技术支持力量。信息系统运营使用单位要成立等级保护工作组，落实责任部门、责任人员和经费，保障定级工作顺利进行。

（二）明确责任，密切配合。定级工作由各级公安机关牵头，会同国家保密工作部门、国家密码管理部门和信息化领导小组办事机构共同组织实施。公安机关负责定级工作的监督、检查、指导；国家保密工作部门负责涉密系统定级工作的监督、检查、指导；国家密码管理部门负责定级工作中有关密码工作的监督、检查、指导；信息化领导小组办事机构负责定级工作的部门间协调。各信息系统主管部门组织本行业、本部门信息系统运营使用单位开展定级工作，督促其落实定级工作各项任务。各信息系统运营使用单位依据《管理办法》和本通知要求，具体实施定级工作。

（三）动员部署，开展培训。各地区、各部门要按照统一部署广泛进行宣传动员，举办形式多样的培训班、研讨班等，层层培训。公安部会同国家保密局、国家密码管理局、国务院信息化工作办公室对国家有关部委、各省级公安、保密、密码和信息化领导小组办事机构就《管理办法》和《信息系统安全等级保护定级指南》等内容进行培训。信息系统主管部门对所管辖的信息系统运营使用单位进行培训。各地参照上述培训模式开展培训工作。

（四）及时总结，提出建议。各地区、各部门要结合本地区、本行业开展定级工作的实际，认真总结经验和不足，提出改进和完善定级方法的意见和建议。各地区、各部门负责等级保护的领导机构要及时总结定级工作经验，形成定级工作总结报告，并及时报送公安部。涉密信息系统定级工作总结报告向国家保密局报送。

此次定级工作完成后，请各主管部门、运营使用单位按照《管理办法》和有关技术标准，继续开展信息系统安全等级保护的系统建设或整改、等级测评、自查自纠等后续工作，各级公安、保密、密码管理部门要开展等级保护工作的监督、检查和指导。执行中有何问题，请及时报告。

附件（略）

◎附录二：

关于印发《信息安全等级保护管理办法》的通知

公通字[2007]43 号

各省、自治区、直辖市公安厅（局）、保密局、国家密码管理局（国家密码管理委员会办公室）、信息化领导小组办公室，新疆生产建设兵团公安局、保密局、国家密码管理局、信息化领导小组办公室，中央和国家机关各部委保密委员会办公室、密码工作领导小组办公室、信息化领导小组办公室，各人民团体保密委员会办公室：

为加快推进信息安全等级保护，规范信息安全等级保护管理，提高信息安全保障能力和水平，维护国家安全、社会稳定和公共利益，保障和促进信息化建设，公安部、国家保密局、国家密码管理局、国务院信息化工作办公室制定了《信息安全等级保护管理办法》。现印发给你们，请认真贯彻执行。

公安部　　　　国家保密局

国家密码管理局　　　　国务院信息工作办公室

二〇〇七年六月二十二日

◎附录三：

信息安全等级保护管理办法

第一章　总则

第一条　为规范信息安全等级保护管理，提高信息安全保障能力和水平，维护国家安全、社会稳定和公共利益，保障和促进信息化建设，根据《中华人民共和国计算机信息系统安全保护条例》等有关法律法规，制定本办法。

第二条　国家通过制定统一的信息安全等级保护管理规范和技术标准，组织公民、法人和其他组织对信息系统分等级实行安全保护，对等级保护工作的实施进行监督、管理。

第三条　公安机关负责信息安全等级保护工作的监督、检查、指导。国家保密工作部门负责等级保护工作中有关保密工作的监督、检查、指导。国家密码管理部门负责等级保护工作中有关密码工作的监督、检查、指导。涉及其他职能部门管辖范围的事项，由有关职能部门依照国家法律法规的规定进行管理。国务院信息化工作办公室及地方信息化领导小组办事机构负责等级保护工作的部门间协调。

第四条　信息系统主管部门应当依照本办法及相关标准规范，督促、检查、指导本行业、本部门或者本地区信息系统运营、使用单位的信息安全等级保护工作。

第五条　信息系统的运营、使用单位应当依照本办法及其相关标准规范，履行信息安全等级保护的义务和责任。

第二章　等级划分与保护

第六条　国家信息安全等级保护坚持自主定级、自主保护的原则。信息系统的安全保护等级应当根据信息系统在国家安全、经济建设、社会生活中的重要程度，信息系统遭到破坏后对国家安全、社会秩序、公共利益以及公民、法人和其他组织的合法权益的危害程度等因素确定。

第七条　信息系统的安全保护等级分为以下五级：

第一级，信息系统受到破坏后，会对公民、法人和其他组织的合法权益造成损害，但不损害国家安全、社会秩序和公共利益。

第二级，信息系统受到破坏后，会对公民、法人和其他组织的合法权益产生严重损害，或者对社会秩序和公共利益造成损害，但不损害国家安全。

第三级，信息系统受到破坏后，会对社会秩序和公共利益造成严重损害，或者对国家安全造成损害。

第四级，信息系统受到破坏后，会对社会秩序和公共利益造成特别严重损害，或者对国家安全造成严重损害。

第五级，信息系统受到破坏后，会对国家安全造成特别严重损害。

第八条　信息系统运营、使用单位依据本办法和相关技术标准对信息系统进行保护，国家有关信息安全监管部门对其信息安全等级保护工作进行监督管理。

第一级信息系统运营、使用单位应当依据国家有关管理规范和技术标准进行保护。

第二级信息系统运营、使用单位应当依据国家有关管理规范和技术标准进行保护。国家信息安全监管部门对该级信息系统信息安全等级保护工作进行指导。

第三级信息系统运营、使用单位应当依据国家有关管理规范和技术标准进行保护。国家信息安全监管部门对该级信息系统信息安全等级保护工作进行监督、检查。

第四级信息系统运营、使用单位应当依据国家有关管理规范、技术标准和业务专门需求进行保护。国家信息安全监管部门对该级信息系统信息安全等级保护工作进行强制监督、检查。

第五级信息系统运营、使用单位应当依据国家管理规范、技术标准和业务特殊安全需求进行保护。国家指定专门部门对该级信息系统信息安全等级保护工作进行专门监督、检查。

第三章　等级保护的实施与管理

第九条　信息系统运营、使用单位应当按照《信息系统安全等级保护实施指南》具体实施等级保护工作。

第十条　信息系统运营、使用单位应当依据本办法和《信息系统安全等级保护定级指南》确定信息系统的安全保护等级。有主管部门的，应当经主管部门审核批准。

跨省或者全国统一联网运行的信息系统可以由主管部门统一确定安全保护等级。

对拟确定为第四级以上信息系统的，运营、使用单位或者主管部门应当请国家信息安全保护等级专家评审委员会评审。

第十一条　信息系统的安全保护等级确定后，运营、使用单位应当按照国家信息安全等级保护管理规范和技术标准，使用符合国家有关规定，满足信息系统安全保护等级需求的信息技术产品，开展信息系统安全建设或者改建工作。

第十二条　在信息系统建设过程中，运营、使用单位应当按照《计算机信息系统安全保护等级划分准则》（GB17859-1999）、《信息系统安全等级保护基本要求》等技术标准，参照《信息安全技术信息系统通用安全技术要求》（GB/T20271-2006）、《信息安全技术 网络基础安全技术要求》（GB/T20270-2006）、《信息安全技术 操作系统安全技术要求》（GB/T20272-2006）、《信息安全技术 数据库管理系统安全技术要求》（GB/T20273-2006）、《信息安全技术 服务器技术要求》、《信息安全技术 终端计算机系统安全等级技术要求》（GA/T671-2006）等技术标准同步建设符合该等级要求的信息安全设施。

第十三条　运营、使用单位应当参照《信息安全技术 信息系统安全管理要求》（GB/T20269-2006）、《信息安全技术 信息系统安全工程管理要求》（GB/T20282-2006）、《信息系统安全等级保护基本要求》等管理规范，制定并落实符合本系统安全保护等级要求的安全管理制度。

第十四条　信息系统建设完成后，运营、使用单位或者其主管部门应当选择符合本办法规定条件的测评机构，依据《信息系统安全等级保护测评要求》等技术标准，定期对信息系统安全等级状况开展等级测评。第三级信息系统应当每年至少进行一次等级测评，第四级信息系统应当每半年至少进行一次等级测评，第五级信息系统应当依据特殊安全需求进行等级测评。

信息系统运营、使用单位及其主管部门应当定期对信息系统安全状况、安全保护制度及措施的落实情况进行自查。第三级信息系统应当每年至少进行一次自查，第四级信息系统应当每半年至少进行一次自查，第五级信息系统应当依据特殊安全需求进行自查。

经测评或者自查，信息系统安全状况未达到安全保护等级要求的，运营、使用单位应当制定方案进行整改。

第十五条　已运营（运行）的第二级以上信息系统，应当在安全保护等级确定后 30 日内，由其运营、使用单位到所在地设区的市级以上公安机关办理备案手续。

新建第二级以上信息系统，应当在投入运行后 30 日内，由其运营、使用单位到所在地设区的市级以上公安机关办理备案手续。

隶属于中央的在京单位，其跨省或者全国统一联网运行并由主管部门统一定级的信息系统，由主管部门向公安部办理备案手续。跨省或者全国统一联网运行的信息系统在各地运行、应用的分支系统，应当向当地设区的市级以上公安机关备案。

第十六条 办理信息系统安全保护等级备案手续时，应当填写《信息系统安全等级保护备案表》，第三级以上信息系统应当同时提供以下材料：

（一）系统拓扑结构及说明；

（二）系统安全组织机构和管理制度；

（三）系统安全保护设施设计实施方案或者改建实施方案；

（四）系统使用的信息安全产品清单及其认证、销售许可证明；

（五）测评后符合系统安全保护等级的技术检测评估报告；

（六）信息系统安全保护等级专家评审意见；

（七）主管部门审核批准信息系统安全保护等级的意见。

第十七条 信息系统备案后，公安机关应当对信息系统的备案情况进行审核，对符合等级保护要求的，应当在收到备案材料之日起的10个工作日内颁发信息系统安全等级保护备案证明；发现不符合本办法及有关标准的，应当在收到备案材料之日起的10个工作日内通知备案单位予以纠正；发现定级不准的，应当在收到备案材料之日起的10个工作日内通知备案单位重新审核确定。

运营、使用单位或者主管部门重新确定信息系统等级后，应当按照本办法向公安机关重新备案。

第十八条 受理备案的公安机关应当对第三级、第四级信息系统的运营、使用单位的信息安全等级保护工作情况进行检查。对第三级信息系统每年至少检查一次，对第四级信息系统每半年至少检查一次。对跨省或者全国统一联网运行的信息系统的检查，应当会同其主管部门进行。

对第五级信息系统，应当由国家指定的专门部门进行检查。

公安机关、国家指定的专门部门应当对下列事项进行检查：

（一）信息系统安全需求是否发生变化，原定保护等级是否准确；

（二）运营、使用单位安全管理制度、措施的落实情况；

（三）运营、使用单位及其主管部门对信息系统安全状况的检查情况；

（四）系统安全等级测评是否符合要求；

（五）信息安全产品使用是否符合要求；

（六）信息系统安全整改情况；

（七）备案材料与运营、使用单位、信息系统的符合情况；

（八） 其他应当进行监督检查的事项。

第十九条 信息系统运营、使用单位应当接受公安机关、国家指定的专门部门的安全监督、检查、指导，如实向公安机关、国家指定的专门部门提供下列有关信息安全保护的信息资料及数据文件：

（一）信息系统备案事项变更情况；

（二）安全组织、人员的变动情况；

（三）信息安全管理制度、措施变更情况；

（四）信息系统运行状况记录；

（五）运营、使用单位及主管部门定期对信息系统安全状况的检查记录；

（六）对信息系统开展等级测评的技术测评报告；

（七）信息安全产品使用的变更情况；

（八）信息安全事件应急预案，信息安全事件应急处置结果报告；

（九）信息系统安全建设、整改结果报告。

第二十条 公安机关检查发现信息系统安全保护状况不符合信息安全等级保护有关管理规范和技术标准的，应当向运营、使用单位发出整改通知。运营、使用单位应当根据整改通知要求，按照管理规范和技术标准进行整改。整改完成后，应当将整改报告向公安机关备案。必要时，公安机关可以对整改情况组织检查。

第二十一条 第三级以上信息系统应当选择使用符合以下条件的信息安全产品：

（一）产品研制、生产单位是由中国公民、法人投资或者国家投资或者控股的，在中华人民共和国境内具有独立的法人资格；

（二）产品的核心技术、关键部件具有我国自主知识产权；

（三）产品研制、生产单位及其主要业务、技术人员无犯罪记录；

（四）产品研制、生产单位声明没有故意留有或者设置漏洞、后门、木马等程序和功能；

（五）对国家安全、社会秩序、公共利益不构成危害；

（六）对已列入信息安全产品认证目录的，应当取得国家信息安全产品认证机构颁发的认证证书。

第二十二条 第三级以上信息系统应当选择符合下列条件的等级保护测评机构进行测评：

（一）在中华人民共和国境内注册成立（港澳台地区除外）；

（二）由中国公民投资、中国法人投资或者国家投资的企事业单位（港澳台地区除外）；

（三）从事相关检测评估工作两年以上，无违法记录；

（四）工作人员仅限于中国公民；

（五）法人及主要业务、技术人员无犯罪记录；

（六）使用的技术装备、设施应当符合本办法对信息安全产品的要求；

（七）具有完备的保密管理、项目管理、质量管理、人员管理和培训教育等安全管理制度；

（八）对国家安全、社会秩序、公共利益不构成威胁。

第二十三条 从事信息系统安全等级测评的机构，应当履行下列义务：

（一）遵守国家有关法律法规和技术标准，提供安全、客观、公正的检测评估服务，保证测评的质量和效果；

（二）保守在测评活动中知悉的国家秘密、商业秘密和个人隐私，防范测评风险；

（三）对测评人员进行安全保密教育，与其签订安全保密责任书，规定应当履行的安全保密义务和承担的法律责任，并负责检查落实。

第四章 涉及国家秘密信息系统的分级保护管理

第二十四条 涉密信息系统应当依据国家信息安全等级保护的基本要求，按照国家保密工作部门有关涉密信息系统分级保护的管理规定和技术标准，结合系统实际情况进行保护。

非涉密信息系统不得处理国家秘密信息。

第二十五条 涉密信息系统按照所处理信息的最高密级，由低到高分为秘密、机密、绝密三个等级。

涉密信息系统建设使用单位应当在信息规范定密的基础上，依据涉密信息系统分级保护管理办法和国家保密标准 BMB17-2006《涉及国家秘密的计算机信息系统分级保护技术要求》确定系统等级。对于包含多个安全域的涉密信息系统，各安全域可以分别确定保护等级。

保密工作部门和机构应当监督指导涉密信息系统建设使用单位准确、合理地进行系统定级。

第二十六条 涉密信息系统建设使用单位应当将涉密信息系统定级和建设使用情况，及时上报业务主管部门的保密工作机构和负责系统审批的保密工作部门备案，并接受保密部门的监督、检查、指导。

第二十七条 涉密信息系统建设使用单位应当选择具有涉密集成资质的单位承担或者参与涉密信息系统的设计与实施。

涉密信息系统建设使用单位应当依据涉密信息系统分级保护管理规范和技术标准，按照秘密、机密、绝密三级的不同要求，结合系统实际进行方案设计，实施分级保护，其保护水平总体上不低于国家信息安全等级保护第三级、第四级、第五级的水平。

第二十八条 涉密信息系统使用的信息安全保密产品原则上应当选用国产品，并应当通过国家保密局授权的检测机构依据有关国家保密标准进行的检测，通过检测的产品由国家保密局审核发布目录。

第二十九条 涉密信息系统建设使用单位在系统工程实施结束后，应当向保密工作部门提出申请，由国家保密局授权的系统测评机构依据国家保密标准 BMB22-2007《涉及国家秘密的计算机信息系统分级保护测评指南》，对涉密信息系统进行安全保密测评。

涉密信息系统建设使用单位在系统投入使用前，应当按照《涉及国家秘密的信息系统审批管理规定》，向设区的市级以上保密工作部门申请进行系统审批，涉密信息系统通过审批后方可投入使用。已投入使用的涉密信息系统，其建设使用单位在按照分级保护要求完成系统整改后，应当向保密工作部门备案。

第三十条 涉密信息系统建设使用单位在申请系统审批或者备案时，应当提交以下材料：

（一）系统设计、实施方案及审查论证意见；

（二）系统承建单位资质证明材料；

（三）系统建设和工程监理情况报告；

（四）系统安全保密检测评估报告；

（五）系统安全保密组织机构和管理制度情况；

（六）其他有关材料。

第三十一条 涉密信息系统发生涉密等级、连接范围、环境设施、主要应用、安全保密管理责任单位变更时，其建设使用单位应当及时向负责审批的保密工作部门报告。保密工作部门应当根据实际情况，决定是否对其重新进行测评和审批。

第三十二条 涉密信息系统建设使用单位应当依据国家保密标准 BMB20-2007《涉及国家秘密的信息系统分级保护管理规范》，加强涉密信息系统运行中的保密管理，定期进行风险评估，消除泄密隐患和漏洞。

第三十三条 国家和地方各级保密工作部门依法对各地区、各部门涉密信息系统分级保护工作实施监督管理，并做好以下工作：

（一）指导、监督和检查分级保护工作的开展；

（二）指导涉密信息系统建设使用单位规范信息定密，合理确定系统保护等级；

（三）参与涉密信息系统分级保护方案论证，指导建设使用单位做好保密设施的同步规划设计；

（四）依法对涉密信息系统集成资质单位进行监督管理；

（五）严格进行系统测评和审批工作，监督检查涉密信息系统建设使用单位分级保护管理制度和技术措施的落实情况；

（六）加强涉密信息系统运行中的保密监督检查。对秘密级、机密级信息系统每两年至少进行一次保密检查或者系统测评，对绝密级信息系统每年至少进行一次保密检查或者系统测评；

（七）了解掌握各级各类涉密信息系统的管理使用情况，及时发现和查处各种违规违法行为和泄密事件。

第五章　信息安全等级保护的密码管理

第三十四条　国家密码管理部门对信息安全等级保护的密码实行分类分级管理。根据被保护对象在国家安全、社会稳定、经济建设中的作用和重要程度，被保护对象的安全防护要求和涉密程度，被保护对象被破坏后的危害程度以及密码使用部门的性质等，确定密码的等级保护准则。

信息系统运营、使用单位采用密码进行等级保护的，应当遵照《信息安全等级保护密码管理办法》、《信息安全等级保护商用密码技术要求》等密码管理规定和相关标准。

第三十五条　信息系统安全等级保护中密码的配备、使用和管理等，应当严格执行国家密码管理的有关规定。

第三十六条　信息系统运营、使用单位应当充分运用密码技术对信息系统进行保护。采用密码对涉及国家秘密的信息和信息系统进行保护的，应报经国家密码管理局审批，密码的设计、实施、使用、运行维护和日常管理等，应当按照国家密码管理有关规定和相关标准执行；采用密码对不涉及国家秘密的信息和信息系统进行保护的，须遵守《商用密码管理条例》和密码分类分级保护有关规定与相关标准，其密码的配备使用情况应当向国家密码管理机构备案。

第三十七条　运用密码技术对信息系统进行系统等级保护建设和整改的，必须采用经国家密码管理部门批准使用或者准予销售的密码产品进行安全保护，不得采用国外引进或者擅自研制的密码产品；未经批准不得采用含有加密功能的进口信息技术产品。

第三十八条　信息系统中的密码及密码设备的测评工作由国家密码管理局认可的测评机构承担，其他任何部门、单位和个人不得对密码进行评测和监控。

第三十九条　各级密码管理部门可以定期或者不定期对信息系统等级保护工作中密码配备、使用和管理的情况进行检查和测评，对重要涉密信息系统的密码配备、使用和管理情况每两年至少进行一次检查和测评。在监督检查过程中，发现存在安全隐患或者违反密码管理相关规定或者未达到密码相关标准要求的，应当按照国家密码管理的相关规定进行处置。

第六章　法律责任

第四十条　第三级以上信息系统运营、使用单位违反本办法规定，有下列行为之一的，由公安机关、国家保密工作部门和国家密码工作管理部门按照职责分工责令其限期改正；逾期不改正的，给予警告，并向其上级主管部门通报情况，建议对其直接负责的主管人员和其他直接责任人员予以处理，并及时反馈处理结果：

（一）未按本办法规定备案、审批的；

（二）未按本办法规定落实安全管理制度、措施的；

（三）未按本办法规定开展系统安全状况检查的；

（四）未按本办法规定开展系统安全技术测评的；

（五）接到整改通知后，拒不整改的；

（六）未按本办法规定选择使用信息安全产品和测评机构的；

（七）未按本办法规定如实提供有关文件和证明材料的；

（八）违反保密管理规定的；

（九）违反密码管理规定的；

（十）违反本办法其他规定的。

违反前款规定，造成严重损害的，由相关部门依照有关法律、法规予以处理。

第四十一条　信息安全监管部门及其工作人员在履行监督管理职责中，玩忽职守、滥用职权、徇私舞弊的，依法给予行政处分；构成犯罪的，依法追究刑事责任。

第七章　附则

第四十二条　已运行信息系统的运营、使用单位自本办法施行之日起 180 日内确定信息系统的安全保护等级；新建信息系统在设计、规划阶段确定安全保护等级。

第四十三条　本办法所称"以上"包含本数（级）。

第四十四条　本办法自发布之日起施行，《信息安全等级保护管理办法（试行）》（公通字[2006]7 号）同时废止。

第八章 技术法规和技术标准

标准是在一定范围内获得的最佳秩序，对活动或其结果规定共同的和重复使用的规则、导则或特性的文件。该文经协商一致并经一个公认机构的批准。

信息安全标准在信息安全保障体系建设中发挥着基础性、规范性作用，是确保信息安全产品和系统在设计、研发、生产、建设、使用、测评中，保证其一致性、可靠性、可控性的技术规范、技术依据。没有信息安全标准，信息化建设的安全可靠就无法保证。信息安全标准化是支撑国家信息安全保障体系建设，关系国家信息安全的大事，也可以说是网络时代保证网络安全的交通规则。

信息安全标准体系主要由基础标准、技术标准和管理标准等体系组成。基础标准体系由安全技术术语、体系结构、模型和框架等方面标准组成；技术标准体系由密码技术、安全协议、标识与鉴别、访问控制、电子签名、完整性保护、抗抵赖、审计与监控、公钥基础设施、物理安全技术以及其他安全技术等标准组成；管理标准体系由系统安全管理、等级保护、工程、评估和运行等方面组成。用于对信息系统保护产品的规划、设计、建设、验收、测评、运行与维护过程的指导。

我国信息标准委员会在制定我国信息安全标准方面做了大量的工作。国内信息技术安全标准的制定工作是从20世纪80年代中期开始的；并于2002年成立了“全国信息安全标准化技术委员会”(简称“信息安全标委会”，TC260，其英文名称是“China Information Security Standardization Technical Committee”，英文缩写“CISTC”)。截至2007年，“信息安全标委会”已完成了国家标准59项，还有56项国家标准在研制中，这些标准的研究制定，缓解了我国信息安全标准严重不足的矛盾，为全国信息系统安全等级保护分级、信息安全产品认证、信息安全风险评估、重要信息系统应急与灾难恢复及《电子签名法》的顺利实施等国家信息安全重点工作提供了有力的标准支撑。

第一节 网络与信息安全标准研究现状

网络与信息安全标准化工作是国家信息安全保障体系建设的重要组成部分。网络与信息安全标准研究与制定为国家主管部门管理信息安全设备提供了有效的技术依据，这对于保证安全设备的正常运行，并在此基础上保证我国国民经济和社会管理等领域中，网络信息系统的运行安全和信息安全具有非常重要的意义。

一、网络与信息安全标准组织简介

1. 国际组织

国际上信息安全标准化工作兴起于20世纪70年代中期，80年代有了较快的发展，90

年代引起了世界各国的普遍关注。目前世界上有近300个国际和区域性组织制定标准或技术规则，与信息安全标准化有关的组织主要有以下4个：

（1）ISO(国际标准化组织)。ISO/IEC JTC1(信息技术标准化委员会)所属SC27(安全技术分委员会)的前身是SC20(数据加密技术分委员会)，主要从事信息技术安全的一般方法和技术的标准化工作。而ISO/TC68负责银行业务应用范围内有关信息安全标准的制定，主要制定行业应用标准，与SC27有着密切的联系。ISO/IEC JTC1负责制定的标准主要是开放系统互连、密钥管理、数字签名、安全评估等方面的内容。

（2）IEC(国际电工委员会)。IEC在信息安全标准化方面除了与ISO联合成立了JTC1下分委员会外，还在电信、电子系统、信息技术和电磁兼容等方面成立技术委员会(如TC56可靠性、TC74 IT设备安全和功效、TC77电磁兼容、TC108音频/视频、信息技术和通信技术电子设备的安全等)，并且制定相关国际标准(如信息技术设备安全IEC60950等)。

（3）ITU(国际电信联盟)。ITU SG17组负责研究网络安全标准，包括通信安全项目、安全架构和框架、计算安全、安全管理、用于安全的生物测定、安全通信服务。此外SG16和下一代网络核心组也在通信安全、H.323网络安全、下一代网络安全等标准方面进行研究。

（4）IETF(Internet工程任务组)等。IETF标准制定的具体工作由各个工作组承担。Internet工程任务组分成8个工作组，分别负责Internet路由、传输、应用等8个领域，其著名的IKE和IPSec都在RFC系列之中，还有电子邮件、网络认证和密码及其他安全协议标准。

2．国内组织

国内的安全标准组织主要有信息技术安全标准化技术委员会(CITS)，以及中国通信标准化协会(CCSA)下辖的网络与信息安全技术工作委员会。

CITS成立于1984年，在国家标准化管理委员会和信息产业部的共同领导下负责全国信息技术领域以及与ISO/IEC JTC1相对应的标准化工作，目前下设24个分技术委员会和特别工作组，是国内最大的标准化技术委员会，也是具有广泛代表性、权威性和军民结合的信息安全标准化组织。CITS主要负责信息安全的通用框架、方法、技术和机制的标准化及归口国内外对应的标准化工作，其中技术安全包括开放式安全体系结构、各种安全信息交换的语义规则、有关的应用程序接口和协议引用安全功能的接口等。

CCSA成立于2002年12月18日，是国内企事业单位自愿联合组织起来经业务主管部门批准的开展通信技术领域标准化活动的组织。CCSA下设了有线网络信息安全、无线网络信息安全、安全管理和安全基础设施4个工作组负责研究：有线网络中电话网、互联网、传输网、接入网等在内所有电信网络相关的安全标准；无线网络中接入、核心网、业务等相关的安全标准以及安全管理工作组；安全基础设施工作组中网管安全以及安全基础设施相关的标准。

二、标准组织研究现状

上述国内外安全标准组织对于安全方面的研究各有侧重，主要是关注信息系统安全以及网络安全。从对各组织的介绍可以看出，ITU以及CCSA研究工作侧重于通信网络，我们对于网络与信息安全的标准研究介绍，也主要集中在ITU-T 17组研究内容以及CCSA TC8组研究内容。

1．ITU-T17组当前研究内容

ITU按照Question为单位组织研究，当前共有17个Question正在开展活动，其中与安全标准有关的研究内容有十项，主要是：①使用 QoS 管理机制的端到端多媒体通信。②目录服务、目录系统以及公钥 / 属性证书。③开放系统互联。④通信系统安全工程。⑤安全架构和框架。⑥Cyber 安全。⑦安全管理。⑧电信生物鉴定学。⑨安全通信服务。⑩研究预防和治理垃圾信息方面的标准等。

2．CCSA TC8 当前研究内容

CCSA TC8 分有线网络安全、无线网络安全、安全管理以及安全基础设施 4 个工作组展开研究。

（1）WG1 有线网络安全

有线网络安全工作组（WG1）自成立以来共召开了数十次会议。WG1 在这些工作组会议中主要讨论了按项目进度安排的通信行业标准项目或研究课题项目。

（2）无线网络安全工作组

无线网络安全工作组（WG2）共召开了数次工作组会议。在这些工作组会议中主要讨论了按项目进度安排的通信行业标准项目或研究课题项目，完成了《电信智能卡安全技术要求》送审稿。此外，在第 4 次工作组会议期间还与 WG1 召开了一次联合会议，主要探讨移动网与固网融合后如何开展网络与信息安全标准工作，决定今后两个工作组首先在 IMS 安全方向加强合作。

（3）安全管理工作组

安全管理工作组（WG3）召开了数次工作组会议，主要讨论完成了《信息安全服务资质评估准则》的征求意见稿，《网络安全运行管理技术平台（SOC）体系结构》、《网络安全应急响应小组结构和服务定义指南》、《互联网网络安全事件描述与交换格式规范》三篇征求意见稿还需要再次征求意见。此外，阳光绿色上网工程相关的技术标准和测试标准也由安全管理工作组讨论制定。

（4）安全基础设施工作组

安全基础设施工作组相对不是很活跃，组织活动相对较少。

三、我国网络与信息安全标准化研究主要特点

可以预见，网络与信息安全方面的标准将越来越受重视。我国网络与信息安全的主要标准化组织 CCSA 相对而言比较年轻，研究工作才刚刚起步，在包括安全基础设施在内的很多方面还有待进一步开展研究。从总体情况来看，我国网络与信息安全研究将呈现下列特点：

- 基于信息内容的过滤和管制技术将越来越受关注。
- 防范和治理垃圾信息将成为网络安全研究重要内容。
- 网络与信息安全研究重点将逐渐从设备层面向网络层面转移。
- 业务安全越来越成为运营商研究重点。
- 认证技术将研究和梳理，生物鉴别将成为重要内容。
- 网络建设将重视信任体系的建设。
- 互联网安全将进一步研究，其成果将适用于下一代网以及 3G 核心网。
- 网络上信息安全将划分责权，网络则负责部分私密性(隔离)和完整性，机密性和不可否认性由端到端保障。
- 安全管理中的安全风险评估将成为安全研究重要内容。

第二节 信息安全管理标准

BS 7799 作为信息安全管理领域的一个权威标准，是全球业界一致公认的辅助信息安全治理的手段，该标准的最大意义就在于，它给管理层一整套可"量体裁衣"的信息安全管理要项、一套与技术负责人或在高层会议上进行沟通的共同语言，以及保护信息资产的制度框架，这正是管理层能够接受并理解的。BS 7799 管理体系将 IT 策略和企业发展方向统一起来，确保 IT 资源用得其所，使与 IT 相关的风险受到适当的控制。该标准通过保证信息的机密性、完整性和可用性来管理和保护组织的所有信息资产，通过方针、惯例、程序、组织结构和软件功能来确定控制方式并实施控制。组织按照这套标准管理信息安全风险，可持续提高管理的有效性和不断提高自身的信息安全管理水平，降低信息安全对持续发展造成的风险，最终保障组织的特定安全目标得以实现，进而利用信息技术为组织创造新的战略竞争机遇。

2000 年 12 月，BS 7799 通过国际化标准组织认可，正式成为国际标准 ISO17799，这是通过 ISO 表决最快的一个标准，足见世界各国对该标准的关注和接受程度。BS7799（ISO/IEC17799）也是卖出拷贝最多的管理标准，其在欧洲的证书发放量已经超过 ISO9001，越来越多的信息安全公司都以 BS 7799 作指导为客户提供信息安全咨询服务。2005 年 10 月，BS7799-2 成功升级为 ISO 27001 标准，该标准取代了 BSI 制定的 BS7799 第 2 部分：2002 信息安全标准，并对该标准进行了修订和改进。

BS7799 信息安全管理体系标准强调风险管理的思想。传统的信息安全管理基本上还处在一种静态的、局部的、少数人负责的、突击式、事后纠正式的管理方式，导致的结果是不能从根本上避免、降低各类风险，也不能降低信息安全故障导致的综合损失。而 BS7799 标准基于风险管理的思想，指导组织建立信息安全管理体系 ISMS。ISMS 是一个系统化、程序化和文件化的管理体系，基于系统、全面、科学的安全风险评估，体现预防控制为主的思想，强调遵守国家有关信息安全的法律法规及其他合同方要求，强调全过程和动态控制，本着控制费用与风险平衡的原则合理选择安全控制方式保护组织所拥有的关键信息资产，使信息风险的发生概率和结果降低到可接受水平，确保信息的保密性、完整性和可用性，保持组织业务运作的持续性。

一、信息安全管理体系标准发展

信息安全管理体系标准的出现最早可以追溯到 1993 年，受英国贸工部的委托，开始汇集各优秀企业有关信息安全管理的最佳实践，准备推出信息安全管理的指南，该指南于 1995 年以 BS7799-1 的编号出版，虽然是英国标准，但出版后得到了各国的认可，并得到了广泛的应用，这包括英国本土，也包括亚洲的国家和地区。

1998 年，在指南应用了一段时间之后，BSI 又适时发布了作为规范的 BS7799-2，它作为一个可以认证的标准，为实践单位提供的纲领，从此 BS7799 成为一对标准。

2000 年，BS7799 被提交 ISO 审议，拟升级为国际标准，由于种种因素，BS7799-1 升级成为 ISO 17799：2000，而 BS7799-2 没有升级成功，保留原有的编号。

从 2000 年到 2005 年的期间，信息安全管理体系标准已经被全球认可，全球将近 2000 家组织获得了 BS7799-2 的认证，在中国有将近 20 家单位获得了此认证。

2005 年 10 月，BS7799-2 成功升级为 ISO 27001 标准，并且，以后信息安全管理体系标准，将要统一到 ISO 2700X 系列上，除了现有的管理体系要求和管理指南之外，还将陆续出版其他指南，如表 8-1 所示。

表 8-1　ISO 2700X 系列

ISO/IEC	Description
27000	Vocabulary and definitions 术语和定义
27001	ISMS Requirement (BS7799-2) 信息安全管理体系要求
27002	Code of Practice for ISM (ISO17799:2005) 信息安全管理指南
27003	ISMS Implementation Guidance 信息安全管理体系实施指南
27004	ISM Metrics and Measurement 信息安全管理的测量
27005	Risk Management (BS 7799-3) 风险管理

二、信息安全管理体系标准内容简介

目前信息安全管理体系标准主要由两部分组成：ISO/IEC17799 和 ISO/IEC27001：2005

（一）第一部分（ISO/IEC17799）简介

信息安全管理实施规则，主要是给负责开发的人员作为参考文档使用，从而在他们的机构内部实施和维护信息安全。这一部分包括 10 大管理要项，36 个执行目标，127 种控制方法，如表 8-2 所示。

表 8-2　安全管理控制目标与控制方法

<table>
<tr><td colspan="4">1．安全政策（Security Policy）（1，2）（附注）</td></tr>
<tr><td colspan="4">2．安全组织（Security Organization）（3，10）</td></tr>
<tr><td colspan="4">3．资产分类与控制（Asset Classification and Control）（2，3）</td></tr>
<tr><td>4．人员安全（Personnel Security）（3，10）</td><td>5．物理与环境安全（Physical and Environmental Security）（3，13）</td><td>6．通信与运营管理（Communications and Operations Management）（7，24）</td><td rowspan="2">8．系统开发与维护（Systems Development and Maintenance）（5，18）</td></tr>
<tr><td colspan="3">7．访问控制（Access Control）（8，31）</td></tr>
<tr><td colspan="4">9．业务持续管理（Business Continuity Management）（1，5）</td></tr>
<tr><td colspan="4">10．法律符合性（Compliance）（3，11）</td></tr>
</table>

附注：（m，n）—— m：执行目标的数目　n：控制方法的数目

10 个管理要项具体内容如下：

1.安全政策：安全政策为信息安全提供管理方向和指南。同时管理层应制定一套清晰的指导原则，并以此明确表明其对信息安全及在单位内部贯彻实施信息安全政策的支持和承诺。

2.安全组织：应建立适当的信息安全管理部门对信息安全政策进行审批，对安全权责进

行分配，并协调单位内部安全的实施。如有必要，在单位内部设立特别信息安全顾问并指定相应人选。同时，要设立外部安全顾问，以便跟踪行业走向，监视安全标准和评估手段，并在发生安全事故时建立恰当的联络渠道。在此方面，应鼓励跨学科的信息安全安排，比如，在经理人、用户、程序管理员、应用软件设计师、审计人员和保安人员间开展合作和协调。同时对第三方接触本单位的信息处理设备要进行管制。

3.资产分类与控制：所有重大的信息资产都要有记录和主管人员。对资产的负责制度将确保对其进行有效的保护。指定的主管人员要有在此方面的主要职责和管理办法。实施管理的任务可委托给他人，但最后的责任要由资产的主管人员承担，以确保信息资产得到分类和适当水平的保护。

4.人员信息安全守则：个人信息安全的权责应当在对员工聘用的阶段就开始实施，还应包括在合同中，并在以后员工的聘用期内时时进行监督。对潜在的待聘员工应加以仔细充分的筛选，特别是从事敏感工作的员工。所有使用信息处理设备的员工或第三方都要签署保密或不泄密协议和岗位职责中的安全责任，以减少人为风险。

5.设备及使用环境的信息安全管理：保护信息系统基础设施、设备、媒体免受非法的访问或自然灾害和环境危害。其目的是保护企业所在地及信息免于未经授权的存取、破坏及入侵。关键或敏感的商业信息处理设备应放置在安全的区域，由安全防御带、适当的安全屏障和准入管制手段加以保护，以防它们物理上被非法进入、毁坏或干扰。提供的保护措施应当和风险相一致。

6.通信与运营管理：要建立所有信息处理设备的管理和操作的权责及流程。这包括开发适当的操作指导和事故反应流程。在适当的情况下，要对权责进行划分，以降低渎职或故意滥用系统的风险。确保信息处理设备安全的操作，降低系统失效的风险。保护软件和信息的完整性，维护信息处理和通信的完整性和可用性，建立确保网络信息的安全措施和整个 IT 基础结构的保护。

7．访问控制：通过对各种访问权限和能力进行有效的限制，确保系统和信息的安全。这包括对信息使用的授权规定，用户管理，用户的职责，网络访问管理，操作系统和应用系统的访问管理，敏感系统的隔离，对用户访问的监控，移动用户访问的监控等。

8．系统开发和维护：系统的范围包括基础设施、业务系统和自开发的程序。定义支持业务的操作流程对安全而言是至关重要的。信息安全在系统设计之前，就必须加以足够的考虑。信息安全的需求，在有关系统项目的确定需求阶段，就必须作为项目需求的一部分，写入项目需求的文件中。

9．业务持续管理：业务持续管理的制定和实施，是防止商业活动的中断和防止关键商业过程免受重大失误或灾难的影响。业务持续经营计划的定期演练，是业务持续经营计划重要的实施环节。

10．法律符合性：信息系统的设计，操作和使用，均须符合法规（刑法、民法、知识产权或版权）。需注意的是，各国的相关法规不尽相同，当信息从一个国家传输到另一个国家时，尤其要注意这一点。还需顾及个人信息的私密性和符合信息安全政策。定期的系统内审亦是需要的。

（二）第二部分（ISO/IEC27001：2005）简介

信息安全管理系统的规范，详细说明了建立、实施和维护信息安全管理系统（ISMS）的要求，指出实施组织需遵循某一风险评估来鉴定最适宜的控制对象，并对自己的需求采取适当的控制。

1．发展简介

ISO/IEC 27001:2005 的名称是“Information technology-security techniques- Information security management systems-requirements”，可翻译为“信息技术-安全技术-信息安全管理体系要求”。

在 ISO/IEC 27001:2005 标准出现之前，组织只能按照英国标准研究院（British Standard Institute， BSI）的 BS 7799-2:2002 标准进行认证。现在，组织可以获得全球认可的 ISO/IEC 27001:2005 标准的认证。这标志着 ISMS 的发展和认证已向前迈进了一大步：从英国认证认可迈进国际认证认可。ISMS 的发展和认证进入一个重要的里程碑。这个新 ISMS 标准正成为最新的全球信息安全武器。

2．标准设计目的

ISO/IEC 27001:2005 标准设计用于认证目的，它可以帮助组织建立和维护 ISMS。标准的 4~8 章定义了一组 ISMS 要求。如果组织认为其 ISMS 满足该标准 4~8 章的所有要求，那么该组织就可以向 ISMS 认证机构申请 ISMS 认证。如果认证机构对组织的 ISMS 进行审核（初审）后，其结果是符合 ISO/IEC 27001:2005 的要求，那么它就会颁发 ISMS 证书，声明该组织的 ISMS 符合 ISO/IEC 27001:2005 标准的要求。

然而，ISO/IEC 27001:2005 标准与 ISO/IEC 9001:2002 标准（质量管理体系标准）不同。ISO/IEC 27001:2005 标准的要求十分“严格”。该标准 4~8 章有许多信息安全管理要求。这些要求是“强制性要求”，只要有任何一条要求得不到满足，就不能声称该组织的 ISMS 符合 ISO/IEC 27001:2005 标准的要求。相比之下，ISO/IEC 9001:2002 标准的第 7 章的某些要求（或条款），只要合理，可允许其质量管理体系（QMS）作适当删减。

因此，不管是第一方审核、第二方审核，还是第三方审核，评估组织的 ISMS 对 ISO/IEC 27001:2005 标准的符合性是十分严格的。

3．最新特点

ISO/IEC 27001:2005 标准适用于所有类型的组织，而不管组织的性质和规模如何。该新标准的特点之一是基于组织的资产风险评估。也就是说，该标准要求组织通过业务风险评估的方法，来建立、实施、运行、监视、评审、保持和改进其 ISMS，确保其信息资产的保密性、可用性和完整性。

（1）信息资产

ISO/IEC 27001:2005 所指“信息”可包括所有形式的数据、文件、通信件（如 E-mail 和传真等）、交谈（如电话等）、消息、录音带和照片等。信息资产是被认为对组织具有“价值”的，以任何方式存储的信息。通常，系统（如信息系统和数据库等）也可作为一类信息资产。

（2）安全风险

组织的信息资产可面临许多威胁，包括人员（内部人员和外部人员）误操作（不管是有意的，还是无意的）、盗窃、恶意代码和自然灾害等。

另一方面，组织本身存在某些可被威胁者利用或进行破坏的薄弱环节，包括员工缺乏安全意识、基础设施中的弱点和控制中的弱点等。这就导致组织的密级信息资产和应用系统可能遭受未授权访问、修改、泄露或破坏，而使其造成损失，包括经济损失、公司形象损失和顾客信心损失等。

（3）风险评估与处理

ISO/IEC 27001:2005 标准要求组织利用风险评估的方法，确定每一个关键信息资产的风险，并根据各类信息资产的重要性和价值，选择适当的控制措施，减缓风险。

风险评估和风险处理是 ISO/IEC 27001:2005 标准要求的两个相互关联的必须的活动。一个组织建立 ISMS 体系，要进行信息资产风险评估和风险处理，其主要过程是：

- 制定组织的 ISMS 方针和风险接受准则。
- 定义组织的风险评估方法。
- 识别要保护的信息资产，并进行登记。
- 识别安全风险，包括识别资产所面临的威胁、组织的脆弱点和造成的影响等。
- 对照组织的风险接受准则，评价和确定已估算风险的严重性、可否接受。
- 形成风险评估报告。
- 制定风险处理计划，选择风险控制措施。标准明确规定，有 4 种风险处理方法：采用适当的控制措施、接受风险、避免风险和转移风险。
- 执行风险处理计划，将风险降低到可接受的级别。

从理论上，风险只能降低（或减少），而不能完全消除。选择控制措施的原则是既能使本组织的资产受到与其价值和保密等级相符的保护，将其所受的风险降低到可接受的水准，又能使所需要的费用在该组织的预算范围之内，使该组织能够保持良好的竞争力和成功运作的状态。

另外，风险是动态的。风险评估活动应定期进行。特别是在出现新的信息资产、技术发生重大变化和内外环境发生重大变化时，风险评估应重新进行。

4．基于过程的要求

(1)“PDCA”过程

国际标准化组织(ISO)使用 Plan-Do-Check-Act (即计划-实施-检查-纠正)过程模型组织 ISO/IEC 27001:2005 标准。这个标准 4~8 章规定了 ISMS 的建立、实施与运行、监督与评审、维护与改进所要遵循的活动(过程)，并形成一个周期，称“PDCA”周期，如图 8-1 所示。

(2)过程方法

过程是指使用资源把输入转为输出的一组活动。更通俗地说，过程就是将原料（输入）加工成产品（输出）的工作（活动）。输入之所以能转为输出是因为开展了某些工作或活动。

ISO/IEC 27001:2005 标准 4~8 章规定了一组 ISMS 过程。该标准也要求组织使用“过程方法”来管理和控制其 ISMS 过程，即：

组织必须对应 4~8 章的相应要求，建立其实际的 ISMS 过程。

组织的 ISMS 须按“过程方法”进行管理和控制。

这意味着组织的 ISMS 要包含有许多符合该标准 4~8 章规定的、相互协调的过程。通常，一个过程的输出便是另一个过程的输入。通过这些输出和输入把各个 ISMS 过程“粘”在一起，而形成一个相互依赖的统一整体。

标准还规定，某些 ISMS 过程要用形成文件的程序加以控制。

(3)过程要求

ISO/IEC 27001:2005 标准 4~8 章规定了一组 ISMS 过程。因此，从另一个角度，ISO/IEC 27001:2005 标准的要求就是过程要求。组织的 ISMS 必要满足这些过程要求。

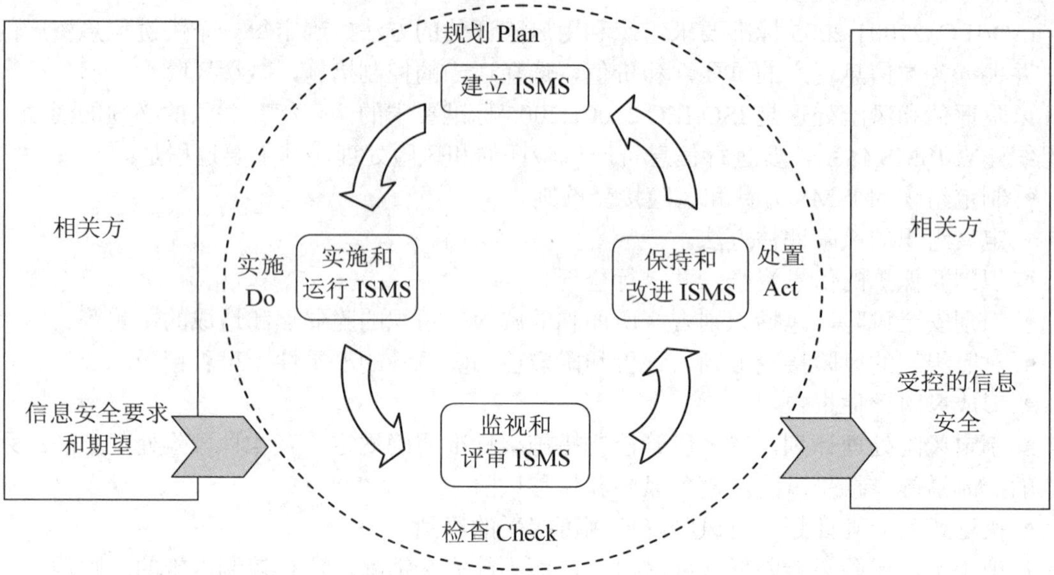

图 8-1　ISMS“PDCA”过程周期

请注意：与 ISO/IEC 27001:2005 正文内容不同，ISO/IEC 27001:2005 附录 A 的内容属于控制要求。

三、BS 7799 的简单评价

BS 7799 提供了一个组织进行有效安全管理的公共基础，反映了信息安全的“三分技术，七分管理”的原则。它全面涵盖了信息系统日常安全管理方面的内容，提供了一个可持续提高的信息安全管理环境。包括安全管理的注意事项和安全制度，例如磁盘文件交换和处理的安全规定、设备的安全配置管理、工作区进出的控制等一些很容易理解的问题。这些管理制度易于理解，一般的单位都可以制定，具有可操作性，推广信息安全管理标准的关键在于重视程度和制度落实方面。

BS 7799 是对一个组织进行全面信息安全评估的基础，可以作为组织实施信息安全管理的一项体制。它规定了建立、实施信息安全管理体系的文档，以及如何根据组织的需要进行安全控制，可以作为一个非正式认证方案的基础。

然而，BS 7799 仅仅提供一些原则性的建议，如何将这些原则性的建议与各个组织单位自身的实际情况相结合，构架起符合组织自身状况的 ISMS，才是真正具有挑战性的工作。BS 7799 在标准里描述的所有控制方式并非都适合于每种情况，它不可能将当地系统、环境和技术限制考虑在内，也不可能适合一个组织中的每个潜在的用户，因此，这个标准还需结合实际情况进一步加以补充。

此外，信息安全管理建立在风险评估的基础上，而风险评估本身是一个复杂的过程，不同组织面临不同程度和不同类型的风险，风险的测度需要有效的方法支持，因此按照该标准衡量一个系统还需要一些相关技术的配合。

第三节　信息安全评估标准

一、信息安全评估基本概念

对于信息安全评估，有不同的理解。但比较流行的一种看法是：信息安全评估是信息安全生命周期中的一个重要环节，是对企业网络拓扑结构、重要服务器的位置、带宽、协议、硬件、与 Internet 的接口、防火墙的配置、安全管理措施及应用流程等进行全面的安全分析，并提出安全风险分析报告和改进建议书。

二、信息安全评估的作用

信息安全评估具有如下作用：

（1）明确企业信息系统的安全现状。进行信息安全评估后，可以让企业准确地了解自身的网络、各种应用系统以及管理制度规范的安全现状，从而明晰企业的安全需求。

（2）确定企业信息系统的主要安全风险。在对网络和应用系统进行信息安全评估并进行风险分级后，可以确定企业信息系统的主要安全风险，并让企业选择避免、降低、接受等风险处置措施。

（3）指导企业信息系统安全技术体系与管理体系的建设。对企业进行信息安全评估后，可以制定企业网络和系统的安全策略及安全解决方案，从而指导企业信息系统安全技术体系（如部署防火墙、入侵检测与漏洞扫描系统、防病毒系统、数据备份系统、建立公钥基础设施 PKI 等）与管理体系（安全组织保证、安全管理制度及安全培训机制等）的建设。

三、主要的信息安全评估标准

信息安全评估标准是信息安全评估的行动指南。可信的计算机系统安全评估标准（TCSEC，从橘皮书到彩虹系列）由美国国防部于 1985 年公布的，是计算机系统信息安全评估的第一个正式标准。它把计算机系统的安全分为 4 类、7 个级别，对用户登录、授权管理、访问控制、审计跟踪、隐蔽通道分析、可信通道建立、安全检测、生命周期保障、文档写作、用户指南等内容提出了规范性要求。信息技术安全评估标准（ITSEC，欧洲白皮书）是由法、英、荷、德欧洲四国 20 世纪 90 年代初联合发布的，它提出了信息安全的机密性、完整性、可用性的安全属性。机密性就是保证没有经过授权的用户、实体或进程无法窃取信息；完整性就是保证没有经过授权的用户不能改变或者删除信息，从而信息在传送的过程中不会被偶然或故意破坏，保持信息的完整、统一；可用性是指合法用户的正常请求能及时、正确、安全地得到服务或回应。ITSEC 把可信计算机的概念提高到可信信息技术的高度上来认识，对国际信息安全的研究、实施产生了深刻的影响。

信息技术安全评价的通用标准（CC）由六个国家（美、加、英、法、德、荷）于 1996 年联合提出的，并逐渐形成国际标准 ISO15408。该标准定义了评价信息技术产品和系统安全性的基本准则，提出了目前国际上公认的表述信息技术安全性的结构，即把安全要求分为规范产品和系统安全行为的功能要求以及解决如何正确有效地实施这些功能的保证要求。CC 标准是第一个信息技术安全评价国际标准，它的发布对信息安全具有重要意义，是信息技术安全评价标准以及信息安全技术发展的一个重要里程碑。

ISO13335 标准首次给出了关于 IT 安全的保密性、完整性、可用性、审计性、认证性和可靠性6个方面含义，并提出了以风险为核心的安全模型：企业的资产面临很多威胁（包括来自内部的威胁和来自外部的威胁）；威胁利用信息系统存在的各种漏洞（如：物理环境、网络服务、主机系统、应用系统、相关人员、安全策略等），对信息系统进行渗透和攻击。如果渗透和攻击成功，将导致企业资产的暴露；资产的暴露（如系统高级管理人员由于不小心而导致重要机密信息的泄露），会对资产的价值产生影响（包括直接和间接的影响）；风险就是威胁利用漏洞使资产暴露而产生影响的大小，这可以为资产的重要性和价值所决定；对企业信息系统安全风险的分析，就得出了系统的防护需求；根据防护需求的不同制定系统的安全解决方案，选择适当的防护措施，进而降低安全风险，并抗击威胁。该模型阐述了信息安全评估的思路，对企业的信息安全评估工作具有指导意义。

BS7799是英国工业、政府和商业共同需求而发展的一个标准，它分两部分：第一部分为“信息安全管理事务准则”；第二部分为“信息安全管理系统的规范”。BS7799包含10个控制大项、36个控制目标和127个控制措施。BS7799/ ISO 27001主要提供了有效地实施信息系统风险管理的建议，并介绍了风险管理的方法和过程。企业可以参照该标准制定出自己的安全策略和风险评估实施步骤。

AS/NZS 4360：1999是澳大利亚和新西兰联合开发的风险管理标准，第一版于1995年发布。在AS/NZS 4360：1999中，风险管理分为建立环境、风险识别、风险分析、风险评价、风险处置、风险监控与回顾、通信和咨询七个步骤。AS/NZS 4360：1999是风险管理的通用指南，它给出了一整套风险管理的流程，对信息安全风险评估具有指导作用。目前该标准已广泛应用于新南威尔士州、澳大利亚政府、英联邦卫生组织等机构。

OCTAVE（Operationally Critical Threat Asset and Vulnerability Evaluation）是可操作的关键威胁、资产和弱点评估方法和流程。OCTAVE首先强调的是O——可操作性，其次是C——关键系统，也就是说，它最注重可操作性，其次对关键性很关注。OCTAVE将信息安全风险评估过程分为三个阶段：阶段一，建立基于资产的威胁配置文件；阶段二，标识基础结构的弱点；阶段三，确定安全策略和计划。

国内主要是等同采用国际标准。公安部主持制定、国家质量技术监督局发布的中华人民共和国国家标准GB17895-1999《计算机信息系统安全保护等级划分准则》已正式颁布并实施。该准则将信息系统安全分为5个等级：自主保护级、系统审计保护级、安全标记保护级、结构化保护级和访问验证保护级。主要的安全考核指标有身份认证、自主访问控制、数据完整性、审计等，这些指标涵盖了不同级别的安全要求。GB18336也是等同采用ISO 15408标准。

四、现有信息安全评估标准的局限性

风险分析的方法有定性分析、半定量分析和定量分析。现有的信息安全评估标准主要采用定性分析法对风险进行分析，即通常采取安全事件发生的概率来计算风险。然而，在安全评估过程中，评估人员常常面临的问题是：信息资产的重要性如何度量？资产如何分级？什么样的系统损失可能构成什么样的经济损失？如何构建技术体系和管理体系达到预定的安全等级？一个由病毒中断了的邮件系统，企业因此造成的经济损失和社会影响如何计算？如果黑客入侵，尽管没有造成较大的经济损失，但企业的名誉损失又该如何衡量？另外，对企业的管理人员而言：哪些风险在企业可承受的范围内？这些问题从不同角度决定了一个信息系统安全评估的结果。目前的信息安全评估标准都不能对这些问题进行定量分析，在没有一个统一的信息安全评估标准的情况下，各家专业评估公司大多数是凭借各自积累的经验来解决。

因此，这就需要统一的信息安全评估标准出台。

第四节　信息安全服务资质评估准则

一、适用范围

本标准适用于：

- 评估机构对提供信息安全服务的组织进行信息安全服务资质的评估。
- 信息安全服务的需方对服务提供方的选择依据。
- 国家主管部门对评估对象进行管理和检查的技术规范。

另外，也可以为提供信息安全服务的组织改进自身能力提供指导。

二、有关概念

1. 信息安全服务

信息安全服务是指信息安全工程的设计、实施、测试、运行和维护，以及相关的咨询和培训活动。

2. 信息安全服务提供者

信息安全服务提供者是指信息安全工程方案的设计组织、承建信息安全工程的组织以及提供有关信息安全咨询和培训的组织。

3. 信息安全服务资质等级

信息安全服务资质等级是指一个组织提供信息安全服务的综合能力，包括技术能力、组织结构与管理、资源配置、安全工程过程能力、业绩和质量保证等多个方面。

4. 信息安全工程过程能力级别

信息安全工程过程能力级别是指提供信息安全服务的组织在完成工程、项目时，执行组织已经定义过程的能力成熟程度。

5. 信息安全服务评估组织

信息安全服务评估组织是指对提供信息安全服务的组织的资质等级进行评估认证的法定机构。在我国是指中国国家信息安全测评认证中心及其授权的分支机构。

三、服务类型与资质评定原则

1. 信息安全服务的类型

信息安全服务的类型主要指一个组织按照一定的合同或协议，为另一个组织所履行的安全服务的具体形式，包括：

（1）　安全工程：　为信息系统进行安全方案设计、施工、验证、运行和维护。

（2）　安全测试和监控：　对已有的信息安全系统进行安全性测试和对保护装置总体（包括硬件、软件、固件和负责执行安全策略的组合体等）进行调整、增补与删除，对信息系统进行监控和提出安全承诺。

（3）　安全相关施工：　对信息安全系统外部设施（包括通信线路、链路、信道/隐蔽信道、保护建筑和标记等）进行调整、增补与删除。

（4）　安全咨询和教育：　信息系统安全咨询、培训、宣传等业务，包括书面提出并制订信息系统安全方案或安全管理与操作规定的服务、在公开场合或媒体宣讲或传播安全知识的活动、信息系统安全的专家活动和政策制订工作、信息系统安全教育工作。

（5） 方案试验： 在现有信息安全系统中测试、试验某种安全产品、安全方案（如算法）的有偿或无偿活动。

（6） 其他服务： 其他可能影响信息系统安全性能的有偿或无偿服务或技术活动。

2. 信息安全服务资质等级的评判原则

信息安全服务资质评估是对信息安全服务提供者的资格状况、技术实力和实施安全工程过程的质量保证能力等方面的具体衡量和评价。资质等级的评定，是在其基本能力水平、安全工程项目的组织管理水平、安全工程基本过程的控制能力等方面单项评估结果的基础上，针对不同的服务种类，采用一定的权值综合考虑后确定的，并由国家认证机构授予相应的资质级别。信息安全服务资质等级的划分遵循以下原则：

（1） 综合考虑原则。信息安全服务资质等级的划分必须对组织的综合能力进行考察，它主要与组织的资格状况、技术实力、信息安全工程过程能力等级以及其他要求有关。

（2） 与现行国家有关主管部门颁布的法律、法规、规章、制度相一致的原则。安全策略要保持与现行的法律、法规、规章、制度相一致，不能相抵触。

（3） 与我国已发布或即将发布的有关信息安全的标准相一致的原则。我国已发布许多与安全服务有关的标准，本评估准则的资质等级划分必须与这些标准相一致。

（4） 与组织的基本能力水平紧密结合的原则。一个组织的基本能力是评估其资质等级的基本要求，有些基本能力要求可能会决定一个组织是否具备参与资质评定的资格。

（5） 与信息安全服务工程过程能力等级紧密结合的原则。工程过程能力等级是反映组织实施工程的成熟程度，是评定资质的重要依据。

（6） 可裁剪原则。安全服务有多种类型，对不同类型的安全服务可进行适当的裁剪。

（7） 可操作性原则。

四、提供信息安全服务的基本资格要求

1. 提供信息安全服务的组织必须是一个独立的实体，具有工商行政管理部门颁发的合法的营业执照。

2. 必须获得国家有关信息安全主管部门发给的从事信息安全服务的资格证书。

3. 从事涉密（国家秘密）网络信息系统安全服务的组织必须获得国家保密主管部门的批准。

4. 采用商业秘密信息产品进行安全系统集成的组织必须获得国家保密主管部门的批准。

5. 必须遵守国家现行法律、法规的规定。

五、提供信息安全服务的基本能力要求

1. 组织与管理要求

提供信息安全服务的组织应符合以下要求：

（1） 必须拥有健全的组织结构和管理体系，为持续的信息安全服务提供保证。

（2） 应制订符合国家保密机关要求的工作保密制度和相关的组织监管体系。

（3） 所有成员要签订保密合同，并遵守有关法律法规。

2. 技术能力要求

从事信息安全服务的组织应具备的技术能力：

（1）了解信息安全技术的最新动向，有能力掌握信息安全的最新技术。

（2）具有不断更新技术的能力。

（3）具有对信息系统所面临的安全威胁、存在的安全隐患进行信息收集、识别、分析和提供防范措施的能力。

（4）须能根据对用户信息系统风险的分析，向用户建议有效的安全保护策略及建立完善的安全管理制度。

（5）具有对发生的突发性安全事件进行分析和解决的能力。

（6）从事安全系统集成和相关咨询的组织应具有足够的技术力量，以及对市场的信息安全产品进行功能分析、提出安全策略和安全解决方案和对安全产品进行系统集成的能力。

（7）应具有足够的技术力量，根据服务业务的需求开发信息安全应用、产品或支持性工具的能力。

（8）系统集成商应有对集成的系统进行检测和验证的能力。

（9）有能力对信息安全系统进行有效的维护。

（10）有跟踪、了解、掌握和应用国际、国家和行业标准的能力。

3．人员构成与素质要求

（1）从事信息安全服务的组织应具有两名以上通过国家认证的信息安全审核员。

（2）所有与信息安全服务有关的管理和销售人员应具有基本的信息安全知识。

（3）应有一批相对稳定的技术队伍。

（4）技术骨干人员应系统地掌握信息安全基础理论和核心技术，并有足够的专业工作经验。

4．设备、设施与环境要求

从事信息安全的组织应该具有：

（1）固定的工作场所，良好的工作环境。

（2）先进的开发、测试或模拟环境。

（3）先进的开发、生产和测试设备。

（4）实施相关服务所必需的开发、生产和测试工具。

5．规模与资产要求

从事信息安全的组织应该：

（1）有足够的注册资金和充足的流动资金。

（2）建立与所承担业务范围和工程规模相适应的服务体系。

（3）有足够的人员从事直接与信息安全服务相关的活动。

6．业绩要求

从事信息安全的组织，应具有与申请资质相符的从业经历，主要的考查内容有：

（1）从业时间。

（2）工程规模。

（3）工程数量。

（4）工程质量。

（5）合作项目参与程度。

（6）完成结果评价。

7．质量保证要求

（1）提供信息系统安全工程服务的组织要求通过“信息系统安全工程质量管理要求”。

（2）提供信息系统安全咨询培训服务的组织要求通过经裁剪的“信息系统安全工程质量管理要求”，裁剪原则应与业务范围和控制环节相一致。

8．培训要求

提供培训服务的服务组织应该具有以下几项：

（1）有独立的法人资格。

（2）有固定的培训场所、良好的培训环境。

（3）有相应的培训设备。

（4）培训人员要有培训资格证书。

六、信息安全工程过程及能力级别

信息安全工程是一组与信息安全相关的工程过程的集合，在应用到系统和应用的开发、集成、操作、管理、维护和改进等整个生命期中，应满足一组安全要求并能在系统中得到体现。信息安全工程至少包括以下 11 个基本过程：

- 评估安全对系统的影响。
- 评估系统面临的安全威胁。
- 评估系统的安全弱点。
- 评估系统的安全风险。
- 确定系统的安全需求。
- 为系统提供必要的安全信息。
- 监测系统的安全状况。
- 管理系统的安全控制。
- 安全协调。
- 检验并证实安全性。
- 建立并提供安全性保证证据。

信息安全工程过程的能力级别是用于评价组织完成已定义的安全工程过程的能力，直接反映组织的成熟程度。能力级别按成熟性排序，表示依次增加的组织能力。

本标准将信息安全服务组织的工程能力分为五个级别，即 1 级：基本执行级；2 级：计划跟踪级；3 级：充分定义级；4 级：量化控制级；5 级：连续改进级。

本标准并不提出执行过程的特殊要求。组织可以按所选择的任何方式和顺序，自由地计划、定义、控制、跟踪和改进它们的过程。然而高级别能力依赖于低级别能力，因此组织在达到高级别之前必须满足低级别的要求。

七、信息安全服务资质等级划分

信息安全服务资质等级是对安全服务组织综合实力的客观评价，反映了安全服务组织的信息安全服务资格、水平和能力。

资质等级划分的主要依据包括：基本资格要求、基本能力要求、安全工程过程能力和其他补充要求等（见表 8-3）。

表 8-4 提出了实现某级资质所必须达到的基本要求，服务组织根据自身情况可实现更多、

更高的要求。

表 8-3 安全服务资质等级定义

资质等级	说 明
1 级	达到全部基本资格要求和部分基本能力要求；执行基本的安全工程过程，安全工程过程能力达到 1 级。
2 级	达到全部基本资格要求和基本能力要求；执行基本的安全工程过程，安全工程过程能力达到 2 级。使安全工程过程质量得到基本保证。
3 级	达到全部基本资格要求和基本能力要求；执行基本的安全工程过程，安全工程过程能力达到 3 级。使安全工程过程质量得到良好保证。
4 级	达到全部基本资格要求和基本能力要求；执行基本的安全工程过程，安全工程过程能力达到 4 级。使安全工程过程质量得到良好控制。
5 级	达到全部基本资格要求和基本能力要求；执行基本的安全工程过程，安全工程过程能力达到 5 级。使安全工程过程质量实现优化运作。

表 8-4 安全服务资质等级要求

资质等级	基本资格要求	基本能力要求	安全工程能力级别	其他补充要求
1 级	全部满足	基本满足 不同服务类型 可剪裁	1 级 不同服务类型 可剪裁	无
2 级	全部满足	基本满足 不同服务类型 可剪裁	2 级 不同服务类型 可剪裁	根据具体服务类型和业务范围，增加有关工程、技术和管理要求
3 级	全部满足	基本满足 不同服务类型 可剪裁	3 级 不同服务类型 可剪裁	同上
4 级	全部满足	基本满足 不同服务类型 可剪裁	4 级 不同服务类型 可剪裁	同上
5 级	全部满足	基本满足 不同服务类型 可剪裁	5 级 不同服务类型 可剪裁	同上

第五节 信息安全测评认证标准

测评认证是现代质量认证制度的重要内容，其实质是由一个中立的权威机构，通过科学、规范、公正的测试和评估向消费者、购买者即需方，证实生产者或供方所提供的产品和服务，符合公开、客观和先进的标准。具体言之，测评认证的对象是产品或过程、服务；它的依据是国家标准、行业标准或认证机构确认的技术规范；它的方法是对产品进行抽样测试检验和对供方的质量保证能力即质量体系进行检查评审，以及事后定期监督；它的性质是由具有检验技术能力和政府授权认证资格的权威机构，按照严格程序进行科学公正的评价活动；它的表示方式是颁发认证证书和认证标志。

测评认证制度在国际上已有近 100 年的历史，目前全球已有 80 多个国家建立了测评认证制度。我国是从 20 世纪 80 年代初开始推行质量认证制度的。从 80 年代初的标准化法到 90 年代的中华人民共和国产品质量认证管理条例和质量法，已形成了较为完备的法律、法规框架和与之配套的管理规范。越来越多的企业积极主动地参加认证活动，社会各界也开始重视产品和服务的品牌，逐步通过认证来指导自己的消费行为，并将质量与权益紧密结合起来。认证活动，作为国家和社会对产品进行质量监督与技术控制的有效方式，已越来越被社会各方面所认识、所接受。

一、国内测评认证标准

我国信息安全标准化工作，虽然起步较晚，但是近 10 年来发展较快。在国家质量技术监督局领导下，全国信息化标准委员会及其下属的信息安全分技术委员会在制订我国信息安全标准方面做了大量的工作，国标、国军标、行业标准对信息安全领域均有涉及。为适应我国信息化的迅猛发展，1997 年国务院又拨出专款设立标准攻关项目，应急制订了分组过滤防火墙标准；防火墙系统安全技术要求；应用网关防火墙标准；网关安全技术要求；网络代理服务器和信息选择平台安全标准；鉴别机制标准；数字签名机制标准；安全电子交易标准第 1 部分；抗抵赖机制；网络安全服务标准；信息系统安全评价准则及测试规范；安全电子数据交换标准；安全电子商务标准第 1 部分；密钥管理框架；路由器安全技术要求；信息技术-n 位块密码算法的操作方式；信息技术-开放系统互连-上层安全模型；信息技术-开放系统互连-网络层安全协议；信息技术-安全技术-实体鉴别第 4 部分：使用加密校验函数的机制等标准，它们成为我国信息安全测评认证的基础。

随着我国信息安全测评认证制度的建立与推进，以及我国信息安全有关主管部门管理力度的加大，我国信息安全标准化工作将迎来更大的发展机遇。目前，信息系统安全性评价准则及测试规范；商用密码产品安全技术要求；信息安全服务评估准则；信息安全工程质量管理要求等标准即将出台。在国家质量技术监督局的领导和支持下，国家信息安全标准体系的框架已初步形成，将在该框架内以政府主管部门推动，产业界参与的模式，按急用先上的原则逐步推出我国信息安全技术发展和管理应用急需的相关标准。如：交换机安全技术要求、PBX 安全技术要求、电子商务产品安全测评规范、电子商务认证中心（CA）安全评估要求等。

二、测评认证工作体系

信息安全测评认证体系，由三个层次的组织和功能构成。第一层次是国家信息安全测评认证管理委员会。这个管理委员会是一个跨部门的机构，代表国家有关信息产业和信息安全主管部门以及信息安全产品的供方、需方，对中国国家信息安全测评认证中心运作的独立性、测评认证活动的公正性、科学性和规范性进行监督管理。其主要职责是：制订、修订有关认证实施的方针、政策性文件；审批中国国家信息安全测评认证中心工作规划；审查拟开展认证产品目录并报经国务院产品质量监督行政主管部门批准实施；审批因现行标准不能满足认证需要时由认证中心设定的有关技术规范和补充技术要求；审批测评认证中心的外部检验机构和审核机构以及批准认证证书的撤消，受理有关投诉、申诉等。第二层次是国家信息安全测评认证中心。中心是由国家授权，依据有关标准和认证规范，根据特定的产品和信息系统的测试审核及评估结果，对相应产品，信息系统的安全性做出认证，并颁发证书的实体。第三层是若干个产品或信息系统的测评分支机构（实验室、分中心等），测评分支机构是经中心授权，国家认可，依据标准和测评规范，对有关产品和信息系统的安全性进行测试评估，向中心出具测评报告的技术组织。测评分支机构按不同区域、行业和技术专业设立。一个认证管理委员会，一个认证中心，若干个不同类型的测评分支机构共同构成国家信息安全测评认证的工作体系。

三、中国国家信息安全测评认证中心

1997 年初，经国务院信息化工作领导小组批准，国务院信息化工作领导小组办公室立项筹建"中国互联网络安全产品测评认证中心"。1998 年 7 月，中心建成并通过国家验收。1998 年 10 月，经国家质量技术监督局授权，成立"中国国家信息安全测评认证中心"。经过 4 个月的评审、整改和复查，通过"中国产品质量认证机构国家认可委员会"和"中国实验室国家认可委员会"的认可。1999 年 2 月，国家质量技术监督局批准了中国国家信息安全测评认证管理委员会的组成及其章程，批准了信息产品安全测评认证管理办法、首批认证目录和国家信息安全认证标志。自此，中国国家信息安全测评认证中心可正式对外开展信息安全测评认证工作。

中国国家信息安全测评认证中心（CNISTEC）是依据《中华人民共和国产品质量法》、《中华人民共和国产品质量认证管理条例》和国家有关信息安全管理的政策、法律、法规，按照国际通用准则建立的代表国家对信息安全产品、信息技术和信息系统安全性以及信息安全服务实施公正性评价的技术职能机构。

CNISTEC 按照国家质量技术监督局发布的认证产品目录，依据有关标准和规范开展国家信息安全测评认证。中国国家信息安全测评认证中心对外开展四种认证业务：

• 产品型式认证：对认证申请者送达的样品进行型式试验（测试评估），若符合标准要求，即予认证。获取证书后，认证中心再从市场和或工厂（车间）抽样，对其进行核查试验即监督检验，若检验合格即维持认证，否则取消认证。

• 产品认证：对认证申请者送达的样品进行型式试验（测试评估），同时对申请者的质量体系（即质量保证能力）进行检验、评审。这两方面都符合有关标准要求，则予以认证。获取证书后，认证中心再从市场和（或）工厂（车间）抽样进行核查试验，即监督检验，同时对其质量体系进行监督性复查，若两方面都合格，即维持认证，否则取消认证。

• 信息系统安全认证：对认证申请者的信息系统设计方案和安全设计方案进行静态评估，对构成信息系统的物理网络及其有关产品进行认证（由产品生产商另行申请）、对信息系统的运行和服务进行实际测试评估，对信息系统的管理和保障体系进行评估验证。上述四方面若均符合有关标准和规范要求，则予以认证。获得认证后，对上述四方面进行监督检验、监督检查，若监督检验、检查合格，则维持认证，否则取消认证。

• 信息安全服务认证：对认证申请者的技术、资源、法律、管理等方面的资质、能力和稳定性、可靠性进行评估，对其质量体系进行评审，若符合有关标准、规范，则予以认证，否则取消认证。

中国国家信息安全测评认证中心具有两方面的服务功能。一方面面向社会，面向产业和市场，对有关厂商和用户提供技术服务；另一方面，则是面向国家，为信息安全各主管部门进行有关行政管理、执法时提供技术支持。经过半年多的运行，中国国家信息安全测评认证中心已在测试环境、测试设备、重要标准和基本测试方法、评估方法和专业人才培养等方面，基本形成了测评认证的能力，并有成效地开展了对外服务。下一步的工作重点，则是稳妥地推进相关测试分支机构的建设，更加主动地为业界服务，为信息安全各主管部门服务，全力推进我国信息安全标准体系的建立和健全，深入地研究总结信息安全测试技术，为国家进一步完善对信息安全的行政管理和技术管理作出应有的努力。

信息安全是一个涉及各方面利害关系甚深的敏感问题，大家都越来越强烈地关注这一问题，我们相信，按照国际惯例，我国的信息安全测评认证，经一段时间的运作，相应产品进入流通领域时将逐步实施强制性监督管理，即不通过认证不得销售和使用。从而把国家信息安全综合管理中的质量监督、技术控制和产品市场准入、用户采购使用等方面，更科学地规范起来。

第六节　信息安全产品评估标准

信息安全产品，广义地是指具备安全功能（保密性、完整性、可用性、可鉴别性与不可否认性）的信息通信技术（ICT）产品，狭义地是指具备上述功能的专用信息通信技术产品。这些产品可能是硬件、固件和软件，也可能是软、固、硬件的结合。

一、国外信息安全产品评估标准的发展

以美国为首的西方发达国家和前苏联及其盟国，早在20世纪50年代即着手开发用于政府和军队的信息安全产品。到 20 世纪末，美国信息安全产品产值已达 500 亿美元。随着产品研发，有关信息安全产品评估标准的制定也相应地开展起来。

（一）国外信息安全产品评估标准的演变

国际上信息安全产品检测评估标准的发展大体上经历了三个阶段：

1．本土化阶段

1983 年，美国国防部率先推出了《可信计算机系统评估准则（TCSEC）》，该标准事实上成了美国国家信息安全评估标准，对世界各国也产生了广泛影响。在 1990 年前后，英国、德国、加拿大等国也先后制定了立足于本国情况的信息安全评估标准，如加拿大的《可信计算机产品评估准则》（CTCPEC）等。在欧洲影响下，美国 1991 年制定了一个《联邦（最低安全要求）评估准则》（FC），但未能推开。

2．多国化阶段

由于信息安全评估技术的复杂性和信息安全产品国际市场的逐渐形成，单靠一个国家自行制定并实行自己的评估标准已不能满足国际交流的要求，于是多国共同制定统一的信息安全产品评估标准被提了出来。

1991 年欧洲英、法、德、荷四国国防部门信息安全机构率先联合制定了《信息技术安全评估准则》（ITSEC），并在事实上成为欧盟各国使用的共同评估标准。这为多国共同制定

信息安全标准开了先河。为了紧紧把握信息安全产品技术与市场的主导权，美国在欧洲四国出台 ITSEC 之后，立即倡议欧美六国七方（即英、法、德、荷、加五国国防信息安全机构，加上美国国防部国家安全局（NSA）和美国商务部国家标准与技术局（NIST））共同制定一个供欧美各国通用的信息安全评估标准。1993~1996 年，经过四五年的研究开发，产生了《信息技术安全通用评估准则》，简称 CC 标准。

3．国际化阶段

为了适应经济全球化的形势要求，在 CC 标准制定出不久，六国七方即推动国际标准化组织（ISO）将 CC 标准纳入国际标准体系。经过多年协商和切磋，国际标准组织于 1999 年批准 CC 标准以“ISO/IEC 15408-1999”名称正式列入国际标准系列（如图 8-2 所示）。

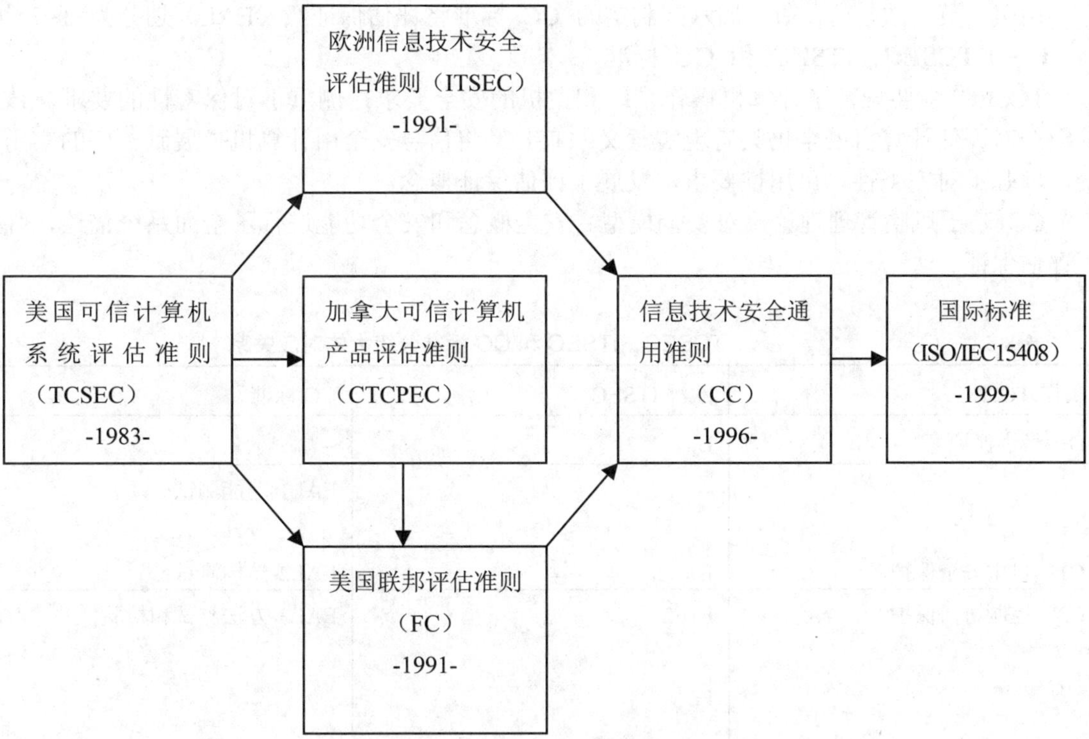

图 8-2　国际标准系列结构图

（二）国外信息安全产品及评估标准的分类、分级

1．分类

美、前苏联两大集团在信息安全产品的开发与评估中都实行了分类、分级原则。

以美国为例，从 20 世纪 50 年代迄今，几经演变，目前信息安全产品大体上分为两部分、六大类。

两部分即：政府（国防）专用安全产品（GOTS）和商用安全产品（COTS）。六大类分别为：电磁（发射）安全（EMSEC 或 TEMPEST）产品、通信安全（COMSEC）产品、密码（CRYPT）产品、信息技术安全（ITSEC）产品、安全检测（SEC INSPECTION）产品、其他专用安全产品。与此相关的技术测评标准，也大体上按此分类制定。如电磁安全标准是一个包括 20 多个具体标准的标准系列。其他类别也都包括一系列标准。

2．分级

在分类的基础上，美、前苏联等国对每一类产品中的每一具体产品又采取了分级，以便用户按安全需求，选择相应的产品。美国 1991 年将 TEMPEST 产品分为 3 级：第一级用于最高级的防护，第二级用于中级防护，第三级用于初级防护。美国的密码产品也分为多个等级，其中允许出口的密码产品，如数据加密标准（DES）产品，在 20 世纪 90 年代，其密钥长度为 64 位以上的用于美国国内，64 位的仅可出口盟国，而对中国仅允许出口 40 位的密码。美国的《可信计算机安全评估准则》（TCSEC）将计算机安全产品分为四等（A、B、C、D）8 级（D，C1，C2，B1，B2，B3，A1，超 A1）。

欧洲英、法、德、荷四国制定信息技术安全评估准则（ITSEC），继承发展了 TCSEC，不仅保留了安全功能（F）等级，并且对评估保证（E）级进行了划分。

由美、英、法、德、荷、加六国制定的 CC 标准将评估保证级（EAL）划分为 1~7 级。

（三）TCSEC、ITSEC 和 CC 标准

TCSEC 主要规范了计算机操作系统和主机的安全要求，侧重于对保密性的要求。该标准至今对评估计算机安全仍具有现实意义。ITSEC 将信息安全由计算机扩展到更广的实用系统，增强了对完整性、可用性要求，发展了评估保证概念。

CC 基于风险管理理论，对安全模型、安全概念和安全功能进行了全面系统描绘，强化了评估保证。

表 8-5　　TCSEC、ITSEC 和 CC 标准分级大体对应关系

美国 TCSEC	欧洲 ITSEC	CC 标准
D：最小保护	E	--
-- C1：自主安全保护	-- E1	EAL1-功能测试 EAL2-结构测试
C2：控制访问保护 B1：标识安全保护	F1E2 F2 F3E3	EAL3-方法测试和检验 EAL4-方法设计，测试和评审
B2：结构保护 B3：安全域	F4E4 F5E5	EAL5-半形式化设计和测试 EAL6-半形式化验证、设计和测试
A1：验证设计	F5E6	EAL7-形式化验证、设计和测试

二、我国信息安全产品（系统）评估标准现状

我国从 20 世纪 90 年代中期即开始制定关于信息安全产品的标准。2000 年开始有计划地研究制定信息安全评估标准，并于 1998 年成立了“公安部信息安全产品检测中心”， 承

担国内计算机信息系统安全产品和同类进口产品的质量监督检验工作。目前，由公安部和公安部信息安全产品检测中心制定和发布施行的信息安全产品评估标准共有53项，其中试行的标准有六项，基本覆盖了信息安全产品的主要项目。

（一）我国信息安全产品评估标准简介

1.《GA 163-1997 计算机信息系统安全专用产品分类原则》，该标准规定了计算机信息系统安全专用产品分类原则，适用于保护计算机信息系统安全专用产品，涉及实体安全、运行安全和信息安全三个方面。

2.《GA 216.1-1999 计算机信息系统安全产品部件 第一部分：安全功能检测》，本标准规定了计算机信息系统安全专用产品中的四类安全产品部件：身份鉴别类产品，完整性鉴别类产品，不可否认性鉴别类产品和密钥管理类产品的安全技术规范。

3.《GA 370-2001 端设备隔离部件安全技术要求》，本标准规定了端设备隔离部件的分类、安全功能技术要求和安全保证要求。适用于端设备隔离部件产品的研制、开发、测试、评估和产品的采购。

4.《GA/T 403.1-2002 信息技术 入侵检测产品技术要求 第1部分：网络型产品》，本部分规定了采用传输控制协议/网间协议（TCP/IP）的网络型入侵检测产品技术要求。适用于网络型入侵检测产品的研制、开发、测评和采购。

5.《GA/T 403.2-2002 信息技术 入侵检测产品技术要求 第2部分：主机型产品》，本部分规定了采用传输控制协议/网间协议（TCP/IP）的主机型入侵检测产品的工作环境、功能要求、性能要求、安全功能要求和安全保证要求。适用于主机型入侵检测产品的研制、开发、测评和采购。

6.《GA/T 404-2002 信息技术 网络安全漏洞扫描产品技术要求》，本标准规定了采用传输控制协议/网间协议（TCP/IP）的网络安全漏洞扫描产品的功能要求、性能要求、增强级产品扩展技术要求和安全保证要求。适用于对计算机信息系统进行人工或自动漏洞扫描的安全产品的研制、开发、测评和采购。

7.《MSCTC-GFJ-01 信息技术 小型防火墙产品安全检验规范》，本规范规定了小型防火墙产品的安全技术要求，适用于小型防火墙产品安全功能的研制、开发、测试、评估和产品的采购。

8.《MSCTC-GFJ-02 信息技术 个人防火墙产品安全检验规范》，本规范规定了信息技术-个人防火墙产品的安全功能要求和保证要求，适用于信息技术-个人防火墙产品的生产及检测。

9.《MSCTC-GFJ-03 信息技术 VPN产品安全检验规范》，本规范规定了信息技术VPN产品的安全功能要求和保证要求，适用于信息技术VPN产品的生产及检测。

10.《MSTL_JGF_04-004 信息安全技术 网闸产品检验规范》，本规范规定了网闸产品的安全功能要求和安全保证要求，适用于网闸产品的开发及检测。

11.《MSCTC-GFJ-05 信息技术 入侵防御产品安全检验规范》，本规范规定了采用传输控制协议/网间协议（TCP/IP）的入侵防御产品技术要求， 适用于入侵防御产品的研制、开发、测评和采购。

12.《MSCTC-GFJ-06 信息技术 信息过滤产品安全检验规范》，本规范规定了信息过滤产品的安全功能要求和保证要求，适用于信息过滤产品的生产及安全功能检测。

13.《MSCTC-GFJ-07 信息技术 网络通信安全审计产品安全检验规范》，本规范规定了在网络通信中使用的安全审计产品的自身安全功能要求、安全功能要求和保证要求，适用于安全审计产品的生产及检测。

14.《MSCTC-GFJ-08 信息技术 网站恢复产品安全检验规范》，本规范规定了网站恢复产品的安全功能要求和技术要求，适用于网站恢复产品的生产及安全功能检测。

15.《MSTL_JGF_04-009 信息安全技术 文件加密产品检验规范》，本规范规定了文件加密产品的安全功能要求和安全保证要求，适用于文件加密产品的开发及检测。

16.《MSTL_JGF_04-010 信息安全技术 访问控制产品检验规范》，本规范规定了访问控制产品的安全功能要求和安全保证要求，适用于访问控制产品的开发及检测。

17.《MSTL_JGF_04-011 信息安全技术 远程主机监测产品检验规范》，本规范规定了远程主机监测产品的安全功能要求和安全保证要求，适用于远程主机监测产品的开发及检测。

18.《MSTL_JGF_04-012 信息安全技术 非授权外联监测产品检验规范》，本规范规定了非授权外联监测产品的安全功能要求和安全保证要求，适用于非授权外联监测产品的开发及检测。

19.《MSTL_JGF_04-013 信息安全技术 反垃圾邮件产品检验规范》，本规范规定了反垃圾邮件产品的安全功能要求和安全保证要求，适用于反垃圾邮件产品的开发及检测。

20.《MSTL_JGF_04-016 信息安全技术 数据库扫描产品检验规范》，本规范规定了数据库扫描产品的安全功能要求和保证要求，适用于数据库扫描产品的开发及检测。

21.《MSTL_JGF_04-017 信息安全技术 主机安全漏洞扫描产品检验规范》，本规范规定了主机安全漏洞扫描产品的安全功能要求和安全保证要求，适用于主机安全漏洞扫描产品的开发及检测。

22.《MSTL_JGF_04-018 信息安全技术 日志分析产品检验规范》，本规范规定了日志分析产品的安全功能要求和安全保证要求，适用于日志分析产品的开发及检测。

23.《MSTL_JGF_04-019 信息安全技术 安全管理平台产品检验规范》，本规范规定了安全管理平台产品的安全功能要求和安全保证要求，适用于安全管理平台产品的开发及检测。

24.《MSTL_JGF_04-020 信息安全技术 Web 过滤防护产品检验规范》，本规范规定了Web过滤防护产品的安全功能要求和安全保证要求，适用于Web过滤防护产品的开发及检测。

25.《GB/T 20945-2007 信息系统安全审计产品技术要求和评价方法》，本标准规定了安全审计产品技术要求和测评方法，适用于对信息系统进行审计的安全产品的开发、测评和应用。

26.《GB/T 20983-2007 网上银行系统信息安全保障评估准则》，本标准规定了网上银行系统的描述、安全环境、安全保障目的、安全保障要求及网上银行信息系统安全保障目的和安全保障要求的符合性声明。

（二）信息安全产品评估标准汇总

1. GA 163-1997 计算机信息系统安全专用产品分类原则。
2. GA 216.1-1999 计算机信息系统安全产品部件 第一部分：安全功能检测。
3. GB/T 17900-1999 网络代理服务器的安全技术要求。
4. GB/T 18018-1999 路由器安全技术要求。
5. GB/T 18019-1999 信息技术包过滤防火墙安全技术要求。
6. GB/T 18020-1999 信息技术应用级防火墙安全技术要求。

7．GB/T 18336-2001 信息技术安全性评估准则。

8．GA 370-2001 端设备隔离部件安全技术要求。

9．GA/T 403.1-2002 信息技术 入侵检测产品技术要求 第1部分：网络型产品。

10．GA/T 403.2-2002 信息技术 入侵检测产品技术要求 第2部分：主机型产品。

11．GA/T 404-2002 信息技术 网络安全漏洞扫描产品技术要求。

12．GA 557-2005 互联网上网服务营业场所信息安全管理代码。

13．GA 558-2005 互联网上网服务营业场所信息安全管理系统数据交换格式。

14．GA 559-2005 互联网上网服务营业场所信息安全管理系统营业场所端功能要求。

15．GA 560-2005 互联网上网服务营业场所信息安全管理系统，营业场所端与营业场所经营管理系统接口技术要求。

16．GB 17859-1999 计算机信息系统安全保护等级划分准则。

17．GA/T 387-2002 计算机信息系统安全等级保护网络技术要求。

18．GA/T 388-2002 计算机信息系统安全等级保护操作系统技术要求。

19．GA/T 389-2002 计算机信息系统安全等级保护数据库管理系统技术要求。

20．GA/T 390-2002 计算机信息系统安全等级保护通用技术要求。

21．GA/T 391-2002 计算机信息系统安全等级保护管理要求。

22．GA 230-1999 旅馆业治安管理信息代码。

23．GA 232-1999 旅馆业治安管理信息系统用户管理规范。

24．GA 233-1999 旅馆业治安管理信息基本数据交换格式。

25．GA 234-1999 旅馆业治安管理信息系统基本功能。

26．MSCTC-GFJ-01 信息技术 小型防火墙产品安全检验规范。

27．MSCTC-GFJ-02 信息技术 个人防火墙产品安全检验规范。

28．MSCTC-GFJ-03 信息技术 VPN 产品安全检验规范。

29．MSTL_JGF_04-004 信息安全技术 网闸产品检验规范。

30．MSCTC-GFJ-05 信息技术 入侵防御产品安全检验规范。

31．MSCTC-GFJ-06 信息技术 信息过滤产品安全检验规范。

32．MSCTC-GFJ-07 信息技术 网络通信安全审计产品安全检验规范。

33．MSCTC-GFJ-08 信息技术 网站恢复产品安全检验规范。

34．MSTL_JGF_04-009 信息安全技术 文件加密产品检验规范。

35．MSTL_JGF_04-010 信息安全技术 访问控制产品检验规范。

36．MSTL_JGF_04-011 信息安全技术 远程主机监测产品检验规范。

37．MSTL_JGF_04-012 信息安全技术 非授权外联监测产品检验规范。

38．MSTL_JGF_04-013 信息安全技术 反垃圾邮件产品检验规范。

39．MSTL_JGF_04-016 信息安全技术 数据库扫描产品检验规范。

40．MSTL_JGF_04-017 信息安全技术 主机安全漏洞扫描产品检验规范。

41．MSTL_JGF_04-018 信息安全技术 日志分析产品检验规范。

42．MSTL_JGF_04-019 信息安全技术 安全管理平台产品检验规范。

43．MSTL_JGF_04-020 信息安全技术 Web 过滤防护产品检验规范。

44．GB/T 20945-2007 信息系统安全审计产品技术要求和评价方法。

45．GB/T 20983-2007 网上银行系统信息安全保障评估准则。

46．MSTL_JGF_04-021 信息安全技术 数据库安全审计产品检验规范(试行)。
47．MSTL_JGF_04-022 信息安全技术 网际恶意代码控制产品检验规范(试行)。
48．MSTL_JGF_04-023 信息安全技术 反垃圾邮件客户端产品检验规范(试行)。
49．MSTL_JGF_04-024 信息安全技术 本地数据备份与恢复产品检验规范(试行)。
50．MSTL_JGF_04-025 信息安全技术 主机文件监测产品检验规范(试行)。
51．MSTL_JGF_04-026 信息安全技术 自适应网络主动防御产品检验规范(试行)。

三、信息安全产品评估标准的展望

展望信息安全产品评估标准的发展，可以看到：随着世界各国对于标准的地位和作用的日益重视，信息安全评估标准多国化、国际化成为大势所趋；国际标准组织将进一步研究改进 ISO/IEC 15408 标准，各国在采用国际标准的同时，将利用 TBT 等有关条款，保护本国利益；最终，国内、国际多个标准并存将成为普遍现象。

第七节　2005 年以来我国发布的信息安全技术国家标准简介

下面简单介绍 2005 年以来我国发布的信息安全技术国家标准，此前发布的信息安全技术国家标准简介见计算机行业标准化网网站的“信息安全技术国家标准简介”。

一、2005 年我国发布的安全技术国家标准简介

1．GB/T 19713-2005　信息技术 安全技术 公钥基础设施　在线证书状态协议

该标准规定了无需请求证书撤消列表（CRL）即可查询数字证书状态的机制（即在线证书状态协议——OCSP）。主要描述了在线证书协议的请求形式和响应形式、分析了处理 OCSP 响应时可能出现的异常情况、说明了 OCSP 基于超文本传输协议的响应方式，以及采用抽象语法记法的 OCSP。本标准适用于各类基于公开密钥基础设施的应用程序和计算环境。

该标准首先给出了 OCSP 的基本概念，包括请求、响应、异常情况、预产生响应、签名机构的委托、CA 密钥泄露；规定了功能要求，包括证书内容、签名响应的接收要求；用抽象语法记法描述的各种具体协议，包括请求和响应的语法和注释、强制的密码算法和可选的密码算法、各种扩展等。标准以附录的形式给出了基于超文本传输协议上的 OCSP、采用 ASN.1 定义的 OCSP。

该标准主要参考互联网工程任务组（IETF）的 RFC 2560 制定的。

2．GB/T 19714-2005　信息技术　安全技术　公钥基础设施　证书管理协议

该标准描述了公钥基础设施（PKI）中的证书管理协议，定义了与证书产生和管理相关的各方面所需要的协议消息，这些消息主要包括申请证书、撤消证书、密钥更新、密钥恢复、交叉认证等。该标准主要适用于在安全或不安全环境中实施 PKI 组件并实施管理，可以为 PKI 运营机构、PKI 组件开发者的参考指南。

在 PKI 中有证书认证机构（CA）、注册机构（RA）、终端实体、证书/CRL 库四类实体。本标准首先概述了 PKI 的管理模型、实体定义、管理要求、管理操作；给出了前提与限制，包括终端实体初始化、初始注册/认证、私钥拥有证明、根 CA 的更新；用抽象语法记法描述的各种数据结构，包括 PKI 消息综述、公共数据结构、与操作相关的数据结构；必需的 PKI 管理功能，包括根 CA 的初始化和密钥更新、下级 CA 的初始化、CRL 的产生、PKI 信息请

求、交叉认证、终端实体初始化、证书请求、密钥更新；传输协议，包括基于文件的协议、直接基于 TCP 的管理协议、基于 E-mail 和管理协议、基于超文本传输协议的管理协议。标准以附录的形式给出了 RA 存在的原因、必选的和可选的 PKI 管理消息结构、请求消息行为说明、使用“口令短语”、各种可编译的 ASN.1 模块。

该标准主要参考互联网工程任务组（IETF）的 RFC 2510 制定的。

3．GB/T 19715.1-2005 信息技术 信息技术安全管理指南 第 1 部分：信息技术安全概念和基本模型

该系列标准包含 IT 安全管理的指南。其第 1 部分提出了基本的管理概念和模型，将这些概念和模型引入 IT 安全管理是必要的。在指南的其余部分还将进一步讨论和开发这些概念和模型以提供更详细的指南。为有助于标识和管理 IT 安全的各个方面可以同时使用本系列标准的各部分。第 1 部分用来全面理解本系列标准的后续各部分。

该标准给出了制定该系列标准的目的是要描述 IT 安全管理范围内的各种专题，并简略介绍基本 IT 安全概念模型；背景是在现今环境中，保护信息的这一要求尤为重要，IT 安全管理是用来实现和维护保密性、完整性、可用性、可核查性、真实性和可靠性相应等级的过程；安全管理概念，包括方法、目标和战略策略；安全要素，包括各种资产、人为和环境的威胁、与资产相关的脆弱性、由故意或意外引起的影响、由某种威胁引起的风险、防护措施、残留风险、设立或考虑的约束；IT 安全管理过程，包括配置管理、变更管理、风险管理、风险分析、可核查性、安全意识、监督、应急计划和灾难恢复；IT 安全管理的模型，安全要素关系、风险管理关系、IT 安全过程管理。

该标准等同采用国际标准 ISO/IEC TR 13335-1：1996。

国际标准 ISO/IEC TR 13335-1：1996 已由 ISO/IEC 13335-1：2004《信息技术 安全技术 信息和通信技术安全管理 第 1 部分：信息和通信技术安全管理概念和模型》替代。

4．GB/T 19715.2-2005 信息技术 信息技术安全管理指南 第 2 部分：管理和规划信息技术安全

该部分中的指南提出 IT 安全管理的一些基本专题以及这些专题之间的关系。这些指南主要用来帮助标识和管理 IT 安全的各个方面。

该标准给出了制定的目的是要提出与 IT 安全管理和规划有关的各种活动，以及组织中有关的角色和职责；背景在现今环境中，保护信息的这一要求尤为重要，IT 安全管理是用来实现和维护保密性、完整性、可用性、可核查性、真实性和可靠性相应等级的过程；安全管理概念，包括规划和管理过程、风险管理概述、实现概述、后续活动概述、结合 IT 安全；总体 IT 安全策略，包括目标、管理承诺、策略关系、总体 IT 安全策略要素；IT 安全的组织，包括组织的角色和职责、各个组织层次的管理在业务上要对 IT 安全目的的全面承诺、IT 安全一致的方法；总体风险分析战略选项，包括基线方法、非正规方法、详细的风险分析、组合方法；IT 安全建议，包括防护措施的选择、风险接受；IT 系统安全策略；IT 安全计划；实施防护措施；安全意识；后续活动，包括维护、安全符合性检查、IT 安全周期的监督、事故处理。

该标准等同采用国际标准 ISO/IEC TR 13335-2：1997。

国际标准 ISO/IEC TR 13335-2：1997 已由 ISO/IEC 13335-1：2004《信息技术 安全技术 信息和通信技术安全管理 第 1 部分：信息和通信技术安全管理概念和模型》替代，即现在没有第 2 部分。

5．GB/T 19716-2005 信息技术 信息安全管理实用规则

该标准对信息安全管理给出建议，供负责在其组织启动、实施或维护安全的人员使用。本标准为开发组织的安全标准和有效的安全管理做法提供公共基础，并提供组织间交往的信任。本标准的推荐内容应按照适用的我国法律和法规加以选择和使用。

该标准详细信息安全策略，包括信息安全策略文档、评审和评价；组织的安全，包括信息安全基础设施、第三方访问的安全、外包；资产分类和控制，包括资产的可核查性和信息分类；人员安全，包括岗位设定和人力资源的安全、用户培训、对安全事故和故障的响应；物理和环境的安全，包括安全区域、设备安全、一般控制；通信和操作管理，包括操作规程和职责、系统规划和验收、防范恶意软件、内务处理、网络管理、媒体处置和安全、信息和软件的交换；访问控制，包括访问控制的业务要求、用户访问管理、用户职责、网络访问控制、操作系统访问控制、应用访问控制、对系统访问和使用的监控、移动计算和远程工作；系统开发和维护，包括系统的安全要求、应用系统的安全、密码控制、系统文件的安全、开发和支持过程的安全；业务连续性管理的各个方面；符合性，包括符合法律要求、安全策略和技术符合性的评审、系统审核考虑。对上述各项都给出了它们的目的和有关内容。

该标准修改采用国际标准 ISO/IEC 17799：2000。

国际标准 ISO/IEC 17799：2000 已由 ISO/IEC 17799：2005 替代。

6．GB/T 15843.5-2005 信息技术 安全技术 实体鉴别 第 5 部分：使用零知识技术的机制

本部分详细说明了三种使用零知识技术的实体鉴别机制。所有在 ISO/IEC 9798 部分中阐述的机制都提供单向鉴别。这些机制应用零知识的原理进行构造，但是根据附录 A 所勾画的严格定义，对所有参数的选择，这些机制本身并不是零知识的。

7．GB/T 17902.2-2005 信息技术 安全技术 带附录的数字签名 第 2 部分：基于身份的机制

该标准所规定的机制是基于非对称密码技术，所有非对称数字签名机制都涉及密钥对产生、密钥签名和验证密钥三个基本操作（进程）。数字签名的验证需要签名实体的验证密钥。该标准的验证密钥与签名实体有关联，故被称做“基于身份的”。

本标准给出了数字签名机制的一般模型，并对三个进程进行了详细规定，其中，密钥产生进程由产生域参数与产生签名密钥和验证密钥组成；对签名进程规定了数据项和验证过程，这些验证过程包括产生预签名、准备消息、计算证据、计算签名；对验证进程规定了数据项和验证过程，这些验证过程包括准备消息、检索证据、计算验证函数、验证证据；Guillou-Quisquater 签名机制，包括公钥导出函数、准备消息、计算证据、计算签名的第一部分、计算赋值；带短赋值的基于身份的签名，包括准备消息、计算证据、计算赋值；带消息散列码检索的基于身份的签名，包括计算证据、计算签名的第一部分。

8．GB/T 17902.3-2005 信息技术 安全技术 带附录的数字签名第 3 部分：基于证书的机制

该标准所规定的机制是基于非对称密码技术，所有非对称数字签名机制都涉及密钥对产生、密钥签名和验证密钥三个基本操作（过程）。数字签名的验证需要签名实体的验证密钥。该标准的验证密钥必须通过某种证书的方式提供，故被称作“基于证书的”。

该标准给出了数字签名机制的一般模型，并对三个进程进行了详细规定，其中，密钥产生进程由产生域参数与产生签名密钥和验证密钥组成；规定了基于离散对数的数字签名机制

和基于因子分解的数字签名机制，并对这两种机制分别详细规定了密钥生成过程、签名过程和验证过程。

9．GB/Z 19717-2005 基于多用途互联网邮件扩展（MIME）的安全报文交换

该标准阐述了安全发送和接收多用途 Internet 邮件扩展（MIME）数据的基本方法（即安全多用途 Internet 邮件扩展，S/MIME）。该方法基于广泛使用的多用途 Internet 邮件扩展协议（MIME），向各种 Internet 报文应用提供鉴别、报文的完整性、抗抵赖性、机密性等多种安全服务。传统的邮件用户代理使用该方法可以向所发送的报文增加各种加密服务，并能够有效处理所收报文中的加密服务。

该标准还描述了 S/MIM 的增强安全服务。

该标准不限于电子邮件，它还可以用于任何传输 MIME 数据的传输机制（如超文本传输协议，HTTP）。该标准利用了 MIME 面向对象的特点，使得在各种传输系统中能够交换安全报文。

10．GB/T 16264.8-2005 信息技术　开放系统互连目录 第 8 部分：公钥和属性证书框架

该标准描述了一套作为所有安全服务基础的框架，并规定了在鉴别及其他服务方面的安全要求。

该标准特别规定了公钥证书框架、属性证书框架和鉴别证书框架。

该标准只规定框架方面的内容，但有关目录使用这些框架的完整规定、目录所提供的相关服务及其构件在目录系列标准中进行规定。

11．GB/T 19771-2005　信息技术　安全技术 公钥基础设施　PKI 组件最小互操作规范

该标准主要描述了证书、证书撤消列表（CRL）扩展和一套事务。它涉及公钥证书的产生、更新和撤消，签名的产生和验证，证书和证书认证路径验证。本标准可用于不同的公钥基础设施（PKI）开发者在开发组件产品的基本互操作性时进行参考。

该标准详细规定了 PKI 组件规范，包括证书认证机构（CA）、注册机构（RA）、证书持者、客户中与互操作有关的功能要求和事务集合；数据格式，包括证书格式、证书撤消列表、证书认证路径、事务消息格式、PKI 事务和各种要求。标准以附录的形式具体给出了 X.509 v3 证书的 ASN.1 模块、证书和 CRL 扩展的 ASN.1 模块、事务的 ASN.1 模块、证书请求消息格式的 ASN.1 模块。

12．GB/T 20008-2005　信息安全技术　操作系统安全评估准则

该标准从信息技术方面规定了按照 GB17859-1999 的五个安全保护等级对操作系统安全保护等级划分所需要的评估内容。

该标准适用于计算机通用操作系统的安全保护等级的评估，对于通用操作系统安全功能的研制、开发和测试亦可参照使用。

该标准首先描述了操作系统的安全环境，包括物理方面、人员方面和连通性方面的要求，然后详细规定了五个安全保护等级对操作系统安全保护等级划分所需要的评估要求，即用户自主保护级（第一级）的自主访问控制、身份鉴别、数据完整性、数据传输、密码支持、资源利用、安全功能保护、安全管理、配置管理、安全功能开发过程、测试、指导性文档、交付和运行，系统审计保护级（第二级）在用户自主保护级的基础上增加了客体重用、审计、数据完整性、生存周期支持，安全标记保护级（第三级）、结构化保护级（第四级）和访问验证保护级（第五级）在系统审计保护级的基础上均增加了强制访问控制、标记、脆弱性。

根据级别的不同，高一级某些项目的评估内容对低一级有所增强。标准以附录的形式给出了操作系统面临的威胁和对策。

13．GB/T 20009-2005　信息安全技术　数据库管理系统安全评估准则

该标准从信息技术方面规定了按照 GB17859-1999 的五个安全保护等级对数据库管理系统安全保护等级划分所需要的评估内容。

该标准适用于数据库管理系统的安全保护等级的评估，对于数据库管理系统安全功能的研制、开发和测试亦可参照使用。

该标准首先描述了数据库管理系统的安全环境，包括物理方面、人员方面和连通性方面的要求，然后详细规定了五个安全保护等级对数据库管理系统安全保护等级划分所需要的评估要求，即用户自主保护级（第一级）的自主访问控制、身份鉴别、数据完整性、数据传输、资源利用、安全功能保护、安全管理、配置管理、安全功能开发过程、测试、指导性文档、交付和运行，系统审计保护级（第二级）在用户自主保护级的基础上增加了客体重用、审计、数据完整性、生存周期支持，安全标记保护级（第三级）、结构化保护级（第四级）和访问验证保护级（第五级）在系统审计保护级的基础上均增加了强制访问控制、标记、密码支持、脆弱性。根据级别的不同，高一级某些项目的评估内容对低一级有所增强。标准以附录的形式给出了数据库管理系统面临的威胁和对策。

14．GB/T 20010-2005　信息安全技术　包过滤防火墙评估准则

该标准从信息技术方面规定了按照GB17859-1999的五个安全保护等级对采用“传输控制协议/网间协议（TCP/IP）”的包过滤防火墙产品安全保护等级划分所需要的评估内容。

该标准适用于包过滤防火墙安全保护等级的评估，对于包过滤防火墙的研制、开发、测试和产品采购也可参照使用。

该标准首先描述了包过滤防火墙的安全环境，包括物理方面、人员方面和连通性方面的要求，然后详细规定了五个安全保护等级对包过滤防火墙安全保护等级划分所需要的评估要求，即用户自主保护级（第一级）的访问控制、身份鉴别、数据完整性、配置管理、安全功能开发过程、测试、指导性文档、交付和运行，系统审计保护级（第二级）在用户自主保护级的基础上增加了客体重用、审计、生存周期支持、脆弱性，安全标记保护级（第三级）在系统审计保护级的基础上增加了标记、密码支持，结构化保护级（第四级）在安全标记保护级的基础上增加了可信路径，访问验证保护级（第五级）在结构化保护级的基础上均增加了可信恢复。根据级别的不同，高一级某些项目的评估内容对低一级有所增强。标准以附录的形式给出了包过滤防火墙面临的威胁和对策。

15．GB/T 20011-2005　信息安全技术 路由器安全评估准则

该标准从信息技术方面规定了按照GB17859-1999的五个安全保护等级中的前三个等级，对路由器产品安全保护等级划分所需要的评估内容。

该标准适用于路由器安全保护等级的评估，对路由器的研制、开发、测试和产品采购也可参照使用。

该标准首先描述了路由器的安全环境，包括物理方面、人员方面和连通性方面的要求，然后详细规定了三个安全保护等级对路由器安全保护等级划分所需要的评估要求，即用户自主保护级（第一级）的自主访问控制、身份鉴别、用户数据保护、安全管理、配置管理、安全功能开发过程、指导性文档、测试、交付和运行，系统审计保护级（第二级）在用户自主保护级的基础上增加了客体重用、审计、安全功能保护、生存周期支持、脆弱性，安全标记

保护级（第三级）在系统审计保护级的基础上增加了标记、可信路径。根据级别的不同，高一级某些项目的评估内容对低一级有所增强。标准以附录的形式给出了路由器面临的威胁和对策。

二、2006 年发布的信息安全国家标准简介

1．GB/T 20269-2006 信息安全技术 信息系统安全管理要求

本标准依据 GB17859-1999 的等级划分，对信息和信息系统的安全保护提出了分等级安全管理的要求，阐述了安全管理要素及其强度，并将管理要求落实到信息安全等级保护所规定的五个等级上，有利于对安全管理的实施、评估和检查。

本标准适用于相关组织机构（部门）对信息系统实施等级保护所进行的安全管理。

2．GB/T 20270-2006 信息安全技术 网络基础安全技术要求

本标准依据 GB17859-1999 的五个安全保护等级，规定各个安全等级的网络系统所需要的基础安全技术的要求。

本标准适用于按等级化要求进行的网络系统的设计和实现，对按等级化要求进行的网络系统安全的测试和管理可参照使用。

3．GB/T 20271-2006 信息安全技术 信息系统通用安全技术要求

本标准主要从信息系统安全保护等级划分角度，说明为实现 GB17859-1999 中每一个安全保护等级的安全功能要求应采取的安全技术措施，以及各安全保护等级的安全功能在具体实现上的差异。

本标准首先对信息安全等级保护所涉及的安全功能技术要求和安全保证技术要求做了比较全面的描述，然后按 GB17859-1999 的五个安全保护等级，对每一个安全保护等级的安全功能技术要求和安全保证技术要求做了详细描述。

本标准适用于按等级化要求进行安全信息系统的设计和实现，对按等级化要求进行信息系统安全的测试和管理可参照使用。

4．GB/T 20272-2006 信息安全技术 操作系统安全技术要求

本标准依据 GB17859-1999 的五个安全保护等级的划分，根据操作系统在信息系统中的作用，规定操作系统安全所需要的安全技术各个安全等级的要求。

本标准适用于按等级化要求进行安全操作系统的设计和实现，对按等级化要求进行操作系统安全的测试和管理可参照使用。

5．GB/T 20273-2006 信息安全技术 数据库管理系统安全技术要求

本标准依据 GB17859-1999 的五个安全保护等级的划分，根据数据库管理系统在信息系统中的作用，规定数据库管理系统所需要的安全技术各个安全等级的要求。

本标准适用于按等级化要求进行安全数据库管理系统的设计和实现，对按等级化要求进行数据库管理系统安全的测试和管理可参照使用。

6．GB/T 20274.1-2006 息安全技术 信息系统安全保障评估框架——第一部分：简介和一般模型

“信息系统安全保障评估框架”是 GB/T 18336 在信息系统领域的扩展和补充，它的目的是以信息技术安全性评估准则为基础，吸取信息技术安全性评估准则的科学方法和结构，将信息技术安全性评估准则从产品和产品系统扩展到信息技术系统，然后进一步同其他信息系统

运行环境所涉及的安全管理和安全工程等领域的标准和规范进行结合、扩展和补充，形成覆盖信息系统全生命周期的、对信息系统安全保障能力进行评估的通用评估框架。

7．GB/T 20275-2006 信息安全技术 入侵检测系统技术要求和测试评价方法

本标准规定了入侵检测系统的技术要求和测评方法，技术要求包括产品功能要求、产品安全要求、产品保证要求，并提出了入侵检测系统的分级要求。除非明确指明属于网络型或主机型入侵检测系统，否则本标准中的所有条款均适用于两类系统。

本标准适用于入侵检测系统的设计、开发、测试和评估。

8．GB/T 20276-2006 信息安全技术 智能卡嵌入式软件安全技术要求（EAL4 增强级）

本标准依据《GB/T 18336-2001 信息技术 安全技术 信息技术安全性评估准则》，使用 GB/T 18336 中规定的保护轮廓的结构形式，制定了智能卡嵌入式软件的安全技术要求。

本标准在 GB/T 18336-2001 中规定的 EAL4 级安全要求组件基础上，适当地增加和增强了部分安全要求组件，有效保证智能卡能够抵御中等强度攻击。

本标准仅给出了智能卡嵌入式软件应满足的安全技术要求，对智能卡嵌入式软件的具体技术实现方式、方法等不做描述。

本标准适用于智能卡嵌入式软件的研制、开发、测试、评估和产品的采购。

9．GB/T 20277-2006 信息安全技术 网络和终端设备隔离部件测试评价方法

本标准规定对评估隔离产品安全功能所能达到的安全保护等级的准则，并给出每一个评估准则的不同测试评估方法。

本标准适用于按照《计算机信息系统安全保护等级划分准则》（以下简称《准则》）的安全等级保护要求所进行隔离产品的测试和评估。

如不做特殊说明，本标准中的安全技术要求，适用于各种类型的隔离产品，包括物理断开、单向隔离、协议隔离与协议转换隔离。

10．GB/T 20278-2006 信息安全技术 网络脆弱性扫描产品技术要求

本标准规定采用传输控制协议/网际协议（TCP/IP）的网络脆弱性扫描产品的技术要求，提出网络脆弱性扫描产品实现的安全目标及环境，给出产品基本功能、增强功能和安全保证要求。

本标准适用于通过网络对系统和设备进行脆弱性扫描的安全产品的研制、生产和认证。

本标准不适用于专门对数据库系统进行脆弱性扫描的产品。

11．GB/T 20279-2006 信息安全技术 网络和终端设备隔离部件安全技术要求

本标准规定对隔离产品进行安全保护等级划分所需要的详细技术要求，并给出了每一个安全保护等级的不同技术要求。

本标准适用于按照《计算机信息系统安全保护等级划分准则》（以下简称《准则》）的安全等级保护要求所进行隔离产品的设计和实现，按照《准则》安全等级保护的要求对隔离产品进行测试、管理也可参照使用。

如不做特殊说明，本标准中的安全技术要求，适用于各种类型的隔离产品，包括物理断开、单向隔离、协议隔离与网闸产品。

12．GB/T 20280-2006 信息安全技术 网络脆弱性扫描产品测试评价方法

本标准规定对采用传输控制协议/网际协议（TCP/IP）的网络脆弱性扫描产品的测试、评估方法，包括网络脆弱性扫描产品测评的内容，测评功能目标及测试环境，给出产品基本功能、增强功能和安全保证要求必须达到的具体目标。

本标准适用于对计算机信息系统进行人工或自动的网络脆弱性扫描的安全产品评测、研发和应用。

13．GB/T 20281-2006　信息安全技术　防火墙技术要求和测试评价方法

本标准规定采用"传输控制协议/网际协议（TCP/IP）"的防火墙类信息安全产品的技术要求和测评方法。

本标准适用于采用"传输控制协议/网际协议（TCP/IP）"防火墙类信息安全产品的研制、生产、测试和评估。

14．GB/T 20282-2006　信息安全技术　信息系统安全工程管理要求

本标准规定信息系统安全等级保护工程（以下简称信息安全等级保护工程）管理的要求，是对信息安全等级保护工程中所涉及甲方、乙方与第三方工程实施的指导性文件，各方可以此为依据建立安全工程管理体系。

本标准按照 GB17859-1999 划分的五个安全保护等级，规定了对不同安全保护等级计算机信息系统进行工程实施采用的不同要求。

本标准适用于安全系统机构和开发商的工程管理，集成商、安全服务的提供商和安全工程的组织方也可参照使用。

15．GB/Z 20283-2006　信息安全技术　保护轮廓和安全目标的产生指南

本标准描述 PP 与 ST 中的内容及其各部分内容之间相互关系的详细指南。

本标准给出 PP 与 ST 文档内容的概述，给出了样本目录清单，给出了目标用户最关心的内容，陈述了 PP 与 ST 之间的关系，以及 PP 与 ST 的开发编写过程。

本标准给出编写指南，用于指导 PP 与 ST 描述部分的编写，内容涵盖 PP 与 ST 的引言、针对用户和使用者的 TOE 描述以及针对 ST 作者和 TOE 开发者的 PP 应用注释；用于指导 TOE 安全环境的定义；用于指导编写安全目的，安全目的由 TOE 及其环境导出；用于指导选择 IT 安全要求组件，描述了 GB/T 18336 中定义的功能组件和保证组件的使用方法，以及非 GB/T 18336 定义的组件使用方法；用于指导 ST 中 TOE 概要规范的编制；用于指导基本原理的编制；用于指导复合 TOE 的 PP 与 ST 的编制，复合 TOE 是由两个或多个 TOE 组成；用于指导安全功能包和保证包的构成方法。

16．GB/T 20518-2006 信息安全技术 公共基础设施数字证书格式

本标准规定了中国数字证书的基本结构，并对数字证书中的各数据项内容进行了描述。本标准规定了一些标准的证书扩展域，并对每个扩展域的结构进行了定义，特别是增加了一些专门面向国内应用的扩充项。本标准同时还列举了一些证书中所支持的算法。

本标准适用于国内数字证书认证机构、数字证书认证系统的开发商以及基于数字证书的安全应用开发商。

17．GB/T 20519-2006　信息安全技术　公钥基础设施特定权限管理中心技术规范

本标准规定了一套作为特定权限管理基础设施（PMI）的特定权限管理中心技术框架，并规定了相关服务的要求。

本标准用于权限管理中心基础设施的建设，适用于电子政务和电子商务系统中权限管理系统的设计、建设、检测、运营及管理，指导电子政务和电子商务权限管理中心的设计、建设和检测；对于特定的应用系统，可根据具体的业务需求和情况进行灵活配置。

18．GB/T 20520-2006　信息安全技术　公钥基础设施时间戳规范

本标准规定了时间戳系统部件组成、管理、时间戳的格式和时间戳系统安全管理等方面的要求。

本标准适用于时间戳系统的设计和实现，时间戳系统的测试和产品采购亦可参照使用。

三、2007 年发布的信息安全技术国家标准简介

2007 年由全国信息安全标准化技术委员会组织制定，国家标准化管理委员会审查批准发布的七项信息安全国家标准简介如下：

1．GB/T 20984-2007《信息安全技术 信息安全风险评估规范》

本标准提出了风险评估的基本概念、要素关系、分析原理、实施流程和评估方法，以及风险评估在信息系统生命周期不同阶段的实施要点和工作形式。

本标准适用于规范组织开展的风险评估工作。

2．GB/T 20979-2007《信息安全技术 虹膜识别系统技术要求》

本标准规定了用虹膜识别技术为身份鉴别提供支持的虹膜识别系统的技术要求。

本标准适用于按信息安全等级保护的要求所进行的虹膜识别系统的设计与实现，对虹膜识别系统的测试、管理也可参照使用。

3．GB/T 20983-2007《信息安全技术 网上银行系统信息安全保障评估准则》

本标准规定了网上银行系统的描述、安全环境、安全保障目标、安全保障要求及网上银行信息系统安全保障目的和要求的符合性。

本标准适用于对网上银行系统在进行网上交易过程中涉及信息安全的交易活动。

4．GB/Z 20985-2007《信息技术 安全技术 信息安全事件管理指南》

本指导性技术文件修改采用 ISO/IEC TR 18044:2004《信息技术 安全技术 信息安全事件管理》。

本指导性技术文件描述了信息安全事件的管理过程，提供了规划和制定信息安全事件管理策略和方案的指南，给出了管理信息安全事件和开展后续工作的相关过程和规程。

本指导性技术文件可用于指导信息安全管理者，信息系统、服务和网络管理者对信息安全事件的管理。

5．GB/Z 20986-2007《信息安全技术 信息安全事件分类分级指南》

本指导性技术文件为信息安全事件的分类分级提供指导，用于信息安全事件的防范与处置，为事前准备、事中应对、事后处理提供一个基础指南，可供信息系统和基础信息传输网络的运营和使用单位以及信息安全主管部门参考使用。

6．GB/T 20987-2007《信息安全技术 网上证券交易系统信息安全保障评估准则》

本标准规定了网上证券交易系统的描述、安全环境、安全保障目标、安全保障要求及网上证券系统信息安全保障目的和要求的符合性声明。

本标准适用于网上证券系统在交易过程中涉及信息安全的证券交易活动。

7．GB/T 20988-2007《信息安全技术 信息系统灾难恢复规范》

本标准规定了信息系统灾难恢复应遵循的基本要求。

本标准适用于信息系统灾难恢复的规划、审批、实施和管理。

另外，由全国信息安全标准化技术委员会组织制定、国家标准化管理委员会审查批准发布的 GB/T 20945-2007《信息安全技术 信息系统安全审计产品技术要求和测试评价方法》、

GB/T 18018-2007《信息安全技术 路由器安全技术要求》两项信息安全国家标准于 2007 年 12 月 1 日正式实施。

第八节　我国信息安全标准汇总

截止到 2008 年 1 月，由全国信息安全标准化技术委员会组织制定、国家标准化管理委员会审查批准发布的我国信息安全标准汇总表如下：

序号	项目名称	标准号
1	信息技术 安全技术 实体鉴别 第 1 部分:概述	GB/ T 15843.1-1999
2	信息技术 安全技术 实体鉴别 第 2 部分:采用对称加密算法的机制	GB/ T 15843.2-1997
3	信息技术 安全技术 实体鉴别 第 3 部分:用非对称签名技术的机制	GB/ T 15843.3-1998
4	信息技术 安全技术 实体鉴别 第 4 部分:采用密码校验函数的机制	GB/ T 15843.4-1999
5	信息技术 安全技术 带消息恢复的数字签名方案	GB 15851-1995
6	信息技术 安全技术 用块密码算法作密码校验函数的数据完整性机制	GB 15852-1995
7	计算机信息系统 安全保护等级划分准则	GB 17859-1999
8	信息技术 安全技术 密钥管理 第 1 部分:框架	GB/ T 17901.1-1999
9	信息技术 安全技术 带附录的数字签名 第 1 部分:概述	GB/ T 17902.1-1999
10	信息技术 安全技术 抗抵赖 第 1 部分:概述	GB/ T 17903.1-1999
11	信息技术 安全技术 抗抵赖 第 2 部分:使用对称技术的机制	GB/ T 17903.2-1999
12	信息技术 安全技术 抗抵赖 第 3 部分:使用非对称技术的机制	GB/ T 17903.3-1999
13	信息技术 安全技术 n 位块密码算法的操作方式	GB/ T 17964-2000
14	信息技术 安全技术 散列函数 第 1 部分:概述	GB/ T 18238.1-2000
15	信息技术 安全技术 散列函数 第 2 部分:采用 n 位块密码的散列函数	GB/ T 18238.2-2002
16	信息技术 安全技术 散列函数 第 3 部分:专用散列函数	GB/ T 18238.3-2002
17	信息技术 安全技术 信息技术安全性评估准则 第 1 部分:简介和一般模型	GB/ T 18336.1-2001
18	信息技术 安全技术 信息技术安全性评估准则 第 2 部分:安全功能要求	GB/ T 18336.2-2001
19	信息技术 安全技术 信息技术安全性评估准则 第 3 部分:安全保证要求	GB/ T 18336.3-2001
20	信息技术 安全技术 实体鉴别 第 5 部分：使用零知识技术的机制	GB/ T 15843.5-2005
21	信息技术 开放系统互联 目录 第 8 部分：公钥和属性证书框架	GB/ T 16264.8-2005
22	信息技术 安全技术 带附录的数字签名 第 2 部分：基于身份的机制	GB/ T 17902.2-2005
23	信息技术 安全技术 带附录的数字签名 第 3 部分：基于证书的机制	GB/ T 17902.3-2005
24	信息技术 安全技术 公钥基础设施 在线证书状态协议	GB/ T 19713-2005
25	信息技术 安全技术 公钥基础设施 证书管理协议	GB/ T 19714-2005
26	信息技术 信息技术安全管理指南 第 1 部分：信息技术安全概念和模型	GB/ T 19715.1-2005
27	信息技术 信息技术安全管理指南 第 2 部分：管理和规划信息技术安全	GB/ T 19715.2-2005
28	信息技术 信息安全管理实用规则	GB/ T 19716-2005
29	基于多用途互联网邮件扩展（MIME）的安全报文交换	GB/ Z 19717-2005

续表

序号	项目名称	标准号
30	信息技术 安全技术 公钥基础设施 PKI 组件最小互操作规范	GB/ T 19771-2005
31	信息安全技术 操作系统安全评估准则	GB/ T 20008-2005
32	信息安全技术 数据库管理系统安全评估准则	GB/ T 20009-2005
33	信息安全技术 包过滤防火墙评估准则	GB/ T 20010-2005
34	信息安全技术 路由器安全评估准则	GB/ T 20011-2005
35	信息安全技术 信息系统安全管理要求	GB/ T 20269-2006
36	信息安全技术 网络基础安全技术要求	GB/ T 20270-2006
37	信息安全技术 信息系统通用安全技术要求	GB/ T 20271-2006
38	信息安全技术 操作系统安全技术要求	GB/ T 20272-2006
39	信息安全技术 数据库管理系统安全技术要求	GB/ T 20273-2006
40	信息安全技术 信息系统安全保障评估框架 第一部分：简介和一般模型	GB/ T 20274.1-2006
41	信息安全技术 入侵检测系统技术要求和测试评价方法	GB/ T 20275-2006
42	信息安全技术 智能卡嵌入式软件安全技术要求（EAL4 增强级）	GB/ T 20276-2006
43	信息安全技术 网络和终端设备隔离部件测试评价方法	GB/ T 20277-2006
44	信息安全技术 网络脆弱性扫描产品技术要求	GB/ T 20278-2006
45	信息安全技术 网络和终端设备隔离部件安全技术要求	GB/ T 20279-2006
46	信息安全技术 网络脆弱性扫描产品测试评价方法	GB/ T 20280-2006
47	信息安全技术 防火墙技术要求和测试评价方法	GB/ T 20281-2006
48	信息安全技术 信息系统安全工程管理要求	GB/ T 20282-2006
49	信息安全技术 保护轮廓和安全目标的产生指南	GB/ Z 20283-2006
50	信息安全技术 公共基础设施 数字证书格式	GB/ T 20518-2006
51	信息安全技术 公钥基础设施 特定权限管理中心技术规范	GB/ T 20519-2006
52	信息安全技术 公钥基础设施 时间戳规范	GB/ T 20520-2006
53	信息安全技术 路由器安全技术要求	GB/ T 18018-2007
54	信息安全技术 信息系统安全审计产品技术要求和评价方法	GB/ T 20945-2007
55	信息安全技术 虹膜识别系统技术要求	GB/ T 20979-2007
56	信息安全技术 网上银行系统信息安全保障评估准则	GB/ T 20983-2007
57	信息安全技术 信息安全风险评估规范	GB/ T 20984-2007
58	信息技术 安全技术 信息安全事件管理指南	GB/ Z 20985-2007
59	信息安全技术 信息安全事件分类分级指南	GB/ Z 20986-2007
60	信息安全技术 网上证券交易系统信息安全保障评估准则	GB/ T 20987-2007
61	信息安全技术 信息系统灾难恢复规范	GB/ T 20988-2007
62	信息安全技术 服务器安全技术要求	GB/ T 21028-2007
63	信息安全技术 网络交换机安全技术要求	GB/ T 21050-2007
64	信息安全技术 信息安全等级保护 信息系统物理安全技术要求	GB/ T 21052-2007
65	信息安全技术 PKI 系统安全等级保护技术要求	GB/ T 21053-2007
66	信息安全技术 PKI 系统安全等级保护评估准则	GB/ T 21054-2007

续表

序号	项目名称	标准号
正在报批的信息安全国家标准 12 项		
67	证书认证机构运营管理规范	报批稿
68	证书策略与认证业务描述规范	报批稿
69	PKI 安全支撑平台	报批稿
70	证书认证系统密码及相关安全技术规范	报批稿
71	简明在线证书状态协议 SOCSP	报批稿
72	电子签名卡应用接口规范	报批稿
73	信息安全等级保护实施指南	报批稿
74	智能卡芯片安全技术要求	报批稿
75	信息安全技术 信息系统安全等级保护基本要求	报批稿
76	信息安全技术 信息系统安全保护等级定级指南	报批稿
77	信息安全管理实用规则	报批稿
78	信息安全管理体系要求	报批稿

上表资料来源：

1．http://www.securitycn.net

2．全国信息安全标准化技术委员会网 http://www.tc260.org.cn

3．公安部计算机信息系统安全产品质量监督检验中心网 http://www.mctc.gov.cn

信息安全法习题

一、单 选 题

1.计算机信息系统的基本组成是:计算机实体、信息和(　　)。

A.网络

B.媒体

C.人

D.密文

答案:C　　难度:C

2.数据链路层可以采用(　　)和加密技术,由于不同的链路层协议的帧格式都有区别,所以在加密时必须区别不同的链路层协议。

A.路由选择

B.入侵检测

C.数字签名

D.访问控制

答案:B　　难度:C

3.安全等级是国家信息安全监督管理部门对计算机信息系统(　　)的确认。

A.规模

B.重要性

C.安全保护能力

D.网络结构

答案:C　　难度:B

4.安全等级是计算机信息系统所(　　)的重要性和敏感性的反映。

A.应用领域

B.使用系统硬件

C.采取安全措施

D.处理信息

答案:D　　难度:B

5.计算机信息系统的使用单位(　　)安全管理制度。

A.不一定都要建立

B.可以建立

C.应当建立

D.自愿建立

答案:C　　难度:A

6.负责计算机信息系统安全专用产品销售许可证的审批和颁发《计算机信息系统安全专用产品销售许可证》的是(　　)。

A.国家技术监督局

B.信息产业部

C.公安部公共信息网络安全监察局

D.国家安全部

答案:C　　难度:A

7.对于入侵检测系统(TDS)来说,如果没有(　　),那么仅仅检测出黑客的入侵毫无意义。

A.应对措施

B.响应手段或措施

C.防范政策

D.响应设备

答案:B　　难度:C

8.计算机犯罪的统计数字都表明计算机安全问题主要来源于(　　)。

A.黑客攻击

B.计算机病毒侵袭

C.系统内部

D.信息辐射

答案:C　　难度:C

9.计算机机房是安装计算机信息系统主体的关键场所,是(　)工作的重点,所以对计算机机房要加强安全管理。

A.实体安全保护

B.人员管理

C.媒体安全保护

D.设备安全保护

答案:A　　难度:B

10.区域安全,首先应考虑(　　),用来识别来访问用户的身份,并对其合法性进行验证,主要通过特殊标识符、口令、指纹等实现。

A.来访者所持物

B.物理访问控制

C.来访者所具有特征

D.来访者所知信息

答案:B　　难度:C

11.运输、携带、邮寄计算机信息媒体进出境的,应当如实向(　　)申报。

A.海关

B.工商

C.税务

D.边防

答案:A　　难度:A

12.计算机场地是计算机信息网络安置和运行的地方,也是“人机系统”界面构成的地方,是“人机交流”的物理场所。是我们实施(　　)的重要部位。对计算机场地实施切实可行的检查,是保障信息网络安全的重要手段。

A.计算机信息网络安全运行

B.计算机信息网络安全监察

C.计算机信息网络安全保护

D.计算机信息网络安全测试

答案:B　　难度:B

13.(　　)是指一切与有用信号无关的、不希望有的或对电器及电子设备产生不良影响的电磁发射。

A.电磁兼容性

B.传导干扰

C.电磁干扰

D.辐射干扰

答案:C　　难度:C

14.(　　)是指电子系统或设备在自己正常工作产生的电磁环境下,电子系统或设备之间的相互不影响的电磁特性。

A.电磁兼容性

B.传导干扰

C.电磁干扰

D.辐射干扰

答案:A　　难度:B

15.要防止计算机信息系统遭到雷害,不能指望(　　),它不但不能保护计算机系统,反而增加了计算机系统的雷害。

A.建在开阔区

B.避雷针

C.建筑物高度

D.降低计算机系统安装楼层

答案:B　　难度:C

16.计算机信息系统防护,简单概括起来就是:均压、分流、屏蔽和良好接地。所以防雷保安器必须有合理的(　　)。

A.屏蔽配置

B.接地配置

C.分流配置

D.均压配置

答案:B　　难度:C

17.计算机信息系统过压过流安全防护必须采用技术先进、经济合理、安全实用、经国家认证的部级以上专门从事防雷设备检测的试验室检测,并经(　　)确认的符合标准 GAl73-1998《计算机信息系统防雷保安器》的定型优良产品。

A.国家安全部门

B.国家质检部门

C.工商管理部门

D.公共信息网络安全监察部门

答案:D　　难度:B

18.安装了合格防雷保安器的计算机信息系统,还必须在(　　)雷雨季节前对防雷保安器:保护接地装置进行一次年度检查,发现不合格时,应及时修复或更换。

A.第三年

B.第二年

C.每年

D.当年

答案:C　　难度:B

19.(　　)就是要考虑由于人为的或自然的威胁因素可能对信息系统造成的危害及由此可能带来的损失。

A.信息安全分析

B.运行安全分析

C.风险分析

D.安全管理分析

答案:C　　难度:B

20.安全计划的参与制定者不可能是单位的全体人员,但是安全计划的贯彻实施却需要全员的参与。这就需要对单位的(　　)进行安全教育,提高他们的安全意识。

A.安全人员

B.领导干部

C.全体工作人员

D.管理人员

答案:C　　难度:A

21.违反国家规定,对计算机信息系统中存储、处理或者传输的数据和应用程序进行删除、修改、增加的操作,后果严重的,构成(　　)。

A.非法入侵计算机信息系统罪

B.破坏计算机信息系统罪

C.扰乱无线电通信管理秩序罪

D.删除、修改、增加计算机信息系统数据和应用程序罪

答案:B　　难度:C

22.故意制作、传播计算机病毒等破坏性程序,影响计算机系统正常运行,(　　)的,应依照法律处五年以下有期徒刑或者拘役。

A.后果严重

B.产生危害

C.造成系统失常

D.信息丢失

答案:A　　难度:B

23.监督管理计算机信息系统的安全保护工作应由(　　)完成。

A.信息产业部

B.公安机关

C.检察院

D.国务院

答案:B　　难度:B

24.《中华人民共和国计算机信息网络国际联网管理暂行规定》是由(　　)发布的。

A.公安部

B.信息产业部

C.国务院

D.国际联网管理中心

答案:C　　难度:A

25.(　　),是指直接进行国际联网的计算机信息网络。

A.国际联网

B.接入网络

C.企业网

D.互联网络

答案:D　　难度:A

26.(　　),是指通过接入互联网络进行国际联网的计算机信息网络。

A.国际联网

B.Internet 网

C.接入网络

D.广域网

答案:C　　难度:A

27.接入网络(　　)通过互联网络进行国际联网。

A.不一定

B.可选择

C.必须

D.无须

答案:C　　难度:A

28.新建互联网络,必须报经(　　)批准。

A.地方公安机关

B.地方人民政府

C.国务院

D.全国人大常委会

答案:C　　难度:A

29.必须通过(　　)进行国际联网。

A.接入网络

B.互联网络

C.互联单位

D.接入单位

答案:A　　难度:B

30.用户使用的计算机或者计算机信息网络,需要接入网络的,应当征得(　　)的同意,并办理登记手续。

A.接入单位

B.国际联网经营管理单位

C.国际联网资格审批机关

D.国务院信息化领导小组

答案:A　　难度:B

31.国际出入口信道提供单位、互联单位和接入单位,应当建立相应的(　　)中心。

A.信息

B.网络管理

C.用户管理

D.网络信息

答案:B　　难度:B

32.中华人民共和国境内的计算机信息网络进行国际联网,应当依照(　　)办理。

A.计算机信息系统安全保护条例

B.计算机信息网络国际联网管理暂行规定实施办法

C.中国公用计算机互联网国际联网管理办法

D.中国互联网络域名注册暂行管理办法

答案:B　　难度:A

33.中国境内的计算机互联网络、专业计算机信息网络、企业计算机信息网络,以及其他通过专线进行国际联网的计算机信息网络同外国的计算机信息网络相连接,这称为(　　)。

A.接入网络

B.国际联网

C.国际出入口信道

D.接通网络

答案:B　　难度:B

34.接入网络是指通过接入互联网络进行国际联网的计算机信息网络;接入网络可以是(　　)连接的网络。

A.单一

B.一级

C.必须一级

D.多级

答案:D　　难度:D

35.《中华人民共和国计算机信息网络国际联网管理暂行规定实施办法》中的个人用户是指具有(　　)的个人。

A.一般网络用户

B.中华人民共和国的正式公民

C.法人资格

D.联网账号

答案:D　　难度:A

36.用户是指通过(　　)进行国际联网的个人、法人和其他组织。

A.电信网

B.互联网络

C.接入网络

D.国际出入口信道

答案:C　　难度:A

37.专业计算机信息网络,是指为(　　)的专用计算机信息网络。

A.行业服务

B.专业服务

C.企业服务

D.自己服务

答案:A　　难度:A

38.国际联网采用(　　)制定的技术标准、安全标准、资费政策,以利于提高服务质量和水平。

A.企业统一

B.单位统一

C.国家统一

D.省统一

答案:C　　难度:A

39.对从事国际联网经营活动的接入单位实行(　　)。

A.审批制度

B.国际联网经营许可证制度

C.特惠制度

D.登记制度

答案:B　　难度:C

40.经营性接入单位凭经营许可证到(　　)办理登记注册手续。

A.公安机关

B.省级主管部门

C.互联单位主管部门

D.国家工商行政管理机关

答案:D　　难度:B

41.用户向接入单位申请国际联网后,接入单位应当在收到申请后 5 个工作日内,以(　　)形式答复用户。

A.书面

B.口头

C.电话

D.磁盘

答案:A　　难度:A

42.企业计算机信息网络和其他通过专线进行国际联网的计算机信息网络,只限于(　　)使用。

A.企业

B.外部

C.内部

D.专人

答案:C　　难度:B

43.进行国际联网的(　　)不得经营国际互联网络业务。

A.企业计算机信息网络

B.个人用户

C.专业计算机信息网络

D.通过专线进行国际联网的计算机信息网络

答案:C　　难度:C

44.个人使用的计算机未通过接入网络,而是以其他方式进行国际联网的,公安机关可(　　)

A.处 5000 元以下罚款

B.处 15000 元以下罚款

C.处 1000 元以下罚款

D.处 20000 元以下罚款

答案:A　　难度:A

45.《中华人民共和国计算机信息系统安全保护条例》是于 1994 年 2 月 18 日由中华人民共和国(　　)第 147 号发布的。

A.国务院令

B.公安部令

C.中国科学院令

D.国家安全部令

答案:A　　难度:B

46.计算机信息系统,是指由(　　)及其相关的和配套的设备、设施(含网络)构成的,按照一定的应用目标和规则对信息进行采集、加工、存储、传输、检索等处理的人机系统。

A.计算机硬件

B.计算机

C.计算机软件

D.计算机网络

答案:B　　难度:A

47.计算机信息系统,是指由计算机及其相关的和配套的设备、设施(含网络)构成的,按照一定的应用目标和规则对信息进行采集、加工、存储、传输、检索等处理的(　　)。

A.人机系统

B.网络系统

C.计算机系统

D.计算机信息系统

答案:A　　难度:A

48.计算机信息系统,是指由计算机及其相关的和配套的设备、设施(含网络)构成的,按照一定的应用目标和规则对(　　)进行采集、加工、存储、传输、检索等处理的人机系统。

A.程序

B.计算机

C.计算机软件

D.信息

答案:D　　难度:A

49.计算机信息系统,是指由计算机及其相关的和配套的设备、设施(含网络)构成的,按照一定的(　　)对信息进行采集、加工、存储、传输、检索等处理的人机系统。

A.顺序

B.方法

C.应用目标和规则

D.精度

答案:C　　难度:A

50.计算机信息系统的安全保护,应当保障(　　),运行环境的安全,保障信息的安全,保障计算机功能的正常发挥,以维护计算机信息系统的安全运行。

A.计算机及其相关的和配套的设备、设施(含网络)的安全

B.计算机的安全

C.计算机硬件的系统安全

D.计算机操作人员的安全

答案:A　　难度:A

51.(　　)的安全保护工作,重点维护国家事务、经济建设、国防建设、尖端科学技术等重要领域的计算机信息系统的安全。

A.安全系统

B.社会保障系统

C.网络系统

D.计算机信息系统

答案:D　　难度:A

52.(　　)是全国计算机信息系统安全保护工作的主管部门。

A.国家安全部

B.国家保密局

C.公安部

D.教育部

答案:C　　难度:A

53. (　　),不得利用计算机信息系统从事危害国家利益、集体利益和公民合法利益的活动,不得危害计算机信息系统的安全。

A.除计算机专业技术人员外的任何人

B.除从事国家安全工作人员外的任何人

C.除未满 18 周岁未成年人外的任何人

D.任何组织或者个人

答案:D　　难度:A

54.计算机信息系统实行安全等级保护。安全等级的划分标准和安全等级保护的具体办法,

由（　　）会同有关部门制订。

A.司法部

B.公安部

C.国家安全部

D.中国科学院

答案:B　　难度:A

55.我国计算机信息系统实行(　　)保护。

A.责任制

B.主任值班制

C.安全等级

D.专职人员资格

答案:C　　难度:A

56.进行国际联网的计算机信息系统,由计算机信息系统使用单位报(　　)人民政府公安机关备案。

A.省级以上

B.县级以上

C.国务院

D.公安部

答案:A　　难度:A

57.进行国际联网的计算机信息系统,由计算机信息系统使用单位报省级以上(　　)备案。

A.人民政府办公厅

B.人民政府公安机关

C.人民政府邮政机关

D.计算机行业协会

答案:B　　难度:B

58.对安全要求较高的计算机系统,必须(　　)。

A.建立安全审计制度

B.建立双电源系统

C.由主管领导直接管理

D.专门人员专门管理

答案:A　　难度:B

59.对计算机信息系统中发生的案件,有关使用单位应当在(　　)小时内向当地县级以上人民政府公安机关报告。

A.1

B.12

C.24

D.48

答案:C　　难度:A

60.对计算机病毒和危害社会公共安全的其他有害数据的防治研究工作,由(　　)归口管理。

A.公安部

B.司法部

C.国务院

D.国家保密局

答案:A　　难度:A

61.《中华人民共和国计算机信息系统安全保护条例》中规定,对计算机病毒和(　　)的其他有害数据的防治研究工作,由公安部归口管理。

A.盗版软件

B.刑事犯罪

C.危害社会公共安全

D.危害计算机系统

答案:C　　难度:B

62.对计算机病毒和危害社会公共安全的其他有害数据的(　　)工作,由公安部归口管理。

A.监测

B.管理

C.防治研究

D.侦察

答案:C　　难度:A

63.国家对计算机信息系统安全专用产品的销售(　　)。

A.由行业主管部门负责

B.实行许可证制度

C.与其他产品一样,可以任意进行

D.国家不作规定

答案:B　　难度:B

64.国家对计算机信息系统安全专用产品的(　　)实行许可证制度,具体办法由公安部会同有关部门制定。

A.使用

B.开发

C.销售

D.管理

答案:C　　难度:A

65.《中华人民共和国计算机信息系统安全保护条例》中规定,国家对(　　)的销售实行许可证制度。

A.计算机信息系统安全专用产品

B.计算机软件产品

C.计算机硬件产品

D.计算机设备

答案:A　　难度:A

66.公安机关发现影响计算机信息系统安全的隐患时,(　　)。

A.上报上级部门

B.应当及时通知使用单位采取安全保护措施

C.强制停止计算机系统的运行

D.情况不严重,可以不作处理

答案:B　　难度:B

67.公安部在紧急情况下,可以就涉及计算机信息系统安全的(　　)事项发布专项通令。

A.偶发

B.一般

C.所有

D.特定

答案:D　　难度:A

68.(　　)在紧急情况下,可以就涉及计算机信息系统安全的特定事项发布专项通令。

A.公安部

B.国家安全部

C.中国科学院

D.司法部

答案:A　　难度:A

69.计算机机房不符合国家标准和国家其他有关规定的,或者在计算机机房附近施工危害(　　)的,由公安机关会同有关单位进行处理。

A.计算机信息系统安全

B.机房操作人员安全

C.机房供电安全

D.机房使用安全

答案:A　　难度:A

70.任何组织或者个人违反《中华人民共和国计算机信息系统安全保护条例》的规定,给国家、集体或者他人财产造成损失的,应当依法(　　)。

A.承担民事责任

B.承担经济责任

C.接受刑事处罚

D.接受经济处罚

答案:A　　难度:B

71.(　　)违反《中华人民共和国计算机信息系统安全保护条例》的规定,给国家、集体或者他人财产造成损失的,应当依法承担民事责任。

A.计算机操作人员

B.计算机管理人员

C.任何组织或者个人

D.除从事国家安全的专业人员外任何人

答案:C　　难度:A

72.计算机病毒是指编制或者在(　　)中插入的破坏计算机功能或者毁坏数据,影响计算机使用,并能自我复制的一组计算机指令或者程序代码。

A.计算机程序

B.计算机

C.计算机软盘

D.计算机硬盘

答案:A　　难度:A

73.计算机病毒是指编制或者在计算机程序中插入的破坏计算机功能或者毁坏数据,影响计算机使用,并能(　　)的一组计算机指令或者程序代码。

A.移动

B.传导

C.自我复制

D.自己生长

答案:C　　难度:A

74.公安机关计算机管理监察机构应当保护计算机信息网络国际联网的(　　),维护从事国际联网业务的单位和个人的合法权益和公众利益。

A.技术规范

B,公共安全

C.网络秘密

D.管理条例

答案:B　　难度:B

75.使用公用账号的注册者应当加强对公用账号的管理,建立账号使用(　　)制度。

A.登记

B.备案

C.申请

D.收费

答案:A　　难度:A

76.涉及国家事务、经济建设、国防建设、尖端科学技术等重要领域的单位办理备案手续时,应当出具(　　)的审批证明。

A.其行政主管部门

B.其单位本身

C.公安机关

D.互联网络主管部门

答案:A　　难度:A

77.省、自治区、直辖市公安厅(局),地(市)、县(市)公安局应当有相应机构负责国际联网的(　　)工作。

A.用户管理

B.技术规范

C.安全保护管理

D.审批管理

答案:C　　难度:A

78.公安机关计算机管理监察机构发现含有损害国家机关信誉等内容的地址、目录或者服务器时,应当(　　)关闭或者删除。

A.通知有关单位

B.立即

C.报上级机关

D.申请

答案:A　　难度:A

79.未经允许使用计算机信息网络资源的个人,公安机关可以处(　　)的罚款。

A.1000 元以下

B.1500 元以下

C.5000 元以下

D.15000 元以下

答案:C　　难度:A

80.经营国际互联网业务的单位,有违法行为时,(　　)可以吊销其经营许可证或者取消其联网资格。

A.公安机关

B.互联网络管理部门

C.公安机关计算机管理监察机构

D.原发证、审批机构

答案:D　　难度:A

81.(　　)负责全国互联网站从事登载新闻业务的管理工作。

A.文化部

B.教育部

C.国务院新闻办公室

D.信息产业部

答案:C　　难度:A

82.互联网站申请从事登载新闻业务,应当填写并提交(　　)统一制发的《互联网站从事登载新闻业务申请表》。

A.文化部

B.国务院新闻办公室

C.教育部

D.信息产业部

答案:B　　难度:A

83.互联网站链接境外新闻网站,登载境外新闻媒体和互联网站发布的新闻,必须另行报(　　)批准。

A.国务院新闻办公室

B.文化部

C.教育部

D.信息产业部

答案:A　　难度:B

84.《计算机信息系统国际联网保密管理规定》是(　　)发布的。

A.国家安全部

B.公安部

C.国家保密局

D.信息产业部

答案:C　　难度:B

85.涉及国家秘密的计算机信息系统,(　　)地与国际互联网或其他公共信息网络相连接,必须实行物理隔离。

A.不得直接或间接

B.不得直接

C.不得间接

D.直接和间接

答案:A　　难度:B

86.(　　)主管全国计算机信息系统的保密工作。

A.信息产业部

B.国家保密局

C.国家安全部

D.公安部

答案:B　　难度:B

87.计算机病毒,是指(　　)的破坏计算机功能或者毁坏数据,影响计算机使用,并能自我复制的一组计算机指令或者程序代码。

A.编制或者在计算机程序中插入

B.编制

C.插入

D.传输

答案:A　　难度:B

88.(　　)主管全国的计算机病毒防治管理工作。

A.信息产业部

B.国家安全部

C.国家保密局

D.公安部公共信息网络安全监察部门

答案:D　　难度:B

89.从事计算机病毒防治产品生产的单位,应当及时向公安部公共信息网络安全监察部门批准的计算机病毒防治产品检测机构提交(　　)。

A.产品样本

B.病毒样本

C.产品说明

D.经营许可证

答案:B　　难度:B

90.任何单位和个人在从计算机信息网络上下载程序、数据或者购置、维修、借入计算机设备时,应当进行(　　)。

A.计算机安全检测

B.计算机保密检查

C.计算机防泄漏检查

D.计算机病毒检测

答案:D　　难度:B

91.任何单位和个人销售、附赠的计算机病毒防治产品,应当具有计算机信息系统安全专用产品销售许可证,并贴有(　　)标记。

A.“产品许可”

B.“销售许可”

C.“营销许可”

D.“质量合格”

答案:B　　难度:A

92.《计算机信息系统安全专用产品检测和销售许可证管理办法》是于 1997 年 12 月 12 日由(　　)第 32 号发布的。

A.中华人民共和国公安部令

B.中华人民共和国国务院令

C.中华人民共和国国家安全部令

D.中华人民共和国国务院办公厅令

答案:A　　难度:A

93.计算机信息系统安全专用产品,是指用于(　　)的专用硬件和软件产品。

A.制造特殊用途计算机

B.保护计算机操作人员安全

C.保护计算机信息系统安全

D.应用计算机的特殊场合

答案:C　　难度:A

94.用于保护计算机信息系统安全的专用硬件和软件产品,称为(　　)。

A.计算机专用产品

B.计算机安全产品

C.计算机特殊用途产品

D.计算机信息系统安全专用产品

答案:D　　难度:A

95.销售计算机信息系统安全专用产品必须(　　)。

A.办理营业执照

B.申领《计算机信息系统安全专用产品销售许可证》

C.办理经营许可证

D.先向公安机关申请许可

答案:B　　难度:A

96.中华人民共和国境内的计算机信息系统安全专用产品进入市场销售,实行(　　)。

A.定点销售

B.限量销售

C.销售许可证制度

D.以上都不是

答案:C　　难度:A

97.《计算机信息系统安全专用产品检测和销售许可证管理办法》规定,(　　)的安全专用产品进入市场销售,实行销售许可证制度。

A.进口

B.1998 年以前生产

C.新开发

D.中华人民共和国境内

答案:D　　难度:C

98.(　　)的生产者在其产品进入市场销售之前,必须申领《计算机信息系统安全专用产品销售许可证》。

A.计算机信息系统安全专用产品

B.计算机产品

C.计算机信息产品

D.计算机应用领域

答案:A　　难度:A

99.计算机信息系统安全专用产品的生产者在其产品(　　),必须申领《计算机信息系统安全专用产品销售许可证》。

A.生产之前

B.进入市场销售之前

C.开发之前

D.以上都不是

答案:B　　难度:B

100.计算机信息系统安全专用产品的生产者在其产品进入市场销售之前,(　　)申领《计算机信息系统安全专用产品销售许可证》。

A.应该

B.可以

C.必须

D.无须

答案:C　　难度:A

101.计算机信息系统安全专用产品的生产者申领(　　),必须对其产品进行安全功能的检测和认定。

A.生产许可

B.营业执照

C.生产批准文号

D.销售许可证

答案:D　　难度:B

102.计算机信息系统安全专用产品的生产者申领销售许可证,必须对其(　　)进行安全功能检测和认定。

A.产品

B.生产设备

C.生产场所

D.产品设计

答案:A　　难度:A

103.计算机信息系统安全专用产品的生产者申领销售许可证,必须对其产品进行(　　)检测和认定。

A.设计目标

B.安全功能

C.破坏性

D.可用性

答案:B　　难度:A

104.计算机信息系统安全专用产品的生产者申领销售许可证,必须对其产品进行安全功能(　　)。

A.检测和认定

B.论证

C.审核

D.说明

答案:A　　难度:B

105.计算机信息系统安全专用产品的生产者申领销售许可证,(　　)对其产品进行安全功能检测和认定。

A.必须

B.不一定

C.可以

D.无需

答案:A　　难度:B

106.(　　)负责计算机信息系统安全专用产品销售许可证的审批颁发工作和安全专用产品安全功能检测机构的审批工作。

A.信息产业部

B.计算机信息中心

C.公安部计算机管理监察部门

D.计算机行业协会

答案:C　　难度:A

107.公安部计算机管理监察部门负责计算机信息系统安全专用产品销售许可证的(　　)工作和安全专用产品安全功能检测机构的审批工作。

A.设计

B.制作

C.报批

D.审批颁发

答案:D　　难度:B

108.公安部计算机管理监察部门负责计算机信息系统安全专用产品销售许可证的审批颁发工作和安全专用产品(　　)的审批工作。

A.安全功能检测机构

B.生产厂家

C.销售部门

D.应用部门

答案:A　　难度:B

109.地(市)级以上人民政府公安机关负责计算机信息系统安全专用产品销售许可证的(　　)工作。

A.报批

B.监督检查

C.监制

D.审查

答案:B　　难度:A

110.(　　)以上人民政府公安机关负责计算机信息系统安全专用产品销售许可证的监督检查工作。

A.县级

B.省级

C.地(市)级

D.部级

答案:C　　难度:A

111.经省级以上(　　)或者其授权的部门考核合格的检测机构,可以向公安部计算机管理监察部门提出承担安全专用产品检测任务的申请。

A.公安机关

B.国际计算机信息化领导小组

C.技术监督行政主管部门

D.人民政府

答案:C　　难度:A

112.经省级以上技术监督行政主管部门或者其授权的部门考核合格的检测机构可以向(　　)提出承担安全专用产品检测任务的申请。

A.公安机关

B.各地市人民政府

C.国家技术监督局

D.公安部计算机管理监察部门

答案:D　　难度:A

113.经省级以上技术监督行政主管部门或者其授权的部门(　　)的检测机构可以向公安部计算机管理监察部门提出承担安全专用产品检测任务的申请。

A.考核

B.检查

C.考核合格

D.考查

答案:C　　难度:A

114.(　　)对提出申请的计算机信息系统安全专用产品检测机构的检测条件和能力进行审查,经审查合格的,批准其承担安全专用产品的检测任务。

A.国际计算机信息化领导小组

B.公安部计算机管理监察部门

C.国务院

D.中国科学院

答案:B　　难度:A

115.公安部计算机管理监察部门对提出申请的计算机信息系统安全专用产品检测机构的检测条件和能力进行审查,经(　　)的,批准其承担安全专用产品的检测任务。

A.审查合格

B.满足条件

C.通过

D.基本合格

答案:A　　难度:C

116.公安部计算机管理监察部门对承担计算机信息安全专用产品检测任务的检测机构每年至少进行一次(　　)。

A.抽查

B.考核

C.监督检查

D.考查

答案:C　　难度:A

117.计算机信息系统安全专用产品的生产者应当向经(　　)批准的检测机构申请安全功能检测。

A.公安部计算机管理监察部门

B.信息产业部

C.各地市公安机关

D.计算机行业协会

答案:A　　难度:A

118.计算机信息系统安全专用产品的生产者应当向经公安部计算机管理监察部门批准的(　　)申请安全功能检测。

A.计算机信息系统安全专用产品生产厂家

B.计算机信息系统安全专用产品经销商

C.计算机信息科研机构

D.计算机信息系统安全专用产品检测机构

答案:D　　难度:A

119.计算机信息系统安全专用产品的生产者应当向经公安部计算机管理监察部门批准的检测机构申请(　　)检测。

A.产品质量

B.产品性能

C.安全功能

D.使用功能

答案:C　　难度:A

120.计算机信息系统安全专用产品的(　　)应当向经公安部计算机管理监察部门批准的检测机构申请安全功能检测。

A.经销者

B.生产者

C.工商管理人员

D.产品应用人员

答案:B　　难度:A

121.对境外生产在国内销售的计算机信息系统安全专用产品,负责送交检测的是(　　)。

A.生产者

B.销售者

C.国外生产者指定的国内企业或单位

D.国外生产者指定的国内具有法人资格的企业或单位

答案:D　　难度:A

122.采用密码技术的计算机信息系统安全专用产品送检时,必须提交(　　)审批文件。

A.国务院计算机信息化工作领导

B.公安部计算机管理监察部门

C.国家密码管理部门

D.中国科学院

答案:C　　难度:A

123.计算机信息系统安全专用产品检测机构收到产品检测申请、样品及其他有关材料后,应当按照(　　),检测其是否具有计算机信息系统安全保护功能。

A.安全专用产品的功能说明

B.计算机产品的技术要求

C.计算机产品的质量要求

D.计算机行业标准

答案:A　　难度:B

124.计算机信息系统安全专用产品检测机构收到产品(　　)后,应当按照安全专用产品的功能说明,检测其是否具有计算机信息系统安全保护功能。

A.检测申请

B.样品

C.检测要求

D.检测申请、样品及其他有关材料

答案:D　　　　难度:A

125.计算机信息系统安全专用产品检测机构收到产品检测申请、样品及其他材料后,应按安全专用产品的功能说明,检测其是否具有(　　)。

A.计算机操作人员的安全保护

B.计算机信息系统安全保护功能

C.计算机硬件系统的安全保护

D.防护外来的破坏功能

答案:B　　难度:B

126.计算机信息系统安全专用产品检测机构应当对送检的计算机信息系统安全专用产品及时检测,并将检测报告(　　)备案。

A.报送上级机关

B.通知本地公安部门

C.报送公安部计算机管理监察部门

D.报送本地人民政府备案

答案:C　　难度:A

127.(　　)应当对送检的计算机信息系统安全专用产品及时检测,并将检测报告报送公安部计算机管理监察部门备案。

A.公安部计算机管理监察部门

B.计算机信息系统安全专用产品检测机构

C.计算机产品质量监督机构

D.商检局

答案:B　　难度:A

128.计算机信息系统安全专用产品检测机构应当对送检的计算机信息系统安全专用产品及时(　　),并将检测报告报送公安部计算机管理监察部门备案。

A.审查

B.考核

C.检查

D.检测

答案:D　　难度:A

129.防治计算机病毒的安全专用产品的生产者申领销售许可证,须提交公安机关颁发的(　　)的备案证明。

A.计算机病毒防治研究

B.计算机病毒特征说明

C.计算机病毒信息

D.计算机专用产品

答案:A　　难度:A

130.(　　)的安全专用产品的生产者申领销售许可证时,须提交公安机关颁发的计算机病毒防治研究的备案证明。

A.有关计算机应用软件

B.防治计算机病毒

C.有关计算机硬件

D.有关计算机系统软件

答案:B　　难度:A

131.公安部计算机管理监察部门自接到计算机信息系统安全专用产品检测申请之日起,应当在(　　)日内对安全专用产品作出审核结果。

A.10

B.5

C.20

D.15

答案:D　　难度:B

132.公安部计算机管理监察部门审查合格的计算机信息系统安全专用产品,颁发(　　)和安全专用产品“销售许可”标记;不合格的,书面通知申请者,并说明理由。

A.营业证

B.营业执照

C.销售许可证

D.行业标准证书

答案:C　　难度:A

133.公安部计算机管理监察部门审查合格的计算机信息系统安全专用产品,颁发销售许可证和安全专用产品(　　)标记;不合格的,书面通知申请者,并说明理由。

A.“准许销售”

B.“合格”

C.“产品质量认证”

D.“销售许可”

答案:D　　难度:A

134.公安部计算机管理监察部门自接到计算机信息系统安全专用产品(　　)之日起,应当在15 日内对安全专用产品作出审核结果。

A.检测要求

B.功能检测

C.检测申请

D.安全检测

答案:C　　难度:B

135.公安部计算机管理监察部门自接到计算机信息系统安全专用产品检测申请之日起,应当在15 日内对安全专用产品作出(　　)。

A.功能证明

B.审核结果

C.质量证明

D.功能认证

答案:B　　难度:A

136.公安部计算机管理监察部门审查合格的计算机信息系统安全专用产品,颁发销售许可证和安全专用产品“销售许可”标记;不合格的,(　　)。

A.不发给销售许可证和“销售许可”标记

B.通知申领者

C.书面通知申领者,并说明理由

D.交还原生产单位

答案:C　　难度:B

137.公安部计算机管理监察部门(　　)的计算机信息系统安全专用产品,颁发销售许可证和安全专用产品“销售许可”标记。

A.认证合格

B.审查合格

C.考查合格

D.考查认证

答案:B　　难度:A

138.已取得销售许可证的计算机信息系统安全专用产品,生产者应当在固定位置标明(　　)标记。

A.“销售许可”

B.“合格”

C.“产品质量认证”

D.“准许销售”

答案:A　　难度:A

139.任何单位和个人不得销售无(　　)标记的安全专用产品。

A.“合格”

B.“销售许可”

C.“准许销售”

D.“产品质量认证”

答案:B　　难度:A

140.已取得销售许可证的计算机信息系统安全专用产品,生产者应当在(　　)标明“销售许可”标记。

A.固定位置

B.产品上

C.产品说明上

D.产品外壳上

答案:A　　难度:B

141.已取得销售许可证的计算机信息系统安全专用产品,(　　)应当在固定位置标明“销售许可”标记。

A.制造者

B.设计者

C.销售者

D.生产者

答案:D　　难度:A

142.当计算机信息系统安全专用产品的功能发生改变时,(　　)重新申领销售许可证。

A.必须

B.不必

C.可以

D.应该

答案:A　　难度:A

143.销售许可证期满需要延期的,应当于(　　)向公安部计算机管理监察部门申请办理延期手续。

A.期满后一周内

B.期满前一周内

C.期满前 30 日内

D.期满后 2 日内

答案:C　　难度:B

144.计算机信息系统安全专用产品销售许可证自批准之日起(　　)年内有效。

A.一

B.二

C.三

D.五

答案:B　　难度:A

145.计算机信息系统安全专用产品检测机构违反《计算机信息系统安全专用产品检测和销售许可证管理办法》的规定,情节严重的,将(　　)。

A.予以警告

B.予以严重警告

C.予以行政处罚

D.取消检测资格

答案:D　　难度:A

146.对违反《计算机信息系统安全专用产品检测和销售许可证管理办法》规定的违法人作出行政处罚,应由县级以上(含县级)(　　)决定,并填写行政处罚决定书,向被处罚人宣布。

A.公安机关

B.人民政府

C.人民政府办公室

D.县级人民法院

答案:A　　难度:B

147.计算机信息系统安全专用产品的检测通告和经安全功能检测确认的安全专用产品目录,由(　　)发布。

A.各省计算机管理监察机关

B.国务院

C.各省人民政府公安机关

D.公安部计算机管理监察部门

答案:D　　难度:A

148.计算机信息系统安全专用产品检测机构申请书、检测机构批准书、《计算机信息系统安全专用产品销售许可证》、“销售许可”标记,由公安部(　　)。

A.制作

B.批准

C.制定式样、统一监制

D.设计

答案:C　　难度:C

149.在计算机信息系统中,含有危害国家安全内容的信息,是属于(　　)。

A.计算机破坏性信息

B.计算机有害数据

C.计算机病毒

D.计算机污染

答案:B　　难度:A

150.《计算机信息系统安全保护等级划分准则》适用于计算机信息安全保护(　　)等级的划分。

A.管理能力

B.设备装置

C.技术能力

D.运行能力

答案:C　　难度:A

151.计算机信息系统可信计算基是:(　　)。

A.计算机系统装置

B.计算机系统内保护装置

C.计算机系统保护

D.计算机系统安全

答案:B　　难度:B

152.主体是引起(　　)在客体之间流动的人、进程或设备等。

A.数据

B.程序

C.资讯

D.信息

答案:D　　难度:B

153.敏感标记是表示客体安全级别并描述客体数据敏感性的一组信息,可信计算基中把敏感标记作为(　　)的依据。

A.自主访问控制决策

B.强制访问控制决策

C.安全控制决策

D.监察管理决策

答案:B　　难度:B

154.安全策略是有关管理、保护和发布(　　)的法律、规定和实施细则。

A.敏感信息

B.安全信息

C.重要信息

D.关键信息

答案:A　　难度:A

155.访问监控器是监控主体和客体之间(　　)的部件。

A.传输关系

B.授权访问关系

C.授权关系

D.访问关系

答案:B　　难度:A

156.防雷保安器:防止(　　)破坏计算机信息系统的保安装置,可分为两大类:电源线防雷保安器(简称电源防雷保安器)和信号传输线防雷保安器(简称通道防雷保安器)。

A.直击雷

B.感应雷

C.雷暴

D.雷电电磁脉冲

答案:B　　难度:A

157.凡设在年平均雷电日大于(　　)地区的计算机信息系统,原则上均应装设计算机信息系统防雷保安器,以防止雷电电磁脉冲过电压和过电流侵入计算机信息系统设备。

A.40

B.45

C.5

D.15

答案:C　　难度:B

158.《中华人民共和国计算机信息系统安全专用产品分类原则》适用于保护计算机信息系统安全专用产品,涉及(　　)三个方面。

A.管理安全、实体安全、运行安全

B.实体安全、运行安全、信息安全

C.运行安全、信息安全、管理安全

D.信息安全、管理安全、实体安全

答案:B　　难度:A

159.实体安全包括环境安全、设备安全和(　　)三个方面。

A.媒体安全

B.应急

C.气候

D.地质

答案:A　　难度:B

160.计算机信息系统是指由计算机及其相关和配套的设备、设施(含网络)构成的,按照一定的应用目标和规则对信息进行采集、加工、存储、传输、检索等处理的(　　)。

A.网络系统

B.人机系统

C.计算机设备

D.多媒体数字系统

答案:B　　难度:C

161.计算机信息系统安全专用产品是指用于保护计算机信息系统安全的专用(　　)产品。

A.应急

B.硬件和软件

C.备份

D.设备

答案:B　　难度:B

162.计算机信息系统安全专用产品是指用于保护(　　)安全的专用硬件和软件产品。

A.计算机网络

B.计算机信息系统

C.计算机媒体

D.计算机操作系统

答案:B　　难度:A

163.(　　)是保护计算机设备、设施(含网络)以及其他媒体免遭地震、水灾、火灾、有害气体和其他环境事故(如电磁污染等)破坏的措施、过程。

A.运行安全

B.媒体安全

C.网络安全

D.实体安全

答案:D　　难度:B

164.为所管理的数据和资源提供相应的安全保护,而有效控制硬件和软件功能的操作系统是(　　)。

A.计算机安全

B.安全操作系统

C.实体安全

D.信息安全

答案:B　　难度:A

165.(　　)是计算机系统的安置地点,计算机供电、空调以及该系统维修和工作人员的工作场所。

A.计算站场地

B.计算机机房

C.计算机中心

D.计算站

答案:A　　难度:A

166.计算站应设(　　)的供电线路。

A.不专用

B.专用可靠

C.专用

D.可靠

答案:B　　难度:A

167.计算机系统用的分电盘应设置在(　　),并应采取防触电措施。

A.计算机机房内

B.计算机机房外

C.远离计算机机房

D.任意位置

答案:A　　难度:B

168.计算机系统的各种设备走线不得与空调设备、电源设备的无电磁屏蔽的走线(　　).

A.平行

B.交叉

C.垂直

D.任意

答案:A　　难度:A

169.计算机系统的各设备走线交叉时,应尽量以接近于(　　)的角度交叉,并采取防延燃措施。

A.平行

B.交叉

C.垂直

D.任意

答案:C　　难度:A

170.计算机系统应选用(　　)电缆。

A.铜芯

B.铝芯

C.铁芯

D.没有要求

答案:A　　难度:A

171.计算机系统应选用铜芯电缆,严禁铜、铝混用,不可避免时,应采用(　　)连接。

A.铜过渡头

B.铝过渡头

C.铜铝过渡头

D.随便连接

答案:C　　难度:A

172.计算机电源系统的所有接点均应镀(　　)处理，冷压连接。

A.铜

B.铝

C.铜或铝

D.铅锡

答案:D　　难度:A

173.在计算机机房出入口处或值班室,应设置应急电话和应急(　　)装置。

A.供电

B.断电

C.报警

D.应急照明

答案:B　　难度:A

174.在计算机机房出入口处或值班室,应设置(　　)和应急断电装置。

A.电视

B.电扇

C.报警器

D.应急电话

答案:D　　难度:A

175.计算站场地宜采用(　　)蓄电池。

A.封闭式

B.半封闭式

C.开启式

D.普通任意的

答案:A　　难度:A

176.计算机系统接地应采用(　　)。

A.专用地线

B.和大楼的钢筋专用网相连

C.大楼的各种金属管道相连

D.没必要

答案:A　　难度:A

177.A、B 类计算机机房的空调设备应尽量采用(　　)。

A.风冷式空调

B.立式的

C.分体的

D.规定中没有要求

答案:A　　难度:A

178.A、B、C 类安全机房应使用(　　)灭火器。

A.干粉

B.泡沫

C.卤代烷

D.水

答案:C　　难度:A

179.计算机机房最小使用面积不得小于(　　)。

A.10 平方米

B.20 平方米

C.30 平方米

D.40 平方米

答案:B　　难度:C

180.计算机系统交流工作地的接地电阻不宜(　　)。

A.小于 4Ω

B.大于 4Ω

C.等于 4Ω

D.大于 5Ω

答案:B　　难度:C

181.计算机系统安全保护地的接地电阻不应(　　)。

A.大于 4Ω

B.等于 4Ω

C.小于 4Ω

D.等于 5Ω

答案:A　　难度:C

182.计算机系统防雷保护地的接地电阻不应(　　)。

A.大于 10Ω

B.小于 10Ω

C.等于 10Ω

D.大于 4Ω

答案:A　　难度:C

183.计算机机房温度测试点选择高度应离地面(　　),距设备周围 0.8m 以外。

A.0.6m

B.0.7m

C.0.8m

D.0.9m

答案:C　　难度:B

184.可用于计算机机房尘埃测试的仪表为:(　　)。

A.尘埃粒子计数器

B.照度计

C.普通声级计

D.电阻湿度计

答案:A　　难度:A

185.计算机系统及其所用盘、带应定期检测、登录,一经发现病毒,(　　),并按有关规定进行病毒清除。

A.立即备份有关文件

B.立即禁止使用

C.继续使用

D.备份所有文件后,继续使用

答案:B　　难度:B

186.计算机系统应备有操作说明书,操作人员必须严格执行(　　)。

A.性能介绍

B.硬件配备清单

C.操作说明书

D.操作规程

答案:D　　难度:B

187.应制定计算机系统维护计划,确定维护检查的(　　)。

A.检查计划

B.维护计划

C.实施周期

D.目的

答案:C 难度:B

188.机房内所有( )的电压(交流峰值或直流)大于 42.2V 的易触及部分,均应加以安全保护。

A.线间

B.感应

C.对地

D.照明线

答案:C 难度:B

189.应定期对使用人员进行( )。

A.安全教育及培训

B.科学知识培训

C.应用技术培训

D.专业知识学习

答案:A 难度:A

190.对计算机系统进行风险分析的方法及结果应( )。

A,及时通报上级

B.发表

C.保密

D.通报上级并公开过程

答案:C 难度:B

191.应急计划必须确定实施方案,制定( )。

A.常备不懈

B.实施方案

C.紧急响应规程

D.抢救人员方案

答案:C 难度:B

二、多 选 题

1.从系统工程的角度,要求计算机信息网络具有( )。

A.可用性、完整性、保密性

B.真实性(不可抵赖性)

C.可靠性、可控性

D.稳定性

答案:ABC 难度:B

2.实施计算机信息系统安全保护的措施包括:( )。

A.安全法规

B.安全管理

C.安全技术

D.安全培训

答案:ABC　　难度:B

3.从 OSI 层的安全技术来考虑安全模型(　　)。

A.物理层

B.数据链路层

C.网络层、传输层、会话层

D.表示层、应用层

答案:ABCD　　难度:C

4.网络中所采用的安全机制主要有:(　　)。

A.区域防护

B.加密和隐蔽机制;认证和身份鉴别机制;审计;完整性保护

C.权力控制和存取控制;业务填充;路由控制

D.公证机制;冗余和备份

答案:BCD　　难度:D

5.公开密钥基础设施(PKl)由以下部分组成:(　　)。

A.认证中心;登记中心

B.质检中心

C.咨询服务

D.证书持有者;用户;证书库

答案:AD　　难度:C

6.我国计算机信息系统安全保护的重点是维护(　　)等重要领域的计算机信息系统的安全。

A.国家事务

B.经济建设、国防建设

C.尖端科学技术

D.教育文化

答案.ABC　　难度:B

7.计算机病毒是指能够(　　)的一组计算机指令或者程序代码。

A.破坏计算机功能

B.毁坏计算机数据

C.自我复制

D.危害计算机操作人员健康

答案:ABC　　难度:C

8.TCP/IP 协议是(　　)的,数据包在网络上通常是(　　),容易被(　　)。

A.公开发布

B.窃听和欺骗

C.加密传输

D.明码传送

答案:ADB　　难度:C

9.网络攻击一般有三个阶段:(　　)。

A.获取信息,广泛传播

B.获得初始的访问权,进而设法获得目标的特权

C.留下后门,攻击其他系统目标,甚至攻击整个网络

D.收集信息,寻找目标

答案:BCD　　难度:C

10.入侵检测的内容主要包括:(　　)。

A.独占资源、恶意使用

B.试图闯入或成功闯入、冒充其他用户

C.安全审计

D.违反安全策略、合法用户的泄露

答案:ABD　　难度:C

11.实体安全技术包括:(　　)。

A.环境安全

B.设备安全

C.人员安全

D.媒体安全

答案:ABD　　难度:B

12.防静电措施是(　　)。

A.采用防静电地板:工作人员要求穿着防静电的衣服和鞋袜进入机房工作

B.室内保持相对湿度,允许范围为:45%~ 65%;计算机与地板有效接地

C.安装屏蔽材料

D.机房中办公设备或辅助设备材料应尽量采用产生静电少的材料制作

答案:ABD　　难度:A

13.A 类媒体:媒体上的记录内容对(　　)功能来说是最重要的,不能替代的,毁坏后不能立即恢复的。

A.安全

B.运行

C.系统

D.设备

答案:CD　　难度:B

14.计算机场地安全测试包括:(　　)。

A.温度,湿度,尘埃

B.照度,噪声,电磁场干扰、环境场强

C.接地电阻,电压、频率

D.波形失真率,腐蚀性气体的分析方法

答案:ABCD　　难度:A

15.信息系统的设备在工作时能经过(　　)等辐射出去,产生电磁泄漏。这些电磁信号如被接收下来,经过提取处理,就可恢复出原信息,造成信息失密。

A.地线,电源线

B.信号线

C.寄生电磁信号或谐波

D.天线

答案.ABC　　难度:C

16.常用的具体防电磁信息泄漏的方法有:(　　)。

A.信息加密

B.相关干扰法

C.抑制法

D.屏蔽法即空域法

答案:ABCD　　难度:C

17.雷电侵入计算机信息系统的途径主要有:(　　)。

A.信息传输通道线侵入

B.电源馈线侵入

C.建筑物

D.地电位反击

答案:ABD　　难度:C

18.防雷保安器分为:(　　)。

A.运行防雷保安器

B.通信接口防雷保安器

C.建筑防雷保安器

D.电源防雷保安器

答案:BD　　难度:C

19.风险管理过程有三个基本的要素:(　　)。

A.对意外事件的计划

B.安全措施的选择

C.确认、鉴定

D.经济风险估算

答案:ABC　　难度:C

20.风险分析的好处是:(　　)。

A.有助于加强安全管理的科学决策和防范手段

B.有助于合理使用经费

C.有助于提高安全意识

D.有利于安全工程规划

答案:ABCD　　难度:B

21.风险分析的步骤是(　　)。

A.资产清查;了解威胁来源及对资产脆弱性的影响;估计威胁发生的可能性

B.检讨安全策略

C.计算每年预期造成的损失;调查可行的安全措施及其成本开销

D.计算安全措施带来的年收益;制定安全防护计划

答案:ACD　　难度:C

22.行政相关人违反计算机信息系统安全保护法可能承担的法律责任有:(　　)。

A.民事责任

B.刑事责任

C.行政责任

D.国家赔偿责任

答案:ABC　　难度:A

23.国家赔偿可分为(　　)。

A.军事赔偿

B.刑事赔偿

C.行政赔偿

D.司法赔偿

答案:BC　　难度:B

24.行政赔偿义务的机关是(　　)。

A.实施侵害行为的行政机关

B.实施侵害工作人员个人

C.实施侵害工作人员所属的行政机关

D.县级以上人民政府

答案:AC　　难度:B

25.对违反国家规定,侵入国家事务、国防建设、尖端科学技术领域的计算机信息系统的,应处(　　)。

A.五年以下有期徒刑

B.拘留

C.三年以下有期徒刑

D.拘役

答案:CD　　难度:B

26.(　　),依照《中华人民共和国刑法》的规定构成犯罪的,依法追究刑事责任;尚不够刑事处罚的,应当给予治安管理处罚。

A.扰乱社会秩序

B.妨害公共安全

C.侵犯公民人身权利

D.侵犯公私财产

答案:ABCD　　难度:B

27.违反治安管理行为的处罚分为下列三种:(　　)。

A.警告

B.罚款

C.劳教

D.拘留

答案:ABD　　难度:C

28.全国人民代表大会常务委员会关于维护互联网安全决定的主要目的是(　　)。

A.为了兴利除弊

B.促进我国互联网的健康发展

C.维护国家安全和社会公共利益

D.保护个人、法人和其他组织的合法权益

答案:ABCD　　难度:B

29.为了保障互联网的运行安全,对有下列行为之一,构成犯罪的,依照刑法有关规定追究刑事责任:(　　)。

A.侵入国家事务、国防建设、尖端科学技术领域的计算机信息系统

B.故意制作、传播计算机病毒等破坏性程序,攻击计算机系统及通信网络,致使计算机系统及通信网络遭受损害

C.违反国家规定,擅自中断计算机网络或者通信服务,造成计算机网络或者通信系统不能正常运行

D.利用互联网侵犯他人合法权益

答案:ABC　　难度:B

30.为了维护国家安全和社会稳定,对有下列行为之一,构成犯罪的,依照刑法有关规定追究刑事责任:(　　)。

A.利用互联网造谣、诽谤或者发表、传播其他有害信息,煽动颠覆国家政权、推翻社会主义制度,或者煽动分裂国家;破坏国家统一

B.通过互联网窃取、泄露国家秘密、情报或者军事秘密

C.利用互联网煽动民族仇恨、民族歧视,破坏民族团结

D.利用互联网组织邪教组织、联络邪教组织成员,破坏国家法律、行政法规实施

答案:ABCD　　难度:B

31.为了维护社会主义市场经济秩序和社会管理秩序,对有下列行为之一,构成犯罪的,依照刑法有关规定追究刑事责任:(　　)。

A.利用互联网销售伪劣产品或者对商品、服务作虚假宣传

B.利用互联网损害他人商业信誉和商品声誉、利用互联网侵犯他人知识产权

C.在互联网上建立淫秽网站、网页,提供淫秽站点链接服务,或者传播淫秽书刊、影片、音像、图片

D.利用互联网编造并传播影响证券、期货交易或者其他扰乱金融秩序的虚假信息

答案:ABCD　　难度:B

32.为了保护个人、法人和其他组织的人身、财产等合法权利,对有下列行为之一,构成犯罪的,依照刑法有关规定追究刑事责任:(　　)。

A.利用互联网侮辱他人或者捏造事实诽谤他人

B.利用互联网实施违法行为,违反社会秩序

C.利用互联网进行盗窃、诈骗、敲诈勒索

D.非法截获、篡改、删除他人电子邮件或者其他数据资料,侵犯公民通信自由和通信秘密

答案:ACD　　难度:B

33.利用互联网实施违法行为,尚不构成犯罪的,对直接负责的主要人员和其他直接责任人员,依法给予(　　)。

A.刑事处分

B.民事处分

C.行政处分

D.纪律处分

答案:CD　　难度:A

34.有关主管部门要加强对互联网的(　　)的宣传教育,依法实施有效的监督管理,防范和制止利用互联网进行的各种违法活动,为互联网的健康发展创造良好的社会环境。

A.运行安全

B.信息安全

C.操作安全

D.实施安全

答案:AB　　难度:B

35.依法严厉打击利用互联网实施的各种犯罪活动的国家机关是:(　　)。

A.公安机关

B.国家安全机关

C.人民检察院、人民法院

D.信息产业部

答案:ABC　　难度:B

36.(　　)应当负责本单位及其用户有关国际联网的技术培训和管理教育工作。

A.信息中心

B.互联单位

C.接入单位

D.信息产业部

答案:BC　　难度:B

37.中国互联网络信息中心提供(　　)。

A.互联网络地址

B.域名

C.网络资源目录管理

D.有关的信息服务

答案:ABCD　　难度:B

38.新建互联网络可行性报告的主要内容应当包括(　　)。

A.网络服务性质和范围

B.网络技术方案

C.经济分析

D.管理办法和安全措施

答案:A B C D　　难度:B

39.单位和个人自行建立或使用其他信道进行国际联网的,公安机关可(　　)。

A.责令停止联网

B.处 15000 元以下罚款

C.有违法所得的,没收违法所得

D.给予警告处分

答案:ABC　　难度:C

40.进行国际联网的专业计算机信息网络在经营国际互联网络业务时,公安机关可以根据实际情况给予(　　)。

A.警告

B.处 15000 元以下罚款

C.记过

D.有违法所得的,没收违法所得

答案:ABD　　难度:A

41.计算机信息系统的安全保护,应当保障(　　)。

A.计算机及其相关的和配套的设备、设施(含网络)的安全

B.计算机运行环境的安全

C.计算机信息的安全

D.计算机操作人员的安全

答案:ABC　　难度:A

42.(　　)计算机信息媒体进出境的,应当如实向海关申报。

A.运输

B.携带

C.邮寄

D.出售

答案:ABC　　难度:B

43.有下列哪些行为,将由公安机关处以警告或停机整顿:(　　)。

A.违反计算机信息系统安全等级保护制度,危害计算机信息系统安全

B.违反计算机信息系统国际联网备案制度

C.不按规定时间报告计算机信息系统中发生的案件

D.有危害计算机信息系统安全的其他行为

答案:ABCD　　难度:A

44.运输、携带、邮寄计算机信息媒体进出境,不如实向海关申报的,由海关依照(　　)和(　　)以及其他有关法律、法规的规定处理。

A.《中华人民共和国治安处罚法》

B.《中华人民共和国海关法》

C.《中华人民共和国计算机信息系统安全保护条例》

D.《中华人民共和国国家安全法》

答案:BC　　难度:A

45.对于违反《中华人民共和国计算机信息系统安全保护条例》的单位和个人,公安机关可对其(　　)。

A.不作处

B.警告

C.处以罚款

D.有违法所得的,没收非法所得

答案:BCD　　难度:A

46.违反《中华人民共和国计算机信息系统安全保护条例》的当事人,如对公安机关作出的具体行政行为不服(　　)。

A.可以不予理会

B.可以依法申请行政复议

C.继续进行自己的行为,以维护自己的权益,同时依法提起诉讼

D.可以依法提起行政诉讼

答案:BD　难度:B

47.计算机病毒是指编制或者在计算机程序中插入的(　　),影响计算机使用,并能自我复制的一组计算机指令或者程序代码。

A.危害操作人员健康

B.破坏计算机功能

C.毁坏数据

D.危害机房环境安全

答案:BC　难度:A

48.计算机病毒是指编制或者在计算机程序中插入的破坏计算机功能或者毁坏数据,影响计算机使用,并能自我复制的一组(　　)。

A.计算机指令

B.数据

C.寄存在计算机内的一种微生物

D.程序代码

答案:AD　难度:A

49.计算机病毒是指能够(　　)的一组计算机指令或程序代码。

A.破坏计算机功能

B.毁坏计算机数据

C.自我复制

D.危害计算机操作人员健康

答案:ABC　难度:A

50.下列行为中,(　　)是《计算机信息网络国际联网安全保护管理办法》所不允许利用国际联网进行的活动。

A.危害国家安全的行为

B.泄露国家秘密的行为

C.侵犯国家的、社会的、集体的利益的行为

D.侵犯公民的合法权益的行为

答案:ABCD　难度:A

51.下列属于危害计算机信息网络安全的有(　　)。

A.未经允许,进入计算机信息网络或者使用计算机信息网络资源的

B.未经允许,对计算机信息网络功能进行删除、修改或者增加的

C.故意制作、传播计算机病毒等破坏性程序的;其他危害计算机信息网络安全的

D.未经允许,对计算机信息网络中存储、处理或者传输的数据和应用程序进行删除、修改或者增加的

答案:ABDC　难度:B

52.涉及(　　)等重要领域的单位办理备案手续时,应当出具其行政主管部门的审批证明。

A.国家事务

B.经济建设

C.国防建设

D.尖端科学技术

答案:ABCD　　难度:A

53.(　　),应当有相应机构负责国际联网的安全保护管理工作。

A.省、自治区、直辖市公安厅(局)

B.地(市)公安局

C,县(市)公安局

D.乡派出所

答案:ABC　　难度:A

54.公安机关计算机管理监察机构应当完成的工作有(　　)。

A.掌握互联单位、接入单位和用户的备案情况

B.建立备案档案

C.进行备案统计

D.按照国家有关规定逐级上报

答案:ABCD　　难度:A

55.违反法律、行政法规,在计算机信息网络上传播煽动分裂国家、破坏祖国统一的,故意制作、传播计算机病毒等破坏程序的单位,由公安机关给予(　　)。

A.警告

B.有违法所得的,没收违法所得

C.可以并处 15000 元以下罚款

D.情节严重的,可以给予六个月以内停止联网

答案:ABCD　　难度:A

56.电信是指利用有线、无线的(　　)以及其他任何形式信息的活动。

A.电磁系统

B.光电系统

C.传送、发射

D.接收语音、文字、数据、图像

答案:ABCD　　难度:A

57.互联网信息服务提供者应当在其网站主页的显著位置标明其(　　)。

A.经营许可证编号　　B.备案编号

C.记录提供的信息内容及其发布时间　D.互联网地址或者域名

答案:AB　　难度:A

58. 互联网信息服务提供者不得制作、复制、发布、传播含有下列内容的信息:(　　)。

A.反对宪法所确定的基本原则的;危害国家安全,泄露国家秘密,颠覆国家政权,破坏国家统一的;损害国家荣誉和利益的

B.煽动民族仇恨、民族歧视,破坏民族团结的;破坏国家宗教政策,宣扬邪教和封建迷信的

C.散布谣言,扰乱社会秩序,破坏社会稳定的;散布淫秽、色情、赌博、暴力、凶杀、恐怖或者教唆犯罪的

D.侮辱或者诽谤他人,侵害他人合法权益的;含有法律、行政法规禁止的其他内容的

答案:ABCD　　难度:C

59.(　　)等有关主管部门,在各自职责范围内依法对互联网信息服务内容实施监督管理。

A.新闻、出版、教育

B.卫生、药品监督管理

C.工商行政管理和公安、国家安全

D.人民检察院和人民法院

答案:ABC　　难度:B

60.制定《互联网电子公告服务管理规定》的主要目的是(　　)。

A.为了加强对互联网电子公告服务的管理

B.规范电子公告信息发布行为

C.维护国家安全和社会稳定

D.保障公民、法人和其他组织的合法权益

答案:ABCD　　难度:B

61.(　　),发现国家秘密泄露或可能泄露情况时,应当立即向保密工作部门或机构报告。

A.互联单位

B.接入单位

C.用户

D.使用者

答案.ABC　　难度:B

62.任何单位和个人不得有下列传播计算机病毒的行为:(　　)。

A.故意输入计算机病毒,危害计算机信息系统安全

B.向他人提供含有计算机病毒的文件、软件、媒体

C.销售、出租、附赠含有计算机病毒的媒体

D.其他传播计算机病毒的行为

答案:ABCD　　难度:B

63.计算机信息系统的使用单位在计算机病毒防治工作中应当履行下列职责:(　　)。

A.建立本单位的计算机病毒防治管理制度;采取计算机病毒安全技术防治措施

B.对本单位计算机信息系统使用人员进行计算机病毒防治教育和培训;及时检测、清除计算机信息系统中的计算机病毒,并备有检测、清除的记录

C.提供含有计算机病毒的文件进行研究

D.使用具有计算机信息系统安全专用产品销售许可证的计算机病毒防治产品;对因计算机病毒引起的计算机信息系统瘫痪、程序和数据严重破坏等重大事故及时向公安机关报告,并保护现场

答案:ABD　　难度:B

64.制定《计算机信息系统安全专用产品检测和销售许可证管理办法》是为了(　　)。

A.加强计算机行业发展产品的管理

B.加强计算机信息系统安全专用产品的管理

C.保证安全专用产品的安全功能

D.维护计算机信息系统的安全

答案:BCD　　难度:A

65.公安部计算机管理监察部门负责(　　)。

A.监察市场运营情况

B.计算机信息系统安全专用产品销售许可证的审批颁发工作

C.监察产品质量

D.计算机信息系统安全专用产品安全功能检测机构的审批工作

答案:BD　　难度:A

66.公安部计算机管理监察部门对提出申请的计算机信息系统安全专用产品检测机构的(　　)进行审查,经审查合格的,批准其承担安全专用产品检测任务。

A.法人资格

B.检测能力

C.检测条件

D.投资规模

答案:BC　　难度:A

67.计算机信息系统安全专用产品检测机构应当履行下列职责:(　　)。

A.严格执行公安部计算机管理监察部门下达的检测任务

B.按照标准格式填写安全专用产品检测报告;出具检测结果报告

C.接受公安部计算机管理监察部门对检测过程的监督及查阅检测机构内部验证和审核试验的原始测试记录

D.保守检测产品的技术秘密,并不得非法占有他人科技成果,不得从事与检测产品有关的开发和对外咨询业务

答案:ABCD　　难度:A

68.计算机信息系统安全专用产品送交检测时,应当向检测机构提交以下材料:(　　)

A.安全专用产品的安全功能检测申请

B.营业执照(复印件);样品;产品功能及性能的中文说明;证明产品功能及性能的有关材料

C.采用密码技术的安全专用产品必须提交国家密码管理部门的审批文件

D.根据有关规定需要提交的其他材料

答案:ABCD　　难度:B

69.生产企业有(　　)行为,视为未经许可出售安全专用产品,由公安机关根据《中华人民共和国计算机信息系统安全保护条例》的规定予以处罚。

A.没有申领销售许可证而将生产的安全专用产品进入市场销售的

B.安全专用产品功能发生改变,而没有重新申领销售许可证进行销售的;销售许可证有效期满,未办理延期申领手续而继续销售的

C.提供虚假的安全专用产品检测报告或者虚假的计算机病毒防治研究的备案证明,骗取销售许可证的;销售的安全专用产品与送检样品安全功能不一致的

D.未在安全专用产品上标明“销售许可”标记而销售的;伪造、变造销售许可证和“销售许可”标记的

答案:ABCD　　难度:B

70.下列有关计算机信息系统安全专用产品销售所需的文件中,(　　)必须由公安部制定式样,统一监制。

A.检测机构申请书

B.检测机构批准书

C.《计算机信息系统安全专用产品专用销售许可证》

D.“销售许可”标记

答案:ABCD　　难度:A

71.计算机有害数据是指计算机信息系统及其存储介质中存在、出现的,以计算机程序、图像、文字、声音等多种形式表示的,含有(　　)等信息。

A.攻击人民民主专政、社会主义制度

B.攻击党和国家领导人,破坏民族团结等危害国家安全内容的信息

C.宣扬封建迷信、淫秽色情、凶杀、教唆犯罪等危害社会治安秩序内容的信息

D.危害计算机信息系统运行和功能发挥,应用软件、数据可靠性、完整性和保密性,用于违法活动的计算机程序(含计算机病毒)

答案:ABCD　　难度:A

72.用户自主保护级应提供(　　)。

A.自主访问控制

B.数据完整性

C.身份鉴别

D.客体重用

答案:ABC　　难度:B

73.系统审计保护级应提供(　　)。

A.自主访问控制

B.身份鉴别、客体重用

C.审计、数据完整性

D.标记

答案:ABC　　难度:B

74.安全标记保护级应提供(　　)。

A.自主访问控制,强制访问控制

B.标记、身份鉴别、客体重用

C.隐蔽信道分析

D.审记、数据完整性

答案:ABD　　难度:B

75.结构化保护级应提供(　　)。

A.自主访问控制,强制访问控制,标记

B.可信恢复

C.身份鉴别,客体重用，审计分析,可信路径

D.数据完整性,隐蔽信道

答案:ACD　　难度:A

76.访问验证保护级应提供(　　)。

A.自主访问控制;强制访问控制

B.审计、数据完整性、隐蔽信道分析

C.标记、身份鉴别、客体重用

D.可信路径、可信恢复

答案:ACBD　　难度:A

77.直击雷:直接击在(　　)并产生电效应、热效应和机械力的雷电放电。

A.建筑物

B.构筑物

C.地面突出物

D.大地或设备

答案:ABCD　　难度:A

78.计算机信息系统设备处于不同雷电活动地区,其雷电电磁场强度有很大差异,根据这一差异,将被防护空间分为下列防护区:(　　)。

A.直击雷非防护区(LPZOA)

B.直击雷防护区(LPZOB)

C.第一防护区(LPZ1)

D.后续防护区(LPZ2,3…等)

答案:ABCD　　难度:A

79.信息安全包括操作系统安全、(　　)病毒防护、访问控制、加密与鉴别等方面。

A.风险分析

B.数据库安全

C.媒体安全

D.网络安全

答案:BD　　难度:B

80.计算机信息系统实体安全包括(　　)。

A.网络安全

B.环境安全

C.设备安全

D.媒体安全

答案:BCD　　难度:B

81.接地是指计算机系统的(　　)与大地之间的关系。

A.直流工作地

B.交流工作地

C.防雷保护地

D.安全保护地

答案:ABDC　　难度:B

82.A 类计算机机房对(　　)有安全要求。

A.内部装修

B.防火

C.电磁波的防护

D.空调系统

答案:ABCD　　难度:B

83.C 类计算机机房对(　　)有安全要求。

A.场地选择

B.防火
C.电磁波的防护
D.空调系统
答案:BD　　难度:B

84.B 计算机机房对(　　)有安全要求。
A.防水
B.防静电
C.防雷击
D.电磁波的防护
答案:ABCD　　难度:B

85.B 类计算机机房选址安全要求是(　　)。
A.应避开易发生火灾及火灾危险程度高的区域
B.应避开有害气体来源以及存放腐蚀、易燃、易爆物品的地方
C.应避开低洼、潮湿、落雷区域和地震频繁的地方
D.应避开强振动源和强噪声源
答案:ABCD　　难度:B

86.B 类计算机机房选址安全要求是(　　)。
A.应避开强振动源和强噪声源
B.应避开强电磁场的干扰
C.应避免设在建筑物的高层或地下室,以及用水设备的下层或隔壁
D.应避开重盐害地区
答案:ABCD　　难度:B

87.A 类计算机机房选址安全要求是(　　)。
A.应将其置于建筑物的安全区内
B.应避开重盐害地区
C.应避免设在建筑物的高层或地下室,以及用水设备的下层或隔壁
D.应避开强电磁场的干扰
答案:ABCD　　难度:B

88.计算机机房装饰材料应具有以下特点:(　　)。
A.难燃材料
B.非燃材料
C.防潮
D.吸音
答案:ABCD　　难度:A

89.计算机机房活动地板下的建筑地面应(　　)。
A.平整
B.光洁
C.防潮
D.防尘
答案:ABCD　　难度:A

90.A、B 类计算机机房供电电源安全要求是(　　)。

A.计算站应设专用可靠的供电线路

B.计算机系统的电源设备应提供稳定可靠的电源

C.供电电源设备的容量应具有一定的余量

D.计算机系统独立配电时,宜采用干式变压器

答案: ABCD　　难度:A

91.计算机系统中,从分电盘到计算机系统的各种设备的电缆应为(　　)的电缆。

A.耐燃

B.铜芯

C.屏蔽

D.铝芯

答案.ABC　　难度:A

92.对 A、B 类计算机机房,下列说法正确的是(　　)。

A.计算机机房应采用专用空调设备

B.计算机机房应采用专用的地线

C.计算机机房的空调系统的主要设备应有备份

D.空调设备在能量上应有一定的余量

答案:ABCD　　难度:B

93.以下关于计算机机房说法正确的是:(　　)。

A.有暖气装置的计算机机房,沿机房地面周围应设排水沟

B.有暖气装置的计算机机房,应注意对暖气管道定期检查

C.位于用水设备下层的机房,应在吊顶上设防水层并设漏水检查装置

D.接地是防静电采取的最基本的措施

答案:ABCD　　难度:A

94.对计算机系统有影响的腐蚀性气体大体有如下几种:(　　)。

A.二氧化硫

B.硫化氢

C.臭氧

D.一氧化碳

答案:ABCD　　难度:B

95.计算机机房温度测试的测试仪表可以为:(　　)。

A.水银温度计

B.双金属温度计

C.通风干湿球温度计

D.任何温度计

答案:AB　　难度:A

96.可用于计算机机房湿度测试的仪表为:(　　)。

A.普通干湿球湿度计

B.通风干湿球湿度计

C.电阻湿度计

D.自动毛发湿度计

答案:ABCD　　难度:A

97.以下说法正确的是(　　)。

A.对计算机机房进行噪声测试,用普通声级计

B.对计算机机房进行照度测试,用照度计

C.对计算机机房进行磁场干扰环境场强的测试,用交直流高斯计

D.对计算机机房进行无线电干扰环境场强的测试,用干扰场强测量仪

答案:ABCD　　难度:A

98.对计算机机房进行频率的测试,可应用的仪表有:(　　)。

A.通用干扰测试仪

B.电动系频率表

C.变换式频率表

D.万用表

答案:ABC　　难度:A

99.对计算机机房进行电压的测试,可应用的仪表有:(　　)。

A.指针式万用表

B.数字式万用表

C.电动系频率表

D.变换式频率表

答案:AB　　难度:A

100.媒体预防病毒的保护要求:(　　)。

A.重要部门媒体应做到专机、专用

B.非本机使用的媒体,须经过检测,确认没有病毒,方可在系统中使用

C.禁止执行不知来源的程序,禁止在计算机系统上运行任何游戏程序

D.外借的媒体返回时,应进行病毒检查

答案:ABCD　　难度:A

101.计算机信息系统电磁兼容性及防泄漏发射要求包括(　　)。

A.采用区域控制

B.采用屏蔽措施

C.采用低辐射设备

D.采用电源保护措施

答案:ABC　　难度:B

102.安全组织或安全负责人职责包括(　　)。

A.保障本部门计算机系统的安全运行

B.制定安全管理的方案和规章制度

C.负责系统工作人员的安全教育和管理

D.向安全监督机关和上一级主管部门报告本系统的安全情况

答案:ABCD　　难度:A

103.计算机系统的维护分为:(　　)。

A.硬件维护

B.软件维护

C.预防维护

D.故障维护

答案:CD　　难度:A

104.计算机系统各设备：(　　)应定期检查维护。

A.主处理机

B.主存储器

C.磁盘机、磁带机

D.打印机

答案.ABCD　　难度:A

105.对计算机系统进行风险分析的内容：(　　)。

A.估算计算机系统及其有关设备、设施的价值

B.分析计算机系统的脆弱性,估算潜在的危险或可能引起的损失价值

C.估计发生风险的时间

D.分析现有的保护能力,制定相应的防护措施,并分析其安全效益

答案:ABCD　　难度:A

106.计算机系统风险可能造成的损失类型:(　　)。

A.计算机设备、设施的丢失、破坏和非授权使用

B.计算机软件与数据信息的破坏、丢失、非授权使用和修改

C.数据信息的失窃与泄露

D.计算机不能联网

答案:ABC　　难度:A

107.计算机系统运行管理部门应根据下述可能出现的紧急情况制定相应的应急计划:(　　)。

A.计算机系统发生故障

B.误操作

C.计算机病毒的侵蚀

D.意外停电

答案:ABCD　　难度:B

108.信息资源备份应按下列项目进行:(　　)。

A.全盘备份

B.增量备份

C.关键项目备份

D.后备媒体

答案:ABCD　　难度:B

109.计算机系统备份可采取下列设备备份方法:(　　)。

A.整机备份

B.关键部件现场备份

C.双套计算机系统

D.空调器、电源及辅助设备备份

答案:ABD　　难度:B

三、判 断 题

1.计算机信息系统安全包括实体安全、信息安全、运行安全和人员安全等部分。

答案:Y　　难度:B

2.计算机信息系统的安全威胁同时来自内、外两个方面。

答案:Y　　难度:A

3.计算机信息网络脆弱性引发信息社会脆弱性和安全问题。

答案:Y　　难度:A

4.对全国公共信息网络安全监察工作是公安工作的一个重要组成部分。

答案:Y　　难度:A

5.为了保障信息安全,除了要进行信息的安全保护,还应该重视提高系统的入侵检测能力、系统的事件反应能力和如果系统遭到入侵引起破坏的快速恢复能力。

答案:Y　　难度:C

6.公安机关在对其他国家行政机关行使计算机信息系统安全监管时,其双方的法律地位是对等的。

答案:N　　难度:B

7.人民警察在行使计算机信息系统安全监管权时是代表国家的,所以是行政主体。

答案:N　　难度:B

8.强制性技术标准,是由国家法律法规确认,相对人自愿遵守和执行的技术标准。

答案:N　　难度:B

9.只要在我国境内的计算机信息系统,其安全保护一律适用该《计算机信息系统的安全保护条例》。

答案:N　　难度:A

10.公安机关在网吧正式营业前不需要对网吧进行安全审核。

答案:N　　难度:A

11.网吧消费者必须凭有效身份证件用机上网。

答案:Y　　难度:A

12.网吧可以出租给他人经营。

答案:N　　难度:A

13.网吧的业主和安全管理人员要进行安全知识培训。

答案:Y　　难度:A

14.违反国家法律、法规的行为,危及计算机信息系统安全的事件,称为计算机案件。

答案:Y　　难度:A

15.在计算机信息系统的建设、运行管理中,重要安全技术的采用、安全标准的贯彻,制度措施的建设与实施,重大安全防患、违法违规的发现,事故的发生,以及以安全管理中的其他情况所构成的涉及安全的重大行为,统称安全事件。

答案:Y　　难度:A

16.计算机案件原则分为刑事案件和行政案件,触犯刑律所构成的计算机案件是计算机刑事案件,违反行政法规所构成的计算机安全是计算机行政案件。

答案:Y　　难度:A

17.计算机机房应当符合国家标准和国家有关规定。在计算机机房附近施工,不得危害计算机信息系统的安全。

答案:Y　　难度:A

18.主管计算机信息系统安全的公安机关和城建及规划部门,应与施工单位进行协调,在不危害用户利益的大前提下,制定措施、合理施工,做好计算机信息系统安全保护工作。

答案:N　　难度:A

19.采用屏蔽机房一是为了隔离外界及内部设备相互间的电场、磁场、电磁场的干扰,二是为了防止干扰源产生的电磁场辐射到外部空间。

答案:Y　　难度:B

20.加密传输是一种非常有效并经常使用的方法,也能解决输入和输出端的电磁信息泄露问题。

答案:N　　难度:B

21.红信号是指那些一旦被窃取,会造成用户所关心的信息失密的那些信号。其他的信号则称为"黑信号"。

答案:Y　　难度:C

22.红区:红信号的传输通道或单元电路称为红区,反之为黑区。

答案:Y　　难度:C

23.基本防护的三个方法:

一是抑制电磁发射,采取各种措施减小"红区"电路电磁发射。二是屏蔽隔离,在其周围利用各种屏蔽材料使其衰减红信息信号电磁发射场到足够小,使其不易被接收,甚至接收不到。三是相关干扰(包容),采取各种措施使信息相关电磁发射泄漏被接收到也无法识别。

答案:Y　　难度:C

24.提到防雷,大家很容易联想到避雷针。其实我们平常看到的避雷针是用来保护房屋免遭雷电直击即防止雷击的。计算机信息系统的电子设备雷害一般由感应雷击产生,因此防护的方法完全不一样。

答案:Y　　难度:B

25.防雷措施是在和计算机连接的所有外线上(包括电源线和通信线)加设专用防雷设备——防雷保安器,同时规范地线,防止雷击时在地线上产生的高电位反击。

答案:Y　　难度:B

26.审计跟踪是预先估计评价威胁安全的因素和采取的预防措施的有效性,而风险分析是作为一种事后追查的手段来保持系统的安全。

答案:N　　难度:A

27.审计跟踪技术可以为信息系统的运行状况建立一个"工作日志",如果启动了审计跟踪功能,这个工作日志可以改动。它由系统维护,由分权治衡的各级安全管理人员管理。

答案:N　　难度:B

28.审计与计算机犯罪的关系是:建立审计跟踪,防范计算机犯罪;利用审计跟踪,揭露可能的计算机犯罪;根据审计跟踪,排查计算机犯罪;依据审计跟踪,打击计算机犯罪。

答案:Y　　难度:A

29.计算机犯罪是行为人以计算机为工具或以计算机资产为犯罪对象实施的,依照我国刑法应受处罚的,具有社会危害性的行为。

答案:Y　　难度:A

30.行政赔偿是指行政机关及其工作人员违法行使职权侵犯了行政相对人的合法权益并造成损害,依法由赔偿义务机关承担损害赔偿。

答案:Y　　难度:A

31.中华人民共和国的通信自由和通信秘密受法律保护。

答案:Y　　难度:A

32.机关、团体、企业、事业单位违反治安管理的,处罚直接责任人员;单位主管人员指使的,同时处罚该主管人员。

答案:Y　　难度:A

33.利用互联网侵犯他人合法权益,构成民事侵权的,依法承担民事责任。

答案:Y　　难度:A

34.制定《中华人民共和国计算机信息网络国际联网管理暂行规定》是为了加强对计算机信息网络国际联网的管理,保障国际计算机信息交流健康发展。

答案:Y　　难度:A

35.接入网络必须通过互联网络进行国际联网。

答案:Y　　难度:A

36.国家对国际联网实行统筹规划、统一标准、分级管理、促进发展的原则。

答案:Y　　难度:B

37.公安部信息监控小组负责协调、解决有关国际联网工作中的重大问题。

答案:N　　难度:A

38.单位和个人的计算机信息网络直接进行国际联网时,可以自由选择信道进行国际联网。

答案:N　　难度:A

39.任何单位和个人不得自行建立或者使用其他信道进行国际联网。

答案:Y　　难度:A

40.接入网络不一定通过互联网络进行国际联网。

答案:N　　难度:B

41.新建互联网络,必须报经信息产业部批准。

答案:N　　难度:A

42.某单位拟从事国际联网非经营活动的,不必批准即可接入互联网络进行国际联接

答案:N　　难度:B

43.未取得国际联网经营许可证的,接入单位不得从事国际联网经营业务。

答案:Y　　难度:B

44.国际出入口信道,是指国际联网所使用的物理信道。

答案:Y　　难度:B

45.《中华人民共和国计算机信息网络国际联网管理暂行规定实施办法》中的个人用户一定具有联网账号。

答案:Y　　难度:B

46.专业计算机信息网络,是指为行业服务的专用计算机信息网络。

答案:Y　　难度:A

47.专业计算机信息网络,是指为行业服务的计算机信息网络。

答案:N　　难度:B

48.国家对国际联网的建设布局、资源利用进行统筹规划。

答案:Y　　难度:B

49.企业计算机信息网络和其他通过专线进行国际联网的计算机信息网络可不受限制地经营国际互联网络业务。

答案:N　　难度:A

50.用户向接入单位申请国际联网时,应当提供有效身份证明或者其他证明文件。

答案:Y　　难度:A

51.国际出入口信道提供单位与互联单位应当签订相应的协议,严格履行各自的责任和义务。

答案:Y　　难度:C

52.用户有权获得接入单位提供的各项服务;有义务交纳费用。

答案:Y　　难度:B

53.企业计算机信息网络和其他通过专线进行国际联网的计算机信息网络,只限于内部使用。

答案:Y　　难度:A

54.进行国际联网的专业计算机信息网络可经营国际互联网络业务。

答案:N　　难度:B

55.计算机信息系统,是指由计算机及其相关的和配套的设备、设施(含网络)构成的。

答案:N　　难度:A

56.公安部、国家安全部、国家保密局、国务院是计算机信息系统安全保护工作的主管部门。

答案:N　　难度:A

57.除从事国家安全事务的人员外,任何组织和个人都不得利用计算机信息系统从事危害国家利益和公民合法利益的活动。

答案:N　　难度:A

58.计算机信息系统的建设和应用,应当遵守法律、行政法规和国家其他有关规定。

答案:Y　　难度:A

59.计算机机房的建设应当符合国家标准和国家有关规定。在计算机机房附近施工,不得危害计算机信息系统的安全。

答案:Y　　难度:A

60.在计算机机房附近施工,不负有维护计算机信息系统安全的责任和义务。

答案:N　　难度:A

61.进行国际联网的计算机信息系统,由计算机信息系统的使用单位报当地人民政府公安机关备案。

答案:N　　难度:A

62.计算机信息系统的使用单位自愿建立健全安全管理制度,负责本单位计算机信息系统的安全保护工作。

答案:N　　难度:A

63.监督、检查、指导计算机信息系统安全保护工作是公安机关对计算机信息系统安全保护工作中的监督职权之一。

答案:Y　　难度:A

64.公安部在紧急情况下,可以就涉及计算机信息系统安全的特定事项发布专项通令。

答案:Y　　难度:A

65.违反计算机信息系统安全等级保护制度及计算机信息系统国际联网备案制度,危害计算机信息系统安全的其他行为的,将由公安机关处以警告或者停机整顿。

答案:Y　　难度:A

66.不按规定时间报告计算机信息系统中发生案件的行为违反了《中华人民共和国计算机信息系统安全保护条例》的规定,将由公安机关作出处理。

答案:Y　　难度:A

67.任何组织或者个人违反《中华人民共和国计算机信息系统安全保护条例》的规定,给国家、集体或者他人财产造成损失的,应当依法承担民事责任。

答案:Y　　难度:A

68.计算机病毒是指编制或者在计算机程序中插入的破坏计算机功能或者毁坏数据,影响计算机使用,并能自我复制的一组计算机指令或者程序代码。

答案:Y　　难度:A

69.计算机病毒是指编制或者在计算机程序中插入的破坏计算机功能或者毁坏数据,影响计算机使用的一组计算机指令或者程序代码。

答案:N　　难度:C

70.计算机信息系统安全专用产品,是指计算机的软、硬件产品。

答案:N　　难度:A

71.军队的计算机信息系统安全保护工作,按照军队的有关法规执行。

答案:Y　　难度:B

72.公安机关计算机管理监察机构应当掌握互联单位、接入单位和用户的备案情况,建立备案档案,进行备案统计,并按照国家有关规定逐级上报。

答案:Y　　难度:B

73.制定《计算机信息网络国际联网安全保护管理办法》的目的是为了加强对计算机信息网络国际联网的安全保护,维护公共秩序和社会稳定。

答案:Y　　难度:A

74.任何单位和个人不得利用国际联网侵害公民的合法权益,不得从事违法犯罪活动。

答案:Y　　难度:A

75.利用国际互联网公然污辱他人或者捏造事实诽谤他人的应按国家法律进行处罚。

答案:Y　　难度:A

76.任何单位和个人不得从事危害计算机信息网络安全的活动。

答案:Y　　难度:A

77.任何单位和个人都可以无条件进入计算机信息网络或者使用计算机信息网络资源。

答案:N　　难度:B

78.已经联网的用户可以对计算机信息网络功能进行删除、修改或者增加。

答案:N　　难度:A

79.已经联网的用户有对计算机信息网络中存储、处理或者传输的数据和应用程序进行删除、修改或者增加的权力。

答案:N　　难度:A

80.除公安机关外,任何单位和个人不得违反法律规定,利用国际联网侵犯用户的通信自由和通信秘密。

答案:N　　难度:B

81.使用国际联网的用户的通信自由和通信秘密受法律保护。

答案:Y　　难度:A

82.任何单位和个人都可以利用国际联网查阅用户的通信秘密。

答案:N　　难度:B

83.国际出入口信道提供单位、互联单位的主管部门或者主管单位,应当依照法律和国家有关规定负责国际出入口信道、所属互联网络的安全保护管理工作。

答案:Y　　难度:B

84.互联单位、接入单位及使用计算机信息的法人,对委托发布信息的单位和个人进行登记后,就可以为其发布其要发布的信息。

答案:N　　难度:B

85.互联单位、接入单位及使用计算机信息的法人和其他组织当发现本网络中有危害国家利益的内容地址、目录时,应当按照国家规定把它删除。

答案:Y　　难度:A

86.用户在接入单位办理入网手续时,应当填写用户备案表。

答案:Y　　难度:B

87.使用公用账号的注册者应当加强对公用账号的管理。用户账号可以转借、转让。

答案:N　　难度:B

88.涉及国家事务、经济建设、国防建设、尖端科学技术等重要领域的单位办理备案手续时,可以不出证明就可特批。

答案:N　　难度:B

89.涉及国家事务、经济建设、国防建设、尖端科学技术等重要领域单位的计算机信息网络与国际联网时,应当采取相应的安全保护措施。

答案:Y　　难度:A

90.公安机关计算机管理监察机构在组织安全检查时,有关单位应当派人参加。

答案:Y　　难度:A

91.公安机关计算机管理监察机构对安全检查发现的问题,应当提出改进意见,作出详细记录,存档备查。

答案:Y　　难度:A

92.经营国际互联网业务的单位,有违法行为时,公安机关有向原发证、审批机构提出吊销其经营许可证或者取消联网资格的建议。

答案:Y　　难度:A

93.经营国际互联网业务的单位,有违法行为时,公安机关可以吊销其经营许可证或者取消其联网资格。

答案:N　　难度:A

94.与香港特别行政区和台湾、澳门地区联网的计算机信息网络的安全保护管理,参照《计算机信息网络国际联网安全保护管理办法》执行。

答案:Y　　难度:A

95.国家秘密信息在与国际网络联网计算机信息系统中存储、处理、传递需经批准。

答案:N　　难度:A

96.计算机信息系统打印输出的涉密文件,应当按相应密级的文件进行管理。

答案:Y　　难度:A

97.任何单位和个人不得向社会发布虚假的计算机病毒疫情。

答案:Y　　难度:A

98.对计算机病毒的认定工作,由公安部公共信息网络安全监察部门批准的机构承担。

答案:Y　　难度:A

99.《计算机病毒防治管理办法》所称计算机病毒疫情,是指某种计算机病毒爆发、流行的时间、范围、破坏特点、破坏后果等情况的报告或者预报。

答案:Y　　难度:B

100.按照《计算机病毒防治管理办法》规定要求,对由计算机病毒所造成系统瘫痪、数据破坏等重大事故,应及时向公安机关报告。

答案:Y　　难度:A

101.计算机信息系统安全专用产品是指用于保护计算机信息系统安全的专用硬件产品。

答案:N　　难度:A

102.计算机信息系统安全专用产品的生产者申领销售许可证,应当向公安部计算机管理监察部门提交有关产品的各种证明的同时,还应提交自己的营业执照(复印件)。

答案:Y　　难度:A

103.任何单位和个人不得销售无"销售许可"标记的计算机信息系统安全专用产品。

答案:Y　　难度:A

104.公安部计算机管理监察部门自接到计算机信息系统安全专用产品检测申请之日起,应当在15日内对安全专用产品作出审核结果。

答案:Y　　难度:A

105.公安部计算机管理监察部门审查合格的计算机信息系统安全专用产品,颁发销售许可证和安全专用产品"销售许可"标记;不合格的,书面通知申领者,并说明理由。

答案:Y　　难度:A

106.对于计算机信息系统安全专用产品的生产者,其另一种产品与已经申请销售并已经获得"销售许可证"的产品功能相近时,可不用申请而直接销售。

答案:N　　难度:A

107.销售许可证只对所申请销售的计算机信息系统安全专用产品有效。

答案:Y　　难度:A

108.计算机信息系统安全专用产品销售许可证自批准之日起两年内有效。

答案:Y　　难度:A

109.计算机信息系统安全专用产品的检测通告和经安全功能检测确认的安全专用产品目录,由各计算机安全专用产品检测机构发布。

答案:N　　难度:A

110.某些计算机有害数据能危害计算机信息系统运行和功能发挥,危害应用软件和数据的可靠性、完整性和保密性。

答案:Y　　难度:B

111.计算机有害数据是用于违法活动的计算机程序。

答案:N　　难度:B

112.在计算机程序或图像、文字中含有色情、凶杀等内容的信息,其目的是用于违法活动的,可认为是计算机有害数据。

答案:Y　　难度:B

113.客体是信息的载体。

答案:Y　　难度:A

114.信道是指系统内的信息传输路径。

答案:Y　　难度:B

115.访问控制是指对主体访问客体的权限或能力的限制,以及限制进入物理区域(出入控制)和限制使用计算机系统和计算机存储数据的过程(存取控制)。

答案:Y　　难度:A

116.在类别(A32)媒体数据的安全中,媒体数据的安全删除和媒体的安全销毁是为了防止被删除的或者被销毁的敏感数据被他人恢复。

答案:Y　　难度:D

117.计算机系统专用地线的引线应和大楼的钢筋网及各种金属管道绝缘。

答案:Y　　难度:A

118.计算机机房应尽量铺地毯。

答案:N　　难度:A

119.在雷电频繁的地区,应装设浪涌电压吸收装置。

答案:Y　　难度:A

120.机房应设置相应的火灾报警和灭火系统。

答案:Y　　难度:A

121.对特定终端设备,应限定其操作人员,并采用口令、身份识别等措施。

答案:Y　　难度:A

122.计算机系统维护时,应先清除原有数据。

答案:N　　难度:A

123.一般不需要建立计算机系统的维护档案。

答案:N　　难度:A

四、名词解释

计算机信息系统、计算机病毒、有害数据、计算机信息系统安全专用产品、国际联网、互联网络、互联单位、接入网络、接入单位、用户、国际出入口信道、个人用户、专业计算机信息网络、企业计算机信息网络、经营性互联网络、公益性互联网络、互联网上网服务营业场所、实体安全、运行安全、信息安全、黑客、应急计划、证书授权、安全操作系统、访问控制、防火墙、软件产品

五、简答题与论述题

1.试阐述信息安全法的调整对象。

2.信息安全法的特点是什么?

3.在信息安全立法中,我们应坚持哪些原则?

4.电子货币的法律性质是什么?有哪些种类?

5.如何认定利用计算机盗窃资金的行为?

6.如何认识网上交易系统的法律性质?

7.电子签名法的主要内容是什么?

8.你认为信息安全涉及哪些方面?它们与信息安全法有何关系?它们之间的关系和地位如何?

9.选择一个信息安全法学的热点问题从各方面、各层次研究。

10.一个法律法规应包含哪几方面的内容?结构如何?

11.移动网络相关的法律问题。

12.电子政务相关的法律问题。

13.IC 卡相关的法律问题。

14.国外信息安全法的分析研究。

15.国外对黑客的应对措施。

16.国外对知识产权的保护措施及特点。

17.如何进行安全风险和安全代价分析?如何寻找它们的动态平衡点?

18.管辖权问题。

19.法律意义上的一些相关计算机术语评析。

20.对计算机信息系统中发生的案件,有关使用单位应当在 24 小时内向当地县级以上人民政府公安机关报告。公安机关应当如何督促监察?

21.未成年人上网如何管理?

22.网民有何权利?

23.开办一个网吧有关部门审批的最短时间是多少?最长时间是多少?

24.对有失职、渎职行为的审批管理部门直接负责人和直接责任人,依法给予行政处分;构成犯罪的,依法追究刑事责任。如何监督实施?

25.如何看待安全专用产品的副作用?

26.国家如何对计算机信息系统安全专用产品的销售实行许可证制度?

27.评析社会信息化对我国传统法律意识的影响。

28.社会信息化如何导致法的内容大大丰富?

29.社会信息化如何积极影响法学方法论?

30.故意避开或者破坏著作权人为保护其软件著作权而采取的技术措施,可能会受到何种惩处?

31.怎样兼顾著作权人、公众、网站三者的利益,在资源共享、保护当事人利益、满足公众需求之间,在有利于互联网的长远发展的基础上,找到一个各方都能接受的平衡点?

32.评析反盗版技术措施。

33.评析有害数据。

34.试辨析“在网络时代,每个人都可能是受害者,每个人都容易成为罪犯”。

35.模拟法庭设计。

36.何谓纯正的计算机犯罪和不纯正的计算机犯罪?

37.评析非法侵入计算机信息系统罪与非罪的界限。

38.评析非法侵入计算机信息系统罪与其他计算机犯罪的界限。

39.评析非法侵入计算机信息系统罪的一罪与数罪问题。

40.评析破坏计算机信息系统罪与非罪的界限。

41.评析破坏计算机信息系统罪与非法侵入计算机信息系统罪的界限。

42.评析破坏计算机信息系统罪与破坏公用电信设施罪、故意毁坏财产罪的界限。

43.评析破坏计算机信息系统数据、应用程序罪与非罪的界限。

44.评析破坏计算机信息系统数据、应用程序罪与非法侵入计算机信息系统罪的界限。

45.评析破坏计算机信息系统数据、应用程序罪与破坏计算机信息系统功能罪的界限。

46.评析制作、传播计算机病毒等破坏性程序罪与非罪的界限。

47.评析制作、传播计算机病毒等破坏性程序罪与破坏计算机信息系统功能罪和破坏计算机信息系统数据、应用程序罪的界限。

48.“编制病毒程序”是否都构成犯罪？

49.制作、传播计算机病毒等破坏性程序罪是否存在未完成形态？

50.评析利用计算机煽动分裂国家罪。

51 评析利用计算机煽动颠覆国家政权的犯罪。

52.评析利用计算机进行间谍活动罪。

53.评析利用计算机为境外收集、非法提供国家秘密、情报的犯罪。

54.评析利用计算机破坏交通工具罪。

55.评析利用计算机破坏交通设施的犯罪。

56.评析利用计算机劫持航空器的犯罪。

57.评析利用计算机破坏广播电视、公用电信设备设施的犯罪。

58.评析利用计算机走私淫秽物品罪。

59.评析利用计算机内幕交易、泄露内幕信息罪。

60.评析利用计算机编造并传播证券、期货交易虚假信息犯罪。

61.评析利用计算机进行信用卡诈骗罪。

62.评析利用计算机侵犯著作权罪。

63.评析利用计算机侵犯商业秘密罪。

64.评析利用计算机进行合同诈骗罪。

65.评析利用计算机故意杀人罪。

66.评析利用计算机故意伤害罪。

67.评析利用计算机非法拘禁的犯罪。

68.评析利用计算机侮辱罪。

69.评析利用计算机诽谤的犯罪。

70.评析利用计算机侵犯通信自由的犯罪。

71.评析利用计算机盗窃罪。

72.评析利用计算机诈骗罪。

73.评析利用计算机贪污的犯罪。

74.评析利用计算机职务侵占的犯罪。

75.评析利用计算机挪用公款罪。

76.评析利用计算机挪用资金的犯罪。

77.评析利用计算机非法获取国家秘密罪。

78.评析利用计算机传授犯罪方法罪。

79.评析利用计算机非法行医罪。

80.评析利用计算机制作、复制、出版、贩卖、传播淫秽物品罪。

81. 评析利用计算机赌博罪。

82. 评析利用计算机阻碍军事行动罪。

83. 评析利用计算机泄露国家秘密罪。

84.试论述电子政务及安全法律保障与技术策略相结合的特点。

85.对政治性非法出版物大案和盗版教材辅读物以及计算机软件盗版等大案查处的法律依据。

86.网站对互联网上的资源进行收集、整理、分类、包装、提升，然后对网民提供，应采取何种措施应对？

87.开办各类教育网站有哪些权利和义务？

88.开办各类教育网站的信息安全保障措施是什么？

89.金融机构计算机工作人员调离时，应采取何种措施？

90.金融机构如何建立废弃数据、介质的处理制度？

91.为什么金融机构的业务用机不得用于项目开发，不得含有源程序、编译工具、连接工具等工具软件？

92.评析关于利用计算机盗窃电子资金的法律问题。

93.评析电子货币的法律性质。

94.如何加强对电子货币监管？

95.如何进行跨国网上购物？

96.评析网络银行的法律问题。

97.评析网上银行的税收法律问题。

98.评析公司电子商务化过程的法律问题。

99.评析我国证券、电子商务的法律问题。

100.在电子商务私人密码运用中，如何进行的风险防范？

101.评析电子商务的管辖权问题。

102.评析我国信息安全法与世界法律体系衔接及相互利用的问题。

103.如何加强对计算机犯罪的侦查力度和有效起诉？

104.如何加强防范计算机犯罪的管理措施？

105.如何采取道德规范、管理、技术与法律的综合手段，防范计算机犯罪？

106.评析计算机犯罪的取证问题。

参考文献

[1]赵廷光，朱华池，皮勇.计算机犯罪的定罪与量刑[M].北京：人民法院出版社，2000(9)
[2]杨代雄.电子商务法律模型论纲.http://newdidai.com/book/by/zflw/jjflw/438.htm.
[3]韩永军.我国亟待加快电子政务立法步伐[N].北京：人民邮电报,2005
[4]王静,王改香.知识产权与信息安全[J].中共山西省委党校学报, 2000(4)
[5]马民虎.信息安全法研究[M].西安:陕西人民出版社,2005
[6]孟勤国,刘生国.私人密码在电子商务中的法律地位和作用[J].法学研究,2001(3):104~110
[7]皮勇.论金融领域的计算机犯罪[J].法学评论,2000(2):119~123
[8]郭丽红.简论跨国网上购物合同及其法律适用[J].法学评论,2001(3):67~72
[9]房绍坤,姜一春.公司 IT 化的若干法律问题[J].中国法学,2002(2):113~122
[10]闫海.网络银行法律问题初探[J].研究生法学,2000(4):21~25
[11]李健.电子货币相关法律问题研究[A].电子商务政策法律理论与实践[C],上海:百家出版社,2001(2):226~232
[12]黄诚.李纯安.电子货币的本质与网络经济条件下的创新[J].金融与保险,2000(8):24~28
[13]金晓斌,刘和平.证券电子商务若干法律问题探讨[A].电子商务政策法律理论与实践[C],上海:百家出版社,2001(2):381~390
[14]何光辉.电子货币系统的风险及其控制[J].金融研究，2000(11)
[15]赵学敏.论电子货币与传统银行业的关系[J].国际金融研究，1998(9)
[16]电子签名法介绍．全国人大常委会法制工作委员会经济法室,中国人大网. 2004.8.31
[17]姚立新.电子商务透视[M].北京:经济管理出版社，1999
[18]王德全.互联网与电子商务的有关法律问题[M]. 北京：中国政法大学出版社，1999
[19]赵相林.国际私法[M]. 北京：中国政法大学出版社，1999
[20]Internet 时代的隐私多棱镜[J].计算机世界，2002(3)
[21]孙铁成.计算机与法律[M].北京：法律出版社，2000
[22]王缜弘.香港网上证券业的发展现状及前景[J].国际金融研究，2000(2)
[23]马蔚华.金融电子化冲击中国证券业[N].经济日报，1999.10.28
[24]许克显.网络安全——证券安全的新挑战[J].金融法苑，1999(7)
[25]唐应茂.网络证券业务及其法律问题（一）[J].金融法苑，1999(16)
[26]宗良.从多中心走向无形化[J].国际贸易，1999(7)
[27]吕岩峰.国际合同法律适用的理论分歧和历史改变[J].长春市委党校学报，1999(1)
[28]张楚.美国电子商务法评析[J].法律科学，2000(2)
[29]朱军，张茂.国际消费合同的法律适用问题探讨[J].法制与社会发展，1998(1)

[30]冯震宇.论网络电子商务发展与相关法律问题探讨 [J].月旦法学（台北），1998
[31]黄进.中国国际私法[M].北京：法律出版社，1998
[32]蔡民达.电子商务与国际贸易[J].国际商务研究，1998
[33]吴滨. 手机短信是否能作为证据使用?.法律教育网，2006.4.4
[34]周晓冰.移动公司不对铃声下载承担侵权责任.法律教育网,2006.1.6
[35]严志凌,张敏.储蓄卡密码被泄露导致存款被他人骗取银行是否担责.法律教育网,2005.11.7
[36]梅绍祖.电子商务法律规范[M].北京：清华大学出版社，2000（9）
[37]薛虹著，郑成思主编.因特网上的版权及有关权利保护.知识产权文丛，北京：中国政法大学出版社，1999（1）
[38]董炳和著，郑成思主编.数据库的法律地位.知识产权文丛，北京：中国政法大学出版社，1999（1）
[39]宋玲.电子商务——21 世纪的机遇与挑战[M]．北京：电子工业出版社，1999（1）
[40]王德全著，郑成思主编．因特网与电子商务的有关法律问题.知识产权文丛，北京：中国政法大学出版社，1999（1）
[41]http：//www.uspto.gov/web/ipnii/ipnii.pdf
[42]刘彩．全球电子商务[M].北京：人民邮电出版社，1999
[43]单文华．电子贸易的法律问题．梁慧星主编，民商法论丛，北京：法律出版社，1998
[44]乔家华．挑战与对策：税收工作如何面对电子商务的发展[J].涉外税务，2000（4）
[45]袁翔珠．论国际电子商务合同的法律适用[J].国际贸易问题，2003（2）
[46]张楚，王祥，欧奎．电子商务法案例分析[M]．北京：中国人民大学出版社，2002（1）
[47]周仪．电子商务法律及案例[M]．北京：中国国际广播出版社，2001（1）
[48]钟明通著，孙本鹏修订．网络法律案例解读[M]．九州出版社，2000（7）
[49]吴鸿钟, 丁世平. 等级化信息安全保障体系设计思想. 第 6 届中国信息安全发展趋势与战略高层研讨会论文集. 北京：信息安全与通信保密杂志社, 2006:10~14
[50]束红, 苏国平, 费翔. 信息安全相关标准的分析与研究[J]. 网络安全技术与应用, 2005（3）： 60~62
[51]张俊兵. 对美国信息系统等级化保护的探讨[J]. 网络安全技术与应用, 2005（6）： 6~9
[52]景乾元. 试论信息安全等级保护科学基础[J]. 网络安全技术与应用, 2005（9）： 8~10
[53]GB-17859. 计算机信息系统安全保护等级划分准则.
[54]沈昌祥. 信息安全等级保护的焦点. 杜敬明, 唐建国. 信息化与法. 北京： 法律出版社, 2005:259~264
[55]肖军模, 刘军, 周海刚.网络信息安全[M]. 北京： 机械工业出版社，2006
[56]陈波, 于冷, 肖军模.计算机系统安全原理与技术[M]. 北京：机械工业出版社，2006
[57]王景中, 徐小青.计算机通信信息安全技术[M]. 北京： 清华大学出版社，2006
[58]丁丽萍，王永吉. 计算机取证的相关法律技术问题研究[J]. 软件学报，2005（3）：30~33
[59]皮勇.刑事诉讼中的电子证据规则研究[M]. 北京：中国人民公安大学出版社，2005
[60]王伯庭，陈伯诚，汤茂灵. 刑事证据规则研究[M].吉林：吉林人民出版社，2002
[61]刘东辉. 计算机动态取证技术的研究[J]. 计算机系统应用，2005（9）: 45~47
[62]何家弘主编. 电子证据法研究[M]. 北京: 法律出版社，2002
[63]刘品新. 中国电子证据立法研究[M]. 北京：中国人民大学出版社，2005

[64]郑学功，张明，张晓岩，郑鹏程. 计算机犯罪与现场勘查[M]. 北京：中国人民公安大学出版社，2002
[65]杨永川，蒋平，黄淑华. 计算机犯罪侦查[M]. 北京：清华大学出版社、中国人民公安大学出版社，2006
[66]蒋平，黄淑华，杨莉莉. 数字取证[M]. 北京：清华大学出版社、中国人民公安大学出版社，2007
[67]Chris Prosise， Kevin Mandia，常晓波译. 应急响应：计算机犯罪调查[M]. 北京：清华大学出版社，2002
[68]程三军,袁海东. 计算机取证活动的工作规范[J]. 计算机世界，2004（9）：27~29
[69]刘健. 公安机关采集电子证据之问题与对策[J]. 公安研究，2006（9）：80~82
[70] 张楚.论电子商务法.http://www.chinalawedu.com/news/2004_5/26/1423117714.htm.